New Marriage and Family Law Course

新编婚姻家庭法教程

杨馨德 主编

图书在版编目(CIP)数据

新编婚姻家庭法教程/杨馨德主编．—上海：上海财经大学出版社，2023.3
ISBN 978-7-5642-4116-2/F·4116

Ⅰ.①新… Ⅱ.①杨… Ⅲ.①婚姻法-中国-教材 Ⅳ.①D923.9

中国版本图书馆CIP数据核字(2022)第256565号

□ 责任编辑　刘晓燕
□ 电　　话　021-65903667
□ 电子邮箱　exyliu@sina.com
□ 书籍设计　张克瑶

新编婚姻家庭法教程

杨馨德　主编

上海财经大学出版社出版发行
(上海市中山北一路369号　邮编200083)
网　　址：http://www.sufep.com
电子邮箱：webmaster@sufep.com
全国新华书店经销
启东市人民印刷有限公司印刷装订
2023年3月第1版　2023年3月第1次印刷

787mm×1092mm　1/16　18.25印张　456千字
印数：0 001—3 000　定价：56.00元
(本教材有电子课件，欢迎向责任编辑索取)

前　言

婚姻家庭法学是以婚姻家庭法律规范和婚姻家庭法律现象为研究对象的一门基础法学学科，是"开放大学远程开放教育"法学专业的限选课程。《新编婚姻家庭法教程》是"高等学校法学专业选修课程教材"之一，主要针对高等学校及高等成人院校法学专业本科、专科学生而编写。

2020年5月28日中华人民共和国第十三届全国人民代表大会第三次会议通过，并于2021年1月1日起正式施行的《中华人民共和国民法典》将原婚姻法和收养法编纂为民法典婚姻家庭编，使婚姻家庭法终于回归民法，以新的面貌出现在我国的社会生活中。党的二十大报告指出，要弘扬中华传统美德，加强家庭家教家风建设。婚姻家庭关系作为最基本的社会关系，包含了道德、民族习俗、文化等诸多方面的因素，中华民族传统家庭美德是家庭文明建设的宝贵精神财富。本书以民法典的基本原理为指导，对婚姻家庭法律制度的历史类型以及中外婚姻家庭法的发展历史、我国婚姻家庭法的基本原则及保障措施、适用范围、结婚制度及其效力、离婚制度及其效力、亲属家庭关系、收养制度以及救助措施与法律责任等婚姻家庭法学的基本知识进行全面系统的阐述，吸收了婚姻家庭法学研究的最新学术成果，并注重对现行立法以及司法解释的讲解和分析。既重视传统学科理论，又能联系立法、司法实践，对重点、难点问题进行深入探讨，具有启发性。学习婚姻家庭法，对于学生培养正确的婚姻家庭观念和法律意识，运用婚姻家庭法律知识解决婚姻家庭领域的法律问题、维护公民在婚姻家庭领域的合法权益，促进社会的文明进步，均具有重要的意义。本书适合法学专业婚姻家庭法课程教学使用，同时可供参加自学考试及法律职业考试者学习使用。

本书由杨馨德任主编，其他参与编写的老师均为江西开放大学系统内从教多年的法学专业教师。具体分工（按章节先后顺序）如下：

杨馨德：绪论、第一章、第三章；

谢洁茹：第二章、第十章；

陶维国：第四章、第五章；

郭　莉：第六章、第七章；

刘　旗：第八章、第九章、第十一章。

在本书的撰写中参考了大量的学术界同仁的研究成果，对此本书作者表示真诚的感谢！由于时间仓促加之水平有限，书中难免有疏漏、错误之处，敬请读者和专家指正。

编　者

2023年3月

目 录

绪论 ·· 1
  第一节 婚姻家庭的基本原理及婚姻的历史类型 ··· 1
    一、婚姻与家庭 ·· 1
    二、婚姻家庭关系与婚姻家庭制度 ·· 6
  第二节 中国婚姻家庭立法的发展 ·· 10
    一、中国奴隶制时代的婚姻家庭立法 ·· 10
    二、中国封建社会的婚姻家庭立法 ·· 15
    三、半殖民地半封建社会的婚姻家庭立法 ·· 19
    四、新中国成立前革命根据地的婚姻家庭立法 ·· 22
    五、新中国成立后的婚姻家庭立法 ·· 24
  【复习思考题】 ··· 32

第一章 婚姻家庭制度与婚姻法 ·· 33
  第一节 婚姻家庭制度的本质及其历史类型 ·· 33
    一、婚姻家庭制度的本质 ·· 33
    二、婚姻家庭制度类型的历史沿革 ·· 34
  第二节 婚姻法的概念、调整对象、特征和功能 ·· 44
    一、婚姻法的概念 ··· 44
    二、婚姻法的调整对象 ··· 44
    三、婚姻法的特征 ··· 46
    四、婚姻法的功能 ··· 46
  第三节 婚姻家庭法的定位及与其他法律部门的关系 ··· 47
    一、作为独立法律部门的婚姻家庭法 ·· 47
    二、作为民法有机组成部分的婚姻家庭法 ·· 48
    三、民法体系中的婚姻家庭法 ·· 49
  第四节 国外婚姻法的历史发展现状 ··· 51
    一、国外古代婚姻家庭法 ·· 51
    二、近现代资产阶级国家婚姻家庭法 ·· 52
    三、社会主义国家婚姻家庭法 ·· 54

【复习思考题】 …… 55

第二章　婚姻法的基本原则及保障措施 …… 57
第一节　婚姻自由 …… 57
一、婚姻自由的定义及特征 …… 57
二、婚姻自由的基本内容 …… 58
第二节　一夫一妻制 …… 59
一、一夫一妻制的概念 …… 59
二、一夫一妻原则在我国的适用 …… 59
第三节　男女平等 …… 60
一、男女平等的概念 …… 60
二、男女平等的内容 …… 61
第四节　保护妇女、儿童和老人的合法权益 …… 61
一、保护妇女的合法权益 …… 61
二、保护儿童的合法权益 …… 63
三、保护老人的合法权益 …… 64
第五节　夫妻、家庭成员的共同责任 …… 65
一、禁止包办、买卖婚姻和其他干涉婚姻自由的行为 …… 67
二、禁止借婚姻索取财物 …… 68
三、禁止重婚 …… 69
四、禁止有配偶者与他人同居 …… 70
五、禁止家庭暴力 …… 71
六、禁止家庭成员间的虐待和遗弃 …… 76

【复习思考题】 …… 76

第三章　婚姻法的适用范围 …… 78
第一节　婚姻法的效力范围 …… 78
一、婚姻法的时间效力 …… 78
二、婚姻法的空间效力 …… 78
三、婚姻法的对人效力 …… 79
第二节　民族婚姻 …… 79
一、民族婚姻的概念 …… 79
二、民族婚姻的特点 …… 79
三、原《婚姻法》对民族婚姻变通规定的基本情况 …… 80
四、民族自治地方对《民法典》的变通规定 …… 80
第三节　华侨、港澳台同胞在内地的婚姻与收养 …… 82
一、华侨、港澳台同胞在内地的婚姻与收养的法律适用 …… 82
二、华侨在内地的婚姻与收养 …… 83

  三、港澳同胞在内地的婚姻与收养 ··· 85
  四、台湾同胞在大陆的婚姻与收养 ··· 86
 第四节 涉外婚姻与收养 ··· 88
  一、涉外婚姻的概念、特征 ·· 88
  二、涉外结婚 ··· 88
  三、涉外离婚 ··· 90
  四、涉外收养 ··· 91
 【复习思考题】··· 94

第四章 结婚 ··· 96
 第一节 概述 ··· 96
  一、婚姻成立的概念及要件 ·· 96
  二、婚姻成立方式的沿革 ··· 99
 第二节 结婚的要件 ·· 101
  一、结婚的积极要件 ·· 101
  二、结婚的消极要件 ·· 105
  三、其他法律规定 ·· 110
 第三节 结婚程序 ·· 111
  一、概述 ·· 111
  二、我国的结婚登记制度 ·· 111
 第四节 婚约和事实婚姻 ·· 113
  一、婚约 ·· 113
  二、事实婚姻 ·· 115
 第五节 无效婚姻与可撤销婚姻 ·· 119
  一、概述 ·· 119
  二、我国《民法典》规定的无效婚姻 ····································· 120
  三、我国《民法典》规定的可撤销婚姻 ·································· 121
  四、无效婚姻与可撤销婚姻的法律后果 ·································· 122
 【复习思考题】·· 124

第五章 婚姻效力 ··· 125
 第一节 概述 ·· 125
  一、婚姻效力的概念 ·· 125
  二、夫妻在家庭中的法律地位 ·· 126
  三、我国《民法典》对夫妻法律地位的规定 ··························· 126
 第二节 配偶权 ··· 127
  一、婚姻的社会功能是配偶权的本源 ···································· 127
  二、配偶权是近代、现代法制文明和进步的产物 ······················ 128

三、我国《民法典》中的配偶权 ·· 129
第三节 夫妻财产制 ·· 133
一、夫妻财产制概述 ·· 133
二、我国夫妻财产制的立法沿革 ·· 135
三、我国现行的法定夫妻财产制 ·· 135
四、我国的约定夫妻财产制 ·· 140
五、夫妻遗产继承权 ·· 142
【复习思考题】 ·· 143

第六章 离婚 ·· 144
第一节 概述 ·· 144
一、婚姻终止和离婚 ·· 144
二、离婚制度的历史沿革 ·· 147
三、中国离婚制度的历史发展 ·· 149
第二节 离婚的程序与处理原则 ·· 154
一、登记离婚 ·· 154
二、我国现行登记离婚制度 ·· 154
三、诉讼离婚 ·· 156
四、离婚的处理原则 ·· 161
第三节 判决离婚的法定条件 ·· 161
一、该原则的基本含义 ·· 161
二、夫妻感情确已破裂与调解无效的关系 ·· 162
三、夫妻感情确已破裂的认定 ·· 162
四、关于认定夫妻感情确已破裂的法定具体标准 ·· 162
五、我国《民法典》婚姻家庭编的两项特殊规定 ·· 164
第四节 常见的离婚纠纷类型及其处理 ·· 166
一、因封建思想引起的离婚纠纷 ·· 166
二、因外遇引起的离婚纠纷 ·· 166
三、因家庭暴力引起的离婚纠纷 ·· 167
四、因恶习引起的离婚纠纷 ·· 168
五、因分居引起的离婚纠纷 ·· 168
六、因一方犯罪服刑、被劳教引起的离婚纠纷 ·· 169
七、因一方患病或有生理缺陷而引起的离婚纠纷 ·· 170
【复习思考题】 ·· 170

第七章 离婚效力 ·· 174
第一节 概述 ·· 174
一、离婚效力的概念 ·· 174

二、离婚效力的表现 ··· 174
第二节　离婚后的身份及子女抚养关系 ··· 175
　　一、离婚对夫妻身份关系的效力 ··· 175
　　二、离婚在父母子女关系方面的法律后果 ······································ 175
第三节　离婚后的财产及债务债权关系 ··· 181
　　一、夫妻共同财产分割 ··· 181
　　二、离婚时的债务清偿 ··· 187
【复习思考题】 ··· 189

第八章　亲属 ··· 194
第一节　概述 ··· 194
　　一、亲属的含义 ··· 194
　　二、亲属制度的起源与发展 ·· 195
　　三、亲属制度的本质 ··· 198
　　四、亲属的特征 ··· 200
　　五、亲属关系的伦理、社会及法律价值 ··· 203
第二节　亲属的种类 ·· 205
　　一、配偶（夫妻）、血亲和姻亲 ·· 205
　　二、亲属种类的发展、沿革 ·· 206
　　三、当代亲属法中的亲属类别 ··· 208
　　四、亲属的其他分类 ··· 210
　　五、我国亲属称谓 ·· 211
第三节　亲系和亲等 ·· 212
　　一、亲系 ·· 212
　　二、亲等 ·· 213
第四节　亲属关系的法律事实和效力 ·· 216
　　一、亲属关系的法律事实 ··· 216
　　二、亲属法律关系的发生和终止 ·· 217
　　三、亲属关系的法律效力 ··· 218
【复习思考题】 ··· 220

第九章　家庭关系 ·· 222
第一节　概述 ··· 222
　　一、家庭关系的含义 ··· 222
　　二、我国古代的家庭关系 ··· 225
　　三、家庭关系的范围、调整对象 ·· 226
　　四、家庭的属性 ··· 226
　　五、家庭的社会功能 ··· 227

六、家庭关系的法律原则 227
第二节 夫妻关系 228
一、夫妻关系的含义 228
二、夫妻法律地位的历史沿革 228
三、夫妻关系的法律意义 229
四、夫妻关系的内容 230
五、夫妻的权利和义务 234
第三节 父母子女关系 236
一、父母子女关系的含义 236
二、父母子女关系的种类 237
三、亲子关系的发生与变更 237
四、父母子女关系的权利和义务 240
五、不同种类的子女及其法律地位 241
第四节 其他家庭成员关系 243
一、其他家庭成员关系的含义 243
二、其他家庭成员之间的权利与义务 243
三、监护 245
【复习思考题】 246

第十章 收养 248
第一节 概述 248
一、收养的概念及特征 248
二、收养制度的历史沿革 250
三、我国收养的基本原则 252
第二节 收养关系的成立与效力 254
一、收养关系的成立 254
二、收养关系的效力 261
三、收养的无效 262
四、与收养相关的两个问题 263
第三节 收养关系的解除 263
一、依当事人协议解除收养关系 264
二、依当事人一方的要求解除收养关系 264
三、收养关系解除的法律后果 265
【复习思考题】 266

第十一章 法律责任 267
第一节 概述 267
第二节 法律责任的相关规定 268

  一、给予行政处分的违法行为 ……………………………………………… 268
  二、追究民事责任的违法行为 ……………………………………………… 269
  三、追究刑事责任的违法行为 ……………………………………………… 271
 第三节 婚姻法的执行问题 …………………………………………………… 273
  一、执行的概念 ……………………………………………………………… 273
  二、执行的条件 ……………………………………………………………… 273
  三、强制执行的措施 ………………………………………………………… 274
  四、执行中应当注意的问题 ………………………………………………… 275
 【复习思考题】 ………………………………………………………………… 275

参考文献 ………………………………………………………………………… 276

绪 论

第一节 婚姻家庭的基本原理及婚姻的历史类型

一、婚姻与家庭

人类两性、血缘关系进步到社会制度范畴的婚姻家庭，是一个复杂、曲折、漫长的历史过程。作为社会制度组成部分的婚姻家庭制度，是以各种具体的历史形态存在于社会发展的一定阶段的。总的来说，婚姻家庭制度的历史类型和社会制度的历史类型是一致的。我们通常以经济基础的类型作为划分婚姻家庭制度的历史类型的基本依据。

原始社会早期经历过一个漫长的前婚姻时代，那时生产力十分低下，人们结成规模不大的群体，共同劳动、共同生活。在群体内部，男女成员在两性方面是没有任何限制的。随着原始社会的缓慢发展，从最初的那种无限制的两性关系中逐渐演变出群婚制的各种形态。从广义的婚姻家庭概念的意义上说，群婚制的出现标志着婚姻家庭制度的产生，可将婚姻家庭制度分为群婚制、对偶婚制和一夫一妻制三种历史形态。恩格斯在《家庭、私有制和国家的起源》中指出："群婚制是与蒙昧婚姻家庭制度时代相适应的，对偶婚制是与野蛮时代相适应的，一夫一妻制是与文明时代相适应的。"另外，恩格斯还对未来的婚姻家庭制度做了科学的预见，断言资本主义生产方式消灭后，必将出现与新的时代相适应的、婚姻自由、男女平等的真正的一夫一妻制的婚姻家庭。

1. 关于婚姻

（1）婚姻的概念

我国现代婚姻有两种含义：一种是从社会关系的角度，指由一男一女组成的配偶关系，比如"婚姻关系""婚姻撤销"等都是在这个意义上使用"婚姻"一词的；另一种是从特定行为的角度，指一男一女形成或者解除配偶关系的行为，比如"婚姻自由""借婚姻索取财物"等，其中的"婚姻"都具有动态的特点。在多数情况下，人们在讲婚姻制度的时候指的是静态意义上的婚姻；在动态的意义上常用结婚、离婚等具体行为概念来表述或加以说明。"婚姻"这一概念应包含以下含义：

①婚姻是男女两性的结合。这是我们传统及主流的观念，认为婚姻必定是两性的结合，同性之间不得为婚姻。传统婚姻包含人类自我繁衍的功能。尽管同性之间的结合也包含有性本

能的因素,但同性之间不可能自然地生育子女,因而不具备生育的功能。尽管同性恋自古有之,但一直受到歧视,甚至被认为是犯罪而受处罚。西方国家已经在实践中有立法使同性婚姻合法化,并且赋予了相应的权利,如有关同性婚姻中财产方面、继承方面等。在领养子女的问题上,承认同性婚姻的国家,做法不同。有的是否定,但是如英国、丹麦、挪威和瑞典等国家事实上并不是把同性婚姻纳入传统的婚姻中,而是以单独的法律承认由同性者组成民事伴侣或同性伴侣(Civil Partnership)。可见,它们和传统的婚姻现在仍无法等同。

在中国,社会学家几次向全国人大提交议案,以承认同性婚姻,像李银河博士,一直在争取同性婚姻的立法,从而在社会中引起了较大的反响,有的支持,有的反对。而中国立法机关并没有接受其为议案而进行审议,同性婚姻立法在我国为时过早。

笔者认为,中国具有几千年的传统,传统男女婚姻有着牢固的感情和观念基础,所以把同性关系作主婚姻,是违反国民的观念和情感的,当然,不是说对于同性恋者的权利和人格就不予以尊重,也应该保护他们作为公民的一切权利。同时,为降低艾滋病传染,保障同性关系中双方的权益,也应该有单独的立法加以明确,但不宜使用同性婚姻的概念,可以借鉴国外的做法,以同性伴侣或同性结合来概括。

②婚姻是男女双方以终身共同生活为目的的两性结合。这要求婚姻必须具备主观的因素,即以终身共同生活为目的,这种主观的因素使婚姻更具严肃性、稳定性,并区别于通奸或一时的婚外情。

③婚姻须为一男一女的结合,即一夫一妻制。

④男女的结合须为当时社会制度所确认。

关于我国现代婚姻的概念,需要说明如下两点:

第一,基于对婚姻本质的认识和维护,我国的社会观念和社会制度都不接受同性婚姻,所以婚姻只能发生在一男一女之间。尽管"同性恋"确实存在,但它不能成为"婚姻"。

第二,在前面的定义中,我们没有为"婚姻"设定"依法成立"或者"被国家所承认的前提",这是因为无论在现实生活中还是在法律条文里,婚姻都有合法与非法之分。就像我国民法上将"无效的民事行为"也看成民事行为一样,我们只能说唯有合法的婚姻才受国家保护,而不能将婚姻的概念局限在"合法"的范围之内。否则,像《民法典》中"婚姻无效"这样的提法就完全不能成立,因为合法的婚姻不能被宣告无效;刑法中的"重婚罪"也将无法解释,因为凡是重婚的婚姻,不管是登记婚还是事实婚,都是有配偶者与他人形成的非法婚姻关系。

(2)婚姻的性质

不同历史时期的法律规范及各国学者对婚姻实质的解释有所不同,有关婚姻性质的学说各执一词,众说纷纭,有统一体说、契约说、伦理说、信托关系说、制度说、身份关系说和婚姻经济说等。现择其要者,概述如下:

①统一体说

在人类婚姻史中,有相当长的时期婚姻被视为统一体,妻在婚后丧失独立人格,其人格当然地被夫的人格所吸收。统一体说不仅存在于古罗马法,存在于教会法,亦存在于古代中国法。

在古罗马法的"有夫权婚姻"中,妻在未嫁前如为他权人,婚后则摆脱生父的家长权而处于夫权或夫的家长权下,她所携嫁妆要归丈夫或丈夫的家长所有;如未嫁前为自权人,则摆脱监护权而处于夫权或夫的家长权下,妻受人格变更,由自权人变为他权人,脱离原来的家族,消灭一切继承、监护等法定关系,而加入丈夫的家族,她原有的财产也要归丈夫或丈夫的家长所有。妻在家庭中处于丈夫的女儿的地位,夫对妻有惩戒权。①

罗马法中有自权人和他权人的划分。他权人是处在他人权利下的人,这种权利,在罗马法中分为家长权、夫权和买主权。

例如,家父对家属的生命权(杀死)、身体完整权(殴打)和自由权(监禁)等人格权享有支配权,也包括对家属在内的他权人的名誉享有吸收权。例如,侵犯奴隶,视为对主人的人格尊严的侵犯;侵犯家女,视为对家父和丈夫的人格尊严的侵犯。这样就造成了社会的分裂:一部分人有人格权,另一部分人无人格权,后一部分人的人格权被前一部分人的人格权吸收,侵犯他们的人格利益视为侵犯前一部分人的同样利益。

在相反的情形下,自权人是自己的人格利益的承载者,也是此等利益的所有人,他们对自己享有的人格利益,无非就是生命、身体完整、自由、名誉而已。

乌尔比安在其《论通奸》中说:"一个不在其自己权利下的人似乎不可能有他人在其权利下。"

"一个不在其自己权利下的人"显然指的是他权人,相反的人是自权人,即对自己的生命权、名誉权等享有掌控权的人。

在教会法中,婚姻的统一性几乎是绝对的,夫妻不可离异,而且夫妻之间也是不平等的,"丈夫受托对他的妻子行使权力,这是教会的法律,也是国家的法律……顺从是妻子的职责"。

在古代中国法中,婚姻的统一体中尤其显出男性的绝对权威,封建伦理明确提出"夫为妻纲",妻必须恪守"三从四德"。

显然,尽管各国的规定有所不同,但统一体说都极力维护男性的权威,强调丈夫在夫妻关系中的绝对主导地位。

②契约说

视婚姻为契约是在西方国家产生并至今仍在法学界占统治地位的重要学说。该学说的代表人物康德认为:婚姻关系是"性的共同体",是基于人性自然法则必要的契约。婚姻契约说最早由法国宪章所确认:"法律只承认婚姻是一种民事契约。"(第7条)并由此在世界范围内奠定了婚姻自由的法则。现代的一些家庭法学者进一步发展了契约说,认为:从法律的观点看,婚姻是一男一女为了共同的利益而自愿终身结合、互为伴侣,彼此提供性的满足和经济上的帮助以及生儿育女的契约。因而,婚姻契约与其他的民事契约不同,具有伦理性与制度性。早在1888年美国最高法院就指出了婚姻契约与其他契约的不同:其他契约在当事人意思表示一致后即可变更,甚至完全撤销。而婚姻契约则不同,婚姻关系一旦建立,法律即介入其内规定其权利与义务关系,当事人不得自行制定或修改该契约的内容,法律禁止夫妻间彼此免除对方的义务,以保护被抚养人及其他第三人对婚姻主体的附随利益,保护国家和公民的根本利益。②婚姻契约说是对封建包办买卖婚姻的反叛,在人类婚姻史上具有历史性的进步意义。

③伦理说

黑格尔是此学说的创始人,并由新黑格尔派承继。该学说认为:婚姻是"精神的统一""实

---

① 周枏:《罗马法原论》(上册),商务印书馆2002年版,第195—200页。
② [美]John De Witt Gregory, Peter N. Swisher, Shery, Understanding Family Law, 1996, p.19.

质是伦理关系"。这种自我意识与对方的统一就是爱,而这种爱是"具有法的意义的伦理性的爱"。[①] 因此,婚姻作为伦理关系与契约有严格的区别。通常的契约成立之后,契约当事人仍有个别的、独立的人格,而婚姻成立的目的是实现统一,将有"自我意识"的男女两性合二为一,扬弃双方自然的、个别的人格,另行成立一完整的人格。日本的山中康雄博士认为:身份行为与市民社会法上的契约不同,在其本质上无法分为"要约"与"承诺"两个意思表示行为,所以,身份行为的效果发生根据,并不在意思表示。一些学者还将结婚行为视为合一行为,因为,结婚行为并不以个别的给付或以财产的交换为目的,而是以夫妻二人纳入全人格的结合的共同生活体为目的。婚姻伦理说强调婚姻的精神层面,而忽视了婚姻的市民性与物质性,也不符合现代社会在法律层面上夫妻人格平等、人格独立的准则。

④信托关系说

当代一些英美法学家认为,婚姻是一种信托关系,是国家与个人之间的信托关系,如同信托关系中的委托人与受托人一样,国家自己作为委托人,而将配偶置于受托人的地位,给予他们在处理家庭问题上的一系列权利,同时又保留了婚姻利益中一些对社会有潜在影响的权利。国家所保留的这部分权利是婚姻信托利益的重要部分。因此,婚姻信托的效果在于把不完全的婚姻所有权及其附属的自然权利,如子女抚养、夫妻性生活以及婚姻身份权等交给配偶。但如果父母虐待子女,国家就会剥夺其父母权利。与此相同,配偶享有彼此性爱的权利,但国家从来都保留着对夫妻一方在夫妻生活中过度淫乱行为的惩罚权。很显然,法律把婚姻当作一种信托关系,所要达到的目的仅是防止配偶因获得完全和至上的所有权而损害社会利益。[②] 问题是婚姻关系是当事人之间的身份关系,国家的信托权利从何而来。

⑤制度说

该学说始创于大陆法系的法国。1902年法国学者卢裴补主张婚姻并非契约,而为制度之一。持此学说者认为,婚姻当事人仅有制度上的权能,故婚姻当事人结婚后,制度上的效力立即发生,而与婚姻当事人的意思如何无任何关系。彭奴卡也认为,结婚行为是使婚姻当事人结合而达成婚姻制度上的效果为目的之法律行为。夫妻不能变更婚姻效果,更不能因解除的合意而将婚姻自行予以解除了。[③] 婚姻关系确由法律制度所确认,但不能由此认为制度是婚姻的本质,否则,任何法律关系的本质均可认定为制度。

⑥身份关系说

该学说认为:婚姻法律关系本质上是一种身份关系,婚姻双方在财产上的权利与义务关系是附随于人身上的权利与义务关系。创设这种关系的婚姻行为是一种身份法上的行为,行为人须有结婚的合意,但是婚姻成立的条件和程序、婚姻的效力、婚姻解除的原因等,都是法定的,而不是当事人意定的。因此,不应当将婚姻行为视为契约,将婚姻关系视为契约关系。身份关系说曾是中国婚姻法学界的通说。[④]

⑦婚姻经济说

我国学者叶行昆认为婚姻有三要素:情感、性爱与经济利益。

---

① [德]黑格尔:《法哲学原理》,贺麟、张企泰译,商务印书馆1982年版,第117页。
② [美]威廉·杰·欧·唐奈、大卫·艾·琼斯:《美国婚姻与婚姻法》,顾培东、杨遂全译,重庆出版社1986年版,第9页。
③ 巫昌祯主编:《婚姻与婚姻家庭法》,中国政法大学出版社1997年版,第106页。
④ 杨大文主编:《亲属法》,法律出版社1997年版,第86页。

评述:我们认为,婚姻是男女双方自愿缔结的有关夫妻身份的特殊契约,它是缔约双方以建立夫妻关系为目的,以夫妻间的权利与义务为内容的身份协议。尽管我国《合同法》(2021年1月1日《民法典》生效,该法同时失效)第二条第二款规定:"婚姻、收养、监护等有关身份关系的协议,适用其他法律的规定。"但《合同法》也第一次在我国法律中明确,婚姻是有关身份关系的契约。与一般的财产契约不同,婚姻关系负载着人类社会繁衍发展、子女后代抚养教育、社会伦常尊重维护的责任,因此,当事人之间缔结婚姻的合意受到了更多的法律规定的限制。

这包括婚姻成立的条件和程序、婚姻的身份效力和财产效力等都是法定的,不可由当事人根据其意志自行改变。但不可否认的是,在现代社会是否缔结婚姻关系,与谁缔结婚姻关系的意思表示均须由当事人自行做出,意思表示不真实或有瑕疵的,将会导致婚姻的无效或被撤销。而且,婚姻效力中的身份关系和财产关系的内容已经有了越来越多的缔约空间,如在许多国家,姓名权、住所权、财产权、生育权等权利均已允许当事人自行约定。因此,婚姻关系的实质是身份契约,既有身份性,也有契约性。

笔者认为,婚姻,从设立行为即缔结而言,是一种契约。当事人享有选择的自由,个人作为平等的民事主体,无须服从于他人对人身的支配。婚姻的成立,是双方当事人意思一致的法律行为,只有双方当事人合意,才能处于作为合意的直接或间接结果的状态。但婚姻关系不同于一般的契约关系。首先,婚姻关系是一种自然的、必然的关系,而在一般的契约关系中,其成员都具有特殊的目的,是为了利害的打算。其次,婚姻是共同生活实体的关系,包括身体的及精神的共同,家的共同及性的共同,诚实、协助以及教养子女的共同,在市场经济条件下,婚姻功能虽发生了嬗变,物质的中介因素作用增强,然而,共同生活、共享情感、经济上互相扶助仍然是婚姻重要的功能。婚姻不像一般契约关系以追求经济结构最优化和经济效益最大化为特征。再次,婚姻的主体人格利益统一,而一般的契约关系,契约当事人的人格互相对立,以给付、交换契约上的标的物为其目的。

2. 关于家庭

在我国现阶段,家庭具有两大社会职能:一是进行人口再生产的职能。由古及今,家庭一直是人口再生产的基本单位,我国当今的家庭也不例外。二是组织生活和生产的职能。这里的生活既包括物质生活,也包括精神生活。就物质生活而言,不但人们的衣食住行往往离不开家庭,而且家庭所发挥的养老育幼功能也是在短时期内无法全部转移给社会的。就精神生活而言,家庭不但为满足人们的日常文化、教育需求提供必要的条件,为满足人们的感情生活提供特定的环境,而且还是进行家庭教育和精神文明建设的重要空间。

它是一个社会生活单位。实际上随着个体的不断解放和独立,家庭观念愈来愈淡薄。而在历史上,家庭曾是生产单位,也是生活单位。在人类社会的发展过程中,最早的原始时期,都是一个血缘族群,有相同血缘的人们群居一处,共同劳动、共同分配,并没有家庭的观念,更无家庭制度。加之婚姻制度中是群婚制,"民知其母不知其父",根本没有家庭的观念。

随着生产力的发展,以及自然的进化,再也不用一大群人共同劳动就可以获得足够的食物,甚至有了剩余产品。在婚姻中,有了一定的血缘禁忌,比如同辈血亲方可结婚。再进化到对偶婚,再到个体婚。那么,由一男一女或一男多女作为夫妻构成的家庭分出来了,再不是整个部落作为一个生产单位了,家庭就成为一个生产单位,包括完成人类的自我生产。

家庭是由一定范围的亲属所构成的社会生活单位。亲属是以血缘关系为标准的,虽然也包括拟制血缘关系(如收养、继父母子女等),但不是所有的亲属都构成家庭,只是在一定范围内各自构成,一般是夫妻、父母子女、祖父母孙子女(外祖父母外孙子女)、兄弟姐妹等。

在农业社会,家庭成为最基本的生产单位,而在工业社会,家庭本身已经不再是生产单位了,而仅仅成为生活单位。每个人基本上是在一个家庭中,有时只有一个人,也可以构成家庭。

家庭具有以下两个特征:

(1)家庭是一个生活单位,具有同财共居的特点。家庭作为社会的一个细胞,是以婚姻、血缘为纽带而构成的生活单位。这个生活单位的内容是非常广泛的,它包括经济生活、道德生活以及政治、宗教、教育等各方面的生活,在不同的社会条件下,其内容也不断地发生变化,但无论何种社会,家庭作为一个生活单位,组织家庭消费和进行家庭教育都是其基本的职能。

家庭成员共同生活、共同居住、共有财产、共同消费。这种同财共居的特点不仅构成了社会中最密切的不可替代的人际关系,而且成为家庭与其他社会单位的重要区别。

(2)家庭由一定范围的亲属所构成,相互间具有权利与义务关系。生活在同一家庭的成员,一般以一定的亲属关系为前提,具有固定的身份和称谓。组成家庭的亲属包括因婚姻、血缘和法律拟制而产生的亲属。所谓一定范围的亲属,通常是指在法律上有权利与义务关系的亲属,而非全部亲属。在不同历史时期以及同一历史时期的不同国家、不同民族,家庭所包含的亲属范围宽窄不一,这取决于社会环境和统治阶级的需要。

经法律所确认和调整的家庭,具有法律所明确规定的权利与义务关系,而这一权利与义务关系的范围通常是与家庭成员的范围相一致的。根据我国《民法典》的规定,在法律上具有权利与义务关系的家庭成员包括:夫妻、父母子女、兄弟姐妹、祖父母外祖父母与孙子女外孙子女。各个家庭因其情况不同,其家庭结构的规模与家庭成员的范围亦有所不同。

二、婚姻家庭关系与婚姻家庭制度

1. 婚姻家庭关系

婚姻家庭关系是一种人和人之间的关系,由于它具有其他一般人际关系所没有的特点,所以又是一种特殊的人际关系;由于没有婚姻家庭关系就谈不到其他关系,所以它是全部社会关系中一个重要的基础环节;由于它不能与世隔绝、孤立存在,婚姻家庭关系同时也必然受其他社会关系的影响和制约。

首先,婚姻家庭关系是一种两个以上的自然人相互依存的关系。就婚姻而言,它并非单个的人所能完成,必然是基于当事人双方的互动;就家庭而言,它是在婚姻基础上形成的人的组合,每一个人都因自己的身份而处于特定的地位,在共同生活中发挥着各自的作用,而且这种作用会随着时间的推移而发生转化。

其次,婚姻家庭关系具有独特的个性。正常的婚姻关系基于男女两性的差别,蕴涵着性的因素;自然的亲属关系是生育的后果,形成了血缘的纽带,它们在很大程度上反映了人类生理的和心理的需求以及自然界生生不息的演进规律。

再次,人类社会本身就是一个有机的整体,虽然由于生存环境的差异出现了不同的人群,随着生产方式的不断变革形成了错综复杂的社会结构,但是婚姻家庭始终是社会的基本单位。社会性是人的本质属性,而对于绝大多数的人来说,婚姻家庭生活是全部社会生活中不可或缺的内容。因此,婚姻家庭关系就是一种最基本的社会关系,并且极大地影响着其他社会关系。尽管在现代社会中,人们一直在淡化并企图消除婚姻和血缘关系给其他社会生活带来的消极影响,但是同时也承认并注意尽量发挥它的积极作用。另一方面,婚姻家庭关系总是在一定的客观环境之中发生、发展的,绝对不能脱离其他社会关系,包括生产关系和思想文化关系。生产资料的所有制、生产组织和生产方式等,都会反映到婚姻家庭关系中,小而言之,既影响着婚姻的缔结、存续和解除,也影响婚姻家庭经济生活;大而言之,则决定着婚姻家庭关系的历史走向。同时,人们的道德观念、政治信仰、法律意识等,无一不对婚姻家庭关系产生重要的作用。

可以看出,自然因素和社会因素共同存在,交互作用,有机地融合在婚姻家庭关系中。如果我们忽视自然因素的存在,将会否定婚姻家庭关系的特殊性质,将它与其他人际关系相混淆;如果我们忽视社会因素的作用,将无从找到推动婚姻家庭关系发展的动力。因此,任何将它们人为地割裂开来甚至对立起来的观点都是不可取的。

婚姻家庭关系是特定的人与人之间的社会关系,即以男女两性和亲属间的血缘联系为其自然条件的社会关系。婚姻家庭关系具有双重属性,即自然属性和社会属性。

(1)婚姻家庭的自然属性

婚姻家庭的自然属性,是指婚姻家庭赖以形成的自然条件和婚姻家庭所包含的自然规律。它体现了生物学、生理学规律在人类婚姻家庭方面的作用。

婚姻家庭的自然属性是婚姻家庭赖以形成的自然因素。这些因素是与生俱来、客观存在、难以改变的。因而,自然因素是婚姻家庭关系内在的、固有的因素,是婚姻家庭关系形成的必要条件,也是婚姻家庭关系与其他社会关系相区别的重要标志之一。自然因素体现了生物学与生理学规律在人类婚姻家庭方面的作用,主要表现在如下方面:

①男女两性的差别和人类的性本能,是男女结合的生理基础;

②通过生育而实现的种的繁衍是家庭在生物学上的自然功能;

③家庭成员间的血缘关系及因此关系而产生的亲属团体,是客观自然形成的生物联系。

因上述自然属性而形成的自然选择规律对婚姻家庭的发展有着不容忽视的作用。人类通过对自然选择规律的认识,逐步排除近亲结婚,使两性和血缘关系的社会形式渐次从低级向高级发展。随着婚姻家庭制度的确立,婚姻家庭的自然属性由自发的作用逐步上升为自觉的把握,成为婚姻家庭立法的必要因素。

任何时代、任何国家的立法者在从事婚姻家庭立法时都必须考虑其自然属性。如以达到一定年龄、没有禁止结婚的血亲关系或疾病作为结婚的法定条件,以缺乏性行为能力作为准予离婚的法定条件,以出生的事实作为确定血亲关系的依据等,都反映了婚姻家庭所固有的自然属性。婚姻家庭的自然属性及其生理规律、遗传规律对婚姻家庭的发展都起着不可忽视的作用,婚姻家庭立法如果违背自然规律,就会受到自然规律的惩罚,贻害无穷。

(2)婚姻家庭的社会属性

婚姻家庭的社会属性是社会制度赋予婚姻家庭的本质属性,即决定和影响婚姻家庭的社会力量及婚姻家庭所包含的社会内容。

在本质上,婚姻家庭是人与人之间一种特殊的社会关系。马克思指出,人的本质并不是单个人所固有的抽象物,实际上,它是一切社会关系的总和,是出于社会生产和生活的客观需要而形成的。婚姻家庭中的物质社会关系和思想社会关系,是同一定的经济基础和上层建筑意识形态相适应的。

社会性是人类的根本属性。荀子曰:"力不若牛,走不若马,而牛马为用,何也?人能群,彼不能群也。"婚姻家庭以人为主体,是一种人与人之间的社会关系。马克思指出:人的本质并不是单个人所固有的抽象物,实际上,它是一切社会关系的总和。人作为社会成员从事物质资料的生产和人口的再生产,并在这两种生产中形成了各种社会关系,其中包括婚姻家庭关系。因而,婚姻家庭是社会关系的特定形式,人的本质属性决定了婚姻家庭的本质属性。

　　社会性是人类婚姻家庭从低级向高级发展的根本动因。两性结合与血缘联系的自然属性普遍存在于一切高等动物之中,但婚姻家庭却是人类专有的社会现象,有关婚姻与家庭的合法性以及婚姻家庭在社会生活中的地位和作用,特别是婚姻家庭自阶级社会以来从低级向高级的演进,仅仅以生理学、生物学的自然规律是无法解答的。人类的自然属性在近几千年并未发生重大变化,但婚姻家庭形态却在不同的历史时期各具特色,不断演进,这只能从婚姻家庭的社会性中寻找答案,是人类社会生产的方式,要求人类两性结合的行为采取社会形式的结果,而不是人类性本能的要求。

　　婚姻家庭是一定物质社会关系和思想社会关系的统一。这种社会关系的内容是复杂的,而不是单一的,其中既有属于经济基础范畴的因素,也有属于上层建筑、意识形态范畴的因素。一定社会的物质资料的生产关系决定和影响着婚姻家庭关系,而政治、法律、道德以及情感等思想关系,则与当时社会的上层建筑包括意识形态相适应。因而,婚姻家庭关系作为特殊的社会关系,其存在和发展决定于社会的生产关系,并受社会上层建筑、意识形态各个因素的影响和制约,其发展与变化是社会各种条件和各种因素综合影响的结果。

　　婚姻家庭关系是一种社会关系,它的产生、形成和发展变化取决于社会生产关系。人类自从脱离动物界以来,就以社会成员的身份从事物质资料的生产和人口的再生产,并且在这两种生产的过程中,发生了包括婚姻家庭在内的社会关系。同时,社会生产关系又决定着婚姻家庭形态。伴随生产力的发展,人类从社会之初的杂乱性关系逐步递进至高级形态,最终产生了一夫一妻制家庭。

　　婚姻家庭关系受到上层建筑诸因素的制约和影响。婚姻家庭关系是一种社会关系,它和社会的上层建筑,如政治、法律、道德、文艺、宗教、风俗习惯等都有密切联系。在阶级社会中,政治制度最集中地反映了经济基础的性质和要求,统治者必然通过法律来维护符合其阶级利益的婚姻家庭制度。道德、宗教和风俗习惯、文学艺术等,也通过不同的途径对婚姻家庭起着重要作用。它们依靠社会舆论、人们的信仰、传统或教育等力量,去判断是非、善恶,从而调整人与人之间的婚姻家庭关系。

　　总之,自然属性是婚姻家庭的特点与形成的前提,离开自然属性,便无婚姻家庭。社会属性是婚姻家庭的本质属性,它决定着婚姻家庭演进的发展方向。我们既不能抹杀婚姻家庭的自然属性,也不能扩大婚姻家庭的自然属性,更不能将婚姻家庭的自然属性与社会属性置于同等的地位。人类社会的两性关系由自然选择过渡到社会选择,由生物进化过渡到社会进化,是人类以社会属性抑制自然属性、战胜自然属性的过程,也是人类社会在自然界进化过程中始终保持卓尔不群的根本动因。

2. 婚姻家庭制度

　　婚姻家庭制度是指被一定社会所公认并被民众普遍遵循的婚姻家庭关系的规范体系。婚姻家庭制度是社会制度的有机组成部分,具有社会制度的共性。作为社会制度组成部分的婚姻家庭制度,是建立在一定经济基础之上的上层建筑,具有上层建筑的共性。作为一定社会利益体现的婚姻家庭制度,是婚姻家庭的自然属性与社会属性的有机结合。作为上层建筑的婚姻家庭制度,是一定社会中占统治地位的婚姻家庭形态的集中表现,具有以下基本特征:

(1)婚姻家庭制度是社会制度的有机组成部分,具有社会制度的共性。

(2)作为社会制度组成部分的婚姻家庭制度,是建立在一定经济基础之上的上层建筑,具有上层建筑的共性。

(3)作为一定社会利益体现的婚姻家庭制度,是婚姻家庭的自然属性与婚姻家庭的社会属性的有机结合。

(4)作为上层建筑的婚姻家庭制度,是一定社会中占统治地位的婚姻家庭形态的集中表现。

从内容上说,婚姻家庭制度的构成可以从两个角度来观察和划分。

第一个角度是从社会关系的性质观察,婚姻家庭制度可以分为身份制度和财产制度两大部分。在这两大部分中,身份制度处于基本的、主导的地位。恩格斯曾经指出:"生产本身又有两种。一方面是生活资料即食物、衣服、住房以及为此所必需的工具的生产;另一方面是人类自身的生产,即种的繁衍。一定历史时代和一定地区内的人们生活于其下的社会制度,受着两种生产的制约:一方面受劳动的发展阶段的制约,另一方面受家庭的发展阶段的制约。"正如前面所述,婚姻家庭关系在本质上是一种特殊的身份关系,它本身与物质资料的生产和交换有本质的区别,不能用一般财产关系的眼光来认识和对待婚姻关系和亲属关系。

第二个角度是从社会关系的成立、内容和终止等方面观察,婚姻家庭制度可以分为婚姻制度(包括结婚制度和离婚制度)、亲子制度(也就是调整父母子女关系的制度)、收养制度、监护制度、扶养制度等。

从形式上看,构成婚姻家庭制度的主要有四种规范:第一种是习惯。由于两性关系是人赖以延续的最基本的社会关系,所以,婚姻家庭制度是人类社会最古老的社会制度。在人类发展的历史上,最早出现的规范就是两性关系规范。在原始社会,习俗和惯例是最基本的规范形式,依靠着舆论的监督和个人的自觉遵守来保证实施。在漫长的原始社会,民间习惯以及其他许多亲属间的关系,包括日常收养、丧祭活动等也靠习惯来调整。"中华民国"时期,国家仍然承认一些习惯的效力,比如南京国民政府的解释,习惯上的买卖婚,只要当事人不反对,国家就承认其效力。习惯的作用在新中国成立后的第一部婚姻法中也有反映。它规定禁止直系血亲和两代以内的旁系血亲间结婚,同时规定,其他五代以内旁系血亲间的结婚"从习惯"。

婚姻家庭制度的第二种表现形式是道德。由于亲属关系用婚姻和血缘纽带联结在一起,具有极强的伦理性,因此,道德是判断亲属关系的非常重要的价值尺度,道德规范在婚姻家庭生活中发挥着独特的作用,这是任何其他社会关系所不可比拟的。基于道德本身具有鲜明的阶级性,具有制度价值的道德仅仅是统治阶级的道德。也就是说,统治阶级要将它所提倡的道德作为规范人们婚姻家庭关系的一种标准。比如在中国古代,所谓"父慈子孝、兄良弟悌、夫义妇听"等就是亲属关系的道德准则;"三从四德"("三从"是在家从父、出嫁从夫、夫死从子;"四德"是妇德、妇言、妇容、妇功)是对女性的道德要求。我们今天也提倡"尊老爱幼"等社会主义婚姻家庭道德。这些道德有的被法律所肯定,有的存在于法律之外,往往反映了更高的标准、更高的境界。

婚姻家庭制度的第三种表现形式是宗教信条。这在许多将某一种宗教当作"国教"的国家里尤为突出。比如欧洲中世纪的基督教,它的教义在婚姻家庭领域具有很强的约束力,教会法具有凌驾于世俗法之上的效力。只是到宗教改革以后,民事婚才逐渐代替宗教婚,国家法律才逐渐占据主导地位,但是宗教信条的影响至今仍是很大的。再比如,伊斯兰教的《古兰经》在封建社会对于教徒的约束力也相当强大,它允许一个男子有多个妻子,并将离婚的权利完全赋予男子,这个规定近几十年在有的国家才被废除。尽管中国汉民族的亲属关系受宗教的影响并不大,但从世界范围看,宗教戒律、宗教信条在调整婚姻家庭关系中的作用是绝对不可忽视的。

除了上述三种之外,法律毫无疑问的是婚姻家庭制度重要的规范形式。法律最重要的特点就在于它的国家意志性和国家强制性,它是衡量人们的行为是否正当、是否为某一社会所承认的最起码的尺度。婚姻家庭关系作为一种最基础的社会关系,必须服从一定社会的公共利益,因此,必须将它纳入社会生活的轨道,用法律形式来加以规范。由于在不同社会发展阶段,法律文明处于不同的状态,婚姻家庭法的表现形式也有明显区别。比如在古罗马,亲属法是私法的组成部分;在古代中国,是刑事法和行政法的附属规范;近代以来,婚姻家庭法作为民法的内容,存在着不同的立法模式。

在不同的社会发展阶段,上述几种婚姻家庭制度外在表现形式的地位和作用不断发生着变化。总的来看,在古代社会,习惯、道德、宗教信条的地位比较突出,而近代以来,随着人们对法制的重视,法律发挥着越来越大的作用。

第二节　中国婚姻家庭立法的发展

中国古代调整婚姻家庭关系的规范,始见于礼,后入于律。在奴隶制时代,婚姻家庭关系是由礼制和为统治阶级认可的习惯调整的。到了封建制时代,婚姻家庭法规范被载入诸法合体、内容庞杂的统一法典;对婚姻家庭关系的调整是礼、律并用的。总的来说,以礼为主,以律为辅,婚姻家庭法规范详于礼而略于律,是中国古代婚姻家庭法的一大特色。有关婚姻家庭的礼制,特别是其中的实体性规范,实际上起着法的作用。

一、中国奴隶制时代的婚姻家庭立法

大约自公元前两千多年的夏代起,我国从原始社会过渡到奴隶社会。一夫一妻制的婚姻家庭制度也随之形成。

关于我国奴隶社会的形成和发展时期——夏、商两代的婚姻家庭制度问题,迄今为止所掌握的资料是不够完整的。关于奴隶社会的兴盛和衰微时期——西周、春秋的婚姻家庭制度,则在许多有关礼制的典籍中留下了比较系统的记载。

中国先秦时期的婚姻家庭法规范,主要是以礼为其表现形式的。婚礼和家礼,在维护宗法制度的礼制中占有很重要的地位。有关婚姻家庭的礼,在《周礼》《礼记》《仪礼》等古籍中留下了比较系统的记载。

《周礼》《仪礼》《礼记》虽然成书较晚,但总的来说仍不失为前期礼制的真实反映。

在中国奴隶社会,法律与习惯、道德等行为规范尚未发生明显分化,一同被包容在维护宗法制度的礼制当中。成文法典出现得较晚,而且是诸法合体、统归于刑。

婚姻家庭关系中的行为规则,当然也脱离不了当时的社会规范体系,与其他社会规范一起,共同存在于礼制体系之下。

综观当时的婚姻家庭行为规范,有以下几个特点:

(一)宗法色彩浓厚的婚姻家庭制度

宗法制度是按照父系血缘关系的亲疏来维系政治等级、巩固国家统治的制度。维护宗法制度是我国奴隶社会乃至后来的封建社会婚姻家庭法的确立宗旨。我国奴隶社会的婚姻家庭制度是以生产资料的奴隶主所有制为其经济基础的,又是完全依附当时最重要的上层建筑——奴隶主贵族的宗法等级制度的。宗法制度是以父系大家族为中心,以血统远近区别人们关系亲疏为法则的社会制度。宗法制度,从历史渊源上观察,实际上是原始社会父系氏族制度(血缘结构)在阶级社会中的转化形态(见图1—1)。

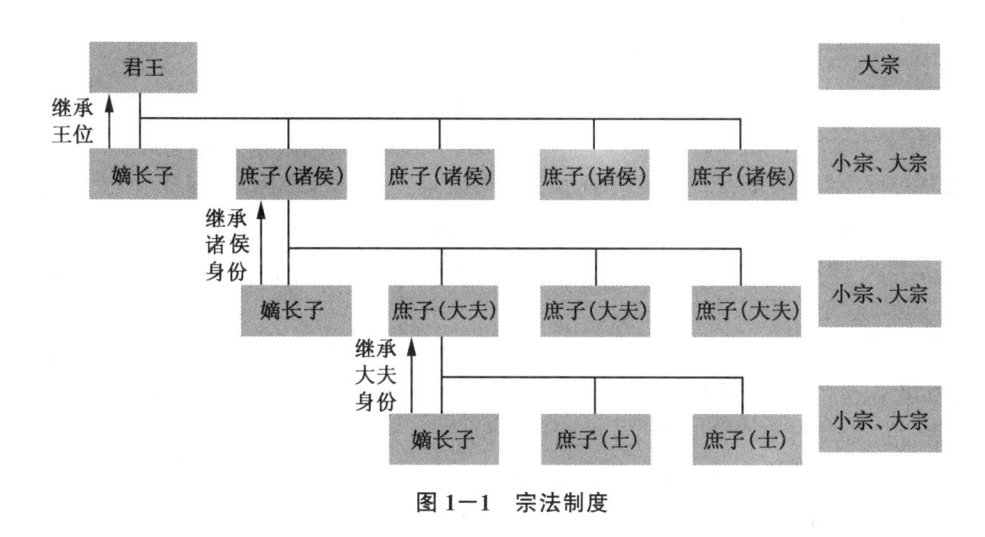

图1—1 宗法制度

宗法制度是中国古代由父系家长制演变而成的维护贵族世袭统治的一种制度。具有以下特点:(1)嫡长子继承制度(核心);(2)大宗可以命令和约束小宗,小宗必须服从大宗,严格的大宗、小宗体系(同时大小宗的关系是相对的);(3)血缘关系与政治关系结合;(4)王是天下的大宗,政治上的最高领袖。

宗法制的一个关键内容是严嫡庶之辨,实行嫡长子继承制。其目的在于稳固贵族阶级的内部秩序,解决贵族之间的矛盾。这一制度依靠自然形成的血缘亲疏关系以划定贵族的等级地位,从而防止贵族间对于权位和财产的争夺。在宗法制度下,从始祖的嫡长子开始传宗继统,并且世代均由嫡长子承继。这个系统称为大宗,嫡长子称为宗子,又称宗主,为族人共尊。宗子有祭祀祖先的权利。若宗子有故而不能致祭,那么庶子才可代为祭祀。和大宗相对应的是小宗。在一般情况下,周天子以嫡长子继统,众庶子封为诸侯,历代的周天子为大宗,这些诸侯就是小宗。诸侯亦以嫡长子继位,众庶子封为大夫,这些大夫为小宗,而诸侯则为其大宗。大夫也以嫡长子继位,为大宗;众庶子为士,即小宗。在宗法系统中,诸侯和大夫实具有大宗与小宗双重身份。

由此我们可以看到,大宗和小宗的区别与贵族等级中的层层封建制是完全合拍的。如果说分封制从政治结构方面建立了贵族间的等级秩序,那么,宗法制则以注入了特定内容、贯彻了崭新原则的宗族传统观念使这个等级秩序得到稳固。文献和彝铭记载中屡有"宗周"的记载,《诗经·公刘》说:"食之饮之,君之宗之。"从宗法系统看,周天子乃是地位最高的宗子。周初,宗法制首先在周天子和诸侯间实施,以后逐渐及于中、小贵族,以至士与庶民之间,具有了普遍性质。如此,按照血缘关系的亲疏远近就形成了"周天子—诸侯—卿大夫—士"的宗法等级。

以周王为首的姬姓贵族,在整个贵族阶级中占据首要的地位。但是这并不排斥异姓贵族。一方面,宗法制度的原则,通行于所有的百姓贵族;同时,在姬姓贵族与异姓贵族之间,还要通过婚姻关系结成亲戚之国,用以加强联系。这种通婚关系,是对宗法关系的补充。

商朝和周朝都是宗族奴隶制的国家。掌握了国家机器的奴隶主阶级,是利用氏族的血缘纽带来实现其阶级统治的。他们按照大宗、小宗的关系,建立了一个严密的宗法系统。政治组织和家族组织是完全一致的。家庭并不是一个独立的单位,而是宗法系统中的细胞组织。

宗法制度始于夏商,完备于西周。《左传·桓公二年》中记载:"故天子建国,诸侯立家,卿置侧室,大夫有贰宗,士有隶子弟,庶人、工、商各有分亲,皆有等衰。"

按周制,以天子为天下大宗,是同姓贵族的最高家长、政治上的共主,拥有至高无上的权力,其王位由嫡长子继承,世代为大宗。天子的诸弟封为诸侯,对天子(大宗)而言为小宗。诸侯在本国为大宗,以国名为氏。诸侯的诸弟封为卿大夫,对诸侯(本国大宗)而言为小宗。卿大夫在本家为大宗,以官职、邑名、辈分等为氏,职位也由嫡长子继承。从卿大夫到士(卿大夫的家臣,贵族最低等级),依次递降,大宗、小宗关系相同。这些世袭的嫡长子,成为宗子,掌握本族财产,负责本族祭祀,管理本族成员。

《礼记·大传》中记载:"别子(天子、诸侯的嫡长子以外的儿子)为祖,继别为宗,继祢者为小宗。有百世不迁之宗,有五世则迁之宗。百世不迁者,别子之后也。宗其继别子之后出者,百世不迁也。宗其继高祖之后者,五世则迁者也。"

这就是宗法家族的组织法,也是宗法制国家的组织法。从天子起直至士为止,合成为一个庞大的宗族,而就其基层的每一个大宗、小宗来说,则都是一个家长制的大家庭。奴隶主阶级不仅通过血缘纽带将同姓贵族牢固地联结在一起,而且还通过与异姓贵族缔结婚姻,形成一个极为广泛的亲属网络。

这样,便以天子为核心,以血缘纽带为基础,将同宗同姓贵族联结在一起,再通过婚姻为纽带,联结异姓贵族,组成以宗族为基础的族权、政权合一的国家机构,实行尊卑有序、等级森严的阶级统治。

很显然,在中国奴隶社会,婚姻家庭制度是服务于宗法制度、隶属于宗法制度的。

婚姻家庭制度从属于宗法制度。婚礼、家礼的内容及其种种特征,都可以从宗法制度中得到合理的解释。

《礼记·昏义》中指出:"夫礼,始于冠,本于昏,重于丧祭,尊于朝聘,和于射乡。"其中,冠、婚、丧、祭诸礼都是奴隶主阶级的成员在婚姻家庭方面必须遵守的行为规则。在宗法制度下,以"合二姓之好","上以祀宗庙,下以继后世"为婚礼的根本宗旨,以"孝""悌"为家礼的最高原则。

中国古代的宗法伦理观念视婚礼为诸礼之本。《中庸》中也有"君子之道,造端乎夫妇"之说,婚姻是被认为人伦之始的。有关婚姻的礼制以聘娶婚为结婚方式,以"六礼"为嫁娶程序。

名目众多、内容繁杂的家礼,是以"亲亲""尊尊""长长""男女有别"(应该解读为男尊女卑)等为其主要内容。当时的家庭是父系、父权、父治的家庭,夫、父、家长往往一身而三任焉。

当时的婚礼、家礼对后世有很大的影响,例如,聘娶婚及其嫁娶程序——"六礼",婚姻离异方面的"七出"和"三不去",以及纳妾、立嫡、宗祧继承、亲属的服制等,都是发端于奴隶制时代,后又为封建时代的礼与律所继受的。

(二)婚姻关系实行一夫多妻制

随着私有财产制而确立的"一夫一妻制"是片面的,它只是单方面地要求妇女遵守。奴隶主则实行公开的一夫多妻制。

至于奴隶和其他劳动人民,当然不可能实行一夫多妻制。正如恩格斯所说:"多妻制是富人和显贵人物的特权,多妻主要是用购买女奴隶的方法取得的;人民大众都是过着一夫一妻制的生活。"[①]

中国奴隶时代的多妻制有两大特点:(1)等级化;(2)嫡庶有别。

等级化是说,奴隶主贵族的妻子数量,与他们的社会等级地位成正比。嫡庶有别是说,一个奴隶主贵族丈夫门下的妻子,也有严格的等级差别:在众多配偶中,只能有一人具有正妻的身份;正妻以外的其他配偶,也都有严格的等级次序之分。

从殷墟出土的卜辞来看:"妃""嫔""妾""娣"等字均已出现。商王武丁有帚六十余人,如帚井、帚妹、帚征、帚喜、帚庞、帚来等。

到了周代,奴隶主贵族的多妻制又被当时的礼固定下来,使之带有强烈的等级制的特点。

多妻的状况是同奴隶主的身份、地位、权力、财产等成正比的。根据《礼记·昏义》记载:"古者天子后立六宫,三夫人,九嫔,二十七世妇,八十一御妻,以听天下之内治,以明章妇顺,故天下内和而家理……此之谓盛德。"其他古籍中也有诸侯一娶九女,卿、大夫一妻二妾,士一妻一妾等记载。

此外上层贵族间的婚姻还实行娣媵制,这种制度在商代就已产生,至西周、春秋时更为流行。

《公羊传·庄公十九年》记载:"媵者何?诸侯娶一国,则二国往媵之,以侄娣从。"

所谓娣,就是从姊同嫁之妹。

所谓侄,就是从姑同嫁的侄女。

当时诸侯有一娶九女之俗,即娶一国则与其同姓之二国以女从媵,每国合侄娣为三人,三国共合九女之数。这种奇特的婚姻制度,既反映了原始婚俗的遗迹,又成了奴隶主贵族借联姻扩大政治势力的手段。

我国奴隶社会中的礼,对婚姻十分重视。《礼记·昏义》指出:"男女有别,而后夫妇有义;夫妇有义,而后父子有亲;父子有亲,而后君臣有正。故曰:昏礼者,礼之本也。"

(三)家庭关系实行家长专制

早在奴隶社会初期,与一夫一妻制婚姻相适应的家庭组织已经形成。商代的占卜记录和金文中所出现的亲属称谓,多数已与后世相近,只是有些称谓比较简单,还不能清楚地体现出直系和旁系、嫡和庶的区别。

在商代自上甲起至帝辛止,传子者19人,兄终弟及者14人,弟传长兄之子者4人,堂弟传堂兄者1人。

至商代后期,兄终弟及之制已被废除。康丁、武乙、文丁、帝乙、帝辛五世皆为父子相继。帝乙之长子为微子启,因其非正妻所出而传位于帝辛,可见嫡庶之别,已经十分严格。

"帝乙长子曰微子启,启母贱,不得嗣。少子辛,辛母正后,辛为嗣。帝乙崩,子辛立,是为

[①] 《马克思恩格斯选集》第4卷,人民出版社1972年版,第56页。

帝辛,天下谓之纣。"①

西周以来,宗法制度更加完备。家庭成员之间的各种关系在礼制上都有明确的规定。大权操于家长之手,男女、上下、长幼之间尊卑有序,各有其位,不得僭越。

家长在家庭中占有最高的地位,拥有绝对的权力。《孔子家语·本命解》中说:"天无二日,国无二君,家无二尊。"不论是家庭中的财产,还是家庭中的成员,都是由家长支配。"君者,国之隆也,父者,家之隆也,隆一而治,二而乱。"②这就是尊崇家长权力的根本目的。

家长和父往往一身而二任,至于家长身份的取得,则是按照嫡长继承制来确定的。具体来说,在嫡子不止一人的情况下,以长为重,即所谓"立嫡以长不以贤";在嫡庶子并存的情况下,以嫡为贵,即所谓"立子以贵不以长";在均为庶子的情况下,有时立其长者,有时用占卜的方式来决定。③

从亲子关系来看,礼制要求子女恪遵孝道,对父母家长绝对服从。在财产问题上,"子妇无私货,无私蓄,无私器,不敢私假,不敢私与"。④

在人身问题上,卑幼更是受着家礼的种种束缚,甚至连子女的生命,也被认为是属于父母家长的。按照礼的规定,"父母存,不许友以死"。⑤ "父母怒,不说,而挞之流血,不敢疾怨,起敬起孝"。⑥

家礼对妇女的束缚较男子更甚,"三从四德"之礼,在奴隶社会中已经发端。妇女的一生,从生到死都是在男性中心和夫权统治下度日的。妇女出嫁以后,家庭地位十分低下。她们在家中毫无权利,"事在供酒食而已,无阃外之仪"。⑦ 她们在家中身不由己,"凡妇,不命适私室,不敢退。妇将有事,大小必请命于舅姑"。⑧ 即使丈夫死后,妇女也不能主持家事。

(四)维护婚姻家庭关系的手段,礼法并用,以礼为本

礼法并用是中国奴隶社会以及后来的封建社会调整婚姻家庭关系的主要手段。我国奴隶社会中,法律多为不成文的习惯法,并仅以刑罚制裁婚姻家庭领域的违矩行为。周朝的奴隶主贵族,为了加强调整日益复杂的婚姻家庭关系,制定了大量的礼教,如《周礼》《仪礼》和《礼记》,实行礼法并用。

这里的"法",是指刑法而言。"礼法并用"实际上就是"礼刑并用"。"刑"主要是用于镇压奴隶和其他劳动人民的反抗,而"礼"则用于调整奴隶主统治阶级内部的各种关系。

礼不下庶人,刑不上大夫。⑨

礼为有知制,刑为无知设。⑩

众庶,百姓必以法数制之。⑪

---

① 《史记·殷本纪》。
② 《荀子·致仕》。
③ 参见《左传·襄公三十一年》《礼记·檀弓》等。
④ 《礼记·内则》。
⑤ 《礼记·曲礼》。
⑥ 《礼记·内则》。
⑦ 《孔子家语·本命解》。
⑧ 《礼记·内则》。
⑨ 《礼记·曲礼上》。
⑩ 《白虎通·德伦·五刑》。
⑪ 《荀子·富国》。

我国奴隶社会中的"礼",名目繁多,就礼之全貌而言,《周礼·春官》中分礼为五,即吉礼、凶礼、宾礼、军礼、嘉礼。从礼之要端而言,《礼记·昏义》中分礼为六,即所谓"礼始于冠,本于昏,重于丧祭,尊于朝聘(诸侯定期朝见天子),和于乡射……"《礼记·王制》中说:"脩六礼以节民性。六礼:冠、昏、丧、祭、乡、相见。"《大戴礼记·本命》中的礼则为九:"冠、婚、朝、聘、丧、祭、宾主、乡饮酒、军旅此之谓九礼。"

这些礼都直接、间接地反映了维护宗法制度的需要。有关婚姻家庭的部分,如冠、昏、丧、祭等礼,也是通过巩固婚姻家庭方面的宗法秩序,为巩固奴隶主阶级的宗法统治服务的。

例如,以孝悌为家礼的中心内容,就是要把家属、宗人置于家长、宗子的绝对支配之下,就是要小宗服从大宗,最后一统于作为天下大宗的天子。

又如,以祭祀祖先、延续后代作为婚礼的最高宗旨。《礼记·昏义》中说:"昏礼者,将合二姓之好,上以祀宗庙,下以继后世也。"这清楚地说明了婚姻是完全从属于宗法家族制度的。正确地认识宗法制度对婚姻家庭关系的支配作用,对于了解我国奴隶制时代的婚礼、家礼都具有十分重要的意义。

二、中国封建社会的婚姻家庭立法

奴隶制为封建制所替代后,古已有之的婚礼、家礼在经过改造、补充后仍然起着重要的作用。另一方面,有关婚姻家庭的成文法也得到了一定的发展,以户婚律或类似名称出现的婚姻家庭法规范体系是历代封建王朝制定的诸法合体的统一法典的组成部分。

(一)中国封建社会的婚姻家庭立法概述

春秋战国时期,我国开始进入封建社会。随着社会条件的改变和封建主义婚姻家庭制度的确立,调整婚姻家庭关系的法律也逐渐发展起来。

与婚姻家庭有关的成文法始于战国时代,《法经》和《秦简》中的某些记载可资佐证。汉律九章,以(户律)规定婚姻家庭和与此相关的其他事项。汉时已以"七弃"(即"七出")为休妻之理由,妻擅自改嫁或夫死未葬而改嫁须处以重刑;三国、两晋、南北朝的户婚立法,上承汉制而有所损益。魏律、晋律中均有《户律》一篇。北齐律中改称《婚户律》。北周律中分列《婚姻》《户禁》两篇。南朝各代基本上沿用晋律。当时的门阀制度对婚姻家庭制度有强烈的影响。隋《开皇律》中将婚、户合为一篇。《大业律》中再次分为《户律》和《婚律》。唐律以《户婚》为其第四篇,分为上、中、下三卷,计46条。

春秋时的《刑书》《刑鼎》并无婚姻家庭立法的内容。

战国时李悝所撰的《法经》,是将奸淫罪列入《杂律》的。

据西汉时《桓谭新论》记载:"其杂律略曰:夫有一妻二妾,其刑,夫有二妻则诛,妻有外夫则宫,曰淫禁……"

商鞅在秦变法,有"二男以上不分异者倍其赋"的规定。根据云梦出土的《秦简》,秦时已有"家罪"之名。但是,尚无系统地调整婚姻家庭关系的法律。

秦简法律问答对"家罪"有两种解释:"家罪者,父杀伤人及奴妾,父死而告之勿治",此其一。"父子同居杀伤父臣妾畜产及盗之,父已死而告勿听,是谓家罪",此其二。

汉时的婚姻家庭立法已初具规模。从此之后,历代封建王朝加强了法律对婚姻家庭的调整,多采取诸法合体的立法体例,即在统一的法典中设专章规定婚姻家庭关系的调整,并用刑罚方式进行维护。

汉代萧何制《九章律》,专设"户律",规定婚姻、户籍等规范。因其文已散失,只能从古籍中间接考其内容。根据有关记载,汉时已以"七弃"为休妻之理由;妻私自改嫁或夫死未葬而改嫁者皆弃市;此外还有许多维护封建伦理纲常的规定。

三国两晋南北朝,基本上承袭汉制。章节虽有添减(魏律十八,晋律二十),但均包含有户律。《晋书·刑法志》记载:"崇嫁娶之要,一以下聘为正,不理私约,峻礼教之防,准五服以制罪。"北魏时甚至有"男女不以礼交皆死"的规定。北齐律以婚事附于户,改称婚户律。北周律则分列婚姻、户禁两篇。南朝诸代基本上沿用晋律。这一时期盛行的门阀制度,对婚姻家庭立法也有着强烈的影响。

综观我国封建社会前期的婚姻家庭立法,秦汉两代初具规模,中经魏晋、南北朝和隋朝的整理与制定,至唐代进入了全盛时期。

现存的唐永徽律,以户婚为第四篇,共分上、中、下三卷,计46条。主要是关于户籍、土地、纳税和婚姻家庭等规定。

在婚姻方面,唐律公开肯定和维护封建的强迫包办婚姻,对主婚权、禁婚条件、嫁娶程序、违律嫁娶、"七出"以及"和离"和"义绝"等都做了具体规定,将"七出"上升为离婚的法定理由。在家庭方面,它不遗余力地巩固封建家长制,维护封建纲常礼教。如禁止子孙别籍异财,对卑幼私辄用财和立嫡违法等都有治罪的规定。《名例律》中把"不孝""恶逆"等列入"十恶",以维护封建的伦理纲常,《斗讼律》在亲属间的刑事责任上也根据尊卑长幼之序做了减刑或加刑的规定。

唐户婚律集我国封建婚姻家庭立法之大成,它不仅为以后各代户婚律的蓝本,而且远播国外,对我国周围一些国家的婚姻家庭立法也有较大的影响。

自唐以后,宋代有关户婚的律条载于《刑统》,辽、金、元各代的法典中均有关于户婚事项的规定,并在户令中重申良贱不婚的规定。辽代的条例,金代的制书,元代的新格,其中都有关于户婚的规定,只是不以律名而已。元刑法志设有户婚一门,关于订婚、结婚、离异等问题均有记载。明律分列吏、户、礼、兵、刑、工六律,户律之下有婚姻等七篇。清律基本上沿袭明律,户婚方面的规定也不例外。明代在调整婚姻家庭关系时已有与律并行之"例"。清代的法律体系中,"例"之地位更为重要,成为处理婚姻家庭案件的基本依据。此外,清刑部的则例中,亦有婚姻一目。

中国封建时代的法律对婚姻家庭关系的调整并不是系统全面的。在律、令等规范性文件中所规定的,主要是那些与刑相关,一旦违反即处之以刑的问题,其他则一概委之于礼。有关婚姻家庭的法律规范,只是用来补礼之不足,律与礼是相辅相成的。

(二)中国封建社会的婚姻家庭立法的特点

上迄秦汉,下至明清,两千多年以来,历代法律都是维护封建主义婚姻家庭制度的重要工具。从这个意义上说,它和其他国家同时代的法律有相似之处,具有共同的阶级本质。

但它们又是在中国封建社会特有的历史条件下产生和发展起来的,不仅决定于中国封建制的经济基础,而且受中国封建政治和封建文化的制约。中华法系所固有的种种特点,在婚姻家庭立法上表现得特别明显。

下面就我国封建时代婚姻家庭立法本身的一些特点略做分析:

1. 法律并不是调整婚姻家庭关系的唯一手段,甚至也不是最主要的手段

封建王朝历来都是以法辅礼、礼法并用的。地主阶级把奴隶制的礼继承下来加以补充修订,使之成为维护封建统治的工具。自西汉以来,"三纲五常"被确定为封建伦理的基本准则。父为子纲、夫为妻纲在婚姻家庭关系中被奉为天经地义。

"三纲者,何谓也?君臣、父子、夫妇也。"①

"君为臣纲、父为子纲、夫为妻纲。"②

三纲说为西汉时董仲舒所倡,他说:"君臣、父子、夫妻之义,皆取诸阴阳之道。君为阳,臣为阴;父为阳,子为阴;夫为阳,妻为阴……王道之三纲,可求于天。"③

五常——"夫仁、谊(义)、礼、知(智)、信五常之道,王者所当修饬也"。④

由于奴隶制的宗法制度的崩溃,宗法下移,广大劳动人民的家庭也被纳入了宗法系统,受着族权的支配。渊源于奴隶社会后又被封建统治阶级加以改造的礼,就成了当时人们在社会生活和婚姻家庭生活中必须遵守的行为规则。它们在许多方面实际上起着法的作用,形成了一整套关于男女、夫妇、父子、尊卑、上下、长幼的宗法伦理观念以及与之相适应的家礼、婚礼。

至于封建王朝颁布的有关婚姻家庭的法律,只是用来补礼之不足,并使它得到国家强制力的保障。所以,法和礼又是相辅相成的。

明王袆在《七出议》中曾说:"礼与律非二物也,礼者防之于未然,律者禁之于已然,皆缘人情而为制。礼之所不许,即律之所不容,出于礼而入于律也。"⑤把礼和律完全等同起来虽然不对,但他对两者的关系说得还是清楚的。在研究封建主义婚姻家庭制度时,绝不能只见法而不见礼。

除了继受奴隶社会的"三礼"(《仪礼》《周礼》《礼记》)外,众多的儒家经典,如汉朝的《白虎通》《女诫》,北齐的《颜氏家训集解》,宋朝的《朱子语类》等,都规定了人们在婚姻家庭中应当遵循的礼教。其目的在于维护封建主义婚姻家庭制度。

2. 法律对婚姻家庭关系的调整并不全面

正因为把许多问题都委之于礼,所以在历代户婚律中所规定的往往主要是那些与刑罚有关的,即一旦违反,便处之以刑的问题。我国封建法律中对婚姻家庭问题的规定并不多,比较完备的法典如唐律、明律等,这方面也很有限,其原因就在于此。

3. 婚姻家庭立法是固有法而不是继受法

和其他法律一样,两千多年来一直如此。它是在中国土壤中成长的,并没有受外来法系的影响。它虽然随同中国封建文化传播于东亚一些国家和地区,但只有输出而无引进,不像欧洲、中亚各国那样,经常发生法律互相沟通、相互影响的现象。这种状况,直至清末才开始改变。

4. 婚姻家庭法多为封建王朝制定的统一的国家立法

不是分散的地方立法,这也是我国封建时代婚姻家庭立法的一大特色。在世界上某些国家封建时代的亲属立法中,地方立法是占很大优势的。

这一特点,无疑是由我国很早就形成了中央集权制的封建国家所决定的。

除上述户婚律外,有关婚姻家庭的规定还散见于敕、令等其他法律形式中,但它们也是普

---

① 班固:《白虎通·三纲六纪》。
② 孔颖达:《礼纬·含文嘉》。
③ 董仲舒:《春秋繁露·基义》。
④ 董仲舒:《举贤良对策一》。
⑤ 《皇明文衡》卷九。

遍适用于全国的。

从我国封建礼、法的有关内容来看,建立在封建生产关系之上的,受着政权、族权、神权、夫权联合支配的婚姻家庭制度,具有包办、买卖婚姻,男尊女卑和夫权统治,以及一夫多妻制、家长专制和漠视子女利益等基本特征。这种制度实行了两千多年之久。

半殖民地半封建社会中的婚姻家庭立法虽然接受了资产阶级法律的影响,但在全国范围内居于统治和支配地位的仍然是历史上延续下来的封建主义婚姻家庭制度。

(三)中国封建社会的婚姻家庭制度的基本特点

中国封建主义婚姻家庭制度,根植于封建经济、政治和文化的土壤之中。其经济根源是封建地主阶级的生产资料私有制和小生产经济。

在封建的生产关系中,家庭是一个完整的社会经济单位,执行着生产和消费的职能。封建婚姻家庭制度是以家长制为核心的。其阶级根源可以从地主阶级及国家所实行的封建宗法制度中找到答案。对于封建统治者来说,为了维护社会的宗法秩序,首先要维护婚姻家庭方面的秩序。其思想根源是以儒家思想为核心的封建文化。所谓"孝悌亲尊、男尊女卑、男女有别"等,都表达了封建经济、政治对婚姻家庭的要求。

具体地说,中国封建婚姻家庭制度具有以下主要特征:

1. 包办买卖婚姻,男女毫无婚姻自由

按照封建礼法的规定,婚姻缔结不是出于男女双方当事人的意愿,而是受父母、尊长等第三人支配的。"父母之命、媒妁之言"是封建婚姻的合法形式。

主婚权操于父母、祖父母等尊长手中,实际上往往是由男性家长行使的。如明代洪武二年令:"嫁娶皆由祖父母、父母主婚;祖父母、父母俱无者,从余亲主婚。其夫亡携女适人者,其女从母主婚。"

由于婚姻的成立有赖于尊长下命,所以,奔走两家、往返传言的媒妁,便成为父母包办婚姻的不可缺少的中介。如唐律规定:"娶妻无媒不可。"在"父母之命、媒妁之言"的合法形式下,造成了无数婚姻悲剧。封建婚姻缔结的目的,不是为了男女当事人的利益,而是为了两个家族传宗接代的利益。《礼记·昏义》中记载:"昏礼者,将合二姓之好,上以祀宗庙,下以继后世也。"此外,当时统治阶级之间还有通过两家联姻扩充政治势力的目的。

封建社会婚姻的实际内容是门当户对和婚姻论财,在封建等级制度下,家世的不同、门第的高低给男女通婚设置了不可逾越的障碍。如唐律规定:"诸与奴娶良人女为妻者,徒一年半。女家减一等,离之。"所谓婚姻论财,即女家常以婚嫁为名向男家索取聘礼。

封建社会结婚程序有"六礼"繁文缛节,反映了封建买卖婚姻的浓厚迷信色彩。

2. 公开的一夫一妻多妾制

在封建社会中,允许男子娶正妻一人,而广纳姬妾是封建多妻的表现形式,且具有等级制的象征。即纳妾的数量与男方地位的高低是成正比的。如晋朝《魏书·临淮王传》置妾令中规定:"晋令:诸王置妾八人。郡公、侯妾六人。官品令:第一、第二品有四妾,第三、第四品有三妾,第五、第六品有二妾,第七、第八品有一妾。"

然而在实际生活中纳妾的数量并未受限。皇帝的妃嫔成百上千;王公、贵族、官吏和富商等,也都以广纳姬妾为荣。

为了维护封建宗法制度,古代礼法十分重视妻妾之别。古人曰:"娶为妻,奔为妾。"即妾为公开买来的;妾与夫家不发生亲属关系;妾不能入宗族。封建法律中关于重婚的规定,只是禁

止多妻而不禁止纳妾的。《唐律·户婚》规定:"诸有妻更娶妻者,徒一年,女家减一等。若欺妄而娶者,徒一年半,女家不坐,各离之。"但是,对于已有妻子而再纳妾者,上述禁止重婚的规定是不适用的。

3. 男尊女卑,夫权统治

在以男性为中心的封建宗法制度下,男尊女卑、夫权统治,必然反映到婚姻关系中来。

封建礼法所维护的尊卑、主从、依附与被依附、奴役与被奴役的夫妻关系,是由男女两性社会地位的不平等所决定的。"夫为妻纲"是封建伦理纲常之一,广大妇女在婚姻家庭中受着礼和法的重重束缚。《白虎通·嫁娶》中记载:"夫妇者何谓也?夫者,扶也。扶以人道者也。妇者,服也。服于家事,事人者也。"它说明了妇女对丈夫的人身依附关系。封建礼教中关于"女教""女道"中的"三从四德"最为典型。所谓"三从",即妇女"幼从父兄,嫁从夫,夫死从子"[①]。所谓"四德",即"妇德、妇言、妇容、妇功"这四项女性应有的品德[②]。其目的是要妇女在思想、谈吐、仪容、行为等方面都严格遵守封建道德,安于充当家庭的奴隶。

此外,已婚妇女的法律地位是十分低下的。以夫妻相犯为例,夫犯妻依法减刑,反之则加刑。唐律规定:"夫殴伤妻者,减凡人(平常人、平民)二等,死者从凡人论。"反之,"妻殴夫徒一年,若殴伤重者,加凡斗伤(普通斗殴伤害罪)三等,死者斩。"明、清律也有此类规定。已婚妇女的财产权利,也受到各种限制或剥夺。夫妻的财产实际上由丈夫全权支配。如《元典章》规定:妇女改嫁时,"不问生前离异,夫死寡居,但欲再适他人(改嫁),其随嫁妆奁财产等物,听前夫之家为主……"

4. 实行家长专制,漠视子女利益

家长制是封建家庭制的核心。按照封建礼法的要求,一家之内,子必从父,弟必从兄,妻必从夫,家属必从家长。家长在家庭中具有至高无上的权力,而且家长权和父权、夫权又是紧密结合在一起的。从家长的权力来看,家长拥有主婚权、教令权、惩戒权以及财产管理权等,而子女、家属则处于无权和绝对服从的地位。唐律规定:"诸祖父母、父母在,而子孙别籍异财者,徒三年。""诸同居卑幼私辄用财者,十匹笞十,十匹加一等;罪止杖一百。"明、清律也有类似规定。关于父母行使对子女的惩戒权时,可以任意处置子女,甚至处死亦无罪。清律规定:"非理殴杀子妇、子女者,杖一百,无故杀子女者,杖六十,徒一年。"相反,子女对父母只有绝对服从的义务。"不孝"构成"十恶"之一。唐律规定:"子女违抗家长教令,徒二年。"从取得家长身份的方式来看,是按嫡长继承制确定的,反映出嫡庶兄弟姐妹间的不平等。如有嫡子数人时,是"立嫡以长不以贤"。若有嫡庶子并存时,则是"立子以贵不以长"。如果无嫡子、只有庶子时,有时立其长者,有时用占卜的方式确定。

5. 男子享有"休妻"的离婚特权

封建离婚制度要求妇女只能"从一而终",即夫死妻子要守节,不能再婚;女子结婚后,不能提出离婚。而男子却有"七出"的特权;妻子死后,丈夫还可以继室。古籍《女诫》中写道:"夫有再娶之意,妇无二适之文。"

三、半殖民地半封建社会的婚姻家庭立法

在半殖民地半封建社会的旧中国,晚清王朝、北洋军阀政府和国民党政府都进行了有关婚

---

① 《礼记·郊特性》。
② 班昭:《女诫》。

姻家庭的立法活动。当时的统治者有的企图用稍加改良的法律使旧的婚姻家庭制度得以延续,有的则在形式上一味仿效资产阶级国家的婚姻家庭立法,但实际上并没有对旧的婚姻家庭制度实行根本性的改革。

(一)半殖民地半封建社会婚姻家庭制度概况

1840年鸦片战争以后,中国逐步沦为半殖民地半封建社会。毛泽东指出:"帝国主义列强侵略中国,在一方面促使中国封建社会解体,促使中国发生了资本主义因素,把一个封建社会变成了一个半封建的社会;但是在另一方面,它们又残酷地统治了中国,把一个独立的中国变成了一个半殖民地的中国。"[1]

半殖民地半封建时期的中国社会制度,一方面受到自身根深蒂固的封建势力的束缚,另一方面又受到外来资本主义的渗透,因此在许多方面都具有双重性特点。

这种双重性特点,也强烈地影响到婚姻家庭制度方面来。

随着资本主义在中国的渗透,自给自足的自然经济及其文化遭受到一定程度的破坏,中国社会的婚姻家庭关系出现了一些新的变化。这些变化主要表现为:城市地区出现了资产阶级和工人阶级的婚姻家庭关系;大家庭制逐步没落,小家庭制逐步发展;自由恋爱结婚,成为一些青年知识分子向往、追求的婚姻模式。

这些变化也影响到婚姻家庭立法方面。实行了两千多年的封建婚姻家庭制度渗入了资本主义的因素。一方面,婚姻家庭立法中保留着大量的封建社会的法律内容;另一方面,又仿效西方资本主义国家的法律条文,加入了一些新的东西,从而使婚姻家庭法具有了半殖民地半封建的性质和特点。

半殖民地半封建社会下的中国婚姻家庭制度,虽然有了一些新的变化,但封建主义的经济基础并没有因此而发生动摇。封建主义的婚姻家庭制度在中国近代甚至在进入现代以后若干年一直延续了下来,成为半殖民地半封建社会的上层建筑的重要组成部分,并且在全国范围内居于统治地位。

(二)清朝末年的婚姻家庭立法

处于穷途末路时期的清王朝,企图用改良的办法延续旧有的封建婚姻家庭法律制度。我国近代的婚姻家庭立法,就是从这种改良开始的。

宣统二年(1910年12月),清朝政府颁行了《大清现行刑律》,其中包括了婚姻家庭关系方面的内容。中国近代的婚姻家庭立法自此开始。

《大清现行刑律》是在原有的大清律例的基础上修改而成的,封建色彩十分浓厚。有关婚姻家庭规范的许多条款,不过是唐、宋、明、清各朝法律的翻版而已。

《大清现行刑律》仍然是一部诸法合体的封建法律,但是,取消了六律总目,在婚姻、家庭、继承和其他纯属民事的规定中,不再有刑罚方面的内容,以示民刑分立。

例如,再一次规定了亲属的服制,以"不孝"为"十恶"之一,肯定了包办婚姻和纳妾制度,以"七出"为离婚的法定理由,保护立嫡制度,禁止"别籍异财",等等。

这一法律中的婚姻家庭部分和其他有关民事部分,在清朝覆灭以后一个很长的时期内仍被沿用,称为民事有效部分。

宣统三年(1911年8月),清朝政府又起草完成《大清民律草案》,其中设有亲属一编。

---

[1] 《毛泽东选集》第2卷,第624页。

《大清民律草案》的内容，基本上是对旧有婚姻家庭法律的稍许改良。例如，当时的修订法律馆在有关《大清民律草案》告成的奏折中，一方面说，编辑之旨是"注重世界最普通之法则"，"原本后出最精确之法理"，等等；另一方面又说，需要"求最适于中国民情之法则"，"凡亲属、婚姻、继承等事，除与立宪相背酌量变通外，或本诸经义，或参诸道德，或取诸现行法制，务期整饬风纪，以维持数千年民彝（常规）于不蔽"。

《大清民律草案》是旧中国最早的一部独立的民事法典草案，反映了刑民分立的倾向。该法由于清王朝的迅速崩溃而未及颁行。

（三）北洋军阀统治时期的婚姻家庭立法

北洋军阀政府初时承袭《大清现行刑律》，并通过其大理院做出大量的解释和判例，以弥补《大清现行刑律》之不足。例如，这些法律文件指出：婚姻必须由合法的主婚人主婚，家长与妾之间不适用夫妻离异之规定，无亲生子则立嗣唯限于男子，等等。

1915 年，北洋军阀政府制定了《民律亲属编草案》。1926 年，制定的《民律草案》中亦设有亲属之编。

1926 年的民律草案，曾由北洋军阀政府司法部通令各级法院作为条例沿用。

上述草案一方面沿袭了历代封建法律的某些精神和原则；另一方面又大量引进了资产阶级国家亲属立法的条文，在体例上和内容上较前都有相当大的变化。但是，维护封建主义婚姻家庭制度仍然是它们的根本目的，均具有浓厚的封建性。

1926 年民律草案中的亲属编，还专门加上了宗祧继承一章，封建性更是十分浓厚。由于上述各次草案均未实际生效，它们对我国婚姻家庭制度的影响是极为有限的。

（四）国民党政府的婚姻家庭立法

国民党政府成立之初，当时的法制局于 1928 年起草的《亲属法草案》为后来的民法亲属编做了立法上的准备。作为民法组成部分的亲属编，是于 1930 年 12 月 26 日公布，自 1931 年 5 月 5 日起施行的。全编分为 7 章，即通则、婚姻、父母子女、监护、扶养、家和亲属会议，计 171 条。这个亲属编的颁行，在形式上实现了中国的婚姻家庭法从古代型向近代型的转变，在婚姻家庭立法史上自有其一定的历史地位。但是，它的许多规定是对资产阶级国家婚姻家庭法的模仿和袭用，是脱离中国当时的实际情况的，并不是婚姻家庭制度改革的法律成果。同时其中的某些规定仍然保有一定的旧的、封建的色彩。例如，在男性家长掌握财权的现实面前，侈谈各种夫妻财产制；在关于婚姻的普通效力和夫妻财产制的规定中，仍有若干维护夫权、限制已婚妇女权利的条款。在立法理由中说，"妾之制度，亟应废止"，有关条款却为妾的家属地位提供了合法的依据。亲属编中虽无立嗣的规定，继承编中却有关于指定继承人的规定。还以专章规定家制，包括家长与家属的关系。但在 20 世纪 80 年代以后，我国台湾地区的立法部门对民法亲属编已做若干重要的修正。

国民党到台湾后，《民法·亲属编》曾先后于 1985 年 6 月 3 日、1996 年 9 月 25 日、1998 年 6 月 17 日、1999 年 3 月 30 日进行过四次修订。

根据 1999 年 3 月的第四次修订本，《民法·亲属编》共 7 章 170 条（民法 967—1137）。

第一章　通则

规定了亲属的种类、亲等的计算。

第二章　婚姻

规定了婚约、结婚、婚姻的普通效力、夫妻财产制和离婚。

第三章　父母子女
规定了子女的姓名、婚生和非婚生、收养。
第四章　监护
规定了父母对未成年人的监护和对禁治产人的监护。
第五章　扶养
规定了有扶养关系的亲属范围、扶养权利义务人的顺序、扶养的程序。
第六章　家(家庭)
规定了家长与家属的关系、家长权力。
第七章　亲属会议
规定了亲属会议的组成、召集、议事规则。

《民法·亲属编》有以下几个特征：

1. **具有浓厚的封建性**

许多规定是在过去的民律草案的基础上删改制定的。

(1)以专章规定家制，说明对家制的重视和维护。

(2)变相肯定了纳妾制。

(3)用法定代理人对未成年子女的婚事的"同意权"，代替了旧律中父母家长对子女的"主婚权"。

(4)在婚姻的普通效力和夫妻财产制两节中，也有不少维护夫权、限制已婚妇女权利的条款。

2. **亲属编大量袭用了资产阶级的亲属立法**

亲属编仿效外国立法，无论在体系上或法例上，都大量抄袭德国、日本、瑞士等国家的亲属立法。这样的法律不可能适宜解决半殖民地半封建的旧中国的婚姻家庭问题。

当初，有的法学家就曾说：试就新民法从头到尾仔细研究一遍，再和德意志民法及瑞士民法逐条对照一下，倒有百分之九十五是有来历的，不是照章誊录，便是改头换面。

3. **具有很大的虚伪性**

本来，资产阶级国家的法律就以虚伪性为其特色。这个亲属编利用许多漂亮而空洞的词句，变相默认封建婚姻家庭制度继续存在，这比其他资产阶级的婚姻家庭立法显得更加虚伪。

四、新中国成立前革命根据地的婚姻家庭立法

(一)革命婚姻家庭思想的传播

早在五四运动时期，以李大钊、毛泽东、周恩来等为代表的革命先驱，就在传播马克思主义理论的同时，阐述了婚姻家庭制度改革和社会革命、阶级解放之间的关系。反对旧礼教的斗争，是当时反封建斗争的一项重要内容。

中国共产党成立以后，十分重视妇女解放和婚姻家庭制度的改革问题，将之纳入反封建革命的总任务之中。

第一次国内革命战争时期，革命势力所及之处，妇女运动蓬勃兴起，反封建斗争空前高涨，封建主义婚姻家庭制度也受到了强烈的冲击。

(二)中华苏维埃共和国的婚姻家庭立法

从1927年开始的第二次国内革命战争时期，随着工农民主政权的初步建立，革命根据地

开始了法制的初步建设。当时,许多革命根据地先后通过了有关妇女解放、婚姻制度改革的决议和命令。例如,闽西根据地的《保护妇女青年条例》和《婚姻法》(1930年),鄂豫皖根据地工农兵第二次代表大会的《婚姻问题决议案》(1931年)等,便是这方面最初的法律文献。

1930年3月颁行的《闽西婚姻法》、1931年7月做出的《鄂豫皖工农兵第二次代表大会婚姻问题决议案》等,是革命根据地为改革婚姻家庭制度而采取的最初的立法措施。1931年12月1日颁行了《中华苏维埃共和国婚姻条例》,后又做了修改,于1934年4月8日颁行了《中华苏维埃共和国婚姻法》。这两部法律从原则规定到具体规定都贯穿着鲜明的反封建的精神,明确地宣布:实行婚姻自由,废除封建的包办强迫婚姻;禁止童养媳;实行一夫一妻,禁止一夫多妻(还做了禁止一妻多夫的补充)。其内容包括结婚的条件和程序、离婚及其程序、离婚后子女的抚养和财产处理等。坚持男女平等、保护妇女和子女的合法权益以及对革命军人婚姻的保护,是这两部法律的重要特色。婚姻登记制度源自苏区时代。

诞生于革命法制初创时期的《中华苏维埃共和国婚姻条例》和《中华苏维埃共和国婚姻法》,在内容上是有其局限性的。某些规定还不够全面、成熟,实施的时间也不长,但为我国的新婚姻家庭制度奠定了初步的法律基础。

全国性的工农民主政权建立以后,1931年11月,第一次全国工农兵代表大会通过了《中华苏维埃共和国宪法大纲》(以下简称《宪法大纲》)。《宪法大纲》第11条规定:"中华苏维埃政权以保证彻底地实行妇女解放为目的,承认婚姻自由,实行各种保护妇女的办法,使妇女能够从事实上逐渐得到脱离家务的物质基础,而参加全社会经济的、政治的、文化的生活。"

1931年11月26日,中华苏维埃共和国中央执行委员会第一次会议在关于颁布婚姻条例的决议中指出:"在封建统治之下,男女婚姻,野蛮到无人性,女子所受的压迫与痛苦,比男子更甚。只有工农革命胜利,男女从经济上得到第一步解放,男女婚姻关系才随着变更而得到自由。目前在苏区,男女婚姻已取得自由的基础,应确定婚姻以自由为原则,而废除一切封建的、包办、强迫与买卖的婚姻制度。"

1931年12月1日,中华苏维埃共和国中央执行委员会正式颁布了《中华苏维埃共和国婚姻条例》,共7章23条。以后,又根据实践经验,对该条例进行了修改,于1934年4月8日以《中华苏维埃共和国婚姻法》的形式正式颁布,共6章21条。

上述两份法律文件都是适用于全国一切革命根据地的统一的婚姻家庭立法,其主要内容包括:确立了婚姻自由、男女平等、一夫一妻、保护妇女和子女合法利益等原则;结婚和离婚的条件、程序;对革命军人的婚姻实施特殊保护;对妇女和子女合法权益的保护。

第二次国内革命战争时期的婚姻家庭立法,受到当时广大人民群众特别是青年男女的热烈拥护,在当时的婚姻家庭制度改革中起了重要的作用,为我国新的婚姻家庭制度奠定了初步基础。

(三)抗日战争、解放战争时期的地区性婚姻家庭立法

抗日战争、解放战争中革命根据地的婚姻家庭立法,是当时革命法制建设的一项重要内容。早在抗日民主政权创建之初,许多边区就先后颁布了自己的施政纲领,其中也包括婚姻家庭政策方面的内容。1941年5月1日颁布的《陕甘宁边区施政纲领》中指出:"依据男女平等原则,从政治、经济、文化上提高妇女在社会上的地位,发挥妇女在经济上的积极性。保护女工、产妇、儿童,坚持自愿的一夫一妻婚姻制。"[1]

抗日战争、解放战争时期革命根据地的婚姻家庭立法基本上都是地区性的条例。

在陕甘宁边区,包括1939年的《陕甘宁边区婚姻条例》、1942年的《陕甘宁边区抗属离婚处理办法》、1944年的《陕甘宁边区修正婚姻暂行条例》等。

在晋冀鲁豫边区,有1942年的《晋冀鲁豫边区婚姻暂行条例》和施行细则等。

在晋察冀边区,有1943年的《晋察冀边区婚姻条例》等。

到了解放战争时期,有的边区对原有的法规做了新的修订,通过了新的婚姻条例,如1946年的《陕甘宁边区婚姻条例》,1946年的《晋察冀边区在外工作人员申请离婚程序》,1949年的《修正山东省婚姻暂行条例》等。

这些法令的基本精神,都是以废除封建主义婚姻制度、实行新民主主义婚姻制度为其宗旨。从它们的具体内容来看,大致有以下特点:基本原则与苏区的婚姻立法完全一致;结婚离婚的规定比苏区时代的婚姻立法更加具体和灵活;对军人的婚姻(含婚约)实施保护。

解放区的婚姻家庭制度改革对促进妇女解放、改善婚姻家庭关系、发挥广大群众的生产和革命的积极性,都起了重要的作用。

抗日战争、解放战争时期各地区的婚姻条例,在基本原则上是与苏区时代的婚姻立法完全一致的,有些规定则更为具体详明,有力地推动了当时的婚姻家庭制度改革。旧的封建主义婚姻家庭制度开始崩溃瓦解,新的民主主义的婚姻家庭制度正在初步形成。同时,为中华人民共和国成立后的婚姻家庭制度改革和立法积累了宝贵的历史经验。

五、新中国成立后的婚姻家庭立法

(一)1950年《婚姻法》

中华人民共和国成立以后,广大人民群众在政治上、经济上获得了解放,迫切要求彻底摆脱封建主义婚姻家庭制度和旧习俗的束缚。但是,在解放之初,历史上遗留下来的封建主义婚姻家庭制度的残余还远未被肃清,强迫、包办、买卖婚姻,虐待和歧视妇女的现象还相当普遍和严重。如山西省50个县中,1949年1月至9月妇女死亡事件多达464起,其中直接因迫害致死的占25%,因离婚未成自杀的占40%,因受虐待而自杀的占20%。

面对这种情况,如不从根本上对婚姻家庭制度进行全面改革,势必严重影响全国人民的积极性,势必对新中国的革命和建设事业带来严重的影响。

1949年9月,《中国人民政治协商会议共同纲领》指出:"中华人民共和国废除束缚妇女的封建制度,妇女在政治的、经济的、文化教育的、社会的生活各方面,均有与男子平等的权利。实行男女婚姻自由","注意保护母亲、婴儿和儿童的健康"。这些原则被后来我国历次宪法肯定下来,成为我国婚姻立法的基本依据。

1950年4月13日中央人民政府委员会第七次会议通过了《中华人民共和国婚姻法》(即1950年《婚姻法》),并决定自同年5月1日起公布施行。这是新中国成立初期的一项极为重要的立法,是中国人民在婚姻家庭领域反封建斗争的经验总结,对解放妇女、改革婚姻家庭制度具有十分重要的意义。同时也是为了适应新中国成立后改革婚姻家庭制度的实际需要。它的公布标志着旧中国所遗留的封建主义的婚姻制度将被彻底废除,新的婚姻制度将在全国普

---

[1] 见1941年《陕甘宁边区工作报告》附录。

遍实行。

1950年《婚姻法》开宗明义第1条就明确规定:"废除包办强迫、男尊女卑、漠视子女利益的封建主义婚姻制度。实行男女婚姻自由、一夫一妻、男女权利平等、保护妇女和子女合法利益的新民主主义婚姻制度。"这是婚姻法基本原则的重要规定。

封建婚姻制度下的重婚、纳妾、童养媳、干涉寡妇婚姻自由、借婚姻关系问题索取财物等,是建立新婚姻制度的严重障碍,在法律中一并被予以禁止。

1950年《婚姻法》是摧毁封建主义婚姻家庭制度、建立新民主主义婚姻家庭制度的有力武器,也是改造一切旧式的不合理的婚姻家庭关系,建立和发展新婚姻家庭关系的法律准绳。

1950年的《中华人民共和国婚姻法》,是新中国成立后第一部具有基本法性质的法律,以《中国人民政治协商会议共同纲领》的有关规定为其立法依据。它是我国民主革命时期婚姻家庭制度改革的历史经验在法律上的总结,又是为适应新中国成立后调整婚姻家庭关系的实际需要而制定的。这部《婚姻法》分为八章,分别以总则、结婚、夫妻间的权利和义务、父母子女间的关系、离婚、离婚后子女的抚养和教育、离婚后的财产和生活、附则命名。内容以婚姻关系的法律调整为主,对家庭关系的规定比较简略。名曰婚姻法,实际上是一部不够完整的婚姻家庭法。

1950年《婚姻法》采用了实行新民主主义婚姻制度的提法,将法律的锋芒指向婚姻家庭领域的封建制度和封建习俗,符合新中国成立初期的实际情况。但绝不能认为1950年《婚姻法》的历史使命仅以反封建为限。废除封建主义婚姻家庭制度,只是为建立社会主义婚姻家庭制度扫清基地。经过民主主义性质的改革,建立和发展社会主义婚姻家庭制度,才是我们所要达到的目的。

1950年《婚姻法》颁行后,广大人民尤其是广大妇女的婚姻家庭权利得到了法律的有效保障,婚姻家庭领域的反封建斗争空前高涨。经过1953年的贯彻婚姻法运动,取得了婚姻家庭制度上反封建斗争的决定性胜利。中共中央和政务院分别于1952年11月26日和1953年2月1日发出关于贯彻执行婚姻法的重要指示,并规定以1953年3月为全国贯彻婚姻法运动月。1953年2月18日,中共中央又发出了《关于贯彻婚姻法运动月工作的补充指示》。

从20世纪50年代初期到60年代中期,婚姻家庭制度的改革比较顺利地实现了从民主主义性质的改革到社会主义性质的改革的转变,社会主义婚姻家庭制度已经初步地建立起来。

(二)1980年《婚姻法》

20世纪60年代中期以后,"文化大革命"发生,社会动乱达十年之久。婚姻家庭制度的改革也同样遭受曲折。

1978年党的十一届三中全会以后,中国进入发展经济、健全法制的新的历史时期,国家法治建设走上正轨,婚姻家庭立法也进入了一个新的发展阶段。

1980年9月10日,五届全国人大三次会议通过了第二部《中华人民共和国婚姻法》(即1980年《婚姻法》),并于1981年1月1日起施行。1950年《婚姻法》自新法施行之日起废止。

1980年《婚姻法》分为5章共37条。第一章:总则。第二章:结婚。第三章:家庭关系。第四章:离婚。第五章:附则。

1980年《婚姻法》是在1950年《婚姻法》的基础上,根据实践经验和当时年代的新情况制定的。它修订了原婚姻法中某些不符合社会实际情况的内容,如法定婚龄;增加了适应20世纪80年代新情况的新法规,如实行计划生育、约定财产制等;制定了行之有效的惩治婚姻家庭领域违法行为的措施,如对干涉婚姻自由、非法同居、包办买卖婚姻等行为的惩治。它标志着我国婚姻立法进入了一个崭新的历史发展时期。

1980年《婚姻法》的颁行,是巩固和发展社会主义婚姻家庭制度的需要,是保障公民婚姻家庭权益、促进社会文明进步的需要。它加强了对婚姻家庭关系的法律调整,对婚姻家庭领域的拨乱反正起了重要作用。它是在1950年《婚姻法》的基础上,根据实践经验和当时婚姻家庭领域的新的情况和问题制定的。

其修改和补充的内容主要有以下几个方面:

(1)对基本原则做了重要补充。

除保留原有的婚姻自由、一夫一妻、男女平等原则外,在保护妇女和子女合法权益原则中增加了保护老人合法权益的内容,并新增计划生育原则。

1980年《婚姻法》还根据实践经验,增加了一些保障基本原则有效实施的禁止性条款。例如,禁止包办、买卖婚姻和借婚姻索取财物,禁止家庭成员间的虐待和遗弃等,都有了明确的规定。

(2)对结婚条件做了重要修改。

提高法定婚龄,严格限制近亲结婚。

关于法定婚龄,男女各提高了2岁。将原男20周岁、女18周岁,提高为男22周岁、女20周岁。

关于禁婚亲中旁系血亲的范围,将原"兄弟姐妹之外的其他五代内旁系血亲间禁婚问题,从习惯"改为"三代以内的旁系血亲间禁止结婚",严格禁止了中表婚。

关于禁婚疾病,删除了"有生理缺陷不能发生性行为者禁止结婚"的条款,明文列举"麻风病未经治愈者禁止结婚",其他改为概括性规定,即"患其他在医学上认为不应当结婚疾病者,禁止结婚"。

(3)增加了男女婚后可根据约定互为对方家庭成员。

(4)扩大了对家庭关系的法律调整。

在保留原法中规定的关于夫妻之间、父母子女间权利义务的同时,将祖孙关系、兄弟姐妹关系也纳入家庭关系的调整范围,增加了祖孙之间、兄弟姐妹之间的经济责任的规定,使家庭成员的合法权益得到了法律更有效的保障。

在夫妻关系、收养关系、继父母子女关系、父母对未成年子女的责任和义务、家庭成员相互扶养方面,都较原法有更具体的规定。将实行计划生育规定为夫妻双方的共同义务。

(5)改进了离婚制度。

在离婚程序、离婚纠纷的处理原则、准予离婚的法定条件及离婚后的子女抚养、财产分割和对困难一方的生活帮助等方面,都有了比较大的修改。确立准予离婚的法定条件,是我国婚姻立法的一大突破。

对于一方要求离婚的纠纷,规定可由有关部门进行调解或直接向人民法院提出离婚诉讼。对于经由诉讼程序审理的离婚案件,把感情是否破裂、能否恢复和好,作为判决准予离婚或不准予离婚的原则界限。

(6)增加了关于制裁和强制执行的条款。

在附则中,增加了关于行政制裁和强制执行的条款,为维护法律的严肃性和权威性,提供了强有力的保证措施。

(三)新《婚姻法》(2001年修正案)

1980年《婚姻法》在颁布实施以后的20多年里,对于建立和维护平等、和睦、文明的婚姻家庭关系,维护社会安定,促进社会主义精神文明建设和社会进步,发挥了积极的作用。

1980年《婚姻法》实施的年代,也是我国社会发展变化极为迅速的年代。随着国家社会生活各方面的巨大发展,人们的思想观念和生活方式也发生了巨大变化。这种变化方面的要求,也在婚姻家庭关系当中反映出来。例如,结婚制度中未规定违反结婚条件或程序的法律后果,夫妻财产制过于笼统,离婚制度中对于如何认定夫妻感情确已破裂、共同财产的分割、债务的清偿、子女的抚养归属、对子女的探望权保护等都缺乏明确的规定。

1980年《婚姻法》显然已经不能适应婚姻家庭关系方面出现的新问题,需要对该法做必要的修改和补充。

2001年4月28日第9届全国人大常委会第21次会议通过《关于修改〈中华人民共和国婚姻法〉的决定》,修改的重点主要有:

第一,总则中增加了保障婚姻法诸原则实施的禁止性条款,通过有关禁止有配偶者与他人同居、禁止家庭暴力的规定,强化了对婚姻家庭主体人身权利的保护。在新增的第4条中规定了婚姻双方和家庭成员的共同责任,从而集中地体现了我国婚姻家庭法的立法宗旨。

第二,在结婚制度中增设了关于无效婚姻和可撤销婚姻的规定,其内容包括婚姻无效和撤销的原因,撤销请求权人和请求权行使的时间以及婚姻无效和撤销的法律后果等,从而为防治违法婚姻制定了必要的法律对策。

第三,在家庭关系中改进了原有的法定夫妻财产制,界定了夫妻双方共有财产和一方所有财产的范围;同时还规范了夫妻财产约定,包括约定的内容、形式和效力;对有关亲子、祖孙、兄弟姐妹的权利与义务等规定也做了适当的修改。

第四,在离婚制度中,对准予离婚的法定理由增设了若干列举性、例示性的规定,从而增强了法律在适用中的可操作性,有利于保障离婚自由,防止轻率离婚。在离婚后子女的抚养教育和财产处理等问题上,增设了探望权和经济补偿、损害赔偿等规定。

第五,以专章规定救助措施和法律责任。对违反婚姻家庭法行为的受害人,规定了各种必要的救助措施,对婚姻家庭领域的行政违法行为、民事违法行为和刑事犯罪行为规定了相应的法律责任。有些是直接规定的,有些规定是同其他法律相衔接的。

具体内容如下:

1980年《婚姻法》原为5章,共37条。修改后变为6章,共51条。

第一章　总则——有关婚姻法的任务和原则的规定。

第二章　结婚——有关婚姻成立的条件和程序的规定。

第三章　家庭关系——有关夫妻、父母子女和其他家庭成员间的权利与义务的规定。

第四章　离婚——有关婚姻解除的程序和原则,以及离婚后的子女、财产等问题的规定。

第五章　救助措施与法律责任——有关婚姻家庭违法行为受害人的法律救助以及婚姻家庭违法行为实施者的法律责任的规定。

第六章　附则——有关制裁、执行和施行问题的规定。

修改后的婚姻法具有以下特点:

1. 增加了"禁止有配偶者与他人同居"的规定

"夫妻应当互相忠实,互相尊重"。

"禁止重婚。禁止有配偶者与他人同居"。

"对重婚的……依法追究刑事责任"。

2. 增加了无效婚姻和可撤销婚姻制度

"有下列情形之一的,婚姻无效:

(一)重婚的;

(二)有禁止结婚的亲属关系的;

(三)婚前患有医学上认为不应当结婚的疾病,婚后尚未治愈的;

(四)未到法定婚龄的。"

"因胁迫结婚的,受胁迫的一方可以向婚姻登记机关或人民法院请求撤销该婚姻。受胁迫的一方撤销婚姻的请求,应当自结婚登记之日起一年内提出。被非法限制人身自由的当事人请求撤销婚姻的,应当自恢复人身自由之日起一年内提出。"并规定了无效婚姻和可撤销婚姻的相应法律后果:"无效或被撤销的婚姻,自始无效。当事人不具有夫妻的权利和义务。同居期间所得的财产,由当事人协议处理;协议不成时,由人民法院根据照顾无过错方的原则判决。对重婚导致的婚姻无效的财产处理,不得侵害合法婚姻当事人的财产权益。当事人所生的子女,适用本法有关父母子女的规定。"

3. 夫妻财产制度更加完善

(1)夫妻个人财产与夫妻共同财产的界定更加明确。

关于夫妻共同财产,第17条规定:"夫妻在婚姻关系存续期间所得的下列财产,归夫妻共同所有:

(一)工资、奖金;

(二)生产、经营的收益;

(三)知识产权的收益;

(四)继承或赠与所得的财产,但本法第十八条第三项规定的除外;

(五)其他应当归共同所有的财产。"

关于夫妻个人财产,第18条规定:"有下列情形之一的,为夫妻一方的财产:

(一)一方的婚前财产;

(二)一方因身体受到伤害获得的医疗费、残疾人生活补助费等费用;

(三)遗嘱或赠与合同中确定只归夫或妻一方的财产;

(四)一方专用的生活用品;

(五)其他应当归一方的财产。"

(2)夫妻可实行约定财产制。

第19条规定:"夫妻可以约定婚姻关系存续期间所得的财产以及婚前财产归各自所有、共同所有或部分各自所有、部分共同所有。约定应当采取书面形式。没有约定或约定不明确的,适用本法第十七条、第十八条的规定。"

4. 离婚的条件与财产分割规定更加明晰

(1)增设了判决离婚的列举性规定。

关于离婚的条件,第32条第3款规定:"有下列情形之一,调解无效的,应准予离婚:

(一)重婚或有配偶者与他人同居的;

(二)实施家庭暴力或虐待、遗弃家庭成员的;

(三)有赌博、吸毒等恶习屡教不改的；
(四)因感情不和分居满二年的；
(五)其他导致夫妻感情破裂的情形。"

(2)完善了离婚特殊保护制度。

关于现役军人的配偶要求离婚，条件适当放宽，在"须得军人同意"的同时，加上了"但军人一方有重大过错的除外"。

关于女方怀孕或分娩以及终止妊娠后，男方不得提出离婚要求的期限，加上了"或终止妊娠后六个月内"。

(3)增添了离婚父母探望子女权制度。

关于探望子女的权利，"离婚后，不直接抚养子女的父或母，有探望子女的权利，另一方有协助的义务。行使探望权利的方式、时间由当事人协议；协议不成时，由人民法院判决。父或母探望子女，不利于子女身心健康的，由人民法院依法中止探望的权利；中止的事由消失后，应当恢复探望的权利"。

(4)增加了对土地承包权的保护。

为了保护农村夫妻离婚后女方的权利，规定"夫或妻在家庭土地承包经营中享有的权益等，应当依法予以保护"。

(5)增设了离婚补偿制度。

关于夫妻约定的财产，"夫妻书面约定婚姻关系存续期间所得的财产归各自所有，一方因抚育子女、照料老人、协助另一方工作等付出较多义务的，离婚时有权向另一方请求补偿，另一方应当予以补偿"。

(6)完善了离婚帮助制度。

关于离婚时有生活困难的一方，"离婚时，如一方生活困难，另一方应从其住房等个人财产中给予适当帮助。具体办法由双方协议；协议不成时，由人民法院判决"。

(7)增添了离婚后夫妻共同财产再次分割制度。

"离婚时，一方隐藏、转移、变卖、毁损夫妻共同财产或伪造债务企图侵占另一方财产的，分割夫妻共同财产时，对隐藏、转移、变卖、毁损夫妻共同财产或伪造债务的一方，可以少分或不分。离婚后，另一方发现有上述行为的，可以向人民法院提起诉讼，请求再次分割夫妻共同财产。"

5. 增加了禁止家庭暴力的规定

"……禁止家庭暴力。禁止家庭成员间的虐待和遗弃。"(总则)

"实施家庭暴力或虐待家庭成员，受害人有权提出请求，居民委员会、村民委员会以及所在单位应当予以劝阻或者调解。"

"实施家庭暴力或虐待家庭成员，受害人提出请求的，公安机关应当依照治安管理处罚的法律规定予以行政处罚。"

"……对实施家庭暴力或虐待、遗弃家庭成员构成犯罪的，依法追究刑事责任。受害人可以依照刑事诉讼法的有关规定，向人民法院自诉；公安机关应当依法侦查，人民检察院应当依法提起公诉。"

6. 增加了离婚过错赔偿原则

"有下列情形之一，导致离婚的，无过错方有权请求损害赔偿：

(一)重婚的;

(二)有配偶者与他人同居的;

(三)实施家庭暴力的;

(四)虐待、遗弃家庭成员的。"

(四)2021年《中华人民共和国民法典》

2021年1月1日,《中华人民共和国民法典》(以下简称《民法典》)正式实施。它是新中国第一部以法典命名的法律,被称为"社会生活的百科全书",在法律体系中居于基础性地位,也是市场经济的基本法。《民法典》共7编、1 260条,各编依次为总则、物权、合同、人格权、婚姻家庭、继承、侵权责任,以及附则。其中第五编婚姻家庭编将社会主义核心价值观融入民事法律规范,在坚持婚姻自由、一夫一妻、男女平等婚姻制度的前提下,结合社会发展需要,针对当前婚姻家庭领域的新情况、新问题,对婚姻法等法律做出了修改和完善,回应了时代的需求和民众的期盼,为塑造健康和睦的婚姻家庭关系,提供了强大的法律保障。

家庭是社会的细胞。婚姻家庭关系和谐与否,不仅关乎家庭成员个人的幸福感,也关乎社会的安定团结。随着近年来婚姻观念、家庭关系的变化,我国婚姻家庭领域出现了一些亟待解决的新情况、新问题。《民法典》婚姻家庭编以现行婚姻法、收养法为基础,在坚持婚姻自由、一夫一妻、最有利于被收养人等基本原则的前提下,结合社会发展需要,修改了部分规定,并增加了一些新规定。

1. 明确亲属、近亲属、家庭成员的范围

《民法典》第1045条规定:"亲属包括配偶、血亲和姻亲。配偶、父母、子女、兄弟姐妹、祖父母、外祖父母、孙子女、外孙子女为近亲属。配偶、父母、子女和其他共同生活的近亲属为家庭成员。"该条中对"近亲属"范围的界定沿用了最高人民法院《关于贯彻执行〈中华人民共和国民法通则〉若干问题的意见(试行)》第12条的规定,而对"亲属"和"家庭成员"范围进行专门界定是在中国法律上的首次。

亲属、近亲属、家庭成员等概念,在多部法律法规中均有出现,这些法律关系在一定程度上影响着家庭、血亲、姻亲之间的权利和义务,甚至是经济利益的分配,由于现行的法律对于这些关系并没有统一,在司法实践中经常会产生争议,《民法典》应司法实践需要对这三个概念做出正式界定,有利于法律概念和司法实践的统一。

2. 不再将"患有医学上认为不应当结婚的疾病"作为禁止结婚的情形,同时增加了严重疾病告知义务

2003年的婚姻登记条例正式实施后,我国的"强制婚前检查制度"被取消,男女双方办理婚姻登记,无须向婚姻登记机关提交婚前医学检查证明或者医学鉴定证明。

《婚姻法》规定,婚前患有医学上认为不应当结婚的疾病,婚后还未治愈的,这类婚姻是无效的。但是在社会发展过程中,疾病的类型不断新增,医学技术也不断在进步,国家要做的应当是健全完善医疗制度,而非禁止患有重大疾病的人结婚。

现在《民法典》删除了这种情形,是否结婚由当事人自己决定,保障了当事人的婚姻自主权,同时保障了配偶对婚前重大疾病的知情权。如果婚前已告知配偶患有重大疾病的,婚姻自由是受到保护的;如果结婚前没有告知对方,对方有权请求人民法院撤销婚姻。

3. 新增三十天的离婚冷静期制度

《民法典》第1077条规定:自婚姻登记机关收到离婚登记申请之日起三十日内,任何一方不愿意离婚的,可以向婚姻登记机关撤回离婚登记申请。前款规定期间届满后三十日内,双方应当亲自到婚姻登记机关申请发放离婚证;未申请的,视为撤回离婚登记申请。

离婚冷静期的条款设置目的是引导当事人理性对待婚姻,保护家庭关系,维系家庭稳定。根据该条,今后到婚姻登记机关办理离婚登记的流程变为:

(1)夫妻双方先向婚姻登记机关递交离婚申请;

(2)递交申请后等待30天,这30天内任何一方不愿离婚的,可向婚姻登记机关撤回离婚申请;

(3)等待30天后,可在接下来的30天内共同前往婚姻登记机关办离婚证;

(4)如果在接下来的30天内没有办离婚证,视为撤回离婚登记申请。

虽然此条仅规定了协议离婚时才有冷静期,实际上广东省高级人民法院于2018年7月16日发布了《广东法院审理离婚案件程序指引》,在离婚诉讼中也推行离婚冷静期,并设置了"情绪约束冷静期"和"情感修复冷静期",从流程上看,协议离婚的难度将加大,对于可能存在家暴的婚姻,以防离婚冷静期可能存在的伤害,受害方完全可以依《反家庭暴力法》通过申请人身保护令来获得救济。

4. 强化分居对婚姻关系的影响

《民法典》第1079条第5款规定:"经人民法院判决不准离婚后,双方分居满一年,一方再次提起离婚诉讼的,应当准予离婚。"

夫妻感情是否破裂,是法院在离婚诉讼中裁量是否准予离婚的主要标准。但判断感情是否破裂,其实是具有一定主观性的。因此,《婚姻法》第32条列举了应认定为感情破裂的情形。《民法典》在《婚姻法》规定的基础上增加了"人民法院判决不准离婚后,又分居满一年,一方再次提起离婚诉讼"之情形,作为准予离婚的事由,有学者将该条评价为诉讼离婚的"冷静期"。

5. 家务劳动补偿不再受"夫妻分别财产制"限制

关于离婚时的家务劳动补偿,根据《婚姻法》第40条的规定,只有在"夫妻书面约定婚姻关系存续期间所得的财产归各自所有"这一前提下,一方因付出较多义务,才有权请求另一方补偿,现在《民法典》删除了这一限定性条件,将家务劳动补偿扩大适用于夫妻共同财产制,只要一方因抚育子女、照料老年人、协助另一方工作等负担较多义务,离婚时就有权提出"离婚补偿"。

6. 挥霍夫妻共同财产成为不分或少分夫妻共同财产的事由

在原来隐藏、转移、变卖、毁损和伪造债务的基础上,新增了"挥霍"这一情形,夫妻一方挥霍共同财产的,在离婚分割财产时可对该方不分或少分财产。实务中,往往存在一方在婚姻存续期间,尤其是在离婚之前的一段时间,会发生多笔大额的且用途不明的消费,消费方可能辩称是正常生活消费,法官一般也难以深究,对另一方的经济利益造成损害。

7. 明确夫妻共同债务的认定标准

《民法典》第1064条吸纳《最高人民法院关于审理涉及夫妻债务纠纷案件适用法律有关问题的解释》的规定,明确"夫妻双方共同签名或者夫妻一方事后追认等共同意思表示所负的债务,以及夫妻一方在婚姻关系存续期间以个人名义为家庭日常生活需要所负的债务,属于夫妻共同债务;夫妻一方在婚姻关系存续期间以个人名义超出家庭日常生活需要所负的债务,不属于夫妻共同债务;但是,债权人能够证明该债务用于夫妻共同生活、共同生产经营或者基于夫妻双方共同意思表示的除外"。

通过该规定,以立法方式确立了夫妻共同债务的认定标准。一是"共签共债",双方共同签字,则为共同债务;二是"共需共债",为家庭日常生活需要所负债务亦为共同债务;三是"共用共债",用于夫妻共同生活、共同生产经营的债务也为共同债务。《民法典》在婚姻家庭编中,对夫妻共同债务这一社会热点做出明确规定,该规定旨在既要避免夫妻双方恶意逃债损害债权人利益,又要避免另一方在离婚时被高额负债。

8. 扩大被收养人范围,完善了收养人的条件

根据《民法典》第1093条的规定,符合一定条件的未成年人可以被收养;现行《收养法》第4条规定的是符合一定条件的不满十四周岁的未成年人可以被收养。

《民法典》第1098条对收养人条件的规定中,在现行《收养法》第6条规定只有无子女的人才可收养外,增加将只有一名子女的人纳入收养人范畴。

为了更好地维护被收养的未成年人的合法权益,民法典规定了最有利于被收养人原则,强化了对被收养人利益的保护。

(1)《民法典》的修改意味着符合条件的未成年人均可被收养。

(2)为响应国家"二孩"政策,将收养人须无子女的要求修改为收养人无子女或者只有一名子女。

(3)在收养人条件中增加"无不利于被收养人健康成长的违法犯罪记录"并规定民政部门应当依法进行收养评估。

习近平总书记在党的二十大报告中提出:"坚持男女平等基本国策,保障妇女儿童合法权益"。因此,需要进一步完善婚姻家庭权益。一是规定国家鼓励婚前体检,明确婚姻登记机关应当提供婚姻家庭辅导服务。二是规定妇女对夫妻共同财产享有要求记载其姓名等权利。三是规定离婚诉讼期间共同财产查询、离婚时家务劳动经济补偿等制度。

复习思考题

1. 当代婚姻的两种基本含义是什么?
2. 简述家庭的两大社会职能。
3. 家庭的特征是什么?
4. 婚姻家庭的自然属性表现在哪些方面?
5. 婚姻家庭制度的特点是什么?
6. 人类历史上婚姻家庭制度的类型包括哪些?
7. 什么是"一夫一妻制"?
8. 宗法制度的特点是什么?
9. 宗法制度与婚姻家庭的关系是什么?
10. 封建制婚姻家庭关系的特点是什么?
11.《大清民律草案》中涉及婚姻家庭法的内容包括哪些?
12. 简述革命根据地时期有关婚姻家庭的立法内容。
13. 新中国有哪些主要的婚姻家庭立法?

第一章 婚姻家庭制度与婚姻法

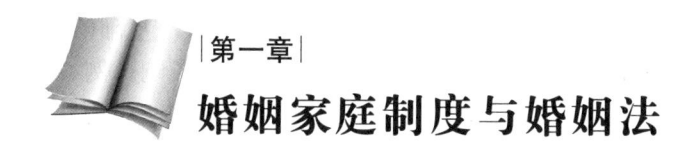

婚姻和家庭是以两性结合和血缘联系为特征,以共同生活为内容而结成的社会关系。婚姻家庭法是调整婚姻家庭关系的法律规范的综合。自阶级社会产生以来,婚姻家庭关系一直是法律调整的重要内容之一。

第一节 婚姻家庭制度的本质及其历史类型

一、婚姻家庭制度的本质

婚姻家庭制度是由有关婚姻家庭的各种行为规范所构成的制度,是社会制度的组成部分,属于上层建筑的范畴,由一定社会经济基础所决定,集中地反映了一定社会的经济基础对婚姻家庭的要求,起着确认、调整婚姻家庭关系的作用。

作为上层建筑的婚姻家庭制度是随着经济基础的变化而变化的。历史表明,各种婚姻家庭制度依次更替,都是经济基础变革的必然结果。当旧的经济基础为新的经济基础所代替后,旧的婚姻家庭制度也为新的婚姻家庭制度所代替,这是不以人们的意志为转移的客观规律。中华人民共和国婚姻家庭制度的改革,社会主义婚姻家庭制度的建立和发展,便是一个极为明显的例证。当然,作为上层建筑的婚姻家庭制度对其经济基础并不是消极、被动的,它能够通过自身特有的途径能动地反作用于经济基础,并且通过经济基础影响生产力的发展。文明进步的婚姻家庭制度是促进生产力发展的积极因素,腐朽落后的婚姻家庭制度是束缚生产力发展的消极因素,这是一再为历史所证明的。

婚姻家庭关系不仅由社会的经济基础决定,而且还要受政治、道德、文化、习惯等诸多因素的影响。因此,可以从下列要点理解婚姻家庭制度的本质:

(1)婚姻、家庭是一种以两性和血缘为特征的社会现象。婚姻是家庭的前提,家庭是婚姻的必然结果。家庭是社会的基本细胞。婚姻家庭是一种社会现象,包括自然因素及社会因素。在社会因素中,既有物质的因素,又有精神的因素。它们错综复杂地交织在一起,互相作用着。婚姻家庭的自然属性,是由生物学上的本能决定的。婚姻和家庭是人类特有的社会现象,又具有社会属性。社会属性是婚姻家庭的根本属性。

(2)婚姻家庭制度是建立在一定经济基础之上的上层建筑,是属于上层建筑的范畴,随着经济基础的变化而变化,并能动地反作用于经济基础。

(3)婚姻家庭制度还受社会意识形态的影响。在同一历史阶段和同一类型经济基础的不同国家里,往往有着不同的婚姻家庭的规范,其主要原因就是不同的意识形态的影响。例如,在封建制社会里,欧洲某些国家盛行过"初夜权",但在中国却未形成制度;中国对贞节烈女盛行的"旌表制度",却未在欧洲实行。

二、婚姻家庭制度类型的历史沿革

婚姻是一种社会形式,家庭是一种社会组织(社会生活单位)。这说明,婚姻家庭都属于社会现象。作为社会现象,任何一种婚姻家庭制度都不可能是抽象的,它们只能以具体的历史形态存在于社会发展的一定阶段。

婚姻家庭制度以不同的历史形态存在于社会发展的不同时期,从而使婚姻家庭制度呈现出不同的历史类型。婚姻家庭制度历史类型的依次更替与人类社会制度的更替层次是相适应的,其发展变化取决于生产力的提高和生产关系的变更。

恩格斯在其著作《家庭、私有制与国家的起源》中,从历史唯物主义与辩证唯物主义的立场出发,在引用与评析了摩尔根的《古代社会》、马克思的《摩尔根〈古代社会〉一书摘要》等许多学者的论点与论据的基础上,科学地揭示了婚姻家庭制度产生和发展的规律。

恩格斯在论述婚姻家庭制度的历史发展时,充分肯定了摩尔根关于婚姻家庭制度的三种历史类型的划分,并对其演变模式做出了精辟的概括。

人类之初,群居杂交,两性结合无任何限制,无所谓婚姻,也无所谓家庭。后来,随着社会生产力的发展和人们对自身认识水平的提高,相继出现了群婚、对偶婚和一夫一妻制三种历史类型的婚姻。

在婚姻家庭制度的三种历史类型中,群婚制、对偶婚制存在于原始社会时期,"一夫一妻制"则是阶级社会形成以后,奴隶社会、封建社会和资本主义社会中的婚姻家庭制度。

恩格斯在《家庭、私有制与国家的起源》中指出:"群婚制是与蒙昧时代相适应的,对偶婚制是与野蛮时代相适应的,以通奸和卖淫为补充的一夫一妻制是与文明时代相适应的。"[①]

我们现在所说的婚姻家庭,通常指的就是一夫一妻制的婚姻家庭。这种婚姻家庭,是伴随着私有制的产生而出现的,是以私有制为基础,是阶级社会的产物。所以,这种婚姻关系首先是一种经济关系,家庭则是社会的经济单位。正如恩格斯所说:"一夫一妻制是不以自然条件为基础,而是以经济条件为基础,即以私有制对原始的自然长成的公有制的胜利为基础的第一个家庭形式。"[②]

婚姻家庭制度既然是一种历史现象,它就不可能是从来就有的,也不可能一成不变地永远存在下去。它是社会发展到一定阶段的产物,并且随着社会的发展变化而发展变化。现有的婚姻家庭制度,随着人类社会的向前发展,终将会被消灭,一定会被将来更高层次的婚姻家庭制度所代替。恩格斯在其《家庭、私有制与国家的起源》中,已经对此做了预见。

需要指出的是,婚姻家庭关系除了其社会属性外,还有其自然属性。即婚姻中的男女两性关系和家庭成员间的血亲联系,是不可能消灭的。社会不可能消灭非社会的东西。这些自然属性在新的社会里也一定还会存在,只不过会和新的社会制度融合,形成婚姻家庭制度的新的

[①] 《家庭、私有制与国家的起源》,《马克思恩格斯》第4卷,人民出版社1972年版,第70—71页。
[②] 《家庭、私有制与国家的起源》,《马克思恩格斯》第4卷,人民出版社1972年版,第60页。

社会形式。

婚姻家庭制度的历史类型目前虽然是三种形式,但在这三种形式之前事实上也存在两性结合与人类组合的社会现象。所以,我们在叙述婚姻家庭三种类型之前,也有必要了解一下人类社会之初的男女两性关系和组合形式。

(一)关于"前婚姻社会"

人类社会已经有几百万年的历史。在这样一个漫长的时间里,绝大多数时期没有明确的婚姻观念、婚姻关系和相关规范,属于"前婚姻社会"。

最初的人类,生存环境十分恶劣,劳动非常简单,生活极其艰难,繁衍相当缓慢。根据人类学家的估计,在大约 100 万年之前,全球的人口不过一两万人;到大约 10 万年前,也只有 20 万～30 万人。我国古代文献记载,这一时期的人们只是"茹草饮水,采树木之实";与摩尔根在《古代社会》一书中的说法大同小异,认为他们"栖息于极有限的地带,靠果实维持生活"。后来人们学会了使用火,在相当长的时期里也仍然没有摆脱极原始的状态。这个时期,人们组成一种原始群体,目的仅仅在于形成较强大的力量以抵御外来的侵袭。中国古书记载:"群之可聚也,相与利之也,利之出于群也";恩格斯说是"以联合力量和集体行动来弥补个人自卫能力的不足"。这种原始人群的规模,据说较大的为 50～100 人,较小的为 20～30 人。在这种原始人群中,并没有后来的婚姻观念和婚姻禁例,中国古人称为"男女杂游,不媒不聘";按照恩格斯的说法,是"每个女子属于每个男子,同样,每个男子也属于每个女子"。

关于这种两性关系的"杂乱"形态,应当注意两点:

第一,有的著作将它称为"杂婚"或者是"乱婚",这种说法是不准确的。因为这个时期完全没有什么婚姻形态可言,不能使用"婚姻"这个概念。任何婚姻形态,总是和一定的或宽或严的"禁例"(或者叫作"禁忌")联系在一起的,没有男女结合的禁例就没有婚姻。这一时期既然处在一种非规范状态之下,就不能称作"杂婚"或乱婚"。

第二,这一时期男女的结合没有公共规则,并不意味着乱得一塌糊涂。一方面,按照恩格斯的说法,即使在这种状态之下,短时期的成对配偶并不是不可能的;另一方面,这种状态是与最原始的生活方式和思维方式相适应的,我们不能用现代的社会环境和当代人的眼光去判断和理解这种两性关系,不能"戴着妓院眼镜"去观察原始状态。

在原始社会早期,人类脱离动物界后,为了同自然界相抗争,结成了群体。人类最初的这个群体叫作"原始群"。

原始群体是人类最初的社会组织形式,同一群体的成员共同劳动、共同消费。

当时不可能出现后来的所谓婚姻家庭制度,但是原始群体的男女成员之间,当然也还是有两性关系的。这就是原始群的所谓婚姻,原始群的婚姻是杂乱的,不存在任何禁忌,是杂婚制。实际上无所谓婚姻,也无所谓婚姻制度。"未有夫妇妃匹之合,兽处群居,以力相征"。[①] 群体成员在两性关系方面没有任何限制,"男女杂游,不媒不聘"。[②] 彼此之间的血缘关系是无法用后世的亲属观念来判明的。"其民聚生群处,知母不知父,无亲戚、兄弟、夫妇、男女之别,无上下、长幼之道。"[③]大概就是这种状况在我国古代传说中留下的痕迹。恩格斯称当时的状况为

[①] 《管子·君臣》。
[②] 《列子·汤问》。
[③] 《吕氏春秋·恃君览》。

"杂乱的性交关系"时期,两性关系具有自然、朴素的性质。

杂婚状态一直持续到旧石器时代的中期。

当人类摆脱了"杂乱"的两性关系之后,开始出现了"婚姻"的形式,并且有一个由低级到高级、由群婚制到对偶婚制再到一夫一妻制的漫长发展历程。其中的群婚制和对偶婚制属于原始的婚姻形态。

(二)群婚制

群婚又称集团婚。它是指原始社会中一定范围的一群男子与一群女子互为配偶的婚姻形式。群婚是人类社会最早的婚姻家庭形态。

群婚制与杂婚制的根本区别是:两性关系在存在血缘关系的一定范围的人群中受到了一定的限制与排斥。

按照恩格斯的观点,这一阶段为人类社会发展的蒙昧时期,即人类的童年时代,其生产力水平低下,以采集天然产物为主,以石头、弓箭作工具。

群婚制时代与"前婚姻社会"的根本区别,在于两性关系脱离了"任意",出现了"禁忌",即出现了被公认的行为规则。作为最早出现的公共规则,它只能是最原始的、最简单的规则。

根据摩尔根和恩格斯的考察和论证,群婚制经历了两个发展阶段。第一个阶段称作"血缘群婚制",它的特点是原则上排除了不同辈分间男女的结合,实行大体上是同一辈分中,也就是"兄弟姐妹"间的野婚关系。第二个阶段称作"亚血缘群婚制",它的特点是进一步排除了"兄弟姐妹"间的群婚关系,逐渐形成不同血缘集团之间的群婚关系。应当说,这两个大的阶段是普遍存在的。但是在不同地区、不同民族间的表现形式并不完全相同。恩格斯在《家庭、私有制与国家的起源》第一版中,曾经认为第二个阶段应当是"普纳路亚婚制",后来在第四版做了修正,他在第四版序言中指出,"普纳路亚婚制"不一定具有普遍的意义。实际情况正如恩格斯所说,比如在亚洲东大陆就存在着"两合氏族外婚制"和"环状联系婚制"等形态。

群婚制的出现和发展,最根本的原因是自然选择规律发生着作用。人们在自身的生存、发展中,逐渐认识到血缘关系对人类繁衍产生着重大的影响。为生育健康的后代,使人类更好地延续,要求由血缘集团内部的婚配,转向血缘集团外部的婚配。同时,由于自然人出生于母体,这一时期的血缘关系只能以女方为本位来观察。也就是说,正是在血缘群婚不断发展的过程中,逐渐加强了以女子为核心的血缘群体,形成了母系氏族。从另一个角度说,由"原始群"向"母系氏族组织"的演进,正是群婚制发生、发展的直接结果。

群婚制经历了两个发展阶段:血缘群婚制与亚血缘群婚制。

1. 血缘群婚制(内婚制、族内婚)

血缘群婚制也称血婚制或血缘家庭制,是指原始社会一定范围的同辈男女之间互为配偶的一种婚姻形式。

杂乱的婚姻影响了后代的发育,群体的延续发展面临危机。当人们意识到杂婚的危害后,就不得不设法改变这种混乱的婚姻状态。

人们意识到杂婚的危害性以后,就开始在群体内禁止不同辈分的男女通婚,将婚姻限制在兄弟姐妹之间。血缘群婚制已经排斥了直系血亲之间的两性关系,父母和子女、祖父母和孙子女等相互间存在着严格的婚姻禁例。两性关系是根据世代来划分的,原始群体内组成了若干同行辈的婚姻集团。

当人们能分清辈分时,便清楚了相互间的血缘关系。这种建立在血缘基础上的群体婚姻制度,就叫作血缘群婚制。排除不同辈分的男女之间通婚,这是人类婚姻史上的第一个婚姻禁令。它使人类结束了杂乱的性交时期,开始了婚姻家庭的新时代。血缘群婚制(血缘家庭)是群婚制的低级形式。它虽然排斥了直系血亲间的通婚,但还未排斥同辈旁系血亲间的通婚关系。这种情况与原始社会蒙昧时代早期阶段的生产力水平是相适应的。

2. 亚血缘群婚制(外婚制、族外婚)

亚血缘群婚制也称半血缘婚、伙婚或普纳路亚(夏威夷语:"亲密的同伴")婚(家庭),是指原始社会中一定范围的一群男子与另一群非兄弟姐妹关系的同辈女子互为配偶的婚姻形式。

亚血缘群婚制是群婚制发展的第二个阶段,是群婚制的高级形式。与原始社会蒙昧时期高级阶段的生产力水平是相适应的。

人们最初形成的群体是比较松散的。聚合、分散,具有很大的随意性。随意的聚合与分散,时常给人们征服自然带来困难。于是,人们开始意识到,为了对付自然界的困难,必须建立比较稳定的群体。这样的群体在当时只能靠血缘关系来联结。

随着社会的发展,血缘群体之间的联系也在不断地加强。于是便有了血缘群体间的通婚。血缘群体间通婚(外婚)的后代,使人们看到,它比群体内通婚(内婚)的后代显得更加强健。人们又开始排除在群体内通婚(内婚制)。于是,便出现了亚血缘群婚制(外婚制)。

亚血缘群婚制仍然是一种同辈男女之间的集团婚,但是却从两性关系中排除了姊妹与兄弟之间的通婚。最初首先排除了同胞兄弟姐妹之间,后来又逐步扩大到血统较远的兄弟姊妹之间。在这种婚姻关系中,一群同胞的或血统较远的姊妹,成为她们共同之夫的共同之妻,但她们的兄弟除外;一群同胞的或血统较远的兄弟,成为他们的共同之妻的共同之夫,但他们的姊妹除外。只允许在血缘较远甚至无血缘关系的男女间通婚。

亚血缘群婚的出现,是人们对自然选择规律进一步认识的结果。根据自然选择规律,血亲婚配受限制的部落,比依然在兄弟姐妹间结婚的部落,必然发展得更加迅速。所以,恩格斯指出,排除兄弟姐妹之间的性交关系,是人类婚姻史上的第二大进步。恩格斯指出:"如果说家庭组织上的第一个进步在于排除了父母和子女之间相互的性交关系,那么,第二个进步就在于对于姐妹和兄弟也排除了这种关系。这一进步,由于当事者的年龄比较接近,所以比第一个进步重要得多,但也困难得多。"①

亚血缘群婚制的一个重要历史作用在于,由于排除了兄弟姐妹间的通婚,从而使人类的婚姻由族内婚向族外婚发展,直接引起了氏族的产生。

这种两性和血缘关系的社会形式,必然导致母系氏族的出现。恩格斯说:"看来,氏族制度,在绝大多数场合下,都是从普纳路亚家庭中直接发生的。"②

于是,人类便出现了以血缘关系为基础、以外婚制为特征的社会组织——氏族。

氏族与外婚制在历史上同时产生。所以,外婚制也可以叫作族外婚。对应地,原来的兄弟姊妹婚也就被称作族内婚了。

最初的氏族是母系氏族。由于兄弟姊妹(同胞的或远缘的)间存在着婚姻禁例,他们实行的是族外婚。婚姻的双方分属于不同的氏族,子女只能成为母方氏族的成员。母系氏族是一个由出于同一女祖先的、按照母系确定其血缘关系的后裔所组成的社会集团。它既是一个血

---

① 《马克思恩格斯选集》第4卷,人民出版社1972年版,第32页。
② 《马克思恩格斯选集》第4卷,人民出版社1972年版,第36页。

缘团体,又是当时的基本生活、生产单位。由此引起的继承关系也只能按母系来计算。

我国出土发现的"资阳人""柳江人""河套人"和"山顶洞人"等文化遗迹中,也存在这种婚姻形态的痕迹。

根据我国古代文献的记载,某些民族和地区流行着兄弟共妻或姊妹共夫的习俗,它们很可能是亚血缘群婚制的残余表现[例如,《文献通考·四裔考》载:"滑国……车师之别种也,兄弟共妻。"《隋书》卷八三载:"(嚈哒)兄弟同妻……"等]。所谓"当此之时,民知其母而不知其父"①,正是母系氏族社会的写照。

云南省永宁地区的纳西族,在民主改革前还保留着某些母系氏族制的残余,子女按照母系继承财产,就是其中一例。

此外,从古代文献关于亲属称谓的记载中,也可以略窥母系氏族社会中婚姻家庭关系的真相。例如,根据《尔雅·释亲》的解释:男子谓姊妹之子为"出",因为他们必须从本氏族出嫁到与之通婚的对方氏族中去。女子谓兄弟之子为"侄",因为兄弟与对方氏族女子所生之子要嫁回本氏族中来,"侄"就是"至"的意思。"出"之子称"离孙","侄"之子称"归孙";因为前者是出生于外氏族的,后者则是出生于本氏族的。

(三) 对偶婚制

继群婚制之后是对偶婚制。它的表现形式是:在母系氏族制度之下,属于不同氏族的成对男女,在一定的时期内过着对偶式的同居生活。它有三个突出的特点:第一,这种对偶是以女方为本位的,男子跟从女子,即所谓"男从女居"。第二,组成对偶的男女双方具有相对的稳定性,但是没有严格的约束,对偶同居的关系可以由任何一方随时宣布解除。第三,对偶之间是一种单纯的同居关系,他们并没有共同的经济生活。

对偶婚制在历史上曾经存在过是毫无疑问的。摩尔根、恩格斯的著作都提供了充足的证据。一直到近代,我国云南永宁县的纳西族(现在称为"摩梭人")还保留着母系氏族,在母系大家族中,年长的妇女管理事务,这种管理权由长女继承;同时保留着一种"阿注婚",也就是"走婚制",一男一女结交"阿注"(可以译为"异性朋友"),男方白天在自己的家族中劳动,晚上到女家去与女方同居,生下的小孩由女家抚养。这种关系可以依照一方的意愿随时结束,双方在经济上也没有什么来往。当然,摩梭人的这种生活方式保存到近代,就不能不受外界许多观念和已经变化了的生活方式的影响,但是它毕竟具有母系氏族中对偶婚的基本特征,所以被称为"母系社会的活化石"。

学术界一般认为,对偶婚制只是一种由群婚制向一夫一妻制过渡的形态,它的前期与群婚制相重叠,它的后期产生了一夫一妻制。换句话说,对偶婚制同时具有群婚制与一夫一妻制的部分特征,并不是一种独立的婚姻形态。应当看到,与群婚制相比,对偶婚制出现了一个新的现象。在群婚制下,由于两性关系的双方是很不稳定的,所以子女的生父往往不能肯定,也就是"民知其母而不知其父";而在对偶婚制之下,不但子女的生母是确定的,而且他们的生父通常也可以认定。虽然在这个时候父亲对子女并没有什么权利和义务的观念,但是它给一夫一妻制的产生提供了前提。随着生产力继续向前发展,最终出现了一夫一妻制。

对偶婚(家庭),是指一男一女在一定时期内,结成相对稳定配偶关系的婚姻形式。

"相对稳定"是说他们之间的配偶关系并不是唯一的,只是群体配偶中相对稳定的一对而

---

① 《商君书·开塞》。

已。即一个男子在许多妻子中有一个主妻,一个女子在许多丈夫中有一个主夫,但并不排斥与其他异性保持两性关系。"一定时期内"是指,这种"主夫"或"主妻"身份并不稳固,随时会因一方或双方的原因而失去。

对偶婚制产生于原始社会晚期,是原始社会时期的最后一个婚姻家庭形态。

对偶婚制是从集团婚(群婚制)到个体婚(一夫一妻制)的过渡形式,与原始社会野蛮时期的生产力水平相适应。

1. 对偶婚形成的原因

(1)相对个体的生产方式要求相对个体的婚姻

生产力的发展,生产工具的改进,有可能使劳动成为单个人的行动,人们不再过分依赖群体而生存。于是,人们有了由群婚向对偶婚过渡的倾向和要求。

这里的个体劳动是相对的,是群体劳动中的从属现象,与阶级社会真正意义上的个体劳动的性质截然不同。

(2)相对稳定的居住环境相对稳定了男女两性的结合

到原始社会末期,人类的生存方式已经从原始的狩猎和采集发展到从事畜牧和农耕,人们的居所相对固定,从而为一男一女在一定时期内相对稳定地共同生活提供了可能。

(3)自然选择规律不断排斥群婚制

人们越来越意识到排除血缘亲属通婚的巨大威力。恩格斯引用摩尔根的一段话:"没有血缘亲属关系的氏族之间的婚姻,创造出在体质上和智力上都更强健的人种。"[1]

恩格斯说:"由此可见,原始时代家庭的发展,就在于不断缩小最初包括整个部落并盛行两性共同婚姻的那个范围。"[2]

至对偶婚时,人类在两性关系方面不仅排除了同胞兄弟姐妹间的两性关系,而且还逐渐排除了血缘较远的兄弟姐妹间的两性关系。人们在婚配对象上的选择越来越慎重,群婚制逐渐被排斥。

(4)婚姻禁例增多,随意选偶越来越困难

族外婚往往比较固定地发生在两个氏族之间,形成了事实上的亲戚型氏族。在这种长期通婚的过程中,成对偶居的现象越来越普遍,婚姻禁例也越来越多,男女随意选偶的空间越来越小,群婚形式越来越不灵了。一些男女逐渐形成比较稳定的配偶关系,发展成为对偶婚。男女一旦成为配偶,便可以称之为夫妻了。

恩格斯指出:"由于这种婚姻禁例日益错综复杂,群婚就越来越不可能;群婚就被对偶家庭排挤了。""由于次第排斥亲属通婚(起初是血统较近的,后来是血统愈来愈远的亲属,最后是仅有姻亲关系的),任何群婚形式终于在实际上成为不可能的了,结果,只剩下一对结合得还不牢固的配偶,即一旦解体就无所谓婚姻的分子。"[3]

(5)人类感情因素发展的结果

人类社会在不断地发展和进步,这种发展和进步,不仅表现在物质生活方面,也在人类的精神生活领域反映出来。男女两性的交往也是同样道理。随着社会的不断发展和进步,男女

---

[1] 《马克思恩格斯选集》第4卷,人民出版社1972年版,第42页。
[2] 《马克思恩格斯选集》第4卷,人民出版社1972年版,第42页。
[3] 《马克思恩格斯选集》第4卷,人民出版社1972年版,第42页。

两性之间的交往,就不再仅仅停留在性本身,它还在不断地丰富着感情方面的因素。这种感情上的升华,使得男女两性在相互交往中本能地、越来越强烈地排斥着其他异性的介入。男女两性共有的这种排他性,随着人们感情和心理的不断丰富和升华,最终所导致的结果只能是:男女两性的交往,只有在一方身边没有其他异性时,才可能被另一方所接受。这就是说,人类两性交往所发展的最终结果,只能是一男一女的个体性交往。

按照世系从母和族外婚的原则,这种婚姻家庭仍以女子为中心,女子定居于本氏族,丈夫来自其他氏族。同后世的嫁娶观念相反,当时实行的是女娶男嫁、夫从妇居的制度。

对偶婚在世界许多民族的风俗习惯中,以及人类古代遗留下的大量材料中都得到了证实。在我国,对偶婚制大概确立于仰韶文化的晚期。我国古代遗留的妻妾制,就是对偶婚具有的主妻和次妻特征的反映。直至现代,我国西南一些少数民族中还有"望门居""走访婚""不落夫家"等习俗,都不同程度地反映出原始时代对偶同居、夫从妇居的遗留痕迹。云南永宁地区的纳西族,在民主改革前仍然存在着"望门居"的习俗(亦称"阿注关系"。在纳西语中,"阿注"为朋友之意。女"阿注"住在娘家,男"阿注"在晚上来过对偶居生活,次日清晨即离开,回到自己家中)。在壮族、傣族聚居的某些地区,新中国成立前还通行着女方在生育前"不落夫家"(即女方虽已成婚,但在生育子女之前仍居娘家。在此期间,丈夫采取上门拜访的形式,夫妻在女方娘家会面或同居)的惯例。

2. 对偶婚的特点

(1)与群婚相比,配偶范围逐步缩小到相对稳定的成对男女之间。

(2)与一夫一妻制相比,成对配偶的同居仍显得十分脆弱,不够稳定牢固。双方的离散非常随意和自由,极易为双方或一方所破坏。

(3)对偶婚仍属原始社会的婚姻形态。由于当时生产力水平的限制,对偶婚制下的家庭还不可能脱离氏族组织而独立存在。在公有制生产关系的基础上,对偶家庭也不可能成为社会经济中的一个细胞组织,与后来一夫一妻制下的个体家庭完全是两码事。在对偶婚存在的社会阶段,母系氏族以及后来产生的父系氏族,仍是人类赖以生存的基本社会组织。

(4)对偶婚是具有过渡性质的婚姻形态。它既具有群婚制的某些特征,又一夫一妻制的雏形。它在不断地减少多偶因素的过程中,为过渡到一夫一妻制创造着条件。

对偶婚的早期,存在母系氏族家庭。在母系氏族制和族外婚制下,对偶婚制实行夫从妇居。他们所生子女,成为母方氏族成员,世系从母。

对偶婚制的形成,引起一系列重要后果,包括提供了判明子女生父的可能性。

子女一旦能判明生父,就为氏族从母系转化为父系提供了可能,从而也为一夫一妻制的确立提供了可能。

(四)一夫一妻制

一夫一妻制又称"个体婚制"或"单偶婚制",是指由一男一女结成稳定的配偶关系的婚姻家庭形式。它是在原始社会向阶级社会过渡的过程中逐渐形成的。一夫一妻制的形成,根本原因在于生产力的不断发展,人们从单纯地收集自然界的产品,到利用自然条件来增加产品和主动进行创造性的生产,女子逐渐下降为附属劳动力,这就引起了两性关系的变化。男子地位提高了,便希望由他们来支配财产,并使自己的后代继承这种"权利"。要使这一意图付诸实现,按照恩格斯的说法,需要具备两个条件:一是必须废除"母权制";二是"生育确凿无疑地出自一定父亲的子女"。也就是需要建立以男子为中心的、配偶关系稳定的婚姻制度。

由对偶婚制向一夫一妻制的过渡,存在着一个由特殊到一般的过程。从总的发展来看,大体有这样几个阶段:

第一是父系血统的确认。也就是男子要求认定确实是出自本人的子女。从人类学和民族学的资料看,确认父系血统表现为很多有趣的形式。比如我国永宁纳西族的"认子"仪式,在男子确认女方所生子女是自己的后代之后,于女子生产满月时,携带礼物到女方家族探视。女方家族要举行一个仪式,将这种关系公开化。再比如在美洲、欧洲和亚洲许多民族中存在过"产翁制",也就是女人生育,男人"坐月子",男子用这种形式表示他是子女的生父。

第二是居住地的改变。也就是由原来的"男从女居"改为"女从男居",通俗地说就是由男子"嫁"出去,改变为把女子"娶"回来。从有关资料看,这种改变是相当不容易的。有些民族采取了比较缓和的形式,比如中国若干民族保留有"两头走"的习俗,实际上是在双方家庭轮流居住;久而久之过渡到只在男方家庭居住。而许多民族采用了激烈的手段,这就是"抢劫婚"。男方氏族纠集一批人抢回外氏族的女子,强迫与本氏族的某一个男子成婚。《易经》中有好几处生动地描述了抢婚的情况,比如"屯卦"里记载,一队全副武装的男子,骑在马上来往飞奔,寻找到女子后强抢回家,被抢的女子在马上拼命呼救,一片凄惨的景象。

第三是买卖婚的发生。从根本上说,个体婚制的产生和确立,不再是由于自然选择规律的作用,而是身份关系和财产关系发展的结果,即这种演进的基础不再是自然条件,而是社会和经济条件。一方面,随着物质财富的增加,人们的财产观念不断加强,物质利益成为影响社会生活,包括婚姻关系的重要因素;另一方面,由于财产的支配权逐步由男子掌握,他们也就利用这种权利来巩固自己的地位,用财产交换、占有女性,自然也用这种优势来奴役女性。

总而言之,生产力的发展导致了一夫一妻制的产生,按照恩格斯所说,形成一夫一妻制的直接原因是财产继承关系的需要。财富的占有者和支配者要求由他们的子女来继承他们掌握的财富,这就需要确凿无疑的血缘关系。确认这种血缘关系,自然要求配偶身份的明确化、固定化,尤其是妻子必须确定和专制。

一夫一妻制的个体婚,是从对偶婚演变而来的。

对偶婚制给家庭关系带来了新的因素,过去只能判明子女的生母,在对偶婚制下,子女的生父往往也能够判明了。这就在血缘关系的结构上为父系氏族和一夫一妻制的产生准备了条件。

但是,一夫一妻制产生的根本原因,并不是自然选择规律的作用,也不是男女性爱促成的结果,而是社会生产力的发展所引起的私有制的出现。

恩格斯指出:"要使对偶家庭进一步发展为牢固的一夫一妻制,除了我们已经看到的一直起着作用的那些原因之外,还需要有别的原因。在成对配偶中,群已经减缩到它的最后单位,仅由两个原子组成的分子,即一男和一女。自然选择已经通过日益缩小婚姻关系的范围而完成了自己的使命;在这一方面,它再也没有事可做了。因此,如果没有新的、社会的动力发生作用,那么,从成对配偶制中就没有任何根据产生新的家庭形式了。但是,这种动力开始发生作用了。"[①]

这种新的、社会的动力是什么呢?就是原始社会末期的社会生产力。这种社会生产力的发展,促成了私有制的出现和确立。私有制的出现和确立,就为一夫一妻制婚姻形态的产生奠

---

① 《马克思恩格斯选集》第4卷,人民出版社1972年版,第48页。

定了经济基础,一夫一妻制是私有制经济的必然产物。

氏族婚姻从最初的母权制,发展到后来的父权制,其根源就在于社会生产力的发展。

我们先分析一下母权制氏族。

(1)社会经济原因

男子——捕猎——收入不稳定,靠不住。

女子——采集、原始农业——收入可靠,地位重要。

个体与群体——不论采集,还是捕猎,流动性大、危险性高,为个人力量所不能胜任。个体不得不依赖群体。

(2)婚姻关系

先是血缘群婚——后代只知其母,不知其父,财产只能按母系继承。

后发展成对偶婚——望门居(各居出生氏族),随妇居(财产同样也只能按母系继承)。

我们再来分析一下父权制氏族。

(1)社会经济原因

男女分工导致男子社会地位上升、女子社会地位下降,私有制的出现导致个体婚姻家庭的产生。

与此同时,社会也发生了两次大的分工,即农业和畜牧业、农业与手工业的分工。其结果是,个体劳动在生产中的作用加强了,不少经济活动可以依靠单独的个人劳动来完成。逐渐地,生产资料和劳动产品就私有化了。

人类生产劳动的个体化不仅导致私有制的产生,而且也使得人们组成个体的家庭成为可能。个体的家庭当然必须以个体的婚姻为基础。个体的婚姻就是一夫一妻制。

到了原始社会末期,建立在一夫一妻制基础上的个体家庭,已成为一种能够与氏族经济进行对抗的巨大社会力量,并且最终摧毁了氏族组织。

生产力的发展使得社会产品有了剩余。这些剩余产品,起先无疑是属于氏族组织的。后来,按照当时的社会分工,男子逐渐成为新的财富的掌管者。再后来,就是个体劳动成果的个体所有化,即私有制。私有制意义上的婚姻家庭呼之欲出。

(2)婚姻关系

男子掌握了财富,具有了供养女子的经济条件,就不再愿意去随妇居,而是将女子抢过来,让其随自己居,开始了女到男方的婚姻,对偶婚开始过渡到单偶婚(即一夫一妻——实际上仅是针对女子而言)。后代不仅知其母,也知其父,财产可以按父系继承了。

恩格斯指出:"随着财富的增加,它便一方面使丈夫在家庭中占据比妻子更重要的地位;另一方面,又产生了利用这个增强了的地位来改变传统的继承制度使之有利于子女的意图。但是,当世系还是按母权制来确定的时候,这是不可能的。因此,必须废除母权制,而它也就被废除了。"[①]

首先,必须废除母权制,实行妇从夫居的父权制,才能确立子女按父方计算世系和承袭父亲财产的制度。

其次,婚姻形式必须由对偶婚改为个体婚,这样才能保证妻子生育出血统纯正的后代来继承丈夫的遗产。

---

① 《马克思恩格斯选集》第4卷,人民出版社1972年版,第51页。

于是，母系氏族为父系氏族所代替后，子女由母方氏族的成员变成父方氏族的成员，确立了按父方计算世系的办法，实行了子女承袭父方财产的新的继承制度。从此，妇女的地位发生了根本性的变化，形成了男尊女卑的制度和观念。

恩格斯说："母权制被推翻，乃是女性的具有世界历史意义的失败。"①

由于男子将族外的女子抢到自己的氏族内为婚，这样，氏族内部除了原来的男女差别之外，又出现了一对对夫妻及其子女的差别。这种情况在形态上类似于后来的家庭，但它与真正意义上的家庭是有所不同的。

真正意义上的家庭首先是一种社会经济单位，它是随着私有制的出现而出现的。

生产技术的提高，使得个体劳动成为可能，劳动成果有了"我的""你的""他的"之分，私有制开始产生。子女的血统从父计算并可继承父亲的财产，氏族组织内部形成了以男性为中心的新的家庭组织。私有制使得家庭成为最基本的生产单位，一夫一妻制得到确立。

"一夫一妻制是不以自然条件为基础，而以经济条件为基础，即以私有制对原始的自然长成的公有制的胜利为基础的第一个家庭形式。"②

根据以上分析，我们可以归纳出以下几点：私有制的形成是一夫一妻制产生的经济基础；劳动的个体化，是一夫一妻制产生的客观条件；男子对女子的控制，是一夫一妻制产生的重要保证。

一夫一妻制从最初萌芽到最后形成的过程，就是人类从无阶级社会进入阶级社会的过程。

这种以私有制为基础的一夫一妻制的个体家庭，具有和过去的一切两性、血缘关系的社会形式根本不同的性质。"它是建立在丈夫的统治之上的，其明显的目的，就是生育出确凿无疑的出自一定父亲的子女；而确定出自一定父亲之所以必要，是因为子女将来要以亲生的继承人的资格继承他们父亲的财产。"③

一夫一妻制下的家庭比对偶婚制下的家庭要坚固得多。这种婚姻家庭制度具有婚姻不自由、男尊女卑、夫权统治、要求妇女片面地遵守一夫一妻制等重要特征。

于是，随着私有经济的发展，便形成了以男子为中心、以一定的私有财产为经济基础的"一夫一妻制"婚姻。它逐步取代了以公有制为其经济基础的氏族组织。

自人类进入阶级社会以后，起源于私有财产制的一夫一妻制的婚姻家庭制度经历了长期的演变过程。它经历了奴隶社会、封建社会、资本主义社会和社会主义社会四个历史时期。不同社会一夫一妻制的性质和特征，都反映了各个社会的经济基础和上层建筑的要求。

奴隶制的、封建制的和资本主义的婚姻家庭制度都是一夫一妻制的具体的历史形态。它们因均以私有制为基础而具有共性，又因各社会中私有制形式的不同而各具特色，反映了当时社会中经济基础和上层建筑的种种特点。

奴隶制的一夫一妻制建立在奴隶制生产关系的基础上，奴隶主占有全部生产资料和劳动者——奴隶。男子可以从战争中获取女奴为妻，也可以用购买女奴的方法获得妻子。奴隶制的一夫一妻制具有虚伪性和片面性。

封建社会的一夫一妻制，是建立在封建主义生产关系的基础上的。封建主占有生产资料

---

① 《马克思恩格斯选集》第4卷，人民出版社1972年版，第52页。
② 《马克思恩格斯选集》第4卷，人民出版社1972年版，第60页。
③ 《马克思恩格斯选集》第4卷，人民出版社1972年版，第57页。

和不完全占有生产者,但农民对地主具有程度不同的人身依附关系。封建的小生产经济和封建等级制度,在婚姻家庭制度上也有相应表现。实行家长制、包办强迫婚姻、男尊女卑、漠视子女利益、一夫一妻多妾制,是封建主义婚姻家庭制度的基本特征。

资本主义社会的一夫一妻制,是建立在资本主义生产关系的基础上的。其生产关系是资本家占有生产资料。商品经济是支配一切社会关系的基础。虽然资产阶级的自由、平等原则在婚姻家庭中也逐步得到了贯彻,但是,资产阶级的婚姻家庭关系,在本质上是以金钱、财产关系为转移的。以婚外情人、通奸和卖淫作为对一夫一妻制的补充形式,是资本主义一夫一妻制的特征。

社会主义的一夫一妻制,是建立在生产资料公有制和男女法律地位平等的基础上的。它具有婚姻自由、男女平等、保护妇女儿童老人合法权益等基本特征。法律不允许任何形式的重婚、纳妾现象存在。实践证明,社会主义婚姻家庭制度建立后,需要经历一个逐步完善的过程。在一定的发展阶段,婚姻家庭领域里还不可避免地存在着旧制度、旧思想的残余。人类的婚姻家庭制度不断地从低级向高级形式发展,这是不以人们的意志为转移的客观规律。

第二节 婚姻法的概念、调整对象、特征和功能

一、婚姻法的概念

在不同的时代和国家,调整婚姻家庭关系的法律的名称不尽相同,在古代罗马私法中称其为亲属法。当代各国有称为亲属法的,如德国、日本等大陆法系国家民法典的亲属编;有称为婚姻家庭法的,如苏联原各联盟共和国的婚姻家庭法典;有仅称为家庭法的,如德意志民主共和国和现俄罗斯联邦的家庭法典。英美法系的一些国家调整婚姻家庭关系的法律由不同名称的单行法组成。

所谓形式意义上的婚姻家庭法,是指以婚姻家庭法(或其他类似的名称)为名的规范性文件,它是调整婚姻家庭关系的基本法,是一定国家的婚姻家庭制度在法律上的全面反映。所谓实质意义上的婚姻家庭法,是一定国家中调整婚姻家庭关系的全部法律规范的总和。学习和研究婚姻家庭法,应当面向全部的实质意义上的婚姻家庭法规范体系,不能仅以形式意义上的婚姻家庭法中的规定为限。

我国婚姻法概念的表述:婚姻法是规定婚姻家庭关系借以发生和终止的法律事实,以及婚姻家庭主体之间、其他近亲属之间的权利和义务的法律规范的总和。这一概念是就实质意义上的婚姻法而言的,而不是仅就形式意义上的婚姻法而言。它是人们正确处理婚姻家庭关系的行动指南,它确定婚姻的原则、结婚的条件、夫妻之间的权利和义务以及父母子女之间、兄弟姐妹、祖父母、外祖父母、孙子女、外孙子女等亲属之间的关系,以及离婚及离婚后子女抚养等规则。婚姻法是适用于一切公民,关系到千家万户、男女老少社会家庭生活的重要法律。

二、婚姻法的调整对象

我国《民法典》第1064条规定:"本编调整因婚姻家庭产生的民事关系。"这一规定明确了我国《民法典》婚姻家庭编的调整对象。特定范围的社会关系构成各个法律部门的调整对象,

这也是划分法律部门的基本标准。婚姻家庭法虽属于民法典,但与其他民法规范比较,又具有相对独立的性质。其独立性特点主要是由它的特定调整对象决定的。正如本条所述,婚姻法的调整对象可概括为婚姻家庭关系,对此,应从两个方面来认识。

(1)从调整对象的范围来看,婚姻家庭法既调整婚姻关系,又调整家庭关系。婚姻关系因结婚而成立,又因一方死亡或离婚而终止。所以,关于结婚的条件和程序、夫妻间的权利和义务,关于离婚的处理原则、程序、条件以及离婚后有关子女抚养、财产分割和生活困难等问题,都属于婚姻关系范围。家庭关系是基于结婚、出生、法律拟制等原因而发生,又因离婚、家庭成员死亡、拟制血亲关系解除等原因而消灭。因此,关于确认家庭成员之间的亲属身份,规定家庭成员之间的权利和义务及其产生、变更和终止等方面的事项,均属于家庭关系的范围,由婚姻家庭法规范调整。与其他法律关系相比较,婚姻家庭关系有许多自身的特征:

第一,人身属性。"人身属性"是指婚姻家庭关系只存在于特定的人之间,存在于具有特定亲属"身份"的人之间。如夫妻关系只存在于配偶之间,亲子关系只存在于父母与子女之间。

第二,自然属性和社会属性。婚姻家庭关系是人类的两性关系和血缘关系,这是一种特殊的社会关系。其特殊性就在于它是以一定的自然条件为基础,男女两性的生理差异和人类固有的性本能是形成婚姻关系的自然条件,通过生育而形成的血缘关系,是产生家庭关系的生物学基础,因此,婚姻家庭关系要受到生理学和生物学领域内的某些自然规律的制约。但是,婚姻家庭关系是社会关系而非自然关系,其本质只能取决于它的社会属性。社会为两性关系和血缘关系确立一种范式,引导和强制人们在这个范式中满足其自然性能和社会需求。超越范式,则应承担不利后果。这个范式最集中、最明确、最严格的表现形式就是婚姻家庭法。

第三,普遍性与稳定性。婚姻家庭关系是人类社会中普遍存在的社会关系。任何自然人,不论其性别、年龄和其他情形如何,都是婚姻家庭关系的主体,不可能脱离婚姻家庭领域的各种法律关系。家庭成员的身份(如夫妻、父母、子女)是普遍有效的,且这种普遍性是稳定的。所谓稳定性,是指婚姻家庭关系是一种长期的伦理结合,而不是一种短暂的基于利益的结合。某些家庭关系只能基于出生、死亡的事件而发生、终止,不能通过法律行为或其他途径而人为地解除,如血亲关系。某些家庭关系虽然是基于行为而创设,也可以人为地解除,如婚姻关系、拟制血亲关系。但是,这些关系的本质和宗旨,以及法律对其所做的规定(包括成立和解除的条件、程序等),都决定了它们至少是相对稳定的,不可能像财产法律关系那样频繁地变动。

(2)从婚姻家庭法调整对象的性质来看,既有婚姻家庭方面的人身关系,又有婚姻家庭方面的财产关系。其中人身关系占据主导地位,以人身关系为先决条件的财产关系居于从属依附地位。所以,婚姻家庭法在性质上应认定为身份法而非财产法;它所调整的对象是基于婚姻家庭而产生的人身关系以及与其有关的财产关系。

婚姻家庭中的人身关系,是一种存在于具有特定的亲属身份的主体之间,本身无直接财产内容的社会关系。如夫妻间同居、相互忠实、生育权、人身自由权等产生某种法律所确认的身份,其本身并不直接体现经济内容。针对这种身份,婚姻家庭法不仅对其形成、变更、消灭做出相应的确认性规范,而且对这种被确认的身份规定相应的人身上的权利和义务,从而对这种自然的、伦理上的身份关系加以调整和约束,使其带有严格的法律属性。

婚姻家庭中的财产关系,是以人身关系为前提,体现出一定经济内容或者以一定的财产为媒介所形成的社会关系。这种财产关系不能脱离婚姻家庭方面的人身关系而独立存在,它是依附、从属于亲属人身关系的。这种财产关系只能随着相应的人身关系的发生而发生、终止而终止。财产关系的内容,反映了相应的人身关系的要求。例如,夫妻在财产方面的权利和义务,基于当事人因结婚形成的配偶身份而产生,因死亡或离婚消灭配偶身份而终止;法定夫妻财产共有权、夫妻财产约定权、扶养权、法定继承权等均以权利人和义务人之间的特定夫妻人身关系为前提。因此,在婚姻家庭领域,财产关系就是人身关系所引起的后果,或者说,亲属间的财产关系是以人身关系为其法律基础的。因此,婚姻家庭关系的本质是人身关系而非财产关系。

三、婚姻法的特征

(1)在适用上具有极大的广泛性。任何人不论其性别、年龄和其他情形如何,都是婚姻家庭法律关系的主体,都不可能置身于婚姻家庭法的调整之外。婚姻家庭法的适用,涉及男女、老少、家家户户的切身利益和社会公共利益。

(2)在内容上具有鲜明的伦理性。婚姻家庭关系既是重要的法律关系,又是重要的伦理关系,一定意义上堪称道德化的法律或法律化的道德。从历史上看,中国古代的婚姻家庭礼制、法制均以宗法伦理为基础。欧洲古代的许多国家是以基督教的教义为支柱的。在我国,法律和社会主义道德本来完全一致,这在婚姻家庭法领域表现得尤为明显。我国婚姻家庭法的许多规定都是社会主义婚姻家庭道德的必然要求。

(3)其中的规定多为强制性规范。婚姻家庭法律关系借以发生和终止的法律事实,婚姻家庭法律关系中的权利、义务,都是定型化而不是选择性的。民法中的意思自治原则,在婚姻家庭领域受到严格的、多方面的限制。当一定的法律事实(如结婚、离婚、出生、死亡、收养等)出现后,必然导致相应的法律后果。这些后果是法律预先指明、依法发生的,当事人不得自行改变或通过约定加以改变。当然,婚姻家庭法中也有一些任意性规范,如法律允许夫妻就财产问题做不同于法定夫妻财产制的约定,以协议处理离婚时的财产清算、离婚后子女的抚育问题等,为数不多,适用时也要符合婚姻家庭法的有关原则,当事人选择的余地并不是很大。

(4)调整对象身份的多重性。一个人在婚姻家庭关系中,一般是以多重的法律关系主体的身份出现的,人的一生,往往以不同的身份受到婚姻法的调整。

四、婚姻法的功能

从宏观角度而言,婚姻法主要具备两重功能:一重是对国家和社会的,具备"公法"的性质,起宏观调节作用;另一重是对社会个体的,主要起对私权的保护作用。具体体现在以下两个方面:

(1)婚姻法具有弱者保护功能。人类社会的角色划分,简言之即男女老少。随着社会的进步与人类文明程度的提高,不同角色的社会地位也在不断发生着变化,同时,社会自身的保障机能也在不断地健全。婚姻家庭关系是一种渊源于人伦秩序这一本质的、自然的社会共同体结构,并非目的性利益关系,其自身的存在和功能带有鲜明的公法秩序和社会保障、福利属性,保护弱者和利他价值取向。由于在中国,旧观念与旧习俗尚未得以根除,处于弱势地位的妇女、儿童、老人,特别对于女性,她们中的许多人还未得到真正的心理独立,在很多情况下,她们仍旧非常需要依靠婚姻法的保护。另外,我国的根本大法——《宪法》中也明确规定要保护婚姻和家庭,保障公民在婚姻家庭中的合法权益。在一个文明社会中,社会与社会中的人是息息相关的,社会发展的前提是激发人的活力与创造力,而对于弱势群体中的人则表现为尽可能多地保障他们的合法权益而不受损害。法律有其特有的社会评价、引导、警戒等功能,理应在设定权利、义务时具备这一素质。例如,对重婚罪的规定及对家庭暴力的惩罚,对离异子女的抚养权、探视权的具体细化,对不履行赡养老人义务的惩罚,对无生活能力人的扶养等规定,都体现了社会对弱势群体利益的同情与保护。

(2)婚姻法具有引导婚姻家庭建设和谐发展的功能。家庭在一个社会中的地位是众所周知的,家庭的稳定健康与否直接关系到其所在社会的发展情况,同时也是衡量这个社会文明程度的标准之一。如前所述,由于社会生产力的发展,经济体制的转换,社会生活的急剧变化,大众传媒和信息流量日益膨胀,还由于种种社会因素的影响,行为主体愈来愈不能够全面真实地把握外部世界和自我,为周围环境和社会时尚所左右的状况比比皆是。特别是在多元价值观的格局下自我意识的迷失、独立人格的扭曲成为社会行为失范的原因,或是拜金取利,或是挥霍享乐,非理智的情绪色彩和盲动性体现在政治、经济、社会乃至家庭生活的诸多方面,表现在婚姻家庭领域中现实存在的重婚纳妾、养情妇等违背一夫一妻基本婚姻制度的现象,不少人认为只是道德问题,社会应持宽容态度,即使要管,也只能通过道德等手段进行调整。对重婚纳妾行为已经构成重婚罪的,也仍以取证难等为理由推诿社会责任,采取不予干涉的态度。还有些人认为婚姻家庭领域是弘扬个性选择的领域,以时尚为根本,摒弃社会责任,以利己为核心;或不以婚姻关系的构成为责任,强调个人权利,放弃承担义务,往往把个人应当在家庭关系中承担的责任推向社会和国家的同时,又排斥个人与社会的关系、个人对于社会的责任。家庭暴力,拒绝抚养、扶养、赡养,离婚争夺财产等问题,已不是一般的行为约束能够调整的。婚姻法在调整这样一个复杂的社会关系时理应发挥其引导作用。西方的家庭改革论认为,建立在婚姻关系和血缘关系上的家庭是社会的基础,是不可摧毁的。随着社会物质生活水平的提高,人们的精神生活水平也在提高,婚姻动机会更纯洁,家庭关系会更和睦。作为婚姻的载体,未来家庭将会沿着有利于人性解放的轨迹发展,婚姻质量将进一步被重视。目前在我国存在的非自主婚姻、非人道婚姻、非爱情婚姻、近缘婚姻等将随着经济的发展、人们观念的进一步开放而渐渐消失。离婚率或许在某一时间、某一范围内会大增,但这并不表明我们的社会不稳定,而是说明了社会在进步。婚姻质量的提高则表现为双方在不损害各自个性的前提下互相帮助、互相支持,以取得两人之间及与他人之间关系的密切发展。而婚姻质量的提高来自夫妻共同的努力和平等的收益,这种平等将应该不仅是道德准则和法律原则,更应成为人们生活行为的准则,对配偶权的规定及夫妻间财产制度的具体规定,在一定程度上体现了文明社会中婚姻家庭关系的走向。

第三节 婚姻家庭法的定位及与其他法律部门的关系

一、作为独立法律部门的婚姻家庭法

新中国成立之初,废除旧的法统,婚姻家庭立法主要继承革命根据地时期婚姻立法传

统①,并受到苏联法制理论和立法体例的影响,将调整人类自身生产和再生产领域中平等主体间的人身关系和财产关系的婚姻家庭法从民法体系中分离,作为独立的法律部门。

婚姻家庭法独立于民法,是苏联法律体系模式的重要内容。早在1922年《苏俄民法典》问世之前,苏联于1918年颁布了《户籍登记、婚姻、家庭和监护法典》,1926年又颁布《婚姻、家庭和监护法典》。《苏俄民法典》第3条明确指出"家庭关系适用特别法"。1947年苏联宪法更是明确了家庭立法的独立性(第14条第23节)。苏联学者斯维尔特洛夫认为,家庭法独立于民法的理由主要有两点:(1)民法的对象主要是财产关系,而家庭法的对象主要是由婚姻、血统、收养及收留教养儿童而发生的关系;(2)社会主义社会中,家庭虽然还保有一些经济职能,但它不是社会的基本经济单位。因此,对婚姻家庭关系的处理,需要一些与民法不同的规范。他也承认,这并不意味着民法的所有规范一律不适用于家庭关系。在家庭关系中适用民法规范具有个别性,主要是家庭财产关系,并且"只有在家庭—婚姻的立法中对于这个问题没有明文规定的时候,亦只有在适用民法规范并不违背家庭法的基本精神的时候,才能适用"。②

苏联学者关于家庭法与民法关系的上述认识,对我国学者观点的形成有直接影响。新中国成立头三十年,我国实行计划经济,家庭在这一体制下逐渐丧失经济职能,普遍认为在我国家庭生活与经济生活无关。其间,我国立法指导思想和法学理论研究片面强调婚姻家庭法的阶级性,对大陆法系国家的立法从技术形式到具体制度一律采取否定和排斥态度,认为将婚姻家庭法作为民法组成部分,是把婚姻家庭关系商品化、契约化,是资产阶级意志和利益的体现,而将婚姻家庭法作为独立法律部门,则体现了社会主义婚姻家庭法的先进性和革命性。因此,很长一段时期,我国法学界普遍认为民法只是调整商品经济关系的法律,婚姻家庭关系不是商品关系,不能划归民法的调整范畴,从而将作为民法三大组成部分之一的婚姻家庭法,人为地从民法范畴中割裂开来。③

20世纪五六十年代,这一认识在我国具有相当的代表性,其理论背景不外乎有两个:一是强调婚姻家庭的阶级性,排斥大陆法系国家民事立法体例;二是对婚姻家庭法与民法关系认识片面。婚姻家庭法作为民法特别法的特性被无限放大,甚至成为其独立于民法的主要根据。1950年《婚姻法》和1980年《婚姻法》都是在这一理论基础上制定的。

二、作为民法有机组成部分的婚姻家庭法

婚姻家庭法在新中国法律体系中长期居于独立地位,是特定历史条件的产物。外在原因是,新中国成立初期我国受苏联立法体例及理论的影响;内在原因则是,高度的计划经济体制致使民法部门发展迟缓,相应地,调整亲属关系的"人法"——婚姻家庭法在法律体系中的地位和作用得以凸显。可以想见,在民法典还是"空中楼阁"的年代,何谈婚姻家庭法向民法的回归?何谈婚姻家庭法律体系的系统化?因此,计划经济体制下我国婚姻家庭法游离于民法典之外,并被简称为"婚姻法",具有一定的历史合理性。

马克思的市民社会理论认为,随着社会利益分化为私人利益和公共利益两大相对立的体

---

① 革命根据地时期的人民政权注重运用法律对封建婚姻家庭制度进行改革。第二次国内革命战争时期有1931年的《中华苏维埃共和国婚姻条例》和1934年的《中华苏维埃共和国婚姻法》。抗日战争、解放战争时期,各革命根据地先后颁布了本地区婚姻条例。它们都为新中国婚姻法出台奠定了法制基础。
② R. M. 斯维尔特洛夫:《苏维埃婚姻—家庭法》,方城译,作家书屋1954年版,第31页。
③ 江平:《民事立法中的几个热点问题》,《江西财经大学学报》,2000年第1期。

系,整个社会就分裂为市民社会和政治国家两个领域。① 按照这一理论,整个社会生活被划分为两大领域:民事生活领域和政治生活领域。其中,民事生活领域涵盖了全部经济生活和家庭生活,马克思在其著作中称之为"市民社会"。马克思认为,由于个人在物质交往中必须形成一定的组织和制度,因而市民社会"始终标志着直接从生产和交往中发展起来的社会组织",包含财产、家庭、劳动方式等要素。它们都在市民法(即民法)的调整范围之内。②

亲属关系和经济关系构成市民社会两大基本关系。前者属于人类自身的生产和再生产,后者属于物质资料的生产和再生产。它们既是市民社会的基础,又成为市民社会的基本法则——民法的调整对象。民法是调整民事生活包括经济生活和家庭生活在内的法律规范体系。它是民事生活领域的基本规则。亲属关系是基本的民事生活关系,理应成为民法调整的社会关系之一。

我国1986年《民法通则》第2条规定:"中华人民共和国民法调整平等主体的公民之间、法人之间、公民和法人之间的财产关系和人身关系"。依此,我国民法的调整对象总体上包括两类民事关系:一类是平等民事主体之间的财产关系,一类是平等民事主体之间的人身关系。对于平等主体间的人身关系,除人格关系外,主要是发生在婚姻家庭领域中的亲属关系。我国《民法通则》第103条、第104条还规定,自然人的婚姻自由权、婚姻家庭受法律保护。据此可以推断,从1986年开始,我国从立法体例上宣告了婚姻家庭法在法律体系中的归属。2001年《婚姻法》修正案就是在婚姻家庭法向民法典回归的大背景下进行的。

三、民法体系中的婚姻家庭法

随着社会不断进步,我国的法律制度也得到了进一步的优化和改善,就婚姻法再次回归到民法典体系而言,这不仅意味着婚姻家庭法有了更加科学合理的法律制度体系,同时婚姻法的回归也充分说明了我国法律制度终于摆脱苏联并行立法模式的限制。虽然将婚姻家庭法引入民法典体系使得法治制度更加完善,但婚姻家庭法的地位并未得到确定,同时在法律条约执行时也出现了一定的分歧。

婚姻家庭法重新回归民法典,这一改变不仅仅昭示了我国民法编纂体系的完整,更为重要的是婚姻家庭法在民法典中相对独立性的特点还将促使民法合理快速实现法典化的目标。民法典体系日益趋于完善也使得婚姻家庭法法律内容的丰富性得到一定的拓展,其立法价值也将得到充分发挥。面对学术界对婚姻家庭法地位的不同意见与看法,需要通过对婚姻家庭法的独立性特点展开理论分析和研究,在保障民法典完整性的同时,使婚姻法的相对独立性能够得到展现。

(一)民法典引入婚姻家庭法的意义
1. 调整对象的伦理属性

婚姻家庭法的重要内容在于处理调整对象之间的自然关系和社会关系。在自然关系方面,主要包括调整对象的两性关系和血缘关系,通过分析调整对象的自然关系,可以更好地掌握调整对象的关系背景与平等调整对象间的伦理属性。而在社会关系方面,这种关系的存在

---

① 梁慧星:《民法总论》,法律出版社1996年版,第26页。
② 《马克思恩格斯全集》第3卷,第41页。转引自徐国栋:《市民社会与市民法——民法的调整对象研究》,《法学研究》,1994年第4期。

只体现在人为对象上，不同时期社会关系存在着较大的差异，男女和种族之间的不平等使得婚姻家庭法在执行过程中必须根据当前的社会伦理关系才能做出相对规范化、合理化的判决，在公民人伦关系确定后，婚姻家庭关系才能被进一步确立。婚姻家庭法对调整对象的亲属伦理关系确定有着重要意义，既要从基本伦理道德出发，考虑到夫妻、亲子之间的关系，使婚姻关系符合伦理、人文的要求；又要考虑婚姻关系对于社会秩序也有一定的影响。这需要从法律和道德层面来约束社会公民不正当、错误的婚姻行为，在对婚姻家庭关系进行调整时往往还需要借助一定的法律手段来进行强制性调整。总的来说，在民法典中引入婚姻家庭法，使婚姻家庭法更具执行力，法律手段的介入也将会使婚姻家庭法具有更强的约束力，这对于社会秩序的稳定起到了重要的促进作用。

2. 稳固公法属性

伦理关系是婚姻家庭法的重要属性，如果仅依赖于婚姻家庭法的条款来规范社会公民的伦理关系，则会出现一定的局限性，无法对公民产生足够的约束力，但通过法律法规的强制手段来管理伦理关系，则显得过于严苛，无法体现出家庭自治和保护家庭隐私，难以全面顾及家庭中每位成员的个人权益。而随着婚姻家庭法的日益健全和在民法典中引入婚姻家庭法，使得公民获得了更多的权益保护，如个人财产划定、婚姻登记、离婚登记等，在婚姻家庭法执行过程中既体现了法律的严格性，也充分考虑了公民意愿，公民有了更多的婚姻自由权，民法典对婚姻家庭法的引入将使公法属性更为稳固。另外，婚姻家庭法的公法属性还具有一定的社会功能，婚姻家庭法将承担社会发展、养老、教育等职能，使婚姻双方更加明确自身的权益与职责，从而促进社会的良性发展。

3. 健全与完善民法体系

在传统的民法体系中，婚姻家庭法被包含其中，这是由于我国传统的民法体系的理论架构受到古罗马亲属法的影响，能够为封建时期的社会关系和婚姻制度提供完备的法律支持，在随后的民法体系健全、完善过程中也是按照这一理论体系进行拓展、延伸。到了近代，民法典改制使得婚姻家庭法脱离民法体系，成为一个相对独立的法律部门，但婚姻家庭法的建法体系仍与民法具有一致性，相对于西方资本主义国家的法律体系，婚姻家庭法并不属于私法范畴，而是作为民法典的特殊组成部分发挥其作用。

(二)民法典引入婚姻家庭法的理论分析

1. 从婚姻家庭法的调整对象来看

我国婚姻家庭法的调整对象为两个平等主体，因此在婚姻家庭法中对调整对象特定范围内的亲属关系进行规定，进而明确了亲属与当事人实体权利与义务关系。另外，由于婚姻家庭法是在我国法律制度体系之下建立的，对于中华人民共和国的公民具有普遍适用性，在调整主体的私人利益与关系上需要借助民法典私益内容才能有效运转。由于婚姻家庭法的调整对象与民法基本一致，这说明在调整对象层面上婚姻家庭法归位于民法，是民法的有机组成部分，但在面对特定的社会问题时，婚姻家庭法也应保持其独立性，尤其是在处理财产关系和人身关系问题时，要准确区分调整对象之间的财产关系与人身关系，并能在地位平等的角度上使对象接受民法调整，并受到民法保护。此外，在民法中还对婚姻家庭关系的法律适用问题做了进一步规范，将有关婚姻、收养、监护的协议内容进行了统一，因此无论是从婚姻家庭法的调整对象还是在民法典中的地位来看，婚姻法的引入将是促使民法结构体系趋于完善的重要决策。

2. 从婚姻家庭法立法发展趋势来看

我国婚姻家庭法的框架结构并不完全是按照现代法律体系建立的,婚姻家庭法的框架结构是按照古代立法和国外诸法融合的形式构建的,这使得婚姻家庭法在中国不同时期的形态与结构有所差异,在封建社会早期婚姻家庭立法更多的是以"礼"为核心来建立,只是依靠约定俗成或当时社会的伦理关系来处理家庭矛盾或婚姻问题,没有单独成型的法律制度来规范婚姻家庭关系。而随着时代的发展、封建制度下成文法律法规的制定和统一,婚姻家庭关系问题开始有了规范化的处理方式,但在处理婚姻家庭关系上却是采取礼、法并用的方式,缺乏相对独立的、健全的法律制度。到了近代中国,1911年编订的《大清民法草案》实现了对婚姻家庭关系立法由封建近亲关系到现代规范法律体系的过渡,该草案是以日本明治维新中所编订的民法为蓝本的,其中将婚姻家庭亲属关系纳入了民法,婚姻家庭法初次成为民法典的组成部分。1930年南京国民政府针对民法典中婚姻家庭亲属关系独立成篇,使得家庭法与民法典的融合更加深入。而在中华人民共和国成立以后,政府重新建立了新的法律制度体系。中华人民共和国的民法典框架与西方各国的民法有着本质区别,民法典内容是以国家制度为核心进行架构,在当时采取了苏联并行立法模式,将婚姻家庭法从民法典中剥离出来,单独成立专门的法律部门进行管理,这一模式的形成一方面是受到政治因素的影响,另一方面则是中华人民共和国成立以后的新尝试。十一届三中全会以来,婚姻家庭法回归民法典的问题备受专家和社会大众的关注,考虑到民法的完整性和婚姻法的独立性,学术界普遍接受把婚姻家庭法作为民法特殊的独立的组成部分,促使婚姻家庭法的回归势在必行。

(三)从婚姻家庭法的诉讼程序来看

在民事诉讼法中对于民事案件的起诉、审判、执行流程进行了明确的规定,在处理民事案件时必须严格按照诉讼流程进行。在我国,婚姻纠纷案件属于民事案件,因此婚姻纠纷案件的处理流程也应按照民事案件诉讼程序执行。正是因为存在实体法与程序法的关系,使得民法对于婚姻家庭案件具有普遍适用性,所以为婚姻家庭法应作为民事实体法而被纳入民法典提供了有力的支持。

第四节 国外婚姻法的历史发展现状

一、国外古代婚姻家庭法

在世界各国的古代法中,婚姻家庭关系最初主要是由习惯法加以调整的,后来才逐渐采取成文法的形式。但习惯法仍然起着很大的作用。在宗教势力特别强大、实行政教合一的国家中,宗教经典同时又是法典,其中有许多有关婚姻家庭的信条、戒律和各种具体的行为规范。

1. 古代罗马的亲属法

古罗马是高度发达的奴隶制国家,也是同时代的婚姻家庭法制最为完备的国家。罗马家庭是宗法家长制的家庭。

关于家父权即家长权的规定,最初载于公元前5世纪制定的《十二铜表法》。

关于婚姻的成立,罗马亲属法中设有婚约制度。订婚须出于父命,婚约具有一定的法律效力。婚约男与婚约女在订婚后两年内不结婚的,婚约即行废止。婚姻的种类有两种:一是市民法婚姻,亦称正式婚或有夫权婚姻,是依市民法的规定而成立的。二是万民法婚姻,亦称略式婚或无夫权婚姻,是依万民法的规定而成立的。

市民法婚姻的结婚方式分为三种,即共食婚、买卖婚和时效婚。共食婚须举行隆重的宗教仪式;买卖婚须由男子在计量者之前以要式契约的方式买受女子为妻;时效婚则是以一定事实的存在(男女双方以夫妻关系同居生活)和一定期间(1年)相结合为成立要件的。至于万民法婚姻,法律规定在符合法定要件时,依当事人的合意而成婚。罗马亲属法还对法定婚龄、禁婚亲和其他婚姻障碍等,做了各种具体的规定。

关于家庭关系,家父权和夫权在罗马亲属法中占有很重要的地位。按照早期法律中的规定,家父权十分强大,家父有司祭祀的权力、支配家庭财产的权力以及在家中司审判的权力等。到了后期,家父权有所削弱。夫权是基于市民法婚姻而取得的。在有夫权婚姻中,处于夫权之下的妻仅具有类似女儿的法律地位,在人身、财产关系方面均受夫的支配。按照市民法的规定,夫有惩戒其妻的权力;在妻致人以损害时,甚至可将其引渡于他人,以免除自身的责任。由于实行吸收财产制,妻在婚前所有和婚后所得的财产是归夫所有的。与市民法婚姻不同,按照万民法规定,妻在人身权和财产权上有一定的独立性,但夫妻双方的地位也是不平等的。

关于婚姻的终止,罗马亲属法以配偶死亡、自由权或市民权的丧失和离婚为终止原因。离婚的方式有三种:一是出于家父的意思而离婚,这种离婚方式至帝国时代后期已被废除;二是出于夫妻双方的意思而离婚,即协议离婚;三是出于夫妻一方的意思而离婚,即片意离婚。

罗马亲属法在古代的婚姻家庭立法史上具有很重要的地位,对后世有很大的影响,其中有不少规定经过改造后为近代的资产阶级国家婚姻家庭法所继受。

2. 欧洲中世纪的婚姻家庭法

欧洲各国封建时代的婚姻家庭制度,总的来说具有发展缓慢、宗教影响强烈等特点。婚姻家庭法的法源,主要是习惯法、寺院法和罗马法三个方面。

欧洲早期封建制国家的婚姻家庭法,多为习惯法的汇集。父权和夫权十分强大。男子只有成婚后自立门户,方可脱离父权的支配。离婚须出于习惯法上的理由,具有浓厚的男子专权主义的色彩。另一方面,早期的习惯法中,还保有某些原始的婚姻家庭习俗。

在欧洲各国封建化的进程中,寺院法和王室制定的成文法,逐渐取代了习惯法。寺院法亦称宗规法或教会法,其中包括许多婚姻家庭法规范。寺院法中的婚姻家庭法规范具有凌驾于世俗立法之上的权威。

关于婚姻的成立,寺院法在实质要件方面列举了众多的婚姻障碍,如欠缺结婚合意、重婚、有禁止结婚的亲属关系、未受基督教的洗礼等。在形式条件方面,要求当事人举行一定的宗教仪式。

关于婚姻的解除,寺院法本诸教义持禁止离婚主义。无效婚姻和别居制的规定,是作为禁止离婚的救济手段而采用的。除婚姻事项外,寺院法中的有关规定还涉及亲子、收养、监护、继承等诸多方面。婚姻家庭法的宗教化,是欧洲中世纪法律的显著特色之一。

在整个中世纪,罗马亲属法对欧洲各国的婚姻家庭制度仍有重要的影响,这种影响是从未间断的。罗马法复兴运动兴起后,罗马亲属法的原理、原则和许多具体规定得到了广泛的研究和应用,在一定程度上促进了婚姻家庭法的近代化和资产阶级国家婚姻家庭法制的确立。

二、近现代资产阶级国家婚姻家庭法

随着资本主义法制的确立,法律体系中逐渐形成了若干各有其调整对象的法律部门。婚姻家庭法是私法即民法的重要组成部分。在立法体制上,大陆法系国家采取法典主义,将以婚姻家庭法为基本内容的亲属法编入民法典。在编制方法上又有法国式的编制法和德国式的编制法的区别。英美法系国家则采取单行法主义,没有统一编制的民法典,婚姻家庭法是由若干相关的单行法组成的。

1. 大陆法系国家民法典中的婚姻家庭法

1804年《法国民法典》中的婚姻家庭法规范体系以法律的形式宣告了资本主义婚姻家庭制度对封建主义婚姻家庭制度的胜利。婚姻家庭法(亲属法)在其中未设专编。该法典依照罗马法的体例,在第一编中将私权的享有、人的法律能力等同亲属、婚姻、家庭等事项规定在一起。有关婚姻家庭的具体规定集中于第一编的第五至十章,内容包括结婚、离婚、父母子女、收养、亲权和监护等。第三编的第五章(夫妻财产契约和夫妻的权利)和其他部分也有若干涉及婚姻家庭事项的规定。

该法典从总体上否定了以家族为本位的封建主义婚姻家庭制度,代之以个人为本位的资本主义婚姻家庭制度。在结婚问题上,有未经当事人合意不得成立婚姻的规定,从而在法律上确立了共诺婚制,同时还规定了婚姻成立的其他法定要件。在夫妻关系问题上,妻对夫的人身依附关系已大为削弱。该法典规定夫妻互负忠实、扶助、救援等义务,双方可依法订立夫妻财产契约。在离婚问题上,该法典规定了离婚的法定理由。除裁判离婚外,还规定了须受法律严格限制的协议离婚制。在亲子关系上,对父母子女的权利与义务做了各种具体规定。但是,有关亲权的规定仍然是以父母为本位,实际上主要是由父行使的。

1804年《法国民法典》,总的来说是以公民权利平等、契约自由等资产阶级的法律原则为其立法依据。在贯彻这些原则时,婚姻家庭法方面的规定远不如财产法方面的规定。许多条款中,旧时代的痕迹随处可见。如规定子女未达一定年龄(男25岁,女21岁)时,未经父母同意不得结婚;父母意见不一致时,有父的同意即可;即使当事人已达上述年龄,也应通过法定方式求得父母等尊亲属的同意。又如关于夫妻法律地位的规定,关于离婚的法定理由的规定,男女双方也是不平等的,在认领、继承等问题上歧视非婚生子女的规定,更是明显例证。

1896年通过、1900年施行的《德国民法典》亲属编,是从自由资本主义时代向帝国主义时代过渡的产物。以亲属法为名的婚姻家庭法在法典中独立成编。该编各章对民事婚姻、亲属、监护等制度,都做了系统的、明细的规定。同《法国民法典》中的亲属法相比,在结婚、离婚、已婚妇女和子女的法律地位等方面有所完善和进步。但其中也有一些规定仍受封建传统的影响。这个亲属编可谓集资本主义婚姻家庭法律制度之大成,体系结构十分严谨、周密,立法技术也更为成熟。另一方面,它的烦琐、复杂之处,是令人望而生畏的。

《法国民法典》颁行至今已有二百年,《德国民法典》颁行至今也有一百多年。两部民法典中的亲属法(婚姻家庭法)规范均做过多次修改。其中许多条款已被废止、修正或增补。

2. 英美法系国家的婚姻家庭单行法

英国的婚姻家庭法有其自身的历史传统,它虽然也受罗马法的影响,但不如欧洲大陆国家那样明显。自中世纪以来一个很长的时期内,普通法和衡平法在调整婚姻家庭关系方面起着重要的作用。后来才更多地采用了成文法的形式,颁行了若干处理婚姻家庭事项的单行法。总的来说,在婚姻家庭法近现代化的过程中,英国早期的立法改革是比较缓慢的。

20世纪初以来特别是第二次世界大战后,英国在婚姻家庭制度上采取了许多新的立法措施。如1907年的法律规定,妻无须取得夫的同意即可转让其个人财产;1923年的法律规定,夫妻双方互负贞操义务；1926年的养子法颁行后，对收养制度已由不承认转为承认。1949年的婚姻条例、1964年的堕胎法和夫妻住所法、1969年的家庭改革法和离婚法、1976年的收养条例等，都是英国在第二次世界大战后陆续颁行的。1969年的离婚法突破了过去的过错离婚原则，以婚姻无可挽回的破裂作为离婚的法定理由，并列举了若干法定情形作为婚姻破裂的依据。

英国婚姻家庭法对英联邦各国和美国等都有很大的影响。

在美国，合法婚姻的成立有三种方式：一是依各州法律而成立的民事婚；二是依习惯法而成立的习惯婚；三是依宗教仪式而成立的宗教婚。即使在不承认习惯婚的一些州，某些形式要件方面的瑕疵并不影响婚姻本身的效力。美国的婚姻家庭立法是以州为本位的，法定婚龄高低不一，婚姻障碍也不尽相同。但是，在一州认为是合法的婚姻，他州也认其为合法。至于婚姻的效力，各州一般均规定夫妻有同居、扶养等义务。夫妻财产制有不同的形式，许多州采取分别财产制，有些州则对特定财产采用共同财产制。关于婚姻的解除，各州法律均采用诉讼离婚的方式，不承认诉讼外的协议离婚。

早期的离婚法在离婚的法定理由上有比较浓厚的有责主义色彩。现在所有的州都准许以婚姻破裂为依据的无过错离婚，在具体规定上则是宽严有别的。有些州在以婚姻破裂为离婚的一般理由的同时，还在立法中保留了若干传统的、出于一方过错的离婚理由。鉴于存在州际法律冲突，美国的州法律全国统一委员会于1970年制定了统一结婚和离婚法，其内容已为若干州立法所采用。

资产阶级国家的婚姻家庭法在数百年间发生了很大变化，许多国家都不断地采取立法措施，使婚姻家庭法更加符合社会现实和统治阶级的根本利益。亲属制度中的封建残余进一步被废除，夫妻在人身关系、财产关系方面的法律地位渐趋平等，在婚姻解除的问题上从限制离婚主义逐渐走向自由离婚主义，禁止滥用亲权以及改善非婚生子女的境遇等，便是资本主义国家婚姻家庭法发展变化的一些主要表现。

三、社会主义国家婚姻家庭法

社会主义国家的婚姻家庭法产生于20世纪之初，它是随着俄国十月革命的胜利而问世的。自此以后出现了资产阶级国家婚姻家庭法和社会主义国家婚姻家庭法同时并存的局面。在第二次世界大战以前，苏维埃婚姻家庭法是唯一的社会主义国家婚姻家庭法。

1.苏维埃婚姻家庭法

1917年12月颁行的《关于民事婚姻、子女和实施户籍登记的法令》以及不久以后颁行的《关于离婚的法令》，在婚姻家庭制度废旧立新的过程中起了重要的作用。1918年颁行了《俄罗斯联邦户籍登记、婚姻、家庭和监护法典》。1926年颁行的《俄罗斯联邦婚姻、家庭和监护法典》，为新的婚姻家庭制度奠定了初步的法律基础。

在苏联的法律体系中，婚姻家庭法是独立于民法之外的一个法律部门。婚姻家庭立法是以加盟共和国为本位的。各加盟共和国的婚姻家庭和监护法典是婚姻家庭法的基本渊源。适用于全联盟的有关法律，则是各加盟共和国婚姻家庭法的立法依据。此外，苏联最高法院和司法部颁行的规范性文件，也对适用婚姻家庭法的问题做了许多具体规定。

第二次世界大战后的1968年，最高苏维埃颁行了《苏联和各加盟共和国婚姻家庭立法纲要》。1969年俄罗斯联邦依据上述纲要颁行了新的婚姻家庭法典，乌克兰等其他加盟共和国的婚姻家庭法典也做了相应的修改。1979年最高苏维埃主席团又发布了修改上述纲要的命令,各加盟共和国都采取了相应的立法措施。苏联解体后,俄罗斯联邦于1995年制定了新的家庭法典。该法典自1996年3月1日起施行,原有关婚姻家庭的法令不再适用。

2. 其他社会主义国家的婚姻家庭法

第二次世界大战后,各社会主义国家相继颁行了调整婚姻家庭关系的法律,名称和编制方法各具特色。1949年《保加利亚人民共和国人与家庭法》是将作为民事权利主体的人的法律能力和有关婚姻家庭的事项,置于同一法典中加以规定的。南斯拉夫联邦于1947年通过了四部以婚姻家庭为调整对象的法律,即《婚姻基本法》《亲子关系基本法》《收养基本法》和《监护基本法》,适用于全联邦。后又按联邦宪法的规定,将婚姻家庭的立法权交由各共和国(自治省)行使。

罗马尼亚于1954年、捷克斯洛伐克于1963年、德意志民主共和国于1965年、保加利亚于1973年、古巴于1975年、阿尔巴尼亚共和国于1982年,都颁行了新的婚姻家庭法(名称不尽相同,也有仅称为家庭法)。越南于1959年制定婚姻法,后于1986年、2000年又做了修改。

复习思考题

一、名词解释

1. 婚姻家庭法
2. 婚姻和家庭
3. 群婚制
4. 对偶婚制
5. 一夫一妻制
6. 血缘群婚
7. 亚血缘群婚

二、填空题

1. 婚姻家庭制度,是一定社会的上层建筑,它是由有关(   )的各种行为规范所构成的制度。

2. 社会主义的一夫一妻制,是以实行(   )、(   )、(   )等原则为特征的最新类型的婚姻制度。

3. 我国婚姻法既调整(   ),又调整(   ),实际上是(   )。

4. 婚姻法是一个独立的法律部门,它有独立的调整对象,因此,和其他法律比较,它的特点是(   )、(   )、(   )、(   )。

5. 婚姻家庭关系既具有(   ),又具有(   )。前者是它的(   ),后者是它的(   )。

6. 人类的婚姻家庭制经历了三个阶段,即(   )、(   )、(   )。

7. 一夫一妻制的婚姻家庭制度是在(   )、(   )、(   )的情况下产生的。

8. 婚姻法的法律规范可以分为以下三类:(   )、(   )、(   )。

三、单项选择题

1. 一夫一妻制是在( )的基础上发展而来的。
   A. 群婚制　　　　　　　　　　B. 对偶婚制
   C. 一夫多妻制　　　　　　　　D. 亚血缘群婚制
2. 婚姻法的调整对象是( )。
   A. 婚姻关系　　　　　　　　　B. 家庭关系
   C. 婚姻家庭关系　　　　　　　D. 人身关系和财产关系
3. 家庭是由( )所构成的生活单位。
   A. 婚姻　　　　　　　　　　　B. 男女
   C. 父母子女　　　　　　　　　D. 一定范围内的亲属
4. 婚姻法所规定的当事人之间的权利和义务,是以这个社会的( )为基础。
   A. 伦理道德　　　　　　　　　B. 物质条件
   C. 上层建筑　　　　　　　　　D. 生产关系

四、多项选择题

1. 人类的婚姻家庭制度经历了( )阶段。
   A. 群婚制　　　　　　　　　　B. 对偶婚制
   C. 一夫多妻制　　　　　　　　D. 一夫一妻制
2. 婚姻法是一个独立的法律部门,它自身的特点是( )。
   A. 普遍性　　　　　　　　　　B. 伦理性
   C. 强制性　　　　　　　　　　D. 社会性
3. 婚姻家庭关系具有( )。
   A. 社会性　　　　　　　　　　B. 自然性
   C. 伦理性　　　　　　　　　　D. 普遍性

五、问答题

1. 婚姻法的概念及特点是什么?如何理解?
2. 如何理解婚姻家庭关系的自然属性和社会属性?
3. 简要论述婚姻法与其他法律的关系。
4. 1950年《婚姻法》的立法宗旨是什么?
5. 1980年《婚姻法》在1950年《婚姻法》基础上有何发展?
6. 民法典引入婚姻家庭法的意义是什么?
7. 党的二十大报告对《民法典·婚姻家庭编》的实施有何指导意义?

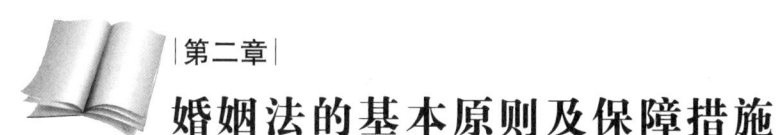

第二章
婚姻法的基本原则及保障措施

婚姻法的基本原则,是婚姻家庭立法的指导思想,具有原则性、导向性的作用,是制定婚姻家庭法和政策的依据。婚姻法的基本原则又是当事人在婚姻家庭领域进行民事活动必须遵循的基本准则,而且也是司法机关执法、司法及解释婚姻家庭法的出发点和依据。学习和研究婚姻法的基本原则,对于理解和把握婚姻家庭法的精神实质,正确适用婚姻法具有重要意义。

第一节 婚姻自由

从现代文明发展的历史演变来看,婚姻自由原则是目前各民主法治国家婚姻家庭法律制度的一个核心立足点。婚姻自由既是我国公民的一项基本权利,也是我国婚姻法的基本原则中的首要原则。切实保障公民的婚姻自由,对巩固和发展社会主义婚姻家庭制度,维护社会的安定团结、和谐发展,促进社会主义科学发展意义重大。

一、婚姻自由的定义及特征

所谓婚姻自由,是指凡是具有婚姻行为能力的人,都有权依照法律规定自主自愿地决定自己的婚姻问题,不受任何非法干涉。这也是我国宪法赋予公民的一项基本权利,它体现了社会主义婚姻关系的根本要求和国家对公民合法婚姻权利的充分保护,是对旧社会乃至现在我国个别落后地区依旧存在的封建包办强迫婚姻的彻底否定。我国学界普遍认为婚姻具有契约的本质特点,它是权利主体之间的协议,在此协议的基础上产生了婚姻关系。婚姻关系属社会契约范畴,既然是一种契约关系,则男女双方理应建立在平等自愿的基础之上。婚姻作为一项权利,权利主体自然就有行使或不行使的自由,只要符合法律规范的允许性规定而不违反其禁止性规定,就应该受到法律的保护。我们一般认为婚姻自由具有以下两个特征:

1. 婚姻自由是法律赋予公民的一种权利,任何人不能强制或干涉

婚姻自由是一种人身权,而非财产权。这项权利只能由公民本人行使,不得转让、继承。公民有权决定自己与他(或她)人结婚或不结婚,任何人都不得妨碍公民行使这项权利。显而易见,婚姻自由原则赋予婚姻当事人(包括结婚当事人和离婚当事人)以充分的选择权和决定权,也就是说,他们在选择和确定自己结婚或者离婚意愿的时候,独立享有充分的自由权利,另一方和第三人都不得以任何手段加以强制。

2. 婚姻自由权利的行使必须符合相关法律规定

出于婚姻关系本身固有的特点,任何婚姻行为都要受两种基本因素的制约。一是必须受婚姻关系社会性的制约。正是由于婚姻关系是一种重要的社会关系,国家就必然通过相关的法律进行规范,对缔结或者解除婚姻关系制定必要的条件和程序,任何人对结婚或者离婚的选择和决定都必须合乎法律的要求,不得逾越法律规定的界限。二是必须受婚姻关系相对性的制约。任何具体的婚姻关系都表现为男女当事人之间的关系,不管是建立还是人为终止这种关系,都必须考虑双方的意愿。一方面,缔结婚姻关系必须有双方的合意,"一厢情愿"只是表达个人愿望的自由而不是真正建立婚姻关系的自由,如果企图将个人意愿强加给另一方,恰恰违背了婚姻自由原则。另一方面,如果双方解除婚姻关系的意愿完全契合,各自的离婚自由权利自然可以得到实现;如果缺乏充分的合意,一方享有表达离婚意愿的自由,另一方也有表达不离婚意愿的自由,要求解除婚姻关系一方的自由权利就只能表现为一种诉权,即提起离婚诉讼的自由权,而不是实际解除婚姻关系的自由权。所以我们认为婚姻自由权利应当在法律规定的范围内行使。任何权利都是相对的,它的行使是受外部条件制约的。同样对于婚姻自由,我国婚姻法也规定了相应的限制条款,如禁止直系血亲和三代以内旁系血亲以及患有医学上认为不宜结婚的人结婚等。

二、婚姻自由的基本内容

婚姻自由包括结婚自由和离婚自由。离婚自由与结婚自由密不可分,是婚姻自由的基本组成部分。

1. 结婚自由

结婚自由是指男女双方当事人在自愿的基础上自主缔结婚姻关系的权利。只要双方当事人建立了感情,自愿组织家庭,符合婚姻法有关规定,就可登记结婚,不受家庭出身、社会地位、个人资历、职业、财产等差别的限制和影响,也不允许任何人包括双方父母对其缔结婚姻关系的行为进行强迫或加以干涉。结婚自由的含义有两个方面。首先,结婚必须是男女双方完全自愿的,禁止任何一方对他方或任何第三者加以干涉。这是从保障结婚自由不受侵犯出发,对当事人和其他不特定人所做出的禁止性规定。其次,结婚必须符合法律规定的条件和程序。这是从保护当事人和社会利益的角度出发,对合法婚姻的成立条件提出的基本要求。结婚自由是我国公民享有的基本民主权利,不论是未婚男女结婚,还是离婚后再婚或复婚,均可依法行使此项权利。制定结婚自由这一基本原则,是为使男女双方能够根据婚姻法的规定,按照双方的意愿结成共同生活的伴侣,组建幸福美满的家庭,维护社会和谐稳定。

2. 离婚自由

离婚自由是指已缔结婚姻关系的夫妻双方有决定依法解除婚姻关系的自由。离婚自由是指解除婚姻关系的自由,即婚姻当事人有权自主地处理离婚事宜。离婚自由也有两方面。首先,夫妻双方感情确已破裂的,当事人有请求解除婚姻关系的权利。其次,离婚必须通过履行法定程序才能实现。在夫妻双方感情确已完全破裂的情况下,任何一方都有权提出离婚,并可通过法定程序要求解除婚姻关系,任何人不得加以干涉和阻碍。结婚是以爱情为基础、双方自愿为条件的。在夫妻感情到了完全破裂、关系无法维持的时候,依法解除这种痛苦的婚姻,是完全必要的。保障离婚自由,是为了使无法维持的婚姻关系得以解除,当事人免除婚姻名存实亡的痛苦。

3. 结婚自由和离婚自由的关系

结婚自由是普遍权利,几乎人人都要行使;离婚自由却不是人人都要行使的。因此结婚自由是婚姻自由的主要方面,是基础,离婚自由是对结婚自由的重要补充。两者相结合构成了婚姻自由的完整内容。

总之,婚姻自由原则是我国全部婚姻制度的基石。婚姻自由权是宪法和法律赋予公民的一项基本权利。我们应当坚决维护和贯彻这一基本原则,同时注意防止对婚姻自由权的滥用。婚姻自由并不意味着可以滥用自由,它要求婚姻的当事人在自由地结婚和离婚时都必须符合法律规定的条件和程序,符合法律规范和法律要求。一方面要坚持结婚自由和离婚自由,另一方面又要反对草率结婚和轻率离婚。国家保障公民享有婚姻自由的权利,当事人也要正确地行使婚姻自由的权利,绝不允许滥用这种权利去损害家庭、子女、他人和社会的利益。例如,结婚自由但不允许和已有配偶的人结婚,离婚自由但绝不允许对子女不做妥善安排就离婚。

第二节 一夫一妻制

一夫一妻制是我国婚姻法规定的重要基本原则,是我国婚姻家庭制度的重要组成部分,坚持和执行这一原则,对维护婚姻家庭稳定和社会安定团结,意义重大。

一、一夫一妻制的概念

一夫一妻制,又叫个体婚制,它是一男一女结为夫妻、互为配偶的婚姻制度,我国《民法典》中一夫一妻原则的基本要求是:婚姻关系只能由一男一女组成,任何一个公民都不能同时有两个或更多的配偶。其中包含:

(1)婚姻是一男一女互为配偶的结合,任何人,不论地位高低、财产多少、级别高低以及其他特殊情况,都不得同时有两个或两个以上的配偶。

(2)已婚者(即有夫之妇、有妇之夫)在婚姻关系终止即配偶死亡(包括宣告死亡)或离婚前,都不得再行结婚。

(3)反对破坏婚姻关系的通奸、姘居和同居等婚外性关系,即一切公开或秘密的一夫多妻或一妻多夫都是违法行为。

一夫一妻原则是一夫一妻制在法律上的反映。但是,作为一项法律原则,它仅是建立婚姻关系的行为准则而不是一夫一妻制本身,不能将"一夫一妻原则"和"一夫一妻制"混为一谈。一夫一妻制(即个体婚制)是区别于群婚制和对偶婚制的人类进入"文明社会"以后的婚姻制度。它是在"制度"的层面上确认由一男一女组成稳定的夫妻关系这样一种普遍婚姻形态,而不是在"法律"的层面上确立一种不可变通的婚姻原则。实际上,自一夫一妻制确立以来,长期是"以通奸和卖淫为补充"的;古代社会的许多国家往往实行名义上的一夫一妻,而贵族男子可以用纳妾的形式有多个配偶。

二、一夫一妻原则在我国的适用

我国法律将一夫一妻制确立为一项基本的婚姻原则,首先是充分尊重社会主义制度下婚姻关系的本质。社会主义制度要求婚姻以男女双方的感情为基础。恩格斯曾经指出,"性爱按其本性来说就是排他的",因此,"以性爱为基础的婚姻,按其本性来说就是个体婚姻"。同时,这一原则也是实现男女平等和保证婚姻家庭关系稳定的需要,因为任何的多偶关系必然造成两性地位的差异,并且必将影响正常婚姻关系的和谐与稳定。

在我国,一夫一妻原则意味着一个人在一个期间内只能有一个配偶,不允许任何多偶关系的存在。重婚被法律严格禁止。重婚行为人要承担刑事和民事的法律责任。按照我国《刑法》的规定,重婚是一种婚姻家庭领域的犯罪行为;按照《民法典》的规定,一方重婚是另一方诉请离婚的法定理由,离婚时无过错方有权要求过错方给予损害赔偿。这样的规定,对我国目前社会生活中出现的"包二奶""养小三"等破坏婚姻家庭稳定的行为加大了打击力度,强化了法律的震慑力。

同时我们也应当注意不要对"一夫一妻"中的"夫""妻"做扩大的解释。一般的通奸行为、卖淫嫖娼行为、不以夫妻名义的婚外同居行为并不形成配偶关系,如果说这些行为也违反"一夫一妻"原则,就会模糊它们的性质。当然,这些行为既不符合社会主义道德要求,有的也是被法律所禁止的,但是它们即使违法甚至构成犯罪,也不能认为是"一夫多妻"或者"一妻多夫"。

建立在爱情基础上的自由婚姻必须以一夫一妻为原则,否则,就会与爱情的专一性和排他性相抵触。由于一夫一妻制符合婚姻的本质,反映了男女性别比例的自然要求,有利于婚姻的稳定和婚姻质量的提高,因此它不但是文明社会普世的价值观念,而且已经成为当今世界各国普遍推行和遵守的婚姻形态。

第三节 男女平等

男女平等原则作为我国《民法典》婚姻家庭编的一项十分重要的原则,是婚姻法其他基本原则的核心与基础,是建立平等、和睦、文明家庭的基本保障。它既具有结束男尊女卑、夫权统治的封建陋习的重要历史意义,又具有解放妇女、保障婚姻质量的重要实践意义。

一、男女平等的概念

男女平等,是指男女两性在婚姻家庭关系中平等地享有权利,平等地承担义务,禁止一切性别歧视。我国《宪法》规定:"中华人民共和国妇女在政治的、经济的、文化的、社会的和家庭的生活等各方面享有同男子平等的权利。"《民法典》婚姻家庭编中的男女平等原则是这一原则在婚姻家庭关系中的具体体现。

在我国历史上,"男尊女卑"曾被认为是天经地义的准则,长期支配着两性关系。与在社会生活的各个领域受到歧视与压迫相一致,广大妇女在婚姻家庭生活中没有独立人格,不但对男子具有极大的人身依附性,而且财产权利也多被剥夺。男女平等原则的确立,是妇女解放运动的伟大成果,也是社会主义婚姻家庭制度的本质特征之一。毫无疑问,实现男女平等的核心在于充分尊重女性,保证女性在家庭生活中的合法权利。必须全面理解和执行《民法典》婚姻家庭编的这项原则,它意味着,不论在夫妻关系中还是在其他的亲属关系中,男女两性都处于平等的地位;不管是在结婚还是在离婚抑或是处理各种家庭生活与经营问题时,都不能有性别歧视;不管是在人身关系上还是在财产关系上,男女两性的权利和义务都没有区别。

二、男女平等的内容

男女平等的内容可以概括为:男女两性在婚姻和家庭关系方面平等地享有权利,平等地承担义务,具体体现在以下方面:

1. 在婚姻关系方面男女双方的权利和义务平等

表现为男女双方都有平等地缔结和解除婚姻的权利,即结婚、离婚的条件相同。结婚后,夫妻任何一方都可以成为对方的家庭成员;男女有同等的离婚请求权;离婚时男女双方对夫妻共同财产均享有平等分割的权利,对子女的抚养权、探视权,父母双方在条件相同时平等;对共同债务的清偿义务和离婚时的损害赔偿请求权、补偿请求权、经济帮助请求权等方面,双方的权利和义务也是同等的。

2. 在家庭关系方面男女双方的权利和义务平等

(1)夫妻关系方面。夫妻双方各自有独立的姓名权、人身自由权、继承遗产权,对夫妻共同财产有平等的所有权,夫妻双方抚养和教育子女的权利和义务平等,互相扶养的权利和义务平等。

(2)父母子女关系方面。这方面主要体现为权利和义务的相互性。父和母抚养教育子女的权利和义务平等,接受子女赡养扶助的权利平等;子和女接受父母抚养教育的权利平等,赡养扶助父母的义务平等;父和母、子和女的继承权平等。

(3)其他家庭成员关系方面。祖父母和外祖父母抚养孙子女、外孙子女的义务平等,接受孙子女、外孙子女赡养的权利平等;兄和姐抚养弟和妹的义务平等,接受弟和妹赡养的权利平等;权利和义务相互存在,不因男女性别因素而有所差别。

总之,全面实现我国《民法典》婚姻家庭编的男女平等原则,需要社会各个方面和全体公民的不断努力。必须在开展精神文明和物质文明建设的基础上,大力加强社会主义法制建设。我们已经有了明确的法律原则,进一步完善具体的法律规则并为真正实现男女平等创造良好的法制氛围和司法环境,是我们今后的重要任务。

第四节 保护妇女、儿童和老人的合法权益

保护妇女、儿童和老人的合法权益作为我国《民法典》婚姻家庭编的一项重要的基本原则,是我国社会主义婚姻家庭制度的本质的反映,体现了党和国家关注女性、关爱儿童、尊重老人、"以人为本"的执政理念。

一、保护妇女的合法权益

(一)保护妇女合法权益的必要性

《民法典》婚姻家庭编在确立男女平等原则的同时,又对妇女的合法权益加以特别保护。两者并不矛盾,恰恰是同一问题的两个不可分割的方面。保护妇女的合法权益是男女平等原则的必要补充,也是实现男女平等原则的有效保障。之所以要在确立男女平等原则的同时特别规定保护妇女合法权益,主要是出于两个方面的原因:一方面是历史和社会原因,从我国社会历史的发展来看,妇女的社会地位一直较为低下,在男性夫权社会中一直深受类似于"三从

四德""从一而终"乃至裹脚等从精神层面到肉体层面的压迫。时至今日，妇女权利的实际行使仍然在一定程度上受着传统观念和习惯势力的影响以及社会经济文化发展水平的制约，强调保护妇女的合法权益有利于男女平等的真正实现。另一方面是自然原因，男女两性的生理差异是客观存在的事实，女性作为直接的生育者在人口的再生产中承受着更加繁重的负担，对她们的合法权益给予特殊保护不论是在当前还是在以后都是完全必要的。

(二)婚姻法中的保护途径

1. 在婚姻效力方面

《民法典》第1056条规定："夫妻双方都有各用自己姓名的权利。"姓名权是公民依法享有的决定、使用、变更自己的姓名并要求他人尊重自己姓名的一种人格权利。在封建社会，女性没有完整的姓名权，妇女结婚之前随父姓，结婚之后随夫姓，如丈夫姓王、父亲姓李，该妇女就叫作王李氏。婚后的子女也只能随父姓，不能随母姓。而在我国《民法典》婚姻家庭编中不但明确了妇女有独立完整的姓名权，而且子女也可以随母姓，当然，子女在成年之后也可以自行决定自己的姓名。《民法典》第1057条规定："夫妻双方都有参加生产、工作、学习和社会活动的自由，一方不得对他方加以限制或干涉。"以法律条文形式明确保障了妇女的人身自由权。学界认为人身自由权是公民的一项非常重要的人格权，它包括身体自由权和精神自由权。身体自由权是以自身身体活动不受非法干预为内容的人格权。即在法律规定的范围内，公民有权自由支配自己身体运动，决定作为或不作为；任何人不得非法限制或剥夺公民的身体自由，否则即视为侵权行为，施加行为者将承担相应的民事责任。精神自由权又称内心自由权，是以公民真实意志决定的独立和自由支配自己大脑思维为内容的人格权。公民按照自己的意志从事合法的思维活动，自由决定自己的合法行为，受到法律保护。在封建社会，妇女处于被压迫、被奴役地位，所谓的"在家从夫，夫死从子"，不能离家工作，社会上也无多少为妇女安排的职业，因而在经济上无法独立，沦为男性家庭成员的附庸，精神层面的社会交往活动更无从谈起。我国《民法典》婚姻家庭编则从这一方面以立法形式打破了妇女身上的封建枷锁，从法律层面坚持了男女平等原则，保障女性和男性一样有工作、社交、学习等一系列权利和自由，具有划时代的意义。

2. 在离婚程序及法律后果方面

我国《民法典》第1082条规定："女方在怀孕期间、分娩后一年内或终止妊娠后六个月内，男方不得提出离婚。女方提出离婚的，或人民法院认为确有必要受理男方离婚请求的，不在此限。"该法条设立的出发点是限制男性诉权以便更充分地保护妇女的权利。因为女性在怀孕、分娩等特殊期间，身心都需要得到精心照顾，如果男性在此特殊期间起诉要求离婚，不但女性的生活得不到很好的照料，而且会影响女性的情绪和心情，对女性的身心伤害较大。为了保护妇女的这一合法权益，《民法典》婚姻家庭编特别规定男方在此时不得提出离婚请求。即使此时男方强行起诉离婚，法院在无特殊情况的条件下一般也应做出不予受理的裁定。当然，女方此时起诉离婚的则不受限制，这条特殊规定，也是在妇女因生育女儿等因素而遭受身心虐待的情形下保护妇女权益的一项特殊法律救济措施。

我国《民法典》第1088条规定："夫妻书面约定婚姻关系存续期间所得的财产归各自所有，一方因抚育子女、照料老人、协助另一方工作等付出较多义务的，离婚时有权向另一方请求补偿，另一方应当予以补偿。"该法条谈及了"离婚时的经济补偿"，该条的适用要件有三项：第一，仅适用于离婚时；第二，夫妻双方属于约定财产制；第三，请求方付出了较多的家庭义务。虽然该条没有明确表述保护妇女合法权益,但是在"男主外,女主内"的传统思想下,在实际的社会生活中,一般而言,女性较男性对家庭付出了较多的家庭义务,包括抚育子女、照顾老人、整理家务等。所以该条的制定较好地保护了妇女在经济方面的权益。

二、保护儿童的合法权益

(一)保护儿童的合法权益的必要性

儿童无生活和工作能力,需要他人的照顾和抚养,属于最弱势群体,基于传统文化和社会的和谐发展,对儿童采取特别保护措施已是世界各国的普遍共识,同时儿童又是国家发展的希望和未来,是我国社会主义建设事业的接班人,因此保护儿童的合法权益,确保他们健康成长,促进儿童在品德、智力、体质等方面全面发展,把他们培养成为有理想、有道德、有文化、有纪律的社会主义事业接班人,不仅关系到每个家庭的幸福安康,也关系到社会繁荣和国家昌盛,更是关系到我国社会主义事业的前途和命运的头等大事。

在旧中国,儿童被当作父母、家长的私产,子女的权利和权益是被社会及法律制度完全漠视的。中国历代封建法律以"不孝"为"十恶"之一,明确提出了父母对子女的权利及子女对父母的义务,但都不提及父母对子女承担什么样的义务和责任。所谓的"父为子纲""父要子亡,子不得不亡",封建社会的儿童们是没有独立人格的,人身和财产权益均得不到法律的保护。而在我国《民法典》婚姻家庭编中对儿童的保护有着详尽的规定,儿童的法律地位和权益都受到了有效的保护。我国《民法典》婚姻家庭编主要从保护儿童的受抚养教育权、保障儿童的人身权利不受侵犯、保障父母离婚的子女的合法权益和保障儿童的财产权益等方面对儿童合法权益给予了特殊保护。《民法典》婚姻家庭编具体规定有:父母对子女有抚养教育的义务;禁止溺婴、弃婴和其他残害婴儿的行为;父母有保护和教育未成年子女的权利和义务;子女有继承父母遗产的权利;父母对子女的义务不因父母离婚而消除;离婚时就夫妻共同财产处理协议不成时,由人民法院按照照顾子女和女方权益的原则判决;有负担能力的祖父母、外祖父母对于父母已经死亡或父母无力抚养的未成年的孙子女、外孙子女有抚养的义务;有负担能力的兄、姐对于父母已经死亡或父母无力抚养的未成年的弟、妹有抚养的义务;非婚生子女、养子女、继子女享有与婚生子女同等的权利。

(二)婚姻法中的保护途径

我国《民法典》婚姻家庭编中所指的儿童,是指未满18周岁的未成年人。《民法典》婚姻家庭编一方面在总则中确立了保护儿童合法权益的原则,另一方面在家庭关系中规定了一系列旨在保护未成年人权益的内容,其中包括:

(1)父母或其他监护人必须履行抚养义务和监护职责,不得虐待、遗弃未成年人,不得歧视女性和有残疾的未成年人。禁止溺婴、弃婴和其他残害婴儿的行为。这是保障儿童的基本生活和生存权利的基本规定。

(2)父母或其他监护人必须保证未成年人接受义务教育的权利,不得妨碍其入学或使其中途退学、辍学。

(3)父母或其他监护人应当以健康的思想、品行和正确的方法教育未成年人,使其树立良好的道德品质,预防和纠正其不良习惯。

(4)父母或其他监护人不得允许或迫使未成年人结婚,不得为未成年人订立婚约。

(5)非婚生子女和婚生子女享有同等的权利,任何人不得加以歧视和危害。

(6)保护未成年人的继承权和其他财产权利。

(7)在处理离婚、宣告离婚无效、撤销婚姻等纠纷涉及财产分割和子女抚养问题时,应以未成年人的利益为重心,注意保护儿童的合法权益。

(8)收养应当以有利于被收养的未成年人的抚养、成长为基本原则,并在收养的条件、程序、效力及收养的解除等方面确保未成年人的利益。

在现实生活中,我们可以看到侵犯儿童合法权益的情况依然存在,如遗弃和溺死女婴、拐卖儿童、侵犯儿童受教育权、对独生子女重养不重教、因种种原因歧视和虐待子女等,婚姻法的上述规定使儿童合法权益得到了切实保障。

三、保护老人的合法权益

(一)保护老人合法权益的必要性

老龄化社会的社会保障已经成为世界性的社会问题。老年人在人口构成中所占的比重逐年增加问题在许多国家都存在,是世界性的社会难题。但我们认为父母为了子女的健康成长,付出了长期辛勤的劳动,超额履行了自己的义务。当他们年老有病、丧失劳动能力或生活困难的时候,子女就应承担起赡养的义务。我国《宪法》规定:"中华人民共和国公民在年老、疾病或者丧失劳动能力的情况下,有从国家和社会获得物质帮助的权利。"但家庭成员对老人的赡养扶助和精神安慰是国家或集体无法完全取代的。在我国社会主义制度下,对老人的生活照顾,首先是国家、集体承担的,但国家、集体的物质帮助,不能替代家庭成员对老人的赡养责任。作为子女应自觉履行赡养义务,尊老养老,使老人安度晚年。从目前我国国家现状来看,老年人的赡养问题主要还是依靠家庭,所以家庭成员应当尽心尽力地关心和照料老年人。赡养人应当履行对老年人经济上供养、生活上照料和精神上慰藉的义务,照顾老年人的特殊需要。《民法典》婚姻家庭编针对现实家庭生活中存在的对老人不赡养、虐待、遗弃、侵犯老人的财产权利,特别是干涉老人再婚等现象,将保护老人提到了原则性的高度,并做出了一系列保护老人在家庭中合法权益的具体规定。

(二)婚姻法中保护的有效途径

《民法典》婚姻家庭编中把保护老人的合法权益作为基本原则加以规定,并在家庭关系中对老人的婚姻自由、受赡养权、继承权等权利给予保护。《民法典》婚姻家庭编对老年人合法权益的保护做出了具体规定,主要体现在以下两个方面。

1. 物质权益方面的保护

《民法典》婚姻家庭编规定了子女对父母的赡养义务不因父母婚姻关系的变化而终止。即子女对父母赡养义务不因父母的离婚、再婚而消除。这一规定强调如果子女不履行赡养义务,无劳动能力的或生活困难的父母,有要求子女付给赡养费的权利。有负担能力的孙子女、外孙子女,对于子女已经死亡或子女无力赡养的祖父母、外祖父母,有赡养的义务。赡养人的配偶应当协助赡养人履行赡养义务。赡养人对患病的老年人应当提供医疗费用和护理。赡养人应当妥善安排老年人的住房,不得强迫老年人迁居条件低劣的房屋。老年人自有的或者承租的住房,子女或者其他亲属不得侵占,不得擅自改变产权关系或者租赁关系。老年人自有的住房,赡养人有维修的义务。赡养人有义务耕种老年人承包的田地,照管老年人的林木和牲畜等,收益归老年人所有。赡养人不得以放弃继承权或者其他理由,拒绝履行赡养义务。赡养人不得要求老年人承担力不能及的劳动。老年人与配偶有相互扶养的义务。由兄、姐扶养的弟、妹成年后,有负担能力的,对年老无赡养人的兄、姐有扶养的义务。赡养人之间可以就履行赡养义务签订协议,并征得老年人同意。居民委员会、村民委员会或者赡养人所在组织监督协议的履行。老年人的婚姻自由受法律保护。子女或者其他亲属不得干涉老年人离婚、再婚及婚后的生活。赡养人的赡养义务不因老年人的婚姻关系变化而消除。老年人有权依法处分个人的财产,子女或者其他亲属不得干涉,不得强行索取老年人的财物。

2. 人身权益方面的保护

《民法典》第1042条明确规定:"禁止家庭成员间的虐待和遗弃。"在家庭成员间,受虐待和被遗弃的多为妇女、儿童和老人。而近年来,虐待、遗弃老人的问题较为突出。有的寻找各种借口,不承担赡养扶助的义务;有的采取种种手段,虐待老人。这不仅是违反社会主义道德的行为,亦是违法行为。以暴力或者其他方法公然侮辱老年人、捏造事实诽谤老年人或者虐待老年人,情节较轻的,依照《治安管理处罚条例》的有关规定处罚;构成犯罪的,依法追究刑事责任。暴力干涉老年人婚姻自由或者对老年人负有赡养义务、扶养义务而拒绝赡养、扶养,情节严重构成犯罪的,依法追究刑事责任。家庭成员盗窃、诈骗、抢夺、勒索、故意毁坏老年人财物,情节较轻的,依照《治安管理处罚条例》的有关规定处罚;构成犯罪的,依法追究刑事责任。

尊老爱幼是中华民族的传统美德,保护儿童和老人合法权益是用法律形式肯定有关道德准则,同时也是充分发挥家庭养老育幼职能、保证少年儿童健康成长和尊重老人的社会价值与家庭地位的需要。我国制定了专门的《妇女权益保障法》《未成年人保护法》和《老年人权益保障法》,对保障妇女、儿童和老人的政治权利、人身权利以及文化教育、劳动、财产和婚姻家庭权益做了全面的规定。《民法典》婚姻家庭编中的保护妇女、儿童和老人合法权益原则,重点在于对他们在婚姻家庭生活中的人身和财产方面的权益加以特别的保护。

第五节 夫妻、家庭成员的共同责任

我国《民法典》婚姻家庭编中明确规定,维护平等、和睦、文明的婚姻家庭关系是夫妻双方以及家庭成员的共同责任,这是社会主义婚姻家庭道德的必然要求,也集中体现了我国婚姻家庭法的根本宗旨。我们一般认为婚姻家庭在本质上是一个伦理实体,婚姻家庭关系是一个实存的两性结合的伦理关系,伦理道德长期以来都是调整婚姻家庭关系的重要规范。法律与道德的一致性是社会主义婚姻家庭立法的重要特征,社会主义的婚姻家庭道德与婚姻法应当是相辅相成、互相促进的。凡是婚姻法所禁止和制裁的行为,也是社会主义道德所谴责与反对的;凡是婚姻法所要求和倡导的行为,也是社会主义道德所肯定与支持的。在我国现代社会中有关婚姻家庭的道德是多元化的,但只有居于主流地位的社会主义道德才能够上升为法律规范。为了更好地贯彻与实施婚姻法的基本原则,维护社会主义婚姻家庭制度,婚姻法从法律的导向性与宣言性功能出发,在总则中明确规定了"夫妻应当互相忠实,互相尊重;家庭成员间应当敬老爱幼,互相帮助,维护平等、和睦、文明的婚姻家庭关系"的倡导性条款,力图通过法律的导向作用,弘扬文明进步的婚姻家庭观念和道德风尚,维护社会主义的婚姻家庭制度。因此我们认为《民法典》婚姻家庭编中关于夫妻和家庭成员的共同责任应包含以下两个方面内容:

1. 夫妻有相互忠实和尊重的责任

共同生活是夫妻关系的基本内容,双方在共同生活中互相忠实、互相尊重是夫妻关系的基本准则和共同义务。我国法律一贯反对、禁止破坏一夫一妻制的行为,早在1950年《婚姻法》"夫妻间的权利和义务"一章中就明确规定,"夫妻有互爱互敬、互相帮助、互相扶养、和睦团结、劳动生产、抚育子女,为家庭幸福和新社会建设而共同奋斗的义务"。2001年修订后的《婚姻法》将其提升到总则的地位,更显示了我国实行严格的一夫一妻制,提倡夫妻互相忠实、互相尊重的立法理念,对夫妻关系具有指导作用。夫妻互相忠实是指夫妻之间应忠于感情,应该坦诚相待、敬互爱。任何一方不得有婚外恋行为,须保持感情的专一性。一夫一妻制的要求就是将人类的性行为规范在一对配偶之间,除此之外的性行为都是违法的,都是对他方的严重伤害,将导致婚姻的破裂与家庭的解体。综上所述,我们认为夫妻的互相忠实主要表现在两个方面:一是夫妻间的感情取向必须专一,不得存在"婚外情""一夜情""换妻游戏"等有损夫妻感情和家庭稳定的行为。二是夫妻之间应当忠诚无私,坦诚相见;不得歧视、恶意欺骗对方,损害对方的感情与利益。夫妻互相尊重是指夫妻应当互相以礼相待,不得侮辱对方,并应尊重对方的独立人格及独立权利。夫妻互相尊重是男女平等原则在夫妻关系中的具体体现。尊重是平等的前提,是实现夫妻各项权利的基本保证。夫妻互相尊重也是夫妻互相忠实的基础,夫妻间的互相尊重体现在夫妻生活的各个层面之中,包括感情上的相互慰藉、体贴、关怀,也包括生活上的互相关心、照顾、扶助。夫妻应当互相忠实、互相尊重,意味着在夫妻关系平等的基础上双方都享有独立的完整的人身权利,要求当事人在夫妻共同生活中不仅要严格恪守一夫一妻制原则,而且应当充分意识到彼此的合法夫妻身份和各自独立的人格,不从事任何伤害对方尊严、感情和正当利益的行为。广义上的"尊重"和"忠实"包含互相信任和忠诚,不得欺骗、侮辱、歧视、遗弃配偶他方和不得为第三人的利益而损害配偶他方的利益;狭义上主要是指在夫妻共同生活中应当保持性生活的专一性,不得从事婚外性行为,包括与他人通奸和同居等行为。这一原则性规定完全符合夫妻关系本质的要求。它既是从法律上对曲解和滥用"婚姻自由"权利,为了满足个人私欲而建立不正当的婚外两性关系行为的根本否定,从长远的角度看,也是健全我国的社会主义婚姻家庭制度,保护公民的合法婚姻家庭权益,维护婚姻家庭关系的正常秩序和保证其健康发展的需要。

2. 家庭成员间有尊老爱幼、互相帮助的责任

家庭成员间应当敬老爱幼,互相帮助,维护平等、和睦、文明的婚姻家庭关系,是家庭成员之间相互关系的基本准则。家庭成员间应当敬老爱幼、互相帮助,是处理家庭关系道德准则的法律化。它首先强调尊敬老人,爱护未成年人。这就意味着不仅要切实保护儿童和老人的合法权益,而且要在家庭生活的各个方面,给予老人充分的尊敬,给予未成年人以诚挚的关爱。它同时要求正确处理家庭成员间的关系,不仅不能侵害其他家庭成员的法律权利,而且应当互相关心,互相帮助,同舟共济,和睦相处。显然,这一规定有利于发扬中华民族的优良传统,加强婚姻家庭领域中的精神文明建设。在社会主义市场经济不断发展的形势下,认真遵循这一原则,对于建立新型的家庭关系、保证社会的稳定和广大公民生活的幸福具有重要的意义。根据我国《民法典》婚姻家庭编的规定,具有法律意义的家庭成员包括:夫妻、父母、子女、祖父母、外祖父母、孙子女、外孙子女、兄弟姐妹,具体情况因家庭的结构形式而不同。其中,夫妻之间、父母与子女之间有法定的相互扶养的义务;祖父母、外祖父母与孙子女、外孙子女之间,兄弟姐妹之间在一定条件下也有相互扶养的义务。现行《民法典》婚姻家庭编中所提倡的家庭成员间的敬老爱幼、互相帮助的责任,不仅仅是指法律上的扶养义务,其内容更为广泛,除了物质条件的提供、日常生活的照顾与帮助以外,更应当包括相互间的关爱、慰藉、体贴、关怀等精神上的

帮助。这一规定意在进一步表明我国婚姻立法的理念与追求,提倡新型的婚姻家庭关系,突出其建立平等、和睦、文明的现代家庭的内涵。

我国是历史悠久的文明古国,历来主张尊老爱幼、赡老育幼。目前,我国经济迅速发展,社会稳定,民主、和睦的家庭是家庭发展的主流和大趋势。但我们也应当看到,中国有几千年的封建家长制传统,家长专制、漠视子女利益是封建家庭的一大特征,并贻害至今。一些家长将自己的意志强加给子女,甚至对不服从其意志的子女实施暴力,虐待、残害子女的现象仍然时有发生。同时,当前的社会变革使我国尊老、敬老的优良传统受到了前所未有的冲击,少数子女为了自己的利益而干涉父母的婚姻、财产,赡养纠纷在家庭纠纷中占有一定的比重。随着中国老龄化程度的提高,养老、敬老的问题若得不到及时的解决,将直接影响新型家庭关系的发展,甚至影响社会的安定团结。由于中国目前经济仍不发达,社会保障体系也不完善,在相当长的时间里,养老育幼、互助救济仍是家庭的主要功能,子女的早期教育仍要在家庭中完成,老人仍主要由家庭赡养。因此,《民法典》婚姻家庭编中对此做出导向性的规定,确认家庭成员间有敬老爱幼、互相帮助的责任,是从一个较高的层面规范家庭关系。

应当注意的是,《民法典》婚姻家庭编确立的这项原则,是处理夫妻关系和其他家庭成员间关系的准则,具有指导意义。但是,由于它仅仅是原则性规定而不是具体规则,所以不能以此为依据提起诉讼。

为了确保我国婚姻家庭法基本原则的实施,《民法典》第1042条规定了辅助性规范,即"禁止包办、买卖婚姻和其他干涉婚姻自由的行为。禁止借婚姻索取财物。禁止重婚。禁止有配偶者与他人同居。禁止家庭暴力。禁止家庭成员间的虐待和遗弃"。

一、禁止包办、买卖婚姻和其他干涉婚姻自由的行为

这项规定是为了保障婚姻自由原则的切实贯彻执行。从历史上看,包办、买卖婚姻原是封建主义婚姻制度的产物。现实生活中残存的包办、买卖婚姻仍然具有一定的封建性,它们是干涉婚姻自由的两种具体形式,包办、买卖婚姻和其他干涉婚姻自由的行为都侵害了公民合法的婚姻自由权。包办婚姻是指对婚姻当事人具有一定支配能力的第三人不顾当事者本人的意愿,强制代为决定其婚姻关系的行为。买卖婚姻是指第三人以获取钱财为目的,采取强迫、威胁等手段包办他人婚姻的行为。

包办婚姻与买卖婚姻既有联系,又有区别。共同之处在于两者都违背当事人的意愿,对婚事包办强迫。不同之处在于是否以索取大量财物为目的。买卖婚姻以索取大量财物为目的,而包办婚姻可能无此特征。包办婚姻的构成要件是违背当事人的意志,对婚事实行包办强迫;买卖婚姻的构成要件除违背当事人的意志外,还有一个借此索取大量财物的要件。由此可见,包办婚姻不一定是买卖婚姻,而买卖婚姻肯定是包办婚姻。至于抱童养媳、订小亲和换亲、转亲等陋俗,一般也具有包办婚姻或买卖婚姻的性质。

其他干涉婚姻自由的行为是指除了包办、买卖婚姻以外,非法干涉公民独立行使婚姻自由权利的行为。其表现形式很多,比如父母干涉子女的婚姻、子女干涉丧偶或离异的父母再婚、干涉离婚自由、干涉复婚自由、干涉男到女家落户,等等。这些行为都被法律所严格禁止,根据情节和后果的轻重,行为人应当承担相应的民事或者行政法律责任,如果使用了暴力手段,构成以暴力干涉他人婚姻自由罪的,则应依法追究刑事责任。同时,被胁迫的结婚当事人可以依法行使撤销婚姻的请求权。在法律实践中,子女干涉丧偶、离婚的老人再婚的情况明显增加,

为保障老人的婚姻自由,《民法典》第1069条规定:"子女应当尊重父母的婚姻权利,不得干涉父母再婚以及婚后的生活。子女对父母的赡养义务,不因父母的婚姻关系变化而终止。"

包办、买卖婚姻和其他干涉婚姻自由的行为,侵害了公民婚姻自由的权利,危害青年特别是妇女的切身利益,使一些家庭加重了经济负担,同时也容易造成各种纠纷,影响群众的生活、生产,不利于社会的安定和文明进步。干涉婚姻自由的情况比较复杂,对此需要综合治理。首先要大力开展这方面的法制宣传和道德教育,继续在婚姻问题上破旧俗,立新风。同时要加强这方面的执法力度,真正做到有法必依、违法必究。在处理具体问题时,要区别情况,划清各种必要的界限,例如,包办婚姻和父母代为订婚但本人同意结婚的界限,买卖婚姻和一般借婚姻索取财物的界限,说媒骗财和正当的婚姻介绍活动的界限等。对从事包办、买卖婚姻的有关各方,包括包办婚事、索取大量财物的第三者、缴纳财物的当事人,以及从中牟取非法利益的媒人和其他有干涉婚姻自由行为的人,均应进行严肃的批评教育,有的还应视其违法行为的情节和后果,追究行为人的法律责任。在干涉婚姻自由时使用暴力,比一般的干涉婚姻自由行为具有更大的社会危害性,应当按照《中华人民共和国刑法》(以下简称《刑法》)的有关规定,追究犯罪者的刑事责任。包办婚姻、买卖婚姻都是剥削社会婚姻制度的产物,是和社会主义婚姻制度根本不相容的,必须坚决禁止。其他干涉婚姻自由的行为也在法律禁止之列。对于以暴力干涉他人婚姻自由的行为人和拐卖妇女的犯罪分子,要绝不姑息、严厉打击。

二、禁止借婚姻索取财物

借婚姻索取财物是指一方或者一方的亲属,以索取一定数量的财物作为结婚条件的行为。这种婚姻虽然基本上是自主自愿的,但是它设定了一方支付一定财物为婚姻关系的成立的条件,将财产关系作为人身关系的前提,同样不符合婚姻自由原则的要求,不利于建立以感情为基础的社会主义婚姻关系,因此也为我国法律所禁止。这里所说的借婚姻索取财物,是指除买卖婚姻以外的其他借婚姻索取财物的行为。在现实生活中,借婚姻索取财物有多种不同的表现形式。常见的情况是:男女双方结婚基本上是自主自愿的,但是,一方却向另一方索取大量财物,并以此作为成婚的先决条件。生活实际中主要表现为女方向男方索要,男方向女方索要彩礼的案例较为罕见。大多数时候,主要是女方父母向男方索要财物,并以此作为同意婚事的条件。应当指出,借婚姻索取财物与买卖婚姻是有严格区别的。两者虽然都具有索要财物的共同特征,但是,买卖婚姻根本违背当事人(在多数情形下表现为女方)的意愿,借婚姻索取财物时,婚姻本身一般来说并不违背当事人的意愿;买卖婚姻中的财物是第三者(包括父母)索要的,借婚姻索取财物则主要是当事人一方索要的。借婚姻索取财物虽然在性质上不同于买卖婚姻,但是,现实生活中的此类行为比买卖婚姻更多,涉及面更广,其危害性同样也是不可低估的。它腐蚀人们的健康思想,败坏社会风气,妨害婚姻自由原则的贯彻,往往会给一些青年的婚事和婚后的生活造成种种困难。借婚姻索取财物的人不是正当地行使婚姻自由的权利,而是借自由之名滥用这种权利;有的人甚至将自己当作待价而沽的商品,这当然是不符合婚姻自由的本意的,是违反社会主义婚姻道德的。对于此类行为,应当进行批评教育,帮助行为人改正错误,但不要错误地按照买卖婚姻来处理。如因财物问题发生纠纷,包括在离婚时因此发生的纠纷,人民法院可依据实际情况按照最高人民法院的相关司法解释酌情处理。在禁止借婚姻索取财物规定中需注意以下几个问题:

1. 划清包办婚姻和父母主持、经人介绍、本人同意的界限

前者违反婚姻自由原则,是违法行为,当事人结婚是被迫的;后者符合婚姻自由原则,是合法行为,虽由父母主持,但当事人双方经过了解自愿结婚。

2. 划清买卖婚姻和一般借婚姻索取财物的界限

买卖婚姻和借婚姻索取财物都是以索取一定数量的财物为结婚的条件,不同点在于前者是包办强迫的婚姻,后者基本是自主婚。两者均违法,但违法的性质、程度、危害后果各不相同,处理也不一样。两者的区别是:买卖婚姻是把妇女的人身当作商品,索取嫁女的身价或者贩卖妇女,包办强迫他人的婚姻;借婚姻索取财物,则不存在包办强迫他人婚姻的问题。借婚姻索取财物有多种表现,譬如,双方婚事基本上是自愿的,但女方认为不要彩礼就降低了"身价",于是就向男方要许多东西。又如,有的女方父母向男方索取一定财物,作为同意女儿出嫁的条件。借婚姻索取财物的行为往往给当事人的婚姻和婚后生活带来困难,也腐蚀了人们的思想,败坏了社会风气,故亦为婚姻法所禁止。至于父母、亲友或者男女双方出于自愿的帮助、赠与,则不能认为是买卖婚姻和借婚姻索取财物的行为,因为这种赠与不是婚姻成立的条件。

3. 划清借婚姻索取财物和男女婚前自愿馈赠的界限

前者是一方主动向他方索取,是结婚的先决条件,给予方是违心和被迫的,因而是违反婚姻自由的违法行为;后者是一方或双方主动自愿的,不附条件,与结婚不发生直接的联系,是合法行为。在认定和处理借婚姻索取财物的问题时,应当注意它和正当的馈赠之间的区别。男女双方之间,以及一方对另一方的父母,出于自愿的赠与是完全合法的,这种赠与并非被迫付出的代价,即使价值较大也无可非议。此外,还应当注意借婚姻索取财物和借婚姻骗取财物的区别。在后一种情况下,骗财者并无与被骗者成婚的真意,这已经超出了借婚姻索取财物的范围,应根据具体情况按诈骗行为处理。

4. 划清说媒骗财和正当介绍的界限

前者是以说媒为手段骗取财物的违法行为;后者是人们的善意帮助,甚至是一种社会事业,如婚姻介绍所等,是合法行为。

5. 划清一般干涉婚姻自由和以暴力干涉婚姻自由的界限

两者都是干涉他人的婚姻自由,前者是违法行为,后者是犯罪行为。《刑法》第 257 条规定:"以暴力干涉他人婚姻自由的,处 2 年以下有期徒刑或者拘役。犯前款罪,致使被害人死亡的,处 2 年以上 7 年以下有期徒刑。"

划清以上界限的目的,是要根据不同的情节运用法律加以不同的处理。首先要加强宣传与教育,帮助广大群众树立正确的法制观念,划清合法与违法的界限。合法行为受国家法律的保护,违法行为要受到教育和处理,情节恶劣、触犯刑律的,还要依照《刑法》予以制裁。

三、禁止重婚

1. 重婚的概念及认定

重婚是指有配偶者又与他人结婚的行为。这种行为公然违反一夫一妻原则,必须严加禁止,这也是世界各国婚姻家庭立法的通例。应当从实质意义上来理解重婚,不管是法律上的重婚还是事实上的重婚,都应当按照重婚认定。所谓法律上的重婚,是指一方或者双方现存的婚姻关系尚未终止即采取欺骗手段进行结婚登记、领取了结婚证而成就婚姻关系;所谓事实上的重婚,是指一方或者双方现存的婚姻关系尚未终止,即以夫妻名义共同生活,形成被其他公民

所认可的婚姻关系。重婚属于犯罪行为,不但重婚的婚姻无效,而且应当追究行为人的刑事责任。按照一般理解,在婚姻家庭法领域中,重婚行为的主体应当是有配偶的人。但是,在《刑法》范围内,重婚罪的主体除了"有配偶而重婚的"以外,还包括"明知他人有配偶而与之结婚的",这种人虽然本身没有存续中的婚姻关系,但是由于他们故意与有配偶的人结婚,所以也构成了重婚犯罪。

2. 重婚的形式

(1)法律重婚。法律重婚是指前婚未解除,又与他人办理结婚登记。因我国实行单一登记婚,只要有一方又与他人办理了结婚登记,不论是否同居,即构成重婚。

(2)事实重婚。事实重婚是指前婚未解除,又与他人以夫妻名义共同生活,但未办理结婚登记手续。只要双方公开以夫妻名义共同生活,虽未办理结婚登记,也已构成重婚。

在现实生活中,法律上的重婚是少数,因为结婚要办理登记,要接受审查,如果不是隐瞒欺骗,一般不会形成法律上的重婚。较多的是事实上的重婚,即不办结婚登记手续,以夫妻名义共同生活。近些年来,重婚现象在一些地区死灰复燃,且呈上升的态势。一些人道德沦丧,利用金钱权势,无视法律,玩弄欺骗,追求腐化的生活方式,公开重婚纳妾。重婚行为是我国封建社会一夫一妻多妾制的遗毒,它严重违背社会主义婚姻道德,违反一夫一妻制原则,败坏社会风气,影响家庭稳定,甚至引发大量刑事案件,应引起社会重视,坚决予以取缔。

3. 重婚的法律后果

(1)重婚的民事后果。重婚将会产生下列三项民事后果:重婚不具有婚姻的法律效力,在婚姻法规定的婚姻无效制度中,重婚是婚姻无效的原因之一;重婚是认定夫妻感情确已破裂,法院准予离婚的情形之一;在离婚时,重婚是无过错方要求损害赔偿的理由之一。

(2)重婚的刑事责任。重婚者应承担刑事责任,依照我国《刑法》的有关规定予以制裁。《刑法》第258条规定:"有配偶而重婚的,或者明知他人有配偶而与之结婚的,处2年以下有期徒刑或者拘役。"即有配偶而重婚者或明知对方有配偶而故意与之结婚者,应承担重婚罪的刑事责任。

四、禁止有配偶者与他人同居

1. 概念及区别

有配偶者与他人同居,是指在婚姻关系存续期间,配偶一方与第三人建立相对稳定的同居关系。这一禁止性的规定是针对我国目前存在的违反一夫一妻制行为有上升的态势,为保障一夫一妻制原则的有效实施而制定的。有配偶者与他人同居与事实重婚既有相同点,也有重要的不同点。其相同点为:两者的主体都是一方或双方有配偶者,两者的当事人之间通常都有共同的住所,有稳定的一段时间的同居生活。不同点为:前者不以夫妻名义同居,周围的人也不认为他们是夫妻,后者则公开以夫妻名义同居,周围的人认为他们是夫妻。有配偶者与他人同居的行为和重婚行为都是违法行为,是对我国一夫一妻制的侵害,但由于违法情节与后果不同,两者在性质上是罪与非罪的区别。有配偶者与他人同居不构成犯罪,但须承担民事责任,其民事责任包括:一是法院认定夫妻感情确已破裂,准予离婚的情形之一;二是在离婚时,无过错方还可以请求损害赔偿。而重婚除了要承担民事责任外,构成犯罪的,还要承担刑事责任。有配偶者与他人同居也可称之为姘居。除重婚、姘居外,其他破坏一夫一妻制的行为,还包括通奸。通奸,是指一方或双方有配偶的男女秘密地、自愿地发生两性关系的行为。通奸的双方,对外不以夫妻名义,对内不共同生活。通奸与姘居的相同点在于两者的两性关系都不以夫妻名义;不同点为前者无共同的同居生活,后者则有共同的同居生活。通奸、姘居与事实重婚三者既有区别又有联系,如果长期通奸,形成公开同居,则构成姘居,如以夫妻名义同居,则构成事实上的重婚。通奸、姘居为违法行为,一般不构成犯罪。我们要注意划清三者的界限,由于姘居与事实重婚较难区别,因而特别要区分姘居与事实重婚的界限,这是罪与非罪的界限。通奸和姘居虽然不是犯罪行为,但严重违反一夫一妻制,违反社会公德,破坏夫妻和睦,败坏社会风尚,极易引起家庭纠纷,影响安定团结。对通奸这种行为应当采取批评教育、道德谴责、行政处分等方式予以综合处理。对那些情节严重、屡教不改者,应视情况给予党纪处分、行政制裁。

2.构成要件

其有三个构成要件:

一是在主体上必须是有配偶者与婚外异性之间的同居,这是与未婚同居的主要区别;

二是名分上不以夫妻名义,这是与事实重婚的主要界限;

三是持续、稳定地共同居住,这是与通奸、一夜情等行为的主要区分。

有配偶者与他人同居严重违背"夫妻应当互相忠实"的原则,侵害配偶方的合法权益。有配偶者与他人以夫妻名义同居,属于重婚,可能构成犯罪。现实生活中的"包二奶"就是典型的有配偶而与他人同居的情况。对于现实生活中存在的"包二奶"等违反一夫一妻制的行为,如果包者和被包者是以夫妻名义同居生活的,自应按重婚对待,即使不以夫妻名义同居生活,也应采取必要的法律对策。《民法典》婚姻家庭编增强了维护一夫一妻原则的力度。首先,在原法中有关于禁止重婚的规定,继之以禁止有配偶者与他人同居的规定,"包二奶"等行为当然属于依法禁止之列。其次,一方重婚或有与他人婚外同居的行为,另一方诉请离婚,调解无效的,可视为感情确已破裂,应准予离婚。再次,因一方重婚或与他人同居而导致离婚的,无过错的另一方有权请求损害赔偿。有配偶者与他人同居这种现象既严重破坏了一夫一妻的婚姻制度,使重婚一方或双方原有的合法婚姻家庭关系遭受损害,配偶的合法权益受到侵犯,甚至造成婚姻破裂、家庭解体,严重影响了家庭的和睦与团结;又有悖于社会主义的良好道德风尚,影响社会安定,损害社会利益。因此《民法典》婚姻家庭编明确规定"禁止有配偶者与他人同居",具有极强的针对性,目的在于维护社会主义婚姻制度,保证我国婚姻家庭关系的正常与稳定。

五、禁止家庭暴力

1.家庭暴力

家庭暴力是指发生在家庭成员之间的暴力行为。家庭暴力是影响婚姻质量和导致社会不安定的重要因素之一。由于它们一般发生在日常生活中,行为人和受害人之间又具有特殊的身份关系,所以容易被忽略或者以各种理由加以辩解。而这种行为不但与社会上的暴力行为一样是对公民基本人身权利的侵害,而且不利于建立平等、和睦、文明的家庭关系。家庭暴力包括夫妻之间、父母子女之间、祖父母(外祖父母)与孙子女(外孙子女)之间以及兄弟姐妹之间的暴力行为。虽然不排除女性对男性的暴力,但它的主要受害者是妇女和儿童。

家庭暴力从形式上来看,一般分为以下三类:(1)身体暴力,包括所有对身体的攻击行为,如殴打、推搡、打耳光、脚踢、使用工具进行攻击等。(2)语言暴力,以语言威胁和恐吓、恶意诽谤、辱骂、使用伤害自尊的言语,从而引起他人精神上的痛苦。(3)性暴力,故意攻击性器官、强迫发生性行为、性接触,是比身体暴力和语言暴力更严重侵害人权的行为。

家庭暴力一般发生于家庭内部,较为隐蔽,因此它较一般的虐待行为具有更大的危害性。从主体来看,施暴者和受害者之间具有特定的亲属关系,家庭暴力的受害者包括配偶、前配偶、子女、父母、兄弟姐妹、同居伴侣及前同居伴侣。施暴者一般是在家庭中处于强势地位的成员;受害者一般是在家庭中处于弱势地位的成员,这些成员往往缺乏独立生活能力或自卫能力,在实际生活中多为妇女、儿童和老人。家庭暴力侵害的客体主要是受害者的人身权,如生命健康权、人身自由权、婚姻自主权、性权利等。家庭暴力的程度可分为轻度、中度、重度,任何对家庭成员造成伤害的行为都可列入家庭暴力的范畴。如一次或数次殴打即可构成家庭暴力。家庭暴力在实施手段上具有多样性,主要表现为人身方面的强暴行为,如殴打、伤害甚至杀害,以暴力限制人身自由,以暴力干涉婚姻自由,以暴力强迫为性行为等。溺婴和其他残害婴儿的行为,也应纳入家庭暴力的范围。施暴者一般有故意情节,在大多数情况下,施暴行为在时间上是有一定连续性的,这也是家庭暴力的一个特点。对于家庭暴力的界定,既不应失之过狭,也不应失之过宽。过狭不利于保护家庭成员的人身权利,过宽也会给家庭生活带来某种负面的影响。家庭生活是人们的私生活,在防治家庭暴力问题上,对隐私权和社会知情权之间的关系,对公权力的介入程度和形式,都是应当适度把握、妥善处理的。我们认为,对家庭暴力做过于宽泛的解释是不相宜的,某些外国学者甚至把非婚同居者之间、同性恋者之间、已离婚的原配偶之间发生的暴力行为也称为家庭暴力,这种解释显然是不符合我国国情的。

家庭暴力的根源是男尊女卑、父权制的传统陋俗,家庭中的弱者,如妇女、儿童、老人、残疾人都有可能成为家庭暴力的受害者。其中妇女是首当其冲受侵害的对象,它严重危害妇女身心健康、侵犯妇女合法权益,破坏社会稳定和发展。

联合国在1993年曾经通过了一份《消除对妇女暴力行为宣言》,并且规定每年的11月25日为国际消除对妇女暴力日。联合国文件中的"对妇女暴力"包含的内容相当广泛,家庭暴力是其中的一个重点。我国《民法典》婚姻家庭编增设这一禁止性的规定,宣告了一切家庭暴力行为的违法性。以上规定对于保障广大公民,尤其是妇女、儿童和老人的合法权益,必将发挥重大的积极作用。

2015年11月19日上午,最高人民法院向社会通报了全国多起涉婚姻家庭纠纷的典型案例。当中涉及子女扶养纠纷、赡养纠纷、离婚纠纷等多个方面。案例涉及未成年人、老年人权益的保护,也涉及对婚姻关系中弱势群体的保护。其中北京法院有十起案件入选。

据北京市高级人民法院介绍,北京法院审理的家事案件主要有以下特点:一是数量大。家事案件是北京法院审判工作的重要组成部分,约占全部案件的9%,占传统民事案件的20%,以2014年为例,北京法院受理的一审家事案件38 619件,其中离婚案件约占全部民事案件的一半。二是对立性强。家事案件中当事人争夺的焦点是子女、房产,情绪对抗激烈,平复矛盾的难度大。三是新情况、新问题多。家庭关系受到社会关系的深刻影响,婚姻家庭关系也在经济与社会变革的大潮的冲击下呈现出日益复杂的特点,如夫妻财产形态的变化带来的分割难题,对妇女、未成年人保护水平的提高给审判带来的新要求等。

在通报的多起案件中,其中一部分便涉及家暴。例如,女子王某与男子江某经人介绍相识并登记结婚,婚后无子女。由于双方相识时间短,相互了解较少,两人结婚较为仓促,感情基础薄弱。婚后由于江某酗酒,对王某有家庭暴力,经常因为生活琐事对王某拳脚相加。2009年,江某无缘无故将王某毒打一顿并致其离家出走。后王某提起离婚诉讼,要求解除双方的婚姻关系,江某给付精神损失费,并依法分割共同财产。该案经通州法院审理,最终判决王某与江某离婚,江某支付王某精神损害赔偿金,法院同时做出财产分割。

家庭暴力问题作为离婚案件的重要诱因,仍然在很大程度上影响着家庭的稳定与和谐。根据北京法院对2013年度东城法院、丰台法院、通州法院审结的620件离婚案件抽样统计显示,涉家庭暴力类的离婚案件占选取离婚案件总数的9%,数量比例虽不高,但涉家暴案件大多矛盾激烈、调解率低、最终离异率高。

2.相关法律法规

我国婚姻法明确禁止家庭暴力,规定配偶一方对另一方实施家庭暴力,经调解无效的应准予离婚,因实施家庭暴力导致离婚的,无过错方在离婚时有权请求损害赔偿。2016年3月1日实施的《反家暴法》也通过一系列制度安排,以保护家庭中的弱势群体,对家庭暴力行为进行遏制。

对殴打他人,造成轻微伤害的,公然侮辱他人或者捏造事实诽谤他人的,处15日以下拘留,公安机关应当依照治安管理处罚的法律规定予以行政处罚,有关家庭暴力如何判刑,请阅读下文。

家庭暴力如何判刑

如果实施家庭暴力或虐待家庭成员,受害人提出请求的,公安机关应当依照治安管理处罚的法律规定予以行政处罚。根据《治安管理处罚条例》第22条的规定:"有下列侵犯他人人身权利行为之一,尚不够刑事处罚的,处15日以下拘留、200元以下罚款或者警告:

(一)殴打他人,造成轻微伤害的;

(二)非法限制他人人身自由或者非法侵入他人住宅的;

(三)公然侮辱他人或者捏造事实诽谤他人的;

(四)虐待家庭成员,受虐待人要求处理的;

(五)写恐吓信或者用其他方法威胁他人安全或者干扰他人正常生活的;

(六)胁迫或者诱骗不满十八岁的人表演恐怖、残忍节目,摧残身心健康的;

(七)隐匿、毁弃或者私自开拆他人邮件、电报的。"

根据《治安管理处罚条例》的规定,受害人要求依法处理的,公安机关才能受理,受害人不向公安机关要求处理的,公安机关不予处置。

为积极预防和有效惩治家庭暴力犯罪,加强对家庭暴力被害人的刑事司法保护,最高人民法院、最高人民检察院、公安部、司法部四部门联合印发《关于依法办理家庭暴力犯罪案件的意见》(以下简称《意见》)。下文为您详细解读该意见的全文内容。

一、出台《意见》的背景与过程

近年来,我国家庭暴力呈多发态势,侵害公民人身权利的家庭暴力犯罪时有发生,严重破坏家庭和谐,影响社会稳定。依法惩治和预防家庭暴力犯罪,最大限度减少家庭暴力的发生,已经成为全社会的共识。但是,目前我国还没有专门的法律或规范性文件,对办理家庭暴力犯罪案件的程序、实体以及政策做出有针对性的规定。司法实践中也存在着以下突出问题:

1.犯罪事实难以发现

家庭暴力犯罪发生在家庭内部,外人难以知道;被害人或其近亲属、邻居、同事,即使知道,受"家丑不可外扬""疏不间亲"等观念影响,也不敢或不想报案。司法机关难以及时发现家庭暴力犯罪事实。

2. 诉讼程序难以启动

一些家庭暴力犯罪被当作民事纠纷或违反治安管理行为处理；一些司法人员将家庭暴力看作家务事，不愿介入，不予立案；虐待被害人没有造成重伤、死亡的，属于自诉案件，但被害人往往不知道或者没有能力提起自诉，导致刑事诉讼程序难以启动。

3. 立案、定罪标准不够明确

依照现行刑法规定，虐待罪、遗弃罪均要求"情节恶劣"才能构成，但刑法及司法解释均没有明确哪些情形属于"情节恶劣"，造成这两种犯罪的立案、起诉和定罪缺乏统一标准；与家庭暴力犯罪相关的故意伤害罪、故意杀人罪、虐待罪、遗弃罪等，相互之间界限模糊，给准确定罪处罚带来困难。

4. 判处刑罚轻重失衡

量刑时，对实施家庭暴力构成犯罪的案件与为反抗、摆脱家庭暴力而伤害、杀害施暴人构成犯罪的案件不做区分；相似案件判刑不一，量刑差别较大的情况还比较突出。

反家庭暴力刑事司法存在的上述问题，导致难以有效惩治和预防家庭暴力犯罪。对此，社会各界反应强烈。全国人大代表、政协委员多次提交议案、提案，建议加强、完善反家庭暴力立法、司法工作。

最高人民法院高度重视对家庭暴力的司法应对。最高人民法院专门成立了"涉家庭暴力刑事司法改革"课题组，得到了最高人民检察院、公安部、司法部的大力支持。在深入调研和实践的基础上，起草了《意见》，先后征求全国人大法工委、全国妇联、律师、专家学者的意见和建议，召开专门论证会、座谈会20余次，大小修改70余稿，2015年2月经四机关会签予以发布。

二、《意见》的主要内容

《意见》从基本原则、案件受理、定罪处罚、其他措施四个方面，对依法办理家庭暴力犯罪案件提出了指导意见。全文共25条，主要内容如下：

（一）基本原则

《意见》第一部分就办理家庭暴力犯罪案件提出了四项基本原则，分别是依法及时、有效干预原则，保护被害人安全和隐私原则，尊重被害人意愿原则，对未成年人、老年人、残疾人、孕妇、哺乳期妇女、重病患者特殊保护原则，以彰明《意见》宗旨，明确办案导向，指导规则准确适用。

（二）案件受理

《意见》第二部分就案件受理提出了指导意见，主要内容有：

1. 积极拓宽犯罪事实发现渠道

针对家庭暴力犯罪事实难以发现的问题，《意见》一方面通过重申刑事诉讼法规定，鼓励任何单位和个人都有权利报案、控告或者举报；另一方面要求司法机关积极主动地发现家庭暴力犯罪事实，公安机关、人民法院在工作中，一旦发现家庭暴力犯罪线索的，即应按法定程序办理。

2. 及时启动刑事诉讼程序

针对家庭暴力犯罪难以启动刑事诉讼程序的问题，《意见》从三方面着手解决：一是要求及时立案。公、检、法三机关接到报案、控告或者举报后，应当迅速审查，依照立案条件决定是否立案。二是人民检察院代为告诉。对符合条件的被害人无法提起自诉，其法定代理人、近亲属本身是施暴人或者没有告诉或代为告诉的，人民检察院应当依法提起告诉。三是加强人民检察院的立案监督职能,防止有案不立。

3.注重保护被害人利益

为了更好地保护被害人的人身安全,维护其合法权益,《意见》对办案机关提出了以下要求:一是对需要紧急救治的被害人,立即协助联系医疗机构进行救治。二是对需要临时安置的被害人及相关未成年人,通知并协助有关部门进行安置。三是加大对被害人法律援助的力度。

4.强化证据收集与强制措施

为了确保证据全面充分、强制措施适当有力,《意见》提出,公安机关要及时、全面地收集证据,特别是注意收集既往家庭暴力发生情况的证据。人民法院要注意自诉人举证能力不足的情况,适时进行举证指导,必要时依申请调取证据。在诉讼过程中,公、检、法三机关对符合拘留、逮捕条件的犯罪嫌疑人、被告人,可以依法拘留、逮捕;决定取保候审的,可以宣告禁止性规定。

(三)定罪处罚

《意见》第三部分就家庭暴力犯罪的定罪处罚提出了指导意见,主要内容有:

1.明确虐待罪、遗弃罪的认定

针对虐待罪、遗弃罪的定罪标准不够明确,易与相关罪名混淆的问题,《意见》根据调研情况和司法实践经验,提出对实践中较常出现的四种虐待情形、四种遗弃情形可以认定为"情节恶劣"。同时对虐待罪与故意伤害罪、故意杀人罪,遗弃罪与故意杀人罪的主观方面、客观方面进行了细致辨析,指导正确适用罪名。

2.切实贯彻宽严相济的刑事政策

宽严相济是我国基本刑事政策。对于实施家庭暴力构成犯罪的案件,《意见》要求也要区别对待、宽严并举。对实施家庭暴力手段残忍、后果严重、动机卑劣、起因上有过错或者具有再犯情节的,应当酌情从重处罚。对犯罪情节较轻,或者被告人真诚悔罪、获得被害人谅解、从轻处罚有利于被扶养人的,可以酌情从轻处罚,对其中情节轻微不需要判处刑罚的,可以不起诉或免予刑事处罚;对情节显著轻微、危害不大、不构成犯罪的,应当不追究刑事责任。

对于为反抗、摆脱家庭暴力而伤害、杀害施暴人构成犯罪的案件,应当充分考虑案件中的防卫因素和过错责任,根据案件具体情况,依法定罪处罚。以实践中经常发生的受虐妇女杀夫案件为例,只要符合正当防卫条件的,就应当认定为正当防卫,依法不负刑事责任;属于防卫过当的,应当依法减轻或者免除处罚。对于施暴人在案件起因上具有明显过错或者直接责任的,可以酌情从宽处罚。

对于因遭受严重家庭暴力,身体、精神受到重大损害而故意杀害施暴人,或者因不堪忍受长期家庭暴力而故意杀害施暴人,犯罪情节不是特别恶劣,手段不是特别残忍的,可以认定为故意杀人"情节较轻"。在服刑期间确有悔改表现的,可以依法放宽减刑的幅度,缩短减刑的起始时间与间隔时间;符合假释条件的,应当假释。被杀害施暴人的近亲属表示谅解的,在量刑、减刑、假释时应当予以充分考虑。

(四)其他措施

《意见》第四部分就反家暴的其他措施提出了指导意见,主要内容有:

1.做好家庭暴力犯罪预防

《意见》提出了针对家庭暴力犯罪个别预防和一般预防的三项措施:一是人民法院对实施家庭暴力被判处管制或宣告缓刑的犯罪分子,可以根据案件情况,同时宣告禁止令;二是社区矫正机构对实施家庭暴力被判处管制、宣告缓刑、假释或者暂予监外执行的犯罪分子开展行为矫治;三是公、检、法、司四机关加强反家暴宣传、教育活动,充分发挥法律的威慑、教育和指引功能,减少家庭暴力的发生。

2.加强刑事、行政、民事保护的衔接

运用法律武器反对家庭暴力,需要民事、行政、刑事保护相互衔接,形成保护链条,才能有效惩治和预防各种形式的家庭暴力。为此,《意见》从两方面提出了要求:一是人民法院、人民检察院、公安机关对于监护人实施家庭暴力,严重侵犯被监护人合法权益的,在必要时可以告知被监护人及其他有监护资格的人员、单位,申请人民法院撤销施暴人的监护人资格,依法另行指定监护人。二是对于施暴人违反人身安全保护裁定的,人民法院可以根据情节轻重予以罚款、拘留;构成犯罪的,依法追究刑事责任。

六、禁止家庭成员间的虐待和遗弃

虐待是指以作为或者不作为的手段,比如打骂、冻饿、恐吓、限制人身自由、有病不予医治等,对家庭成员进行精神上的和肉体上的折磨、摧残,使其遭受严重痛苦的行为。家庭暴力与虐待相同之处是都对其他家庭成员造成身体或心理伤害的行为,两者的区别在于,一般的打骂不构成虐待,更不构成虐待罪,但已经构成家庭暴力。根据最高人民法院的司法解释,持续性、经常性的家庭暴力构成虐待。

遗弃是应当履行抚养、扶养、赡养义务而故意不履行,使被害人的身心蒙受严重损害的行为。家庭是社会的细胞,是人们的基本的生活单位,担负着养老育幼、供养家庭中没有独立生活能力的成员的职能。家庭成员之间的扶养、抚养和赡养,不仅是道德的要求,也是法定的义务。家庭成员之间的遗弃行为,是法律严令禁止的。遗弃行为可能发生于不同亲属身份的家庭成员之间,如子女不赡养父母、父母不抚养子女、夫或妻不扶养对方;有负担能力的祖父母、外祖父母不抚养父母已经死亡或父母无力抚养的未成年的孙子女、外孙子女,有负担能力的孙子女、外孙子女不赡养子女已经死亡或子女无力赡养的祖父母、外祖父母;有负担能力的兄、姐不扶养父母已经死亡或父母无力抚养的未成年的弟、妹;由兄、姐扶养长大的有负担能力的弟、妹,不扶养缺乏劳动能力又缺乏生活来源的兄、姐等。

虐待和遗弃的受害人往往在家庭中处于弱势地位,他们本应得到更多的关爱和保护,却因为行为人的不法行为而受到严重伤害。这是保护妇女、儿童和老人合法权益的必然要求,对满足家庭中没有独立生活能力的成员的生活需要,保障家庭职能的顺利实现,都具有很重要的意义。

复习思考题

1. 我国《民法典》婚姻家庭编有哪些基本原则?
2. 什么是婚姻自由?它有哪些基本特征?
3. 什么是男女平等?它体现在哪些方面?党的二十大报告为什么把它列为基本国策?

4. 为什么要保护妇女、儿童、老人的合法权益？《民法典》婚姻家庭编对以上对象是如何保护的？

5. 包办婚姻与买卖婚姻的联系与区别是什么？

6. 什么是借婚姻索取财物？如何界定？

7. 什么是重婚？它有哪些形式？法律后果如何？

8. 什么是有配偶者与他人同居？它的构成要件有哪些？

【案例分析】

1. 丁某(男)与艾某(女)是表兄妹,从小两家大人就定下"娃娃亲"。1992年艾某18岁时即按农村风俗与表哥丁某成亲,但两人只是以夫妻名义同居一直未办理结婚手续。由于性格不合,两人婚后一直冲突不断。1996年丁、艾两人的一次语言、肢体冲突后,艾某赌气回娘家居住,并公开宣称与丁某解除婚姻关系。其后丁某多次上门道歉,并想请艾某回家居住,均遭艾某拒绝。2000年艾某得知丁某已于当年同本村女青年薛某登记结婚,上门吵闹无果后,遂向人民法院提起自诉,控告丁、薛两人重婚。

问：(1)丁、艾两人是否存在婚姻关系？

(2)丁、薛两人是否构成重婚？法院应当如何判决？

2. 孙某(男)与陈某(女)是一对情侣,两人自2008年在乡里组织的一次活动中相识后不久,便同居在一起,但是一直没有办理结婚登记手续。同居期间,因孙某家境较好,便经常给陈某购置衣服、首饰等物品,孙母也赠给陈某手机、衣服等物品。2010年孙某与陈某开始筹备结婚事宜。2010年10月1日,孙、陈两家安排了订婚仪式及酒席,席间孙母送给陈某一枚价值5 000余元的白金钻戒和2万元现金,作为结婚的"礼金"；陈母送给孙某一块价值3 000元的日本精工表作为订婚礼物。订婚仪式后不久,孙、陈二人却在购房问题上发生了激烈的争吵。孙某以父母年纪大、需要人照顾为由,坚持不买房,提出婚后与父母共住一处；而陈某则以与孙某父母生活习惯及性格不合为由坚决不同意与孙某父母共居一室,要求孙某再买一处住房供两人婚后居住。孙、陈两人的性格都比较倔强,谁也不愿妥协,最终选择了分手。孙、陈两人感情破裂后对于两家互相赠送的财物,孙家一方认为,两人同居期间孙家赠送陈某的衣物、首饰、手机以及定亲时给陈某的2万元现金、白金钻戒都应当一并退还。而另一方陈家则认为,孙家应退还手表,至于孙家赠送给女儿的财物,陈家认为由于女儿与孙某同居两年多,这些财物连赔偿女儿的"青春损失费"都不够,怎么还能退还给孙家呢？双方争执不下,最后,孙某一纸诉状将陈某告上了法庭,要求陈某返还订婚仪式中和2008年同居后自己及家庭所赠送的财物,并向法庭提供了购物发票、订婚照片、证人证言等多种证据。

问：(1)孙、陈两家在订婚仪式上互相赠送的财物属于什么性质？孙家在订婚仪式前,孙、陈同居期间赠送给陈某财物的行为是什么行为？

(2)法院应当如何判决？

第三章 婚姻法的适用范围

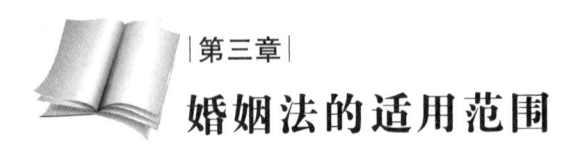

第一节 婚姻法的效力范围

婚姻法的效力包括时间效力、空间效力和对人的效力三部分。我国《民法典》有关婚姻效力的规定,主要集中在第 1046 条至 1053 条,以及第 1061 条的有关规定。其内容包括夫妻人身关系和财产关系两个方面。

一、婚姻法的时间效力

婚姻法的时间效力是指,婚姻法自何时开始生效,至何时效力终止。关于婚姻法的生效时间问题,按照世界各国的立法通例一般有两种形式:一是自法律公布之日起生效,二是由法律或立法机关对生效的时间另做明确规定。我国民法典生效时间采取的是第二种形式,即民法典中规定的生效时间与公布日留有一定时间间隔,以便强化宣传,使人们了解充分。世界主要国家一般把婚姻法作为身份法,因此一般不具有溯及既往的效力,我国民法典亦是如此。即民法典生效前发生的身份行为,只能按照行为发生时间判断其适用新法还是旧法,对于旧婚姻法的失效日期,按照民法典中注明的失效时间执行。《民法典》第 1260 条规定:"本法自 2021 年 1 月 1 日起施行。《中华人民共和国婚姻法》《中华人民共和国继承法》《中华人民共和国民法通则》《中华人民共和国收养法》《中华人民共和国担保法》《中华人民共和国合同法》《中华人民共和国物权法》《中华人民共和国侵权责任法》《中华人民共和国民法总则》同时废止。"

二、婚姻法的空间效力

婚姻法的空间效力也称婚姻法的地域效力,是指婚姻法发生效力的地域范围。通常情况下,全国性的法律适用于国家领域内的全部地区,区域性法律适用于该区域范围内。

我国婚姻法是适用于全国领域的法律,在全国范围内发生效力。但我国婚姻法又从尊重少数民族的婚姻习俗,更好地执行民族政策着眼点出发,允许民族自治地方的立法机关根据各民族的具体情况,制定某些变通的或补充的规定,作为地方性法规,适用于民族自治地方的区域之内。另外,根据"一国两制"基本方针的要求和基本法的规定,《民法典》也不在中国香港和澳门特区适用。

三、婚姻法的对人效力

婚姻法的对人效力是指婚姻法发生效力的人群对象范围。

我国《民法典》属于适用于一切公民的普通法,同时在一定条件下也对外国人适用。除《民法典》中关于结婚条件等的个别条款对民族自治区域内的少数民族,可以适用某些变通条款或补充规定外,《民法典》的基本原则和绝大部分的规定,对各民族的人均发生效力,具有约束力。关于涉外婚姻发生的效力问题,根据我国《民法典》的规定,对涉外结婚的行为以发生地法为准据法,对涉外离婚以受诉法院地法为准据法。即对发生在我国境内的中国人与外国人之间、外国人和外国人之间的婚姻家庭关系,除另有规定外,一般适用我国《民法典》。

第二节　民族婚姻

一、民族婚姻的概念

婚姻法的民族婚姻,是指少数民族在本民族内、少数民族之间以及少数民族与汉族的婚姻,包括结婚、离婚与复婚。

二、民族婚姻的特点

我国是一个统一的多民族国家,全国共有民族56个,少数民族占55个,人口约占全国总人口的7%,居住在占全国总面积63%的广阔土地上。我国少数民族的婚姻习俗多样、特点纷呈。在本质或形式上,各少数民族的婚姻形态具有某些相同的体现,而由其所决定的婚姻特点也具有一定的共性:

(1)早婚是我国各少数民族几乎普遍存在的现象。各民族自治地方对婚龄普遍都制定了男不得早于20周岁、女不得早于18周岁的变通规定,比婚姻法提早了2岁,以适应当地的具体情况。

(2)三代以内旁系血亲间结婚的情况也较为普遍。各民族自治地方大多规定禁止三代以内旁系血亲结婚,但也有极少例外,以表示对近亲结婚制度的改革。

(3)有的少数民族地区地广人稀,因此对原《婚姻法》实行计划生育的规定做了变通。如新疆维吾尔自治区的婚姻法补充规定第9条,"在少数民族中不提倡计划生育,个人是否实行生育,听从自愿"。

(4)强迫包办、买卖婚姻、借婚姻索取财物、干涉婚姻自由的情况还相当严重。例如,童养媳、抢婚、干涉寡妇再婚等。各民族自治地区在补充规定中无一例外地对这些陋俗进行了坚决抵制和废除。

(5)宗教干涉婚姻家庭。在回族、藏族中存在较多,各民族自治地区在补充规定中均明文规定:禁止宗教干涉婚姻家庭,禁止以宗教仪式代替结婚登记。

(6)在藏族和回族等一些民族中存在一夫多妻制或一妻多夫制。这种婚姻制度显然与婚姻法一夫一妻的基本制度相违背,所以,西藏自治区和甘孜藏族自治州的婚姻法补充规定均做出"废除一夫多妻、一妻多夫等封建婚姻。对执行本条例之前形成的上述婚姻关系,凡不主动提出解除婚姻关系者,准予维持"的规定。

三、原《婚姻法》对民族婚姻变通规定的基本情况

我国是一个统一的多民族国家。在婚姻家庭方面,各民族都有自己长期形成的风俗习惯和特点。为了适应不同民族的实际情况,促进各民族的共同发展,根据《宪法》确定的原则,我国原《婚姻法》第50条规定:"民族自治地方的人民代表大会有权结合当地民族婚姻家庭的具体情况,制定变通规定。自治州、自治县制定的变通规定,报省、自治区、直辖市人民代表大会常务委员会批准后生效。自治区制定的变通规定,报全国人民代表大会常务委员会批准后生效。"也就是说,民族自治地方的权力机关有权制定变通规定,变通规定在完成审批程序后方生效。根据《宪法》规定,变通规定应由民族自治地方的人民代表大会或其常务委员会制定,这是党和国家的民族政策在婚姻家庭立法上的具体体现,是在民族自治地方贯彻执行婚姻家庭法的必要措施。

在1980年《婚姻法》颁布后,新疆维吾尔自治区、西藏自治区、宁夏回族自治区、内蒙古自治区等自治区和四川、云南等省的一些自治州、自治县的人民代表大会,在坚持我国社会主义婚姻家庭制度基本原则的前提下,结合当地的实际情况,相继制定了执行原《婚姻法》的补充规定或变通条例。

四、民族自治地方对《民法典》的变通规定

(一)制定变通规定的原则

(1)民族自治地方对婚姻法的变通规定,应当以《民法典》基本原则为依据。婚姻法的原则规定反映了我国社会主义婚姻家庭制度的本质和特征,同样适用于民族自治地方的婚姻家庭关系。我国婚姻法的各项基本原则,是我国社会主义婚姻家庭制度的必然要求,是我国全部婚姻立法的指导思想,对民族自治地方的婚姻立法同样适用。民族自治地方的婚姻立法,只是对婚姻法中某规定的变通,而不能违背或者脱离婚姻法的基本原则。

(2)民族自治地方对婚姻法的变通规定,应当结合当地民族婚姻家庭的具体情况。民族自治地方在制定有关规定时,应当兼顾原则性与灵活性。我国《宪法》第4条规定:"各民族都有保持或者改革自己风俗习惯的自由。"在婚姻家庭领域,我国各民族有各自的传统风俗习惯,它们是历史上长期形成的。民族自治地方在做变通规定时,应将原则性和灵活性结合起来,保持各民族中健康有益的、植根于民族传统文化的优良风俗习惯,改革落后、愚昧、妨害广大群众生产和生活的风俗习惯,以促进具有民族特色的社会主义婚姻家庭制度的建设。

(二)制定变通规定的机关和程序

为尊重少数民族的风俗习惯,《民法典》规定,民族自治区可以根据本民族实际情况,对法定婚龄做变通规定。为和《宪法》《立法法》等基本法的规定相统一,2001年修正的《婚姻法》对上述规定做了一些修改。第一,强调民族自治地方可以制定"变通规定",删去了原来的"补充"规定。第二,规定制定变通规定的机关是民族自治地方人民代表大会,删去了原来的"和它的常务委员会"。第三,将原来的"自治区制定的规定,须报全国人民代表大会常务委员会备案",改为"须报全国人民代表大会常务委员会批准后生效"。

(三)民族自治地方变通规定的主要内容

我国《立法法》第66条规定:民族自治地方的人民代表大会有权依照当地民族的政治、经

济和文化特点,制定自治条例和单行条例。自治条例和单行条例对法律和行政法规的规定所做出的变通规定,不得违背法律或者行政法规的基本原则,不得对宪法和民族区域自治法的规定以及其他有关法律、行政法规专门就民族自治地方所做的规定做出变通规定。

各民族自治地方的变通规定,主要有以下几个方面的内容:

1. 关于法定婚龄

《民法典》规定的婚龄具有普遍的适用性,但在某些特殊情况下,法律也允许对婚龄做出例外规定。我国少数民族大多有早婚的习俗,男女一般在十七八岁左右就结婚。鉴于民族自治地方的生产、生活环境和婚俗习惯,目前,我国一些民族自治地方的立法机关对《民法典》中的法定婚龄做了变通规定。比如新疆、内蒙古、西藏等自治区和一些自治州、自治县,均以男二十周岁、女十八周岁作为本地区的最低婚龄。但这些变通规定仅适用于少数民族,不适用于生活在该地区的汉族。

2. 关于民族通婚

有些民族自治地方对不同民族的通婚做了肯定性的明确规定。例如,宁夏回族自治区规定:"回族同其他民族的男女自愿结婚,任何人不得干涉。"黄南藏族自治州规定:"不同民族的男女通婚受法律保护,不允许以任何借口干涉和阻挠。"有些则没有专门规定。对民族通婚问题,要按照婚姻自由原则、民族政策和宗教政策,结合具体情况妥善处理。

3. 关于婚姻家庭习俗的改革

各民族自治地方在关于婚姻家庭习俗方面的改革上,都遵循这样的基本精神:既要尊重民族传统和宗教信仰,又要改革不符合婚姻法基本原则的和落后的习俗,例如,原《西藏自治区施行〈中华人民共和国婚姻法〉的变通条例》规定,"对于各少数民族传统的婚嫁仪式,在不妨碍婚姻自由原则的前提下应予尊重","废除一夫多妻、一妻多夫的封建婚姻;对执行本条例之前形成的上述婚姻关系,凡不主动提出解除婚姻关系者,应予维持"。有些少数民族群众结婚不办理登记,离婚不经法定程序,致使婚姻的成立和解除得不到法律的保护,当事人特别是女方的权益得不到有效的保障,有的地方甚至存在"休妻"的离婚方式。因此,许多民族自治地方都强调结婚、离婚必须办理法律手续。如新疆规定,禁止一方用口头或文字通知对方的方法离婚。

4. 禁止宗教干涉婚姻家庭

对此,各民族自治地方在婚嫁仪式、禁止宗教干涉婚姻、禁婚亲、禁止干涉婚姻自由等问题上都做了相应的重申或补充规定。我国大多数少数民族都有宗教信仰,我国《宪法》亦明文规定公民有宗教信仰的自由,国家保护正常的宗教活动,但不得利用宗教力量对婚姻家庭加以非法干涉。如原《新疆维吾尔自治区执行〈中华人民共和国婚姻法〉的补充规定》中就指出:"禁止宗教干涉婚姻家庭,禁止以宗教仪式代替结婚登记。"原《宁夏回族自治区执行〈中华人民共和国婚姻法〉的补充规定》中也指出,"信奉伊斯兰教的男女结婚,自愿举行宗教仪式的,只能在领取结婚证后进行"。这些民族自治地方的变通规定均明文禁止宗教干涉婚姻家庭关系。

5. 关于近亲结婚

少数民族大多聚居在边疆、山区,人口稀少,交通不便,通婚范围比较狭小。不少民族实行民族内婚制,近亲结婚较多,表兄弟姐妹结婚更是许多民族的习惯。对于禁止三代以内旁系血亲结婚问题,有的民族自治地方做了变通规定。例如,内蒙古自治区规定,大力提倡三代以内的旁系血亲不结婚。

6.关于子女的民族从属

不同民族的男女通婚,必须正确地处理所生子女归属于父方民族还是母方民族的问题。一些民族自治地方规定,在这种情况下,子女的民族从属由父母双方商定。宁夏回族自治区的规定进一步指出,子女未成年时由父母商定,成年后由子女自定。

(四)民族自治地方变通规定的适用范围

对变通规定的适用范围,各民族自治地方的规定各不相同。有的变通规定仅适用于本地区的少数民族,而不适用于汉族,如新疆、西藏、宁夏、内蒙古自治区等。有的变通规定只适用于少数民族中的一般群众,而不适用于少数民族中的国家干部和职工,如河南蒙古自治县、化隆回族自治县等。有的规定只适用于本地区农村、牧区的少数民族居民,不适用于城镇中的少数民族居民,如海西蒙古族藏族哈萨克族自治州等。有的变通规定既适用于本地区的少数民族,也适用于同少数民族结婚的汉族,其使用范围比前几种更为广泛,如甘孜、阿坝藏族自治州和凉山彝族自治州等。

第三节　华侨、港澳台同胞在内地的婚姻与收养

一、华侨、港澳台同胞在内地的婚姻与收养的法律适用

在处理涉及港澳台同胞的婚姻家庭关系时,需要首先解决区际法律冲突的问题。区际法律冲突,是指一个国家内部不同法域之间的法律冲突。所谓法域,是指一国内具有独特法律制度的地区,而由具有不同法律制度的若干地区组成的国家便称为复合法域国家(或多元法域国家),我国就属于这种复合法域国家。在"一国两制"的基本框架下,我国已恢复了对香港和澳门地区主权的行使,台湾最终回到祖国怀抱亦是大势所趋。由于社会制度的不同,使中国内地、香港、澳门和台湾的法律制度亦有差异,由此形成了在一个主权国家内部同时并存四个法域的特殊局面。随着四地人民的密切往来,在婚姻家庭领域,会产生大量含有区际因素的婚姻家庭关系。因此,区际婚姻家庭的法律适用问题日显突出,有必要对此加以研究。妥善、合理解决含有区际因素的婚姻家庭方面的法律冲突,不但对建立区际婚姻家庭法有现实意义,而且有利于在国际私法领域里切实有效地保护涉外民事关系中我方当事人(无论其居住在哪一法域中)的合法权益。对在我国境内涉及港、澳、台同胞的婚姻家庭法律问题,除应适用中国内地法律外,我国有关部门又先后颁布了一些特别规定。这些规定主要包括:民政部于1983年3月10日颁布的《华侨同国内公民、港澳同胞同内地公民之间办理婚姻登记的几项规定》,民政部、中央对台工作领导小组办公室、外交部、公安部、司法部颁布的《关于台湾同胞与大陆公民之间办理结婚登记有关问题的通知》,民政部于1998年12月10日颁布的《大陆居民与台湾居民婚姻登记管理暂行办法》以及最高人民法院于1988年8月9日发布的《关于人民法院处理涉台民事案件的几个法律问题》等。其中,涉及港澳地区的行政规章,制定在我国恢复对这两个地区行使主权之前,显然已经不能完全适应需要。但是,在新的规定出台之前,还应按照相关规定办理。

华侨、港澳台同胞与内地公民在内地结婚的,结婚的主体双方都具有中国国籍,而且婚姻关系缔结在中国境内(内地),因而不存在涉外问题,所以应适用我国婚姻法的相关规定。但由

于此类婚姻一般存在一定的涉外或区际因素,例如,华侨一般居住在国外,港澳台同胞则定居在中国境内与内地完全不同的政治经济、社会制度的地区。我国相关职能部门一直高度重视涉及华侨、港澳台同胞的婚姻问题,民政部分别于1983年3月11日、1998年12月10日先后颁布了《华侨同国内公民、港澳同胞同内地公民之间办理婚姻登记的几项规定》和《大陆居民与台湾居民婚姻登记管理暂行办法》,以此作为解决、办理此类问题的法规依据。2003年10月1日起实施的《婚姻登记条例》也对此类问题做出了全面、统一的规定。

华侨、港澳台同胞在内地的收养,指的是华侨、港澳台同胞在内地收养内地公民的子女。由于华侨、港澳台同胞在中国境内(内地)收养内地公民子女,收养双方都具有中国国籍,无涉外情况,所以一般适用我国收养法的相关规定。但由于同样存在类似于华侨经常居住在国外、港澳台同胞居住在与内地社会政经制度完全不同的地区,因此也存在着一定的涉外和区域因素。对此《中华人民共和国民法典》和《华侨以及居住在香港、澳门、台湾地区的中国公民办理收养登记的管辖以及所需要出具的证件和证明材料的规定》(民政部,1999年5月25日颁布)均可作为办理此类收养的法律依据。

二、华侨在内地的婚姻与收养

华侨是侨居国外的中华人民共和国公民。基于其居住在国外的特点,有关部门对他们与国内公民结婚、离婚和收养分别做了一些特别的规定。

(一)涉侨结婚

华侨同国内公民结婚,凡要求在国内办理结婚手续的,双方须共同到国内省、自治区、直辖市人民政府指定办理涉外婚姻的机关申请登记。

申请结婚登记时,华侨一方应持有下列证件:我国驻其侨居国使、领馆颁发的本人护照,经我国驻其侨居国使、领馆认证的当地公证机构出具的本人无配偶证明,或我国驻其侨居国使、领馆出具的本人无配偶证明,以及与即将缔结婚约的中国内地公民非直系血亲和三代内旁系血亲关系的证明;在国外从事正当职业或有稳定经济来源的证明;婚姻登记管理机关指定的县级以上医院出具的婚前健康检查证明。对于来自与我国无外交关系国家(地区)的华侨,要求其须持有华侨居住国(地区)公证机构公证的,并经与我国和华侨居住国都有外交关系的第三国使、领馆认证的无配偶证明。取得上述证明确有困难的,根据其国内原籍乡(镇)人民政府、街道办事处了解后出具的婚姻状况证明,有国内两个以上了解情况的亲友为其出具无配偶的保证书,以及本人出具的无配偶的书面声明,由县级以上民政部门会同侨务部门审查后,方可办理结婚登记。国内公民一方须持有下列证件和证明材料:本人身份证及本人户口所在地公安派出所出具的户口证明(户口簿),本人无配偶以及与华侨非直系血亲和三代内旁系血亲关系的签字声明;所在工作单位或市、镇街道办事处,农村乡(镇)人民政府出具的本人出生年月、民族、职业和婚姻状况证明。此外,申请结婚登记的双方当事人离过婚的,还须持有有效的离婚证件;丧偶的,须持有配偶死亡证件;与第三人有过同居关系的,须持有脱离同居关系的协议书。离婚证明是国外离婚证书的,必须经驻在国公证机关公证、驻在国外交部或外交部授权的机构认证,并经中华人民共和国驻外使、领馆认证后,方予认可。离婚证件是外国法院出具的离婚判决书或调解书的,须由内地法院裁定认可。

婚姻登记管理机关对双方当事人及所持证件、证明进行审查,经审查符合结婚登记要求的,准予登记。在申请之日起一个月内,办理登记手续,发放结婚证书。申请结婚登记的男女双方,对婚姻登记管理机关所要了解的情况,必须如实提供。故意隐瞒事实或伪造证件、材料的,婚姻登记管理机关不予登记;违法情节严重的,将提请当地司法机关依法处理。

(二)涉侨离婚

因夫妻身份和结婚证书法律效力认定问题,华侨同国内公民之间的离婚,如果是在内地登记结婚的,可以通过行政登记离婚和法院诉讼离婚两种程序办理,如果是在内地之外的国家和地区办理的结婚登记,即使双方自愿离婚,也只能通过法院诉讼程序办理离婚。凡在内地登记结婚、双方自愿离婚,并已对子女抚养和财产分割做了妥善处理的,须共同到省、自治区、直辖市人民政府指定办理涉外婚姻的机关申请办理离婚登记;办理离婚手续时内地公民一方须持有下列证件和证明材料:本人身份证及本人户口所在地公安派出所出具的户口证明(户口簿)、结婚证书;华侨还应准备本人护照(或旅行证件)和双方共同签署的离婚协议书。婚姻登记机关在履行审查询问义务后,不存在异议的,应当现场登记离婚,发放离婚证书。

一方要求离婚或一方不能到婚姻登记管理机关申请离婚的,可由有关部门进行调解或直接向国内一方户口所在地的人民法院提出离婚诉讼。根据我国《民法典》关于离婚的规定和侨务政策的要求,人民法院在处理华侨与国内公民的离婚时,应本着照顾国外华侨和保护侨眷合法权益的原则,慎重妥善地予以处理。第一,国内配偶以华侨在国外已经重婚为理由提出离婚,查有实据的,应准予离婚。第二,华侨一方久不回国,杳无音信,国内配偶提出离婚,经调查属实,可以公告送达诉讼文书,在公告期满后无回音的,判决准予离婚。判决书公告送达后,经上诉期满即发生法律效力。第三,华侨一方与国内配偶仍有通信关系,并有汇款供养家属,国内配偶要求离婚的,一般应尽量调解不离。如国内一方坚持离婚,要征求在国外的华侨本人的意见。如不准离婚可能发生意外事件的,可根据具体情况准予离婚。第四,国外华侨以国内配偶作风不好或其他充足理由提出离婚的,如查证属实,一般可根据具体情况准予离婚。如国内配偶不同意,经调解无效,仍应准予离婚。第五,离婚后的子女抚养和财产分割问题,按我国《民法典》的规定处理。对于在国内结婚,但婚后随华侨定居国外的内地公民离婚案件的管辖问题,若定居国法院因婚姻缔结地或国籍问题不受理离婚诉讼,当事人向内地人民法院提起诉讼的,可由婚姻缔结地或一方在内地的最后居住地人民法院管辖。

(三)涉侨收养

华侨在内地的收养是指华侨在内地收养内地公民的子女。华侨在内地收养子女的,应当按照《民法典》的一般规定办理,但是收养三代以内同辈旁系血亲的子女,可以不受收养人无子女、被送养人是生父母有特殊困难无力抚养的不满14岁的未成年人、送养人是有特殊困难无力抚养子女的生父母、无配偶的男性收养女性、收养人和送养人年龄应当相差40周岁以上等条款的限制。在程序方面,应当到被收养人常住户口所在地的直辖市、设区的市、自治州人民政府民政部门或者地区(盟)行政公署民政部门申请办理收养登记。居住在已与我国建立外交关系国家的华侨,在国内收养子女,办理收养登记时,应提交以下证件、证明材料:收养申请书、护照;收养人居住国有权机构出具的收养人的年龄、婚姻、有无子女、职业、财产、健康、有无受过刑事处罚等状况的证明材料,该证明材料应当经其居住国外交机关或者外交机关授权的机构认证,并经我国驻该国使领馆认证。居住在未与我国建立外交关系国家的华侨,应提交下列证件、证明材料:收养申请书、护照;收养人居住国有权机构出具的收养人的年龄、婚姻、有无子女、职业、财产、健康、有无受过刑事处罚等状况的证明材料,该证明材料应当经其居住国外交机关或者外交机关授权的机构认证,并经已与我国建立外交关系的国家驻该国使领馆认证。

三、港澳同胞在内地的婚姻与收养

(一)港澳同胞的结婚

港澳同胞同内地公民结婚,凡要求在内地办理的,应当符合我国《民法典》规定的实质要件。男女双方须共同到内地一方户口所在地的县级以上人民政府婚姻登记管理机关申请登记。

申请结婚登记时,应持有下列证件:港澳同胞应持有港澳居民身份证、通行证或海员证;我国司法行政机关委托经香港律师确认的、香港婚姻注册处出具的婚姻状况证明和经该律师证明的、由申请人出具的无配偶声明书;澳门行政局或警察局出具的婚姻状况证明;公证机构出具的与对方非直系血亲和三代以内旁系血亲关系的声明;在港澳从事稳定职业或有可靠的经济来源的证明;婚姻登记管理机关指定的县级以上医院出具的婚前健康检查证明。不在原籍登记结婚的港澳同胞还须持有原籍(或原驻地、原工作单位)乡(镇)人民政府,市、镇街道办事处出具的本人婚姻状况证明,或由内地两个以上了解情况的亲友为其出具的无配偶保证。我驻港澳机构的工作人员和港九工会联合会、香港中华总商会、香港教育工作者联合会、澳门工会联合会、澳门中华教育会和澳门中华总商会的会员,持所在机构或社团出具的婚姻状况证明,可免交上述婚姻状况证明。

内地公民应持有本人身份证或本人户口所在地公安派出所出具的户口证明,本人无配偶以及与对方非直系血亲和三代以内旁系血亲关系的签字声明,所在工作单位或市、镇街道办事处、农村乡(镇)人民政府出具的本人出生年月、民族、职业和婚姻状况证明。

此外,申请结婚的双方当事人离过婚的,还须持有离婚证件;丧偶的,须持有配偶的死亡证件;有过同居关系的,须持有脱离同居关系的协议书。

婚姻登记管理机关对双方当事人及所持证件、证明进行审查,经审查符合结婚登记要求的,准予登记。在申请之日起一个月内,办理登记手续,发放结婚证书。内地居民同港澳同胞离婚后自愿复婚的,也应按照上述规定办理。

(二)港澳同胞的离婚

港澳同胞和内地公民之间离婚,要求在内地办理的,亦应遵照《民法典》的有关规定处理。在程序方面,如双方自愿离婚,并对子女抚养和财产分割做了妥善处理的,须共同到内地一方户口所在地由省、自治区、直辖市人民政府指定的办理涉外婚姻的婚姻登记管理机关申请离婚登记。办理离婚手续时内地公民一方须持有下列证件和证明材料:本人身份证及本人户口所在地公安派出所出具的户口证明(户口簿),结婚证书;港澳同胞还应准备本人有效通行证、身份证和双方共同签署的离婚协议书;离婚协议书应包含双方离婚是真实意思表示以及子女抚养、财产分割、债务负担等内容。婚姻登记机关在履行审查询问义务后,不存在异议的,应当现场登记离婚,发放离婚证书。

一方要求离婚或一方不能到婚姻登记机关申请离婚的,可由有关部门进行调解或直接向内地一方户口所在地的人民法院提请离婚诉讼。如果夫妻双方原先在内地结婚,后来到港澳定居,因特殊原因,要求回内地离婚的,可向内地原婚姻登记管理机关所在地或原被告原住所地的人民法院提起离婚诉讼。

(三)港澳同胞的收养

居住在香港、澳门地区的中国公民在内地收养子女的,应当遵守《民法典》的规定。在程序上,应当到被收养人常住户口所在地的直辖市,设区的市、自治州人民政府民政部门或者地区(盟)行政公署民政部门申请办理收养登记。香港同胞在内地收养子女,须提交下列证件、证明材料:收养申请书、香港居民身份证、香港居民来往内地通行证或者香港同胞回乡证;经国家主管机关委托的香港委托公证人证明的收养人的年龄、婚姻、有无子女、职业、财产、健康、有无受过刑事处罚等状况的证明材料。澳门同胞在内地收养子女,须提交下列证件、证明材料:收养申请书、澳门居民身份证、澳门居民来往内地通行证或者澳门同胞回乡证;澳门地区有权机构出具的收养人的年龄、婚姻、有无子女、职业、财产、健康、有无受过刑事处罚等状况的证明材料。

四、台湾同胞在大陆的婚姻与收养

(一)台湾同胞的婚姻与收养

1. 台湾同胞的结婚

凡是台湾同胞与大陆公民结婚,在大陆办理结婚手续的,应当符合《民法典》规定的结婚条件。就结婚程序而言,应当区分不同情形办理结婚登记。

(1)已在大陆定居的台湾同胞与内地公民的结婚程序

已在大陆定居的台湾同胞申请与大陆公民结婚的,由县级以上民政部门受理。台湾同胞一方应向婚姻登记管理机关提供下列证明文件和材料:在大陆定居后,所在单位或户口所在地的居民委员会(或村民委员会)出具的婚姻状况证明和在大陆定居前的婚姻状况证明。其中回大陆定居前在台湾居住的,须提供台湾公证机关出具的无配偶证明或经公证的本人户籍登记簿底册复印件;离台后移居港澳地区半年以上来大陆定居的,须提供我司法部委托的香港律师辨认的婚姻状况证明或澳门民事登记局出具的婚姻状况证明;离台后移居国外半年以上来大陆定居的,须提供由其居住国公证机关出具,经该国外交部或外交部授权的机构认证,并经我驻该国使、领馆认证的无配偶证明。无法取得上述证明的,应提供由本人亲自填写的并经大陆居住地公证机关公证的无配偶声明书。

(2)来大陆探亲、旅游、经商的台湾同胞与大陆公民的结婚程序

来大陆探亲、旅游、经商的台湾同胞申请与大陆公民结婚的,由省级人民政府指定的婚姻登记管理机关受理。台湾同胞一方应向婚姻登记管理机关提供下列证明文件和材料:香港中国旅行社代办的或公安机关边防检查部门签发的在有效期内的《台湾同胞旅行证明》或我驻外使、领馆签发的加注有"台湾同胞"字样的《中华人民共和国旅行证》或《中华人民共和国护照》;公安机关出具的《暂住户口证明》;本人身份证件和婚姻状况证明,无法取得婚姻状况证明的,不得以出具无配偶声明书的方式办理,离婚或丧偶的台湾同胞须提供经过台湾地区公证机关公证的离婚证件或配偶的死亡证明,婚姻登记管理机关指定的医院为其出具婚前健康检查证明。如当事人原系从大陆去台湾定居的,在回大陆探亲、经商、旅游期间申请与大陆公民结婚的,还须提供其在大陆原居住地公证机关公证的本人离开大陆前无配偶或虽有配偶但已离婚或死亡的证明。如果离婚材料涉及台湾地区离婚协议书的,须经台湾地区公证机关公证。无离婚协议书的,需提供经过公证机关公证的刊登有当事人离婚声明或公告的台湾地区报纸,但未做公证的报纸影印件则不在此列。离婚证件是台湾地区法院出具的离婚判决书或离婚调解书,离婚当事人一方为大陆公民的,该判决书或调解书须获得大陆法院的认可,否则不具有法律效力。

(3) 其他台湾同胞与大陆公民结婚的程序

已在港澳或国外取得永久居住权的台湾同胞申请与大陆公民结婚的,由省级人民政府指定的婚姻登记管理机关按照《华侨同国内公民、港澳同胞同大陆公民之间办理婚姻登记的几项规定》办理。已加入外国籍的台湾同胞申请与大陆公民结婚的,属于涉外婚姻,应由省级人民政府指定的婚姻登记管理机关按照《中国公民同外国人办理婚姻登记的几项规定》办理。

2. 台湾同胞的离婚

台湾同胞与大陆公民双方自愿在大陆离婚的,须共同到大陆一方户籍所在地的省(自治区、直辖市)民政厅(局)、指定的地级以上人民政府民政部门的婚姻登记管理机关申请办理离婚登记。一方要求离婚的,应向大陆公民一方户籍所在地的人民法院起诉离婚。

从台湾回大陆定居的中国公民,要求与在台湾的配偶离婚的,可向定居后的户籍所在地人民法院提出离婚诉讼。

3. 台湾同胞的收养

居住在台湾地区的中国公民在大陆收养子女的,应当遵守《民法典》的规定。在程序上,应当到被收养人常住户口所在地的直辖市、设区的市、自治州人民政府民政部门或者地区(盟)行政公署民政部门申请办理收养登记。

台湾居民在大陆收养子女,须提交下列证件、证明材料:收养申请书、在台湾地区居住的有效证明;中华人民共和国主管机关签发或签注的在有效期内的旅行证件;经台湾地区公证机构公证的收养人的年龄、婚姻、有无子女、职业、财产、健康、有无受过刑事处罚等状况的证明材料。

(二)去台人员与其在内地配偶间的婚姻关系的处理

夫妻一方去台湾后与内地原配偶的婚姻关系,是一个比较复杂的问题。很多去台人员,由于夫妻因历史原因长期两地分居无法团聚导致一方或双方家庭重组。其中存在诸如单方在大陆已依法办理离婚手续、单方或双方再婚(或以夫妻名义同居)并分别育有子女等复杂情况。我国对这种由于特殊的历史原因造成的婚姻问题纠纷,从有利于稳定婚姻家庭关系的现状出发,充分考虑到海峡两岸人民长期分离的实际情况,分别于1988年4月16日、1988年8月9日由民政部、司法部、最高人民法院颁发了《关于去台人员与其留在大陆的配偶之间婚姻关系问题处理意见的通知》和《关于人民法院处理涉台民事案件的几个法律问题》,区分不同情况,进行妥善处理。其基本处理原则如下:

(1)双方分离后,未办离婚且均未再婚的,承认其婚姻关系存续。

(2)双方分离后,已经人民法院判决离婚,不论双方是否接到判决书,人民法院的判决都是有效的。如果双方均未再婚,现在请求恢复夫妻关系的,人民法院可以裁定撤销原来的判决,宣告婚姻关系恢复。

(3)双方分离后,去台一方依照台湾有关法律与留在大陆的一方解除了婚姻关系,但双方均未再婚,现双方自愿恢复婚姻关系的,可承认其婚姻关系存续。

(4)双方分离后,原婚姻关系已经由人民法院判决解除,并且一方或者双方另行结婚的,如果其再婚的配偶都已离婚或者已经死亡,现在双方要求恢复夫妻关系的,应当到有关婚姻登记管理机关重新办理结婚登记。

(5)双方分离后,一方或者双方已经再婚,且其再婚配偶健在的,如双方自愿恢复与原配偶的婚姻关系,应按照一夫一妻制的原则,先与再婚配偶办理离婚手续后,再与原配偶重新办理结婚登记。如虽一方或双方再婚,但是已与再婚配偶离异或再婚配偶死亡,双方自愿恢复婚姻关系的,应当重新办理结婚登记手续。

(6)双方分离后,未办理离婚手续,一方或者双方分别在大陆和台湾再婚的,对于这种由于特殊原因形成的婚姻关系,不以重婚对待。当事人不告诉,人民法院不主动干预。如果其中一方当事人提出与其配偶离婚的,人民法院应当按照离婚案件受理,准予离婚。

(7)双方分离后,大陆一方未办理离婚手续,又与他人结婚或者长期与他人以夫妻关系同居生活的,原则上承认这种婚姻关系。

第四节 涉外婚姻与收养

一、涉外婚姻的概念、特征

根据《民法典》的有关条款,外国人可在中国收养子女。涉外婚姻有广义和狭义之分。广义的涉外婚姻是指一国公民同外国人(包括无国籍人)或同一国籍公民在外国的婚姻关系,包括涉外结婚和涉外离婚。这里的涉外包含主体涉外和地域涉外,主体涉外是指婚姻当事人有一方或双方是外国人;地域涉外是指婚姻事项的办理在本国境外,广义的涉外婚姻受国际私法的调整。狭义的涉外婚姻是指中国公民同外国公民,或者外国人与外国人按照我国法律办理结婚、复婚或离婚。我们认为婚姻法中所涉及的涉外婚姻一般是指狭义上的涉外婚姻。

我们一般认为婚姻法中的涉外婚姻具有两个特征:一是婚姻的主体中有一方是外国人,二是婚姻关系的缔结和解除在我国境内办理,即地域不涉外。

我国婚姻法对涉外婚姻问题未做专门规定,依据的是诸如《婚姻登记条例》和《中国公民同外国人办理婚姻登记的几项规定》等相关行政法规、《民法典》以及《民事诉讼法》中关于涉外婚姻的法律规定,这些法律、法规成为我国涉外婚姻的主要法律依据。

二、涉外结婚

涉外结婚是指我国公民与外国人或者外国人与外国人在我国境内结婚或复婚的法律行为。

(一)涉外结婚的法律适用

根据《中华人民共和国涉外民事关系法律适用法》的规定:"涉外婚姻适用当事人共同经常居所地法律;没有共同经常居所地的,适用共同国籍国法律;没有共同国籍,在一方当事人经常居所地或者国籍国缔结婚姻的,适用婚姻缔结地法律。"由此可见,我国对于涉外结婚问题的法律适用是采用行为地法原则(婚姻缔结地法原则),即不论是结婚的实质要件还是形式要件,均以婚姻缔结地所在国家(或地区)的法律作为准据法。具体来说,中国公民同外国人(包括无国籍人)在我国境内结婚的,适用我国法律的相关规定;在我国境外结婚的,适用婚姻缔结地国家(或地区)的法律规定;而被婚姻缔结地国家(或地区)确认有效的婚姻关系,在不违背我国社会公共利益的情形下,我国亦承认其有效。

(二)涉外结婚办理程序

1.结婚条件

(1)中国公民与外国公民在我国境内结婚,双方必须符合我国婚姻法的基本原则,适用于我国法律中有关结婚的必备条件和禁止性规定,如我国婚姻法规定实行一夫一妻制原则,而外国一方当事人所属国家的相关法律是允许一夫多妻或一妻多夫的,对于这种情况的结婚申请,我国婚姻登记机关将不予批准。

(2)双方当事人都必须具备我国婚姻法所规定的结婚实质要件,即双方均无配偶,男方年满22周岁、女方年满20周岁;未患有法律规定的禁止结婚或暂缓结婚的疾病;非直系血亲或三代以内旁系血亲。

(3)结婚必须按照中国法律之规定,由男女双方共同到我国政府的涉外婚姻登记管理机关申请办理结婚登记。在我国境内以其他形式如宗教仪式、风俗习惯等缔结的婚姻关系,都不为我国法律所承认和保护。

(4)担任某些特定公职或处在某些特殊状态中的我国公民不得与外国人结婚。前者一般是指我国现役军人、外交人员、公安人员、机要人员和其他掌握重大国家机密的人员;后者一般指正在接受劳动教养和服刑的我国公民。这既是世界各国法律的通例,也是一项维护我国国家利益的安全举措,对于掌握一般机密的我国公民,本人坚持要求与外国人结婚的,在调离机密岗位一定时期后,持本单位出具的登记结婚证明到我国涉外婚姻登记管理机关办理结婚手续。对于极个别与外国人结婚后,对国家安全确实不利的中国公民,应由省级以上公安、国家安全机关通报同级民政部门,并共同采取措施,妥善处理。

(5)外国人与外国人(包括定居在我国的外国侨民、无国籍人)在中国境内结婚。双方都是临时来华的外国人,或一方是在华工作的外国人,另一方是临时来华的外国人,要求在我国办理结婚登记的,如果符合我国有关法律规定的,双方可到我国婚姻登记管理机关办理结婚登记。为了保证我国婚姻登记的有效性,婚姻登记机关可以要求当事人提供本国法律有关在外国办理结婚登记的有效条文。

2.结婚程序

涉外结婚登记程序,是涉外婚姻关系在我国境内成立的唯一合法的形式要件。由于涉外婚姻的特殊性,我国法律对涉外结婚登记的机关和当事人须持的证件及证明材料等做了特殊的规定:

(1)办理涉外结婚登记的机关。中国公民同外国人在中国境内自愿结婚的,男女双方当事人必须共同到中国公民一方户口所在地的省、自治区、直辖区人民政府指定的婚姻登记管理机关申请登记。

(2)结婚当事人须持的证件和证明材料。中国公民须持本人的身份证或户籍证明,本人户口所在地的县级人民政府或工作所在单位的县级以上行政机关、企事业单位出具的包含本人姓名、婚姻状况(未婚、离婚、丧偶)、职业、工作性质、申请与何人结婚的证明,与对方非直系血亲和三代以内旁系血亲关系的签字声明。外国人须持本人护照或其他身份、国籍证件、公安机关签发的《外国人居留证》或外事部门颁发的身份证件,或临时来华的入境、居留证件,经本国外交部(或外交部授权机关)和我国驻该国使、领馆认证的由本国公证机关出具的婚姻状况证明,或该国驻华使、领馆出具的婚姻状况证明。如系定居我国的外国侨民,还须提交本人户口所在地县级人民政府或工作单位的县级以上行政机关、企事业单位出具的本人姓名、出生年月、婚姻状况、职业、申请与何人结婚的证明。同时申请结婚的男女双方,还须提交婚姻登记管理机关指定医院出具的婚姻健康检查证明。

(3)申请审查和登记。涉外婚姻当事人提出结婚申请后,经婚姻登记管理机关审查,符合我国《民法典》和《中国公民同外国人办理婚姻登记的几项规定》相关规定的,准予登记,在提交申请的一个月内办理登记手续,发给结婚证。

三、涉外离婚

涉外离婚是指外国人(或无国籍人)和中国公民之间,或外国人与外国人之间,在中国境内按照中国法律解除婚姻关系的法律行为。

(一)涉外离婚的法律适用

按照《中华人民共和国涉外民事关系法律适用法》"离婚适用受理案件的法院所在地法律"的规定,也就是说,由我国人民法院受理的涉外离婚诉讼,适用我国民法和其他有关的政策规定。如该案件由外国法院管辖,亦应适用外国法院所在地的法律,但其判决结果不得违反我国民法的基本原则和社会公共利益。

我国的涉外离婚以法院地法为准据法,包括离婚的实质要件和形式要件,均适用受理离婚案件的法院所在地国家(或地区)的法律。我国最高人民法院的司法解释明确规定,我国法院受理的涉外离婚案件,离婚及因离婚而引起的财产分割,适用我国法律。认定其婚姻是否有效,适用婚姻缔结地法律。

(二)涉外离婚的管辖问题

我国涉外离婚办理有登记离婚和诉讼离婚两种程序。一般来说,只有在中国内地登记的涉外婚姻,才可通过行政登记和离婚诉讼程序办理离婚,未在中国内地办理登记手续的婚姻,无论双方是否自愿离婚,一律按诉讼程序办理。离婚当事人应按我国民事诉讼法的有关规定,向有管辖权的中级人民法院提起离婚诉讼。一方当事人向外国法院起诉,而另一方当事人向我国人民法院起诉的,人民法院可予以受理。判决后,外国法院申请或者当事人请求我国人民法院承认和执行外国法院对本案做出的判决、裁定的,不予准许;但双方所在国共同参加或者签订国际条约另有规定的除外。中国当事人一方持外国法院做出的离婚判决书,向人民法院申请承认其效力的,应由中级人民法院受理。经审查,如该外国法院判决不违反我国法律的基本准则、国家利益及社会利益的,可裁定承认其效力。

如果被告在国外定居,原告可向原告在境内的户籍所在地或常住地的中级人民法院起诉离婚;如果原告在国外定居,则被告必须在我国境内且具有中国国籍(或者在中国连续居住满一年以上),具备此条件原告方可向被告在境内的户籍所在地或常住地中级人民法院起诉离婚。对于不居住在我国,不能来我国法院亲自起诉、应诉的外国人,可以委托我国公民、律师或居住在我国境内的本国公民、本国驻华使领馆官员(以个人名义)担任诉讼代理人。但外国人一方向我国法院提交的离婚起诉书、答辩状、委托书或上诉状等诉讼文书,必须经所在国公证机关公证,并经我驻该国使、领馆认证方为有效。此外,对于外国人一方不在我国境内,或由于其他原因不能按时到我国法院出庭的,在没有委托的情况下,根据《维也纳领事关系公约》之规定,该国驻华使领馆领事官员(包括经我国外交部确认的外国驻华使馆的外交官同时兼有领事衔者),可以直接以领事名义担任其代表人,或为其安排代表人在我国法院出庭,参与离婚诉讼。

(三)涉外离婚的办理程序

1. 离婚的条件

(1)当事人双方均为完全民事行为能力人。完全民事行为能力人才具有离婚主体资格，其离婚行为才具有法律效力。

(2)当事人双方完全自愿同意离婚。这也是涉外离婚的必备条件之一，是我国婚姻法中的婚姻自由、男女平等原则在涉外婚姻中的体现。

(3)双方对子女抚养问题达成一致意见。符合我国婚姻法中的保护儿童的合法权益原则要求。

(4)双方对财产和债权债务处理达成一致意见。这显然也是行政离婚或诉讼离婚的必备条件之一，否则离婚的目的将无法实现，也是婚姻法保护弱者以及保护妇女、儿童、老人的合法权益的具体体现。

(5)当事人一方为内地居民或者当事人双方的婚姻缔结地在内地。这是涉外离婚在我国境内办理的基本条件，如果双方当事人均非中国内地公民，婚姻关系登记地又不在我国境内，则我国对此涉外婚姻的管辖权就无从谈起。

2. 离婚的程序

(1)办理涉外离婚登记的机关。中国公民同外国人在中国境内自愿离婚的，男女双方当事人必须共同到中国公民一方户口所在地的省、自治区、直辖市人民政府指定的婚姻登记管理机关办理离婚登记。

(2)离婚当事人须持的证件和证明材料。内地居民应当出具本人的户口簿、身份证、结婚证；外国人应当出具本人的有效护照或者其他有效国际旅行证件；同时要准备好双方当事人共同签署的离婚协议书。在离婚协议书中应当包含双方当事人自愿离婚以及对子女抚养、财产及债务处理等内容。

(3)申请审查和登记。婚姻登记机关在履行询问和审查义务后，对符合离婚条件、不存异议的，应当现场登记离婚，发给离婚证书。

四、涉外收养

(一)涉外收养的概念及法律适用

涉外收养有广义和狭义之分。广义的涉外收养，是指含有涉外因素的收养，即收养人与被收养人分属不同国家。狭义的涉外收养，仅指外国人(包括收养人夫妻双方都是外国人，也包括收养人夫妻一方为外国人)在中国境内收养中国公民子女的行为。我们在此讨论的涉外收养是狭义的涉外收养。依照我国《民法典》第1109条的规定，外国人可以依法在中华人民共和国境内收养中国公民子女。为了充分保护被外国人收养的中国儿童的切身利益，《民法典》和有关行政法规在收养条件和程序上都做了严格的规定。

涉外收养适用于我国《民法典》的规定。涉外收养的实质要件，是指外国人或者无国籍人在中国境内收养中国公民子女时所必须具备的条件。外国人在中国境内收养中国公民子女，应当适用中国法律，具备中国民法规定的收养关系成立的一般实质要件，在这一点上涉外收养与国内收养无异。涉外收养关系成立的形式要件是《民法典》第1109条、《外国人在中华人民共和国收养子女登记办法》第4条至第21条规定涉外收养应当履行的法定程序。国务院1999年5月25日发布的《外国人在中华人民共和国收养子女登记办法》第3条规定，外国人在华收养子女,应当符合中国有关收养法律的规定,并应当符合收养人所在国有关收养法律的规定,因收养人所在国法律规定与中国法律规定不一致而产生的问题,由两国政府有关部门协商处理。因此我国民政部门和相关公证机关在收养申请审查时,一定要认真查核外国人收养行为是否与收养人所在国家的收养法相抵触,不发生抵触的,才能准予办理收养登记和公证。

(二)涉外收养的程序

1. 收养条件

(1)外国收养人一般为长期在华居住、工作的外国官员、专家、友好人士。对临时在华者一般不予办理。但对有中国血统的外国人,出于对中国传统习惯的尊重,在实践中一般允许其从在中国的近亲属的子女中收养。

(2)收养人必须有正确的收养目的和正当的职业、稳定的经济来源。

(3)收养人为夫妇的,一般应年满35周岁且婚后无子女,并须提供双方或一方确已丧失生育能力的医院证明。

(4)被收养人一般应是14周岁以下的未成年人,并且限制收养人在中国境内只能收养一人。

(5)收养人与被收养人需双方自愿。即收养年满10周岁以上的未成年人,需征得其本人同意。

(6)收养人所在国家的有关收养法律不得和中国相关法律相抵触。

2. 收养程序

(1)申请

外国人在华收养子女,应当通过所在国政府或者政府委托的收养组织向中国政府委托的收养组织转交收养申请并提交由其所在国外交机构或外交机构授权机构认证的,并经我国驻该国使、领馆确认的收养人家庭情况报告和证明。具体包括:①跨国收养申请书;②出生证明;③婚姻状况证明;④职业、经济收入和财产状况证明;⑤身体健康检查证明;⑥有无受过刑事处罚证明;⑦收养人所在国主管机关同意其跨国收养子女的证明;⑧家庭情况报告,包括收养人的身份、收养的合理性和适当性、家庭状况和病史、收养动机以及适合于照顾儿童的特点等。如果是在华工作或者学习连续居住1年以上的外国人在华收养子女,应当提交上述规定的除身体健康检查证明以外的文件,并应当提交在华所在单位或者有关部门出具的婚姻状况证明,职业、经济收入或者财产状况证明,有无受过刑事处罚证明以及县级以上医疗机构出具的身体健康检查证明。

送养人应当向省、自治区、直辖市人民政府民政部门提交本人的居民户口簿和居民身份证(社会福利机构做送养人的,应当提交其负责人的身份证件),被收养人的户籍证明等情况证明,并根据不同情况提交下列有关证明材料:

①被收养人的生父母(包括已经离婚的)为送养人的,应当提交生父母有特殊困难无力抚养的证明和生父母双方同意送养的书面意见。如果被收养人的生父或者生母因丧偶或一方下落不明,由单方送养的,应当同时提交配偶死亡或下落不明的证明以及死亡的或者下落不明的配偶的父母不行使优先抚养权的书面声明。

②被收养人的父母均不具备完全民事行为能力,由被收养人的其他监护人做送养人的,应当提交被收养人的父母不具备完全民事行为能力且对被收养人有严重危害的证明以及监护人有监护权的证明。

③被收养人的父母均已死亡,由被收养人的监护人做送养人的,应当提交其生父母的死亡证明、监护人实际承担监护责任的证明,以及其他有抚养义务的人同意送养的书面意见。

④由社会福利机构做送养人的,应当提交弃婴、儿童被遗弃和发现的情况证明以及查找其父母或者其他监护人的情况证明,被收养人是孤儿的,应当提交孤儿父母的死亡或者宣告死亡证明,以及有抚养孤儿义务的其他人同意送养的书面意见。送养残疾儿童的,还应当提交县级以上医疗机构出具的该儿童的残疾证明。

(2)审批

审批分为两个步骤:首先由省、自治区、直辖市人民政府的民政部门对送养人提交的证件和证明材料进行审查。对查找不到生父母的弃婴和儿童公告查找其生父母;认为被收养人、送养人符合《民法典》规定条件的,将符合《民法典》规定的被收养人、送养人名单通知中国收养组织,同时转交下列证件和证明材料:①送养人的居民户口簿和居民身份证(社会福利机构做送养人的,为其负责人的身份证件)复制件;②被收养人是弃婴或者孤儿的证明、户籍证明、成长情况报告和身体健康检查证明的复制件及照片。中国收养组织对外国收养人的收养申请和有关证明进行审查后,应在省、自治区、直辖市人民政府民政部门报送的符合《民法典》规定条件的被收养人中,参照外国收养人的意愿,选择适当的被收养人,并将该被收养人及其送养人的有关情况通过外国政府或者外国收养组织送交外国收养人。外国收养人同意收养的,中国收养组织向其发出来华收养子女通知书,同时通知有关的省、自治区、直辖市人民政府民政部门向送养人发出被收养人已被同意收养的通知。

(3)登记

①外国收养人应当亲自办理收养登记。外国人来华收养子女,应当亲自来华办理登记手续。夫妻共同收养的,应当共同来华办理收养手续;一方因故不能来华的,应当书面委托另一方。委托书应当经所在国公证和认证。

②订立书面收养协议。外国人来华收养子女,应当与送养人订立书面收养协议。协议一式三份,收养人、送养人各执一份,办理收养登记手续时收养登记机关存档一份。

③登记办理。收养关系当事人应当共同到被收养人常住户口所在地的省、自治区、直辖市人民政府民政部门办理收养登记。办理收养登记时,收养关系当事人应当填写外国人来华收养子女登记申请书并提交收养协议。同时,收养人应当提供中国收养组织发出的来华收养子女通知书和收养人的身份证件、照片;送养人应当提供省、自治区、直辖市人民政府民政部门发出的被收养人已被同意收养的通知和送养人的居民户口簿、居民身份证(社会福利机构做送养人的,为其负责人的身份证件)、被收养人的照片。

④审查登记。收养登记机关收到外国人来华收养子女登记申请书和收养人、被收养人及其送养人的有关材料后,应当自次日起7日内进行审查。对符合规定的,为当事人办理收养登记,发给收养登记书,收养关系自登记之日起成立。收养登记机关应将登记结果及时通报中国收养组织。

⑤公证自愿。收养关系当事人办理收养登记后,各方或一方要求办理收养公证的,应当到收养登记地的具有办理涉外公证资格的公证机构办理收养公证。

公证机构审查后认为符合我国相关法律规定的,应自收到公证申请之日起3日内予以公证,发给收养公证证明,并及时通知中国收养组织。涉外收养关系自公证证明之日起成立。

复习思考题

1. 《民法典》婚姻家庭编的效力有哪些？
2. 民族婚姻的特点是什么？
3. 民族自治地方制定婚姻法变通规定的基本原则有哪些？
4. 试论述民族自治地方制定婚姻法变通规定的主要内容及其适用范围。
5. 什么是区际法律冲突？
6. 涉侨离婚的一般处理原则有哪些？
7. 港澳台同胞与内地公民登记结婚所需准备的材料有哪些？
8. 港澳台同胞在内地办理收养手续所需准备的材料有哪些？
9. 去台人员与其在大陆配偶间的婚姻关系的基本处理原则有哪些？
10. 什么是涉外结婚？它有哪些特征？
11. 试论述华侨、港澳台同胞在内地婚姻的法律适用。
12. 试论述涉外婚姻的法律适用。
13. 什么是涉外收养？涉外收养的程序有哪些？

【案例分析】

1. 1988年6月，原告李某（男）与被告张某（女）经人介绍相识，并于1990年1月举行了结婚仪式，因结婚时张某未满22周岁，故二人未办理结婚登记手续，之后也由于种种原因一直未补办，两人同居期间育有一女。2008年4月，李、张两人因性格及生活习惯不合，遂决定不再共同生活，但对孩子的抚养问题一直协商未果，遂诉至人民法院要求确定孩子的抚养关系。但法院在受理后告知李、张两人，在未解除两人的婚姻关系前，不能处理孩子的抚养关系纠纷。李、张二人则坚称二人并没有办理过结婚登记手续，虽然一直共同生活，但应当认定为同居关系，不影响孩子抚养关系的处理。

问：(1) 李、张二人存在婚姻关系吗？
(2) 法院的处理意见是否正确？

2. 毛某（男）与蔡某（女）于1944年结婚，婚后在南京购置房产一处。1947年毛某随国民党军队败退台湾后，隐瞒自己已婚事实，又在台湾与潘某结婚。蔡某自毛某去台后一直没有再婚，也从未向大陆法院提请诉讼，与毛某离婚。1986年毛某在台去世前，告知潘某其在南京还有配偶，同时拥有房产一处。毛某去世后，潘某继承了其在台湾的所有遗产。2000年，潘某在南京某人民法院起诉蔡某，要求法院裁定毛某与蔡某的婚姻关系无效，毛某在南京的房产由潘某单独继承。

问：(1) 南京某人民法院对此案是否具有管辖权？
(2) 毛某与蔡某的婚姻关系在毛某到台再婚后是否依然存在？法院应如何认定？

3. 刘某（女）与陈某（男）于2004年8月28日在中国上海市登记结婚，当时两人均系中国内地居民。婚后不久,刘某因患疾病不能行走,已完全丧失劳动能力,经有关机构鉴定,构成三级肢体残废,刘、陈两人婚后未育有子女。2007年陈某以中国留学生的身份赴加拿大留学,在此期间,刘某因无法工作,仅靠上海市低保救济金和陈某的经济帮助维持生活。2009年陈某在取得加拿大永久居留权后,于同年12月5日,向加拿大相关法庭提起离婚诉讼,要求与刘某解除婚姻关系。刘某于2010年1月收到从加拿大法庭邮寄来的诉讼文件,该法院在诉讼文件中明确告知:离婚案件的审理将只对婚姻关系进行处理。而有关请求扶养、财产分割等问题需在离婚最终判决下达12个月后另行诉讼处理,这与我国婚姻法的相关规定明显不一致。刘某在收到诉讼文件后,因身体及经济状况等因素决定向上海某人民法院提起对陈某的离婚诉讼,要求:(1)解除与陈某的婚姻关系;(2)刘、陈两人在中国内地的共同财产归刘某一人所有;(3)陈某必须一次性支付刘某扶养费人民币若干元。

问:(1)在本案中,加拿大法庭的判决结果能否为我国法院所承认?为什么?
(2)上海市中级人民法院能否受理此案?为什么?

第四章 结 婚

结婚不仅关系到男女双方当事人,而且关系到民族的健康和社会的发展。因此,古今中外绝大多数国家都通过法律手段来规范结婚问题,凡是符合结婚要件的男女结合,法律赋予其婚姻的效力,双方依法具有夫妻之间的权利和义务关系。不符合结婚要件的男女结合,一般不具有婚姻的效力,按无效婚姻、可撤销婚姻或同居关系予以处理。

第一节 概 述

一、婚姻成立的概念及要件

按照通常的理解,结婚是指一男一女以建立夫妻关系为目的的结合。在国家形态下,法律是规范结婚行为的主要方式。古代有关的法律形式表现不一,近代各国则大多将"结婚"(或称"婚姻的成立")作为民法或者婚姻家庭法"婚姻"一章的内容加以规定。如《德国民法典》在"婚姻"一章中专门规定了"结婚"。按其规定,结婚必须由结婚当事人在户籍官员面前声明相互结婚之意愿;若结婚的前提均已具备,户籍官员不得拒绝其对于结婚应当予以的协助;若不具备结婚的前提(如尚未达到结婚的年龄、属于将被撤销的婚姻等),户籍官员必须拒绝予以协助。又如《日本民法典》"亲属编"婚姻一章中也有一节为"婚姻的成立"。该节具体规定了"婚姻的要件",即结婚的条件和程序,同时,还就"婚姻的无效及撤销"做了规定。我国《民法典》婚姻家庭编第二章规定了"结婚",但是并没有给结婚下一个明确的定义。

(一)概念

婚姻的成立又称结婚,是男女双方依照法律规定的条件和程序,确立夫妻关系的一种法律行为。其概念在理论上有狭义说与广义说之分,狭义说仅指夫妻关系的确立,广义说则包括婚姻的成立和婚约的订立两个方面。各国古代法大多采用广义说,将订婚作为结婚的必经程序,对婚约的效力予以保护。近代法与现代法则多采用狭义说,不再认为订婚是结婚的必经程序。我国婚姻法亦采用狭义说,不承认婚约的效力,对婚约不予保护。综观世界各国婚姻家庭法的规定,合法有效的婚姻大多具有以下三个特征:

第一,结婚行为的主体必须是异性男女。同性结合不构成婚姻。婚姻关系的产生,是以男女两性的生理差别为前提的,人类性的本能和自身繁衍是婚姻的自然属性,这是婚姻区别于其他社会关系最重要的特征。如果没有两性间的这种自然条件,婚姻则无从产生,也缺乏其存在的意义。

第二,结婚行为是一种法律行为,必须依照法律规定的条件和程序才能成立。男女双方不依照法律规定的自行结合,不发生婚姻的效力。当事人必须遵守法律的规定,包括法律规定的结婚条件和程序两个方面。与一般民事法律行为不同,法律对结婚行为的条件和程序做了特别的规定,婚姻必须依法成立,否则不发生法律后果。

第三,结婚行为的结果是确立夫妻关系。男女双方因结婚而确立了互为配偶的夫妻身份,并相互承担和享有法定的权利与义务。夫妻关系一经确立,未经法定程序,双方不得任意解除已确立的夫妻关系。

婚姻成立后,将产生一系列法律效力。这种法律效力可以分为及于婚姻当事人的直接效力和及于第三人的间接效力,包括形成夫妻之间的权利和义务关系,以及基于婚姻而引起的其他亲属间的权利和义务关系。这种婚姻成立后导致的法律效力,不仅反映在婚姻家庭的法律规范上,而且还会反映在其他的法律规范上。国家之所以运用法律程序对婚姻这种特殊的社会关系加以审查和监督,正是因为婚姻的成立将会引起夫妻间权利和义务关系的产生、亲属关系的变化以及人口再生等一系列的法律后果。

(二)要件

由于结婚行为不仅对个人,而且对家庭和社会也会产生重大影响。古今中外,世界各国均从当事人和子女后代及社会利益和需要出发,对公民结婚做出必要的限制。在任何社会里都有与其生产方式相适应的结婚要件,它是国家对婚姻行为进行干预、审查和监督的手段。各国对结婚要件根据其意义、分类的方法大体上可分为:实质要件与形式要件,必备要件与禁止要件,公益要件与私益要件。

1. 实质要件与形式要件

实质要件是指法律所规定的涉及结婚当事人本身及双方关系本质的条件。例如,双方的意思表示的一致性、法定婚龄、禁止结婚的疾病、禁止结婚的亲属的规定。形式要件是指法律所规定的结婚程序及方式。现代各国所确认的形式要件主要包括登记制、仪式制、登记与仪式结合制。

2. 必备要件与禁止要件

必备要件与禁止要件均为结婚的实质要件。必备要件又称为积极要件,是有关结婚的肯定性规范,指结婚当事人双方必须具备的不可或缺的条件。如双方合意,须达法定婚龄等。禁止要件又称为消极要件,是有关结婚的禁止性规范,指当事人结婚时不得具备的条件。如双方是一定范围内的亲属或一方及双方患有某些种类的疾病不得结婚。

3. 公益要件与私益要件

公益与私益作为划分结婚要件的标准在西方国家较为盛行。公益要件是指与社会公共利益相关的要件。如当事人须达法定婚龄、禁止近亲结婚等。私益要件是指仅与当事人及其亲属有关的要件。如须有当事人双方合意、未成年人结婚须有法定代理人同意等。

依照婚姻法的规定,我国将结婚的实质要件称为结婚条件,包括必备条件的禁止条件,是婚姻法所规定的涉及结婚当事人的本身及双方关系本质的条件下,将结婚的形式要件作为结婚的登记程序,只有办理了结婚登记的婚姻,才是合法有效的婚姻,受法律保护。

(三)结婚行为

1.结婚行为的概念

结婚行为包括广义的结婚行为和狭义的结婚行为两种。

从广义上讲,结婚行为是有关的当事双方以共同生活为目的、以形成配偶关系为内容的社会行为。其主要特征是:

首先,结婚行为的主体必须是双方当事人。

传统上一直认为,只有一男一女才能结婚,男女单方或同性双方均不可能结婚。也就是说,要以夫妻关系的名义共同生活,必须以男女两性的生理差别为前提,这既是婚姻关系自然属性的要求,也是婚姻家庭人口再生产职能的要求。但是,随着社会关系和人们心理状态的复杂化,近年来出现了一些变异现象。由于同性恋行为在一些西方国家日趋严重,某些国家的法律对婚姻的态度也在逐渐发生变化,少数国家甚至确认了同性婚的法律地位。如丹麦1990年5月通过、1990年10月1日正式生效的一项法律就明确规定了同性婚者的合法地位,即在丹麦国内的同性恋者可以去婚姻注册处注册结婚,享有法律赋予的异性夫妻地位,同性恋双方和异性恋夫妇一样在房屋、税务、继承遗产、分居、离婚等方面享有同等权利。此后又有一些国家相继承认了同性婚的合法性。我国社会舆论和学术界多对同性婚持不赞同的态度,认为同性婚不符合婚姻的自然属性,既不能发挥婚姻家庭人口再生产的社会职能,也不利于家庭和社会的稳定。基于对婚姻本质的尊重,我国法律没有也不会承认同性婚姻的合法地位。

其次,结婚行为的目的是双方共同生活。

按照有的学者的概括,包括"精神的生活共同(互相亲爱、精神的结合)、性的生活共同(肉体的结合)及经济的生活共同(家计共有)"。现代各国的婚姻家庭法,大多规定了夫妻双方同居的义务、互相扶助的义务以及财产方面的权利和义务,大体上包含了以上三方面的内容。

再次,婚姻双方对外以配偶名义公示。

结婚双方不但以配偶名义互相待在一起共同生活,而且周围的人们也认为他们是配偶关系。这种公示性根源于婚姻关系的社会性。公示的方法多种多样,包括依法进行登记、举行公开的仪式、在与他人交往中的明示或者默示,等等。但是,当事双方长期共同生活,具有公示性的婚姻行为并不一定意味着婚姻关系具有合法性。

从狭义上讲,结婚行为是指当事双方按照婚姻家庭法律规定的条件和程序确立配偶关系的法律行为。它除具备广义结婚的一般特征外,还必须具有合法性,即"依法"结婚,形成"合法的"配偶关系。违背法律规定的结婚行为不被法律承认,不受国家的保护。

2.结婚行为的性质

关于婚姻概念曾经出现过"契约说""制度说"和"伦理共同体说"等不同的观点。它们虽然都从不同的角度力图阐释结婚行为的本质,但是都存在着一定的片面性。就"契约说"而论,从表面上看,结婚行为以"意思表示一致"为核心,确实具有一定的"契约"性。但是男女双方结婚的"合意"与一般民事"契约"有本质区别。

首先,一般"契约"关系的客体是财产或行为,如房屋、劳务等;而男女双方结婚的合意是为了达到形成夫妻关系、永久共同生活的目的,并没有具体的物或行为客体。

其次,契约关系成立的"对价"是客观的、可确定的,如"一台彩电",它是客观存在的,又有一定的标价。但是,男女双方为形成婚姻关系而进行"自由意思"表示,只是一种内心意志的客观化,这一客观化的"自由意志"没有客观的对价。也就是说,男女双方合意结婚并没有具体的要因。可见,一般民事契约关系中,当事人双方处于经济上、利益上相对立的地位,并且互相以取得一定的利益为主旨而达成契约。结婚行为的双方则处于具有共同利益和共同目的的地位,以"永久共同生活为目的"。

因此,结婚行为与一般契约有原则上的不同。就"制度说"而言,它也存在明显的缺陷。诚然,婚姻制度体现着国家的意志,结婚当事人的意思表示必须受国家意志的约束,否则双方的结婚行为不形成合法的夫妻关系。但是,个人是否选择结婚,仍然由自己决定,国家婚姻制度并不强制;而且,当事人在结婚后,还可以依法合意解除夫妻关系。因此,用"制度"来概括结婚行为的本质显然忽略了这种行为是自然人的独立的可选择行为这一基本特征。至于"伦理共同体说",则既无视婚姻当事人所具有的独立人格,又忽略了婚姻成立的社会价值和制度意义。

我们认为,结婚行为是一种特殊的民事行为。当代的结婚行为,行为人的地位平等,各自有独立的意思表示能力,并有"结为一体、终生相伴"的共同目的。不过,如果婚姻当事人依法结婚,则产生合法的结婚后果;如果婚姻当事人的结婚行为有法律上的瑕疵,则只能成无效婚姻或可撤销的婚姻。而合法的结婚行为体现了双重意志,是国家意志(国家婚姻法律制度)和个人意志(婚姻当事人的结婚意思表示)的契合;非法的婚姻行为体现的只是个人意志(婚姻当事人或第三人的意志),却违背了国家意志,如果被确认无效或者被撤销,则不发生婚姻的效力。

二、婚姻成立方式的沿革

(一)结婚制度的一般分类

结婚制度是婚姻家庭制度的重要组成部分,它的性质、内容等由当时的社会制度所决定和制约。在不同的历史时期,由于社会制度不同,结婚制度的内容也不同。关于结婚制度的演变,主要有三种不同的分类方法:

一是按照选择配偶的范围,可分为内婚制和外婚制。内婚制主要是等级内婚制,它要求必须在一定的等级范围内选择配偶,如罗马时期,禁止贵族与贫民、自由民与农奴结婚;我国古代社会实行士庶、良贱不婚。外婚制主要是宗族外婚制,它禁止在本宗族内选择配偶,如在我国,同姓不婚是一个很久的传统,据《礼记·曲礼》说,"娶妻不娶同姓,故买妾不知其姓,则卜之";唐朝的《唐律·户婚律》中规定:"诸同姓为婚者,各徒二年。"

二是按照结婚者的人数,可分为团体婚和个体婚。团体婚的特点是在互相建立婚姻关系的团体中,没有稳定、明确的个体配偶关系,如作为人类社会最早婚姻形态的群婚便是典型的团体婚。而个体婚则是指由一男一女组成正式的配偶关系,与"文明社会"相适应的一夫一妻制就是个体婚形态。

三是按照结婚是否具有合意性、是否尊重结婚当事人的意愿,可分为掠夺婚、包办婚和自由婚。这种分类反映了一夫一妻制下结婚制度的发展历史,是这一部分重点讨论的内容。

(二)个体婚制下的结婚形态

1.掠夺婚

掠夺婚又称抢婚,是指男子以暴力抢夺女子为妻的婚姻。它是在对偶婚制向个体婚制转变的过程中产生的。恩格斯在《家庭、私有制与国家的起源》中指出:"抢劫女子的现象,已经表现出向个体婚过渡的迹象……当一个青年男子,在朋友们的帮助下劫得或拐得一个姑娘的时候,他们便轮流同她发生性关系;但是在此以后,这个姑娘便被认为是那个发动抢劫的青年男子的妻子。"现代社会有些民族仍保留了抢婚的习俗,但大多只是作为婚姻成立的形式,不再具有暴力与违背女方意志的内容。

2. 有偿婚

有偿婚是指男方支付一定的代价给女方家庭,作为与女方结婚的必要条件。根据给付代价的不同形式,有偿婚又可分为买卖婚、交换婚及劳役婚。

买卖婚是指一方向另一方支付金钱或其他财物作为身价,并以此作为成婚要件的婚姻。买卖婚的给付方多为男方,收受方多为女方家,买卖婚是古代社会普遍存在的婚姻形式,罗马法中确认的买卖婚姻,是罗马市民结婚的重要形式,要求男方以要式契约的方式购买女子为妻。而在中国,相传早在"伏羲制嫁娶"时期,即"以俪皮为礼",《礼记·曲礼》曰:"非受币不交不亲。"目前,买卖婚姻的残余在一些地区仍然存在。

交换婚又称互易婚或换亲,是指双方父母互换其女为子媳,或男子各以其姐妹互换为妻。交换婚的特征是以人易人,以人作为等价物。

劳役婚是指以男方为女方家服一定期间的劳役为成婚要件的婚姻。如《新唐书·北狄传》记载:室韦人嫁娶,男方须先到女家服劳务三年,然后分以财产,与妻共载,鼓舞而还。

3. 聘娶婚

聘娶婚在中国有几千年的历史,曾经是最主要的成婚仪式,它是指以男家向女家交付一定数量的聘财、聘礼为成婚要件,并要求严格依照成婚的礼仪程序缔结婚姻的仪式婚。

中国的聘娶婚形成于西周时期所创制的"六礼",后经法律认可,在奴隶制、封建制时代作为主要的结婚形式一以贯之,历经数千年而不衰。据《礼记》《仪礼》记载:"六礼"为:纳采、问名、纳吉、纳征、请期、亲迎。其中,纳征是"六礼"的核心所在,聘财的多寡依双方的身份、地位而定。所谓"六礼备,谓之聘;六礼不备,谓之奔"。由于结婚后女方将成为男方家族的成员,履行完成妻之礼"六礼"之后,还须履行成妇之礼,方可正式加入夫家。《礼记》中记载过新妇成婚后第二天早上须拜见公婆,三月后拜祭宗族祖先的仪式。若妻未面见而死,尽管已婚,但仍未取得加入夫家的资格,只能葬于娘家墓地。

聘娶婚是中国奴隶社会与封建社会主要的结婚方式,尽管"六礼"的内容在后世有所删减,但其实质未有变化。聘娶婚与买卖婚属婚姻论财,但聘娶婚并非将女方作为买卖的对象,聘财的数量是依双方的身份、地位,特别是男方家的身份、地位而定。当然,聘娶婚的实质仍然是变相的买卖婚姻,收受聘财是经法律认可的婚姻成立的必备要件。

4. 宗教婚

宗教婚是西方国家结婚的传统形式,早在罗马法时代,罗马市民法就将"共食婚"作为罗马贵族结婚的主要形式。所谓"共食婚"即为宗教婚,结婚时新郎新娘共食祭神的麦饼后,婚姻成立。

欧洲中世纪是宗教婚发展的鼎盛时期,成为各国占统治地位的结婚方式。当基督教成为国教之后,寺院法即凌驾于世俗法之上调整婚姻家族关系。寺院法又称教会法,它是基督教教义及罗马法与日耳曼法的综合。基督教对婚姻的基本观念是婚姻的神圣性与不可离异性,将婚姻视为"神作之合",是神圣的"圣礼",婚姻既然是标志着基督与教会结合的一种宗教性契约,它便是不可解除的和永恒的。即使配偶一方死亡导致夫妻生活终结,但婚姻关系并未消失,它将永远存在,寡妇改嫁被视为背约。为保障婚姻的神圣性,教会法强调在婚姻中两个心的联合,重视双方的合意,反对父母或其他第三人的强迫,并为此创设了一套结婚的宗教仪式,凡结婚者必须依照举行。包括结婚前须向当地教会申请，婚事须经教会公告，由教会的神职人员主持婚礼并须在神职人员面前宣誓。直至宗教改革和婚姻还俗运动之后，宗教婚才逐渐为法律婚所代替，但至今在一些国家仍有一定的影响。

5. 合意婚

合意婚又称共诺婚，是以男女双方合意而成立的婚姻。由于合意婚是资产阶级革命的产物，以契约理论为基础，故又被称为自由婚或契约婚。16世纪的荷兰率先采取选择法律婚制度，当事人有权选择适用宗教婚还是法律婚，两种婚姻形式均为有效。法国大革命以后，1791年的宪法明确规定："未经合意不得成立婚姻。"合意婚的确立无疑是婚姻史上的重大进步，它还婚姻以世俗面目，并使当事人从此在法律上成为婚姻的主体，享有了支配自己婚姻的权利。当然，真正意义上的合意婚远远晚于法律的规定，正如恩格斯所说："在婚姻关系上，即使是最进步的法律，只要当事人在形式上证明是自愿，也就十分满足了，至于法律幕后的现实生活是怎样的，这种自愿是如何造成的，法律和法学家都可以置之不问。"

20世纪以来，许多国家相继对结婚立法予以修改，宗教势力对结婚制度的影响愈益减少，法定的结婚方式更趋简化。现代大多数国家婚姻立法中，双方合意是婚姻成立的首要条件，其法定的结婚方式主要有仪式制、登记制、仪式与登记结合制。

第二节 结婚的要件

为了规范结婚行为，协调国家利益、社会利益与公民个人的权利，任何一个国家的法律都规定了婚姻成立必须具备的条件，包括实质要件和程序要件。

结婚的实质要件在我国亦称"结婚条件"，是指结婚当事人的自身状况，以及一方与另一方的关系须符合法律的规定。它分为必备条件和禁止条件。必备条件亦即结婚的积极要件，是当事人结婚时必须具备的、不可缺少的条件。禁止条件是结婚的消极要件，或称婚姻的障碍，即法律不允许结婚当事人存在的情况。

一、结婚的积极要件

积极要件，是当事人结婚时必须具备的条件。根据民法的规定，必备条件有两个：男女双方完全自愿；男女双方均达到法定婚龄。这两个条件必须同时具备，缺一不可。

(一) 男女双方完全自愿

结婚必须当事人双方完全自愿，这是近现代社会婚姻自由原则的必然要求。一个合法的结婚行为的前提是当事人必须具有结婚的行为能力，在此基础上，当事双方关于结婚的意思表示必须具有自愿性、真实性与合法性。《民法典》婚姻家庭编第1046条规定："结婚应当男女双方完全自愿，禁止任何一方对另一方加以强迫，禁止任何组织或者个人加以干涉。"这是婚姻自由原则在结婚制度中的具体体现，是结婚的首要条件。这一规定的核心在于，在符合其他条件的情况下，是否结婚，与谁结婚的决定权，属于当事人本人。这一规定也是反对封建的包办买卖婚姻和其他干涉婚姻自由行为的法律依据，凡违背当事人意愿的婚姻均不符合结婚的必备条件，是可撤销婚姻。

所谓男女双方完全自愿应做全面理解，主要有三点含义：

1. 意思表示真实自愿

这是当事人本人自主的意思表示,其意思表示完全出于自愿,且结婚双方的意思表示必须一致。即是双方自愿,而不是一厢情愿;是本人自愿,而不是第三者意愿;是完全自愿,而不是勉强同意。这就排斥了一方对另一方的强制以及其他人对当事人的强制。

当代各国婚姻法大多要求结婚必须以双方的"合意"为基础。如《德国民法典》第1310条规定,"结婚必须由结婚人在户籍官员面前声明相互结婚之意愿";《瑞士民法典》第11条规定,"身份官员应向婚约双方分别询问有无结婚的意思。在得到对上述问题肯定的答复后,身份官员宣布,因双方的同意,婚姻依法成立"。

我国《民法典》第1046条规定:"结婚应当男女双方完全自愿,禁止任何一方对另一方加以强迫,禁止任何组织或者个人加以干涉。"

何谓"男女双方完全自愿"? 一般认为包含三层意思:首先,自愿必须是男女双方自愿而不是单方自愿,任何一方都不得把自己的意志强加给另一方。其次,自愿是男女双方本人自愿,而不需要第三人的同意。最后,自愿必须是男女双方真实的自愿而不是勉强同意。不过,强调结婚必须男女双方自愿,并不是说男女双方不可以就结婚问题向第三人(父母、亲朋好友等)征求意见,也不是说第三人不可以对结婚的男女双方提出建议,只是是否征求或者采纳第三人的建议,应由结婚当事人决定。

自愿意味着男女双方有权自主决定自己的婚姻大事,不受任何第三人的强迫或干涉。一般情况下,在自愿基础上的意思表示能够反映当事人的真实想法。应当注意的是,"真实"的意思表示仅仅排除外来的干涉,而并不附加其他的条件。男女双方的社会、经济等地位不同,考虑问题的角度不同,婚姻目的和价值取向不同,这些必然对当事人做出决定产生影响。一方面,不能为"真实"制定其他强制性的标准,只要是为了建立共同婚姻生活而自愿做出的意思表示,就是真实的意思表示。另一方面,这种"真实"是说在当事人表示自己的意思时是出于个人的真正意愿。经过一段共同生活,当事人对婚姻关系的认识可能发生转变,但不能以此否定原来意思表示的真实性。

2. 当事人必须具有结婚的行为能力

结婚的行为能力是指当事人依法能够独立有效地实施结婚行为,并能完全辨认自己行为后果的资格或能力。判断自然人结婚的行为能力以其一定的自然年龄和智力、健康状况为标准。按照我国《民法典》的规定,男22周岁,女20周岁,才具有结婚的行为能力。未达到法定婚龄,或已达到了法定婚龄,但是有精神病而不能辨认行为后果的自然人,则不具备结婚的行为能力。

在一些国家的立法中,结婚的年龄比成年年龄要低,因此要求未成年人结婚须得到父母的同意,以帮助没有完全行为能力人决定婚姻大事。如《法国民法典》第388条规定,"男或女,年龄不满18周岁者,是未成年人"。也就是说,按照法国法律,18周岁以上者为成年人。而按照《法国民法典》第144条的规定,男满18周岁、女满15周岁可以结婚。因此,在法国就可能出现未成年人结婚的情况。于是,该法典第148条又规定,"未经父与母同意,未成年人不得结婚",即未成年人结婚必须得到父与母的同意。我国《民法典》规定的结婚年龄高于成年年龄,不存在未成年人结婚需征得父母同意的问题。

3. 应当划清第三者的善意帮助和非法干涉的界限

法律规定结婚必须男女双方完全自愿,并非不允许父母和亲友的关心和帮助。凡不违背当事人意志、不侵犯当事人婚姻自主权提出的建议和意见,是善意帮助,否则就是干涉他人婚姻的行为。对于父母、亲友或其他第三人的意见采纳与否,应由当事人自行决定。

结婚必须由男女双方完全自愿,是由婚姻的本质决定的。婚姻是男女双方的结合,这种结合将对当事人产生一系列法律后果,甚至可能影响其终身的幸福,因而,与谁结合,是否结合,只能由当事人自己决定,任何包办强迫、横加干涉的行为都会造成悲剧。

结婚必须以双方合意为前提,是现代各国结婚立法中规定的重要条件,但对合意的方式,各国的规定有所不同。第一,将双方同意作为结婚的实质要件,对于同意的形式未做明确规定,如《俄罗斯联邦家庭法典》第12条结婚条件中规定,申请结婚的男女双方必须互相自愿同意。第二,双方同意结婚的意思表示必须在结婚申报机关或其主管官员面前做出。如《德国民法典》第1310条规定:结婚必须由结婚人在户籍官员面前声明相互结婚之意愿。《瑞士民法典》第105条规定,婚约当事人双方必须在公民身份登记官员处声明其对婚姻的同意,并申请进行结婚公告。第三,除进行口头意思表示外,还须以书面方式或证人到场的方式显示双方所做同意结婚意思表示的郑重性。如《澳门特别行政区民法典》第1491、1492条规定,结婚双方之结婚意思,仅在有两名证人到场的公开仪式上做出时方为有效。

鉴于结婚合意的重要性,一些国家对结婚合意的条件做出明确规定。概其要者有二:第一,做出同意结婚的意思表示之人必须是结婚能力之人。所谓结婚能力与一般的行为能力不同,须达到法定婚龄,须具有判断力,有婚姻的意思能力。如《瑞士民法典》规定的结婚能力为:男须年满20周岁,女须年满18周岁,双方均具有判断能力,无判断能力的精神病人绝对无结婚能力。第二,同意结婚的意思表示必须真实。对于有重大瑕疵的意思表示,视为意思表示不真实。如双方通谋所做的意思表示视为意思表示虚假,因胁迫、恐吓、暴力干涉所做的意思表示视为不自由,因受欺诈或出于重大误解做出的意思表示视为不真实,在此情况下,许多国家将其视为无效婚姻或撤销婚姻。如《瑞士民法典》第120条第2款规定结婚时配偶一方患有精神病,或者由于某种持续存在的原因而无判断能力的婚姻无效。第124—126条规定,因误解、欺骗、胁迫而缔结的婚姻为可撤销婚姻。

结婚作为重大的身份行为,大多数国家规定当事人必须亲自到场,不得委托代理。但也有一些国家规定允许通过授权的方式代理履行结婚的行为。如《美国统一结婚离婚法》第206条甲款规定:如果一方不能出席结婚仪式,他可以以书面形式委托第三者代理。如仪式主持人认为缺席一方的确无法出席,他可以主持由代理人参加的仪式。如主持人不同意这样做,结婚双方可以请求法院发布命令准许用代理方式举行仪式。

(二)必须达到法定婚龄

结婚必须达到法定婚龄是世界各国婚姻立法的通例。我国《民法典》第1047条规定:"结婚年龄,男不得早于22周岁,女不得早于20周岁。"晚婚晚育应予鼓励。法定婚龄也称适婚年龄,是指法律规定的最低结婚年龄。其含义如下:第一,法定婚龄是法律规定的最低结婚年龄,在此年龄以上始许结婚,在此年龄以下不许结婚。它不是最佳结婚年龄,也不是必须结婚年龄。第二,法定婚龄具有强制性,当事人必须遵守。违背法定婚龄的规定,不到适婚年龄结婚的行为是违法的行为,其婚姻为无效婚姻。

古今中外的婚姻立法对适婚年龄的规定都取决于两大因素:一是自然因素,二是社会因素。

自然因素是指一个民族的身体和生理发育状况及地理、气候条件等因素。在不同的地区和不同的民族中,人的发育期和成熟期并非完全一致。一般来说,热带地区人的身体和生理发育成熟期较早,结婚的年龄相对偏低,寒带地区人的身体和生理发育成熟相对较晚,结婚年龄也相应后移。因此,在确定法定婚龄时,不能无视自然规律,必须考虑人的生理及心理特点。只有身体发育健全、思想定型成熟的男女才能承担结婚后的各项义务,人为地降低婚龄,不利于人口素质的提高,有损于当事人的身心健康。而人为地提高婚龄、限制结婚有悖于人的生理需要,也会影响社会的稳定,引起严重后果。就自然性因素而言,人的生理、心理条件是决定婚龄的基础。一般认为,自然人生理上对性的要求和生殖能力是男女两性适应夫妻生活、生育子女的先决条件。而性成熟的年龄虽然因地、因人而异,但在我国,历来的情形大体是"男子十六精通,女子十四而化"。但是,一则,开始具有性行为能力并不意味着身体发育完全成熟,这期间还有一个过程;二则,婚姻的内容绝不仅仅限于男女之间的性生活,还包括子女的生育与抚养、家庭与社会责任的承担等,因此,婚姻当事人还必须具备一定的心理承受能力。一个人的心理年龄不仅要受生理发展程度的影响,还要受社会环境的影响,需要具有一定的社会经历使心理年龄逐渐成熟,从而符合结婚的要求。

社会因素是指一个社会的政治、经济、文化、人口状况和民族的风俗习惯等因素。这是确定结婚年龄的重要依据。婚姻虽然具有自然属性,但社会属性是其本质属性,作为社会关系的特定形式,在考虑男女两性结合条件时,必须根据社会整体利益的需要来确定。就社会因素而言,一个国家的经济发展水平、政治制度、婚姻家庭观念、人口状况、历史传统、风俗习惯等社会因素,对法定婚龄的确定也有直接的影响。由于上述因素的不同,当代各国的法定婚龄区别很大,大体可以分为三种类型:一是较高的法定婚龄,一般为男 20 周岁、女 18 周岁以上。如印度、瑞典、瑞士、丹麦、澳大利亚、美国的部分州等。二是一般或普通法定婚龄,为男、女各 18 岁左右,如荷兰、法国、比利时、英国、德国、意大利、日本、新加坡以及美国的一些州等。三是较低的法定婚龄,一般男女均在 16 岁以下,如葡萄牙、西班牙、希腊、阿根廷等。

随着社会的进步与发展以及人们婚育观念的变化,从世界范围看,晚婚晚育已是一种普遍的发展趋势。如根据美国人口统计局调查的结果表明:1970 年,25~29 岁未婚的男性,占全美同龄组人口的 19.1%,到 1985 年,已增长到 38.7%;而 30~34 岁未婚的男性,由 1970 年的 9.4%上升到 1985 年的 20.8%。未婚的女性,25~29 岁的由 1970 年的 10.5%上升到 1985 年的 26.4%;30~34 岁的由 1970 年的 6.2%上升到 1985 年的 13.5%。在英国、日本、德国、法国等发达资本主义国家,晚婚的现象也十分普遍。

我国历来有早婚的习俗。这同几千年封建社会的生产方式、社会需求和宗法观念密切相关。一方面,婚姻家庭作为基本的生产单位,出于对劳动力的迫切需要,对早婚、早育和多育提出了要求;另一方面,国家也把提倡早婚早育作为增殖人口、增加赋税和劳役、弥补战争消耗等的一种手段。另外,宗法制度必定派生出"传宗接代、多子多福"等伦理观和生育观。因此,我国古代社会的婚龄一般很低,如在"礼制"下是男 20 岁,女 15 岁;在封建社会有的时期是男 15 岁,女 13 岁,有的时期是男 16 岁,女 14 岁;个别时期甚至发布了强制妇女早婚的法令。例如,据《国语》所载,春秋时期越王勾践曾令国中女子年十七不嫁者罪其父母;汉初惠帝六年下令,"女子年十五以上至三十不嫁,五算",用增加人口税的手段促使女子尽早结婚;基于三国的战乱导致人口锐减的情况,西晋时期甚至发布了"吏配令",规定"女年十七,父母不嫁者,使长吏配之"。

新中国成立后,我国 1950 年《婚姻法》将法定婚龄确定为男 20 岁,女 18 岁。由于我国人口基数大,人口增长快,为了严格控制人口增长速度,迅速发展经济,提高人民生活水平,我国1980年《婚姻法》适当提高了婚龄,规定"结婚年龄,男不得早于22周岁,女不得早于20周岁"。同时规定"晚婚晚育应予鼓励"。所谓晚婚,是指男25周岁、女23周岁以上登记结婚。

通过宣传教育和几十年的实践,我国公民普遍树立了晚婚晚育的意识,就总体状况而言,关于婚龄的规定得到了广泛的拥护和认真的执行。个别地区虽然仍然存在着早婚早育现象,但是,随着"两个文明"建设的迅速发展和社会主义法治建设的进一步加强,这些问题必将得到有效的解决。

二、结婚的消极要件

结婚的消极要件,即结婚必须排除的条件。根据《民法典》和《婚姻登记条例》的规定,禁止条件有三:有配偶者禁止结婚,一定范围内的血亲和患有特定疾病者禁止结婚。

(一)禁止有配偶者结婚

一夫一妻制,是我国婚姻法的基本原则。《民法典》第1042条明确规定,禁止重婚。第1051条规定:重婚的婚姻无效。重婚是有配偶者又与第三人结婚的行为,是结婚的禁止条件。换言之,只有无配偶者才具有结婚的资格,根据我国法律的规定,无配偶有三种情况:第一,未婚;第二,丧偶;第三,离婚。具有合法婚姻关系的当事人,只有在配偶死亡或离婚以后,才有权利再婚。有配偶者再婚的,构成重婚,其婚姻无效;触犯刑律,构成重婚罪的,应当依照刑法的规定追究犯罪者的刑事责任。

重婚纳妾是封建主义婚姻家庭制度的重要特征。我国早在1931年的《中华苏维埃共和国婚姻条例》中就明确规定,实行一夫一妻制,禁止一夫多妻制。1950年《婚姻法》彻底废除了封建主义的婚姻家庭制度,明令禁止重婚纳妾。1980年《婚姻法》在中国已消灭纳妾制度、不承认妻妾之别的前提下,重申了禁止重婚的规定,取消了纳妾的字样。有配偶者无论以何种形式与他人结婚,都构成重婚。2001年修订的《婚姻法》再次明令禁止重婚,并明确规定重婚是婚姻无效的首要原因。2020年通过的《民法典》在禁止重婚的同时还进一步禁止有配偶者与他人同居。

重婚作为结婚的禁止条件是现代各国婚姻家庭立法的通例,无论是大陆法系还是英美法系国家对此均有明确规定。如德国《民法典》将重婚作为禁止结婚的首要条件,第1306条规定,如果在准备相互结婚的人中有一人与第三人之间存在婚姻,即不得结婚。美国《统一结婚离婚法》第207条也将一方尚未离婚而又与他人结婚作为禁止结婚的首要条件。但在现代,世界上仍有少数国家由于宗教的原因在法律上允许一夫多妻制。如巴基斯坦《穆斯林家族法》明确规定允许一夫多妻,只是有妻子再娶者须经仲裁理事会的书面许可。有配偶者与他人结婚构成重婚的,各国法律均规定重婚者应承担民事责任,除重婚是离婚的法定理由外,对于重婚的效力各国规定有所不同。有些国家规定重婚为无效婚姻,其婚姻自始不产生法律效力,有些国家规定重婚为可撤销婚姻,其婚姻自撤销之日起无效。

(二)禁止一定范围内的血亲结婚

禁止一定范围内的血亲通婚,是古今中外各国婚姻立法的通例。我国《民法典》第1048条规定"直系血亲或者三代以内的旁系血亲禁止结婚"。

从人类历史发展进程看,自群婚制开始,便由窄至宽地排除一定亲属间的婚配。现代各国法律,大多规定了禁止结婚的亲属范围。

1. 禁止近亲结婚的理由

近亲不婚规范的形成和发展,是人类在婚姻生活中对自然规律不断加深认识、婚育经验不断丰富、伦理观念不断加强的结果。其中,出于优生的需要是最主要的原因。比如由"杂乱"的关系到出现禁忌,由氏族内婚演进为氏族外婚,主要原因就在于人们通过长期实践逐步认识到了近亲结合所带来的危害。我国早在西周时期就已确立"同姓不婚"的制度,其理由之一就是"男女同姓,其生不蕃";《唐律疏议·户婚》中规定:"诸同姓为婚者,各徒二年,缌麻以上以奸论",按照"疏议"的解释,其禁婚亲的范围明确规定以"即尝同祖"为限。随着医学科学的迅速发展,人们进一步论证了近亲结婚容易将双方生理上的某些缺陷和疾病遗传给下一代,不利于民族的健康和社会的发展。同时,禁止近亲结婚往往也含有强烈的伦理因素,而某些时期和国家设定某些亲属婚姻禁例,比如禁止一定范围的姻亲间结婚,则主要是出于伦理关系方面的考虑。

2. 禁婚亲的范围

首先是禁止直系血亲结婚。这是各国立法的通例。如《德国民法典》第1307条规定,"直系亲属不得结婚"。《法国民法典》第161条规定,"直系亲属关系中,婚生或非婚生的尊血亲和卑血亲之间……禁止结婚"。我国《民法典》也明确禁止直系血亲结婚。

其次是禁止一定范围的旁系血亲结婚。旁系血亲的禁婚范围,各国的立法颇不一致。

直系血亲是具有直接血缘联系的最亲近的亲属。如父母子女,祖父母、外祖父母与孙子女、外孙子女等。禁止直系血亲结婚没有代数的限制。

旁系血亲是指具有间接血缘联系的亲属。三代以内的旁系血亲是指同出于祖父母、外祖父母的三代以内亲属。它包括以下几种:

(1) 兄弟姐妹。包括全血缘的兄弟姐妹和同父异母或同母异父的半血缘兄弟姐妹(不包括并无血缘联系点的异父异母兄弟姐妹),他们是同源于父母的两代内旁系血亲。

(2) 伯、叔与侄女,姑与侄子,舅与甥女,姨与甥。他们是同源于祖父母或外祖父母的不同辈分的三代以内旁系血亲。

(3) 堂兄弟姐妹和表兄弟姐妹。他们是同源于祖父母或外祖父母的相同辈分的三代以内旁系血亲。

禁止一定范围内的血亲通婚,其依据主要有两个方面:第一,伦理道德的要求,近亲结婚,有碍风化。各国禁止结婚的血亲,范围不同,往往与其伦理道德,特别是风俗习惯有关。第二,基于优生学、遗传学原理。血缘关系近的男女结婚,易将生理上和精神上的疾病或缺陷遗传给子女后代,有害于民族的健康和人类的发展。

按照我国的传统习俗,凡属五代以内的旁系血亲,不论辈分是否相同,都不得通婚,但表亲通婚除外。民间普遍认为,表兄妹通婚,亲上加亲。我国表兄妹通婚的习俗由来已久,历史上有些朝代曾禁止过,从宋刑统直到明、清律规定表兄妹结婚者处以杖刑并离之。但由于小农经济思想尚旧习,注重亲联、聚族而居,故而这种旧习俗屡禁不止,延续数千年。但它造成的恶果是客观存在的。遗传学告诉我们,子代来源于亲体。人体细胞染色体一半来自父体,一半来自母体。因此,父母子女间有二分之一的相同基因,祖孙或同胞兄弟姐妹间有四分之一的相同基因,伯叔姑与侄子女间、舅姨与甥子女间有八分之一的相同基因,堂兄弟姐妹、表兄弟姐妹间的相同基因为十六分之一。遗传学规律表明:相同基因越多的人通婚,子代的隐性遗传病率越高,相同基因与隐性遗传病发病率成正比。所以,近亲结婚容易把精神上和生理上的某些缺陷及遗传性病症传给下一代,影响和危害民族后代的健康。据统计,人类大约有3 000多种病症属于遗传性疾病,仅隐性遗传一类就有1 000多种,如先天性痴呆、癫痫、白化病等。隐性遗传病中近亲结婚的发病率比非近亲结婚的发病率高150倍,出生婴儿的死亡率高3倍多。1950年《婚姻法》考虑到新中国成立初期的具体情况,对五代以内旁系血亲结婚,只做了从习惯的规定。1980年修改婚姻法时,我国社会经济结构和人民生活条件发生了根本性的变化,为禁止中表婚创造了良好的社会条件,因此,1980年《婚姻法》明令禁止三代以内旁系血亲结婚。2020年颁布的《民法典》坚持了这一规定。

例如,余某与钱某系表兄妹,青梅竹马,一起长大,到了法定婚龄后,双方决定携手共度一生,双方的家长也非常赞同这桩亲上加亲的喜事。但余某与钱某双方共同到婚姻登记机关办理结婚登记时才知道,作为表兄妹,俩人不得结婚。回家后,双方经商量后决定终身不生育,并写了保证书,再次到婚姻登记机关办理结婚登记手续,但根据我国《民法典》和《婚姻登记条例》的规定,他们仍然不符合结婚登记的法定条件,不生育的保证书没有法律效力,也不能作为结婚登记的附加条件。

现代各国婚姻立法除均明确规定禁止直系血亲间通婚外,对禁止旁系血亲通婚也有明确规定,但有关禁止旁系血亲通婚的范围则宽窄不一。大体可分为三种情况:第一,禁止二亲等旁系血亲间通婚,包括全血缘的兄弟姐妹及半血缘的兄弟姐妹,其他旁系血亲通婚法律不禁止,如俄罗斯、德国。第二,禁止三亲等以内的旁系血亲通婚,包括全血缘和半血缘的兄弟姐妹间、伯叔姑与侄子女间、舅姨与甥子女间,均不得通婚,如日本、法国。第三,禁止四亲等以内的旁系血亲通婚。除全血缘和半血缘的兄弟姐妹间、伯叔姑与侄子女间、舅姨与甥子女间禁止通婚外,还禁止堂兄弟姐妹、表兄弟姐妹间通婚,如我国和美国一些州。在确立禁止结婚的血亲范围的同时,有些国家还设立了豁免制度,如《法国民法典》第164条规定:因重大原因,共和国法官有权取消对三亲等旁系血亲间禁婚的规定,但二亲等旁系血亲间的禁婚不得取消。

3. 需要注意的几个问题

(1)关于禁婚亲中的自然血亲和拟制血亲

法律拟制的血亲同样适用于禁婚亲的规定。这是出于两个方面的原因。一方面是根据法律的规定,拟制血亲与自然血亲具有相同的权利和义务。我国《民法典》第1072条规定:"继父或者继母和受其抚养教育的继子女间的权利和义务关系,适用本法关于父母子女关系的规定。"另一方面是出于伦理道德的要求。如果允许拟制血亲间结婚,不仅导致亲属关系混乱,也不利于保护拟制血亲关系中处于弱势地位的养子女或继子女的利益;如果养兄弟姐妹间结婚,则会导致夫妻关系代替兄弟姐妹关系、养父母子女关系则变成了姻亲关系;如果养父养女结婚、继母继子结婚,则不但有悖于伦理观念,而且有可能出现利用特殊关系,损害养子女或继子女的利益的现象。总之,虽然单纯从医学、遗传学的角度讲,没有自然血缘关系的拟制血亲之间结婚并不会在生育上造成什么恶劣后果,但是,结婚行为不是简单的个人行为,而是一种具有法律意义的社会行为。允许拟制血亲之间结婚,违背了社会道德和伦理,也违背了有关法律规定,并将使拟制关系失去法律意义。另外,收养关系成立以后,养子女与生父母以及其他自然血亲间的权利和义务即告解除,但是,他们之间仍然适用禁婚亲的法律规定。这是因为收养的成立只导致一般的权利和义务的转移,而不能使自然血亲关系归于消灭。

(2)关于姻亲间能否结婚的问题

从国外的立法来看,有些国家法律明文禁止一定范围的姻亲结婚。如日本、法国、瑞士、丹麦等国民法均规定禁止直属姻亲间结婚。但直系姻亲关系解除后能否结婚,有关国家的态度不尽相同。有的仍然加以禁止,如《日本民法典》第735条明确规定,即使因为离婚或一方死亡而使姻亲关系消失之后,也不得结婚。有的则规定因姻亲关系终止而解除结婚禁令。如《法国民法典》规定,夫妻一方死亡,共和国检察官有权取消直系姻亲间禁婚的限制。除直系姻亲外,有的国家还禁止旁系姻亲结婚,如《秘鲁民法典》第83条第2款规定限制二亲等旁系姻亲结婚。《瑞士民法典》第100条第1款规定禁止三亲等旁系姻亲结婚。

我国《民法典》没有规定禁止姻亲之间结婚。但是,社会上一般是不主张,习惯上也不允许直系姻亲结婚的。这一方面是因为直系姻亲间的辈分不同,他们之间缔结婚姻不符合伦理观念的要求。另一方面,如果允许直系姻亲结婚将导致棘手的法律和实际问题。假设某丧偶的儿媳与丧偶的公公结婚,儿媳与原来丈夫的孩子,究竟是公公的孙子还是公爹的继子?至于旁系姻亲间能否结婚的问题,比如某人妻子去世以后与妻子的妹妹结婚,或者丈夫去世后与丈夫的兄弟结婚之类,由于他们既不会"乱伦",也不会出现什么尴尬的法律后果,习惯上是不予禁止的。

(3)关于同姓能否通婚的问题

在我国,"同姓不婚"是一个古老的传统,至今在一些地区仍有影响。姓氏原初是血缘群体的标志,但是,经过漫长的历史发展,由于人口的不断流动迁徙和其他种种复杂的原因,它已经逐渐失去了原有的意义。何况,从遗传学的角度说,经过若干代的演变,即使双方曾经有共同的远祖,结婚以后对子女的生育也不再产生什么不良影响。显然,"同姓不婚"的婚姻制度和习惯已完全不符合社会变化的客观情况。对同姓的男女而言,如果他们不属于禁婚亲范围,依法完全可以结婚;如果男女双方不同姓但属于禁婚亲范围,他们也不得结婚。

(三)禁止患有特定疾病者结婚

禁止患有某些疾病的人结婚是由婚姻的本质以及婚姻关系的特殊属性所决定的,有利于保护当事人与社会的根本利益。《民法典》第1053条规定:"一方患有重大疾病的,应当在结婚登记前如实告知另一方;不如实告知的,另一方可以向人民法院请求撤销婚姻。"《婚姻登记条例》第6条第5款规定:"患有医学上认为不应当结婚的疾病的,婚姻登记机关不予结婚登记。"

我国自1950年《婚姻法》始,就明确规定禁止患有某些疾病的人结婚。1950年《婚姻法》第5条第2款规定:有生理缺陷不能发生性行为者禁止结婚。第5条第3款规定:患花柳病或精神失常未经治愈,患麻风病或其他在医学上认为不应当结婚之疾病者禁止结婚。1980年《婚姻法》对1950年《婚姻法》的规定做出了修改,主要有两项内容:第一,取消了1950年《婚姻法》中禁止有生理缺陷不能发生性行为者结婚的规定。生理缺陷不属于疾病,无遗传性,对社会没有危害性后果。如果一方明知他方无性行为能力,仍愿与之结为夫妻,显然无强行禁止的必要,因为两性生活绝非夫妻共同生活的唯一内容。结婚后一方发现对方无性行为能力而又不愿继续保持婚姻关系的,可按离婚程序处理。第二,对例示性的规定做出了修改,仅将"患麻风病未经治愈"作为例示性的规定,保留"患其他在医学上认为不应当结婚的疾病"的概括性规定。2001年《婚姻法》考虑到麻风病在中国已基本消灭,在立法技术上做出了修改,不再适用例示与概括相结合的立法方法,仅采用概括性的规定:患有医学上认为不应当结婚的疾病者,禁止结婚。2020年的《民法典》中虽然没有禁止结婚的疾病一款,但《婚姻登记条例》中仍然没有进行修改,可以理解为是禁止结婚疾病条款的延续。哪些属于在医学上认为不应当结婚的疾病,目前主要依据《母婴保健法》和《传染病防治法》等相关规定。

1995年6月1日施行的《中华人民共和国母婴保健法》第8条规定,婚前医学检查包括对下列疾病的检查:(1)严重传染性疾病;(2)指定传染病;(3)有关精神病。第9条规定:经婚前医学检查,对患指定传染病在传染期内或者有关精神病在发病期内的,医师应当出具医学意见;准备结婚的男女双方应当暂缓结婚。第38条规定:指定传染病,是指《中华人民共和国传染病防治法》中规定的艾滋病、淋病、梅毒、麻风病以及医学上认为影响结婚和生育的其他传染病。严重遗传性疾病,是指由于遗传因素先天形成,患者全部或者部分丧失自主生活能力,后代再现风险高,医学上认为不宜生育的遗传性疾病。有关精神病,是指精神分裂症、躁狂抑郁型精神病以及其他重型精神病。

原卫生部2002年《婚前保健工作规范(修订)》规定,婚前医学检查的主要疾病为:

(1)严重遗传性疾病。

(2)指定传染病:艾滋病、梅毒等影响结婚和生育的传染病。

(3)精神病:精神分裂症、躁狂抑郁型精神病等。

(4)其他与婚育有关的疾病,如重要脏器疾病和生殖系统疾病等。

经检查后出具医学意见,有以下几条:

(1)建议不宜结婚:一方或双方患有重度、极重度智力低下,没有婚姻意识能力;重型精神病,在病情发作期具有攻击危害行为的,无法控制自己、痴呆、智力低下,注明"建议不宜结婚"。

(2)建议不宜生育:一方或双方患有严重的遗传性疾病或其他重要脏器疾病,以及不宜生育的疾病的,注明"建议不宜生育"。

(3)建议暂缓结婚:传染病在传染期内,精神病在发病期内等,注明"建议暂缓结婚"。

(4)建议采取医学措施:对于婚检发现的、可能会终生传染的、不在发病期的传染病患者或病原体携带者,应向受检者说明情况,提出预防、治疗等医学措施与意见。如果受检者坚持结婚,应充分尊重受检双方的意愿,注明"建议采取医学措施,尊重受检者意愿"。

(5)未发现医学上不宜结婚的情形即法定允许结婚。

根据上述规定,不宜结婚或暂缓结婚的疾病主要有三种:

第一,重症精神病,主要是指精神分裂症和躁狂抑郁症。重症精神病人丧失正常人的识别能力和自控能力,为无行为能力或限制行为能力人,没有结婚能力,不可能承担婚后夫妻间的义务和对子女的责任。而且,重症精神病是严重的遗传性疾病。因此,精神病患者结婚后,不仅有碍于患者本人的身体健康,影响夫妻和睦,而且对子女后代的健康和人口的优生都有很大危害。

第二,重症智力低下者,即痴呆症患者,也应禁止结婚。重症智力低下者无行为能力,不能承担婚后对家庭、对子女的责任与义务,且具有严重遗传性,三分之二的低能和痴呆症为遗传所致,因此,为了子孙后代的幸福,为了民族的兴旺发达和人口素质的提高,重症智力低下者不应结婚。

第三,正处于发病期间的法定传染病,包括未经治愈的梅毒、淋病等性病,艾滋病、甲型肝炎、开放性肺结核、麻风病以及医学上认为影响结婚和生育的其他传染病。正处于发病期间的法定传染病患者结婚,婚后会通过共同生活严重危害对方和后代健康,但已经治愈或不处于法定传染期间者,应当可以结婚。

婚前健康检查是保证贯彻实施结婚禁止性条款的重要措施。它对于防止传染性和遗传性疾病的蔓延,保障民族后代的健康、人口素质的提高有重要意义。尽管2003年颁布的《婚姻登记条例》未规定强制婚前体检,但为了自己、对方和子孙后代的健康,准备办理结婚登记的当事人应自觉到医疗部门进行婚前体检。

许多国家对禁止结婚的疾病都有明确规定,主要分为两大类:第一,患有严重精神方面疾病,丧失行为能力者;第二,患有重大不治且有传染性或遗传性的身体疾病者。在立法技术上,有些国家直接规定禁止结婚的疾病的种类,有些国家则将其规定在无效婚姻中,从无效婚姻的角度确认某些疾病被视为婚姻障碍。如《意大利民法典》第85条明确规定:精神病人不得结婚。俄罗斯《联邦家庭法典》第14条规定:双方中有一方因精神失常经法院认定为无行为能力人,禁止结婚。第15条规定:如果申请结婚的一方向另一方隐瞒性病或者艾滋病病毒,后者有权请求法院确认婚姻无效。

三、其他法律规定

从世界的和历史的范畴看,关于结婚的实质条件,还涉及若干其他问题,主要包括:

1. 关于监护关系人之间能否结婚的问题

为了保护未成年人的利益,各国的法律都设立了监护制度。那么,非禁婚亲的监护人与被监护人之间能否结婚?监护制度的设立是为了保护被监护人的利益,为防止监护人滥用监护权,真正达到监护的目的,有的国家法律明确规定,禁止监护人与被监护人结婚,如秘鲁、南斯拉夫(塞)等国的法律就有类似的规定。我国民法也设立了监护制度。根据规定,法定监护人与被监护人之间,或者是直系血亲,或者是三代以内的旁系血亲。而指定监护人与被监护人之间,有可能属于三代之外的旁系血亲关系。在监护与被监护关系存续期间,因为被监护人是无行为能力人或限制行为能力人,不具备结婚的行为能力,因此,仅从婚姻能力而言,不得结婚;被监护人成年后,其与监护人的监护关系终止。监护关系终止后,如果双方不属于禁婚亲范围,应允许结婚。

2. 关于相奸者能否结婚问题

为了惩罚相奸者,以正社会道德风气,有的国家如墨西哥法律规定,禁止相奸者结婚,在我国古代法律也禁止相奸者为婚。在现代社会,人们的道德观、贞操观等有了很大变化。从实际情况而言,不少婚姻关系双方,在结婚前便有相奸行为。禁止相奸者结婚已不符合现代社会的客观情况,因此,我国《民法典》没有规定禁止相奸者结婚。

3. 关于女子待婚期间问题

待婚期是指女子丧偶或者离婚后,应等到一定的期限,然后才能再结婚。若干国家法律设立了女子待婚期的条款,目的在于防止血统混乱,便于对离婚的女子身怀胎儿生产的确认以及处理相关的继承权问题。日本、瑞典、法国等国的法律都有离婚女子待婚期的规定。至于待婚期的长短,各国规定则有所不同,如瑞典等国的法律规定待婚期为10个月;古巴等国的法律将待婚期设定为300天;美国规定待婚期的一些州,期限长短不一,由1个月、6个月到1年不等。日本等国的法律除规定待婚期外,还规定待婚期可终止的原因,即女子在待婚期内,如已经分娩,那么,未经过的待婚期不再对离婚女子发生作用,离婚女子可以再与他人结婚。我国《民法典》没有类似的规定。

第三节 结婚程序

一、概述

结婚程序即成立婚姻关系所应当具备的法定形式,又称结婚的形式要件,是婚姻取得社会承认的方式,具有非常重要的公示、公信性。由于结婚不仅对于当事人及其亲属来说是一件大事,而且具有重要的社会意义,历来被人们所重视,采用什么样的形式,也被国家法律视为婚姻成立的要件之一。不通过法定程序确立的婚姻关系往往不被国家和社会所承认,不发生相应的法律效力。综观各国立法,结婚程序的种类主要有登记制、仪式制、登记与仪式结合制三种。

登记制要求符合结婚实质条件的男女双方,必须依法到国家授权的有关机关办理结婚登记。当有关机关依法经过审查,准予双方结婚并发给双方结婚证件后,男女双方的婚姻关系即告成立。结婚男女双方在登记前后是否举行一定的仪式,法律并无特别要求,由当事人自由决定。但是,登记前举行仪式并不能代替结婚登记,即仅仅举行结婚仪式,不产生双方建立婚姻关系的法律后果。根据我国《民法典》的规定,我国实行单一的登记婚制。具体内容详见下文。

仪式制是指结婚双方必须举行一定的结婚仪式,以便得到社会的承认。根据仪式要求不同,仪式制又可分为宗教仪式、世俗仪式和法律仪式。宗教仪式是宗教信徒按照本宗教的要求而举行的结婚仪式,须由神职人员主持,并完成各个必要的环节。世俗仪式是指按照民间习俗举行的结婚仪式。我国古代以"六礼"表现形式的聘娶婚就是一种民间仪式婚。古罗马市民法中的共食婚也是一种世俗仪式婚。其具体的仪式分送亲、迎亲和共食三个阶段。送亲仪式在女方家里举行,由女方家长在新女婿前祭祀祖先和神,并陈述其女出嫁到某某家,为某某之妻。迎亲即新郎或其代表去女方家迎娶新娘。新娘被迎娶到新郎家后,还要举行共食仪式,即男女双方必须共食祭神的麦饼。至此,结婚仪式才告终结。法律仪式是指结婚男女双方,按要求依法在政府官员面前举行的仪式。法国、瑞士等国采用行政仪式婚制,程序要求十分复杂,即要求结婚当事人首先得向所在地的市、镇政府有关官员提出结婚申请;有关官员受理结婚后在市、镇政府门前发布公告;在法定的公告期内允许知情人提出异议。结婚仪式需在有关官员面前举行,并应有两位证人参加,由身份官员宣读有关法律条文,询问当事人双方是否愿意结婚,在得到结婚当事人的肯定答复后,身份官员以法律的名义宣布双方从现在起结为夫妻,婚姻始告成立;然后身份官员或者制作结婚证书,或登记在家庭簿内,或办理户口登记。

登记与仪式结合制要求结婚双方不仅要依法进行结婚登记,在结婚登记前或后还必须举行一定的仪式,登记与举行仪式都是必要的,二者缺一不可。

二、我国的结婚登记制度

我国实行登记制,即结婚的男女双方除必须符合结婚的实质要件外,还必须依法到有关主管机关(婚姻登记机关)进行结婚登记,取得结婚登记证后,双方的婚姻关系始告成立。《民法典》第 1049 条规定:"要求结婚的男女双方应当亲自到婚姻登记机关申请结婚登记。符合本法规定的,予以登记,发给结婚证。完成结婚登记,即确立婚姻关系。未办理结婚登记的,应当补办登记。"2003 年 7 月 30 日颁布的《婚姻登记条例》则对结婚登记的条件和程序做出了更为具体和明确的规定。

(一)结婚登记的意义

结婚登记,是指要求结婚的男女双方,必须按照我国法律的规定进行结婚登记。结婚登记制度是我国婚姻制度的重要组成部分。它具有十分重要的意义:

(1)实行结婚登记制度,体现了国家对公民婚姻行为的指导和监督。进行登记是结婚必经的唯一合法程序。只有履行了这一程序,婚姻关系才产生法律效力,受到国家承认和法律保护。

(2)实行结婚登记制度,是严格实行婚姻法、保护婚姻关系的需要。它有利于维护法律的严肃性,保障婚姻自由,防止包办买卖婚姻和其他干涉婚姻自由的行为;保障一夫一妻,防止重婚;保障男女双方和下一代的健康,防止近亲结婚和患有不应结婚疾病的人结婚;防止早婚和其他违反婚姻法的行为,以保证婚姻关系的健康发展。

(3)实行结婚登记制度,有利于提高当事人的法制观念,进行法制宣传和社会主义道德教育,以减少婚姻纠纷,维护安定团结,保护当事人的合法权益。

总之,实行结婚登记制度符合国家利益、社会利益和当事人的利益。婚姻登记机关和有关部门应当严格依法办事,结婚当事人应当自觉地遵守有关结婚登记的各项规定。

(二)结婚登记的机关和程序

《婚姻登记管理条例》第2条规定:"内地居民办理婚姻登记的机关是县级人民政府民政部门或者乡(镇)人民政府,省、自治区、直辖市人民政府可以按照便民原则确立农村居民办理婚姻登记的具体机关。"

办理结婚登记的机关是县级人民政府民政部门或者乡(镇)人民政府。婚姻登记机关管辖的范围,原则上与户籍管理范围相适应。结婚当事人的户口在同一地区的,到共同的户籍所在地婚姻登记机关办理结婚登记。结婚当事人的户口不在同一地区的,可以到任何一方户口所在地的婚姻登记机关办理结婚登记。由于结婚登记是建立当事人身份关系的行为,因此要求结婚的男女双方必须亲自到婚姻登记机关办理结婚登记。

1.申请

按照我国《民法典》第1049条规定,"要求结婚的男女双方必须亲自到婚姻登记机关申请结婚登记"。按照《婚姻登记管理条例》的规定,办理结婚登记的男女双方必须亲自提出结婚登记申请。当事人不得委托他人代理,第三人也不得包办代替。

当事人提出申请时应向登记机关提交有关证件和证明材料,按照现行《婚姻登记管理条例》的规定,包括户口证明、居民身份证、所在单位或村民委员会、居民委员会出具的婚姻状况证明;离过婚的还应持离婚证书;实行婚前健康检查的地方,则需要同时提交婚前健康检查的证明。

2.审查

婚姻登记机关接到当事人的申请后,应依法进行审查。一方面要审查申请材料是否齐全、真实;另一方面还应审查申请双方是否符合结婚的实质条件。婚姻登记员必须进行认真负责的审查,杜绝虚假的婚姻登记,必要时应当进行实际调查。按照现行《婚姻登记管理条例》的规定,为了切实保障公民充分行使婚姻自由权利,如果申请结婚登记的当事人受单位或者他人干涉,不能获得所需证明时,经婚姻登记管理机关查明确实符合结婚条件的,也应当给予登记。

3.登记

婚姻登记机关经过审查后,对符合结婚条件的,应依法予以登记,发给结婚证;对不符合结婚条件的,不予登记。如申请人未达到法定的结婚年龄、当事人提出结婚申请是非自愿的、申请人已有配偶的、申请人之间存在直系血亲或三代以内旁系血亲关系的、申请人存在法律规定的禁止结婚的疾病的,婚姻登记机关应退回申请,并说明理由。必要时,还可对有关申请人给予批评教育。对出具虚假证件和虚假证明的,婚姻登记机关应当予以没收,并建议该单位或者组织对直接责任人给予批评教育或者行政处分。

(三)结婚登记的效力

结婚登记的效力即结婚登记的法律后果。在我国,依法进行行政登记既是法定的结婚必经程序,也是结婚的唯一有效程序。当申请人通过结婚登记程序取得结婚证后,便确立了婚姻关系,双方具有夫妻之间的一切权利和义务。至于当事人是否在登记之后履行民间仪式,法律不加干预。但是,任何人都不得以没有履行仪式为理由否认依法办理了登记的婚姻的效力;任何一方当事人也不得以没有履行仪式为借口拒绝承担夫妻之间的法定义务。

婚姻登记机关在登记审查过程中,如发现有弄虚作假、骗取婚姻登记等违法行为,婚姻登记机关应当依法撤销婚姻登记,宣布其婚姻关系无效,收回结婚证,并可以对违法登记的行为人处以罚款。如果发现有配偶的当事人重婚,其配偶不控告的,婚姻登记管理机关应当向检察机关检举。

(四)其他规定

第一,为了提高婚姻登记管理队伍的素质,保证严格执法,应当严格实行婚姻登记管理人员的业务培训与资格审查制度和违法责任追究制度。所有婚姻登记管理人员都应当由县以上人民政府的民政部门进行业务培训和资格考试,对考试合格者发给婚姻登记管理员证书。所有从事婚姻登记管理工作的人员必须持证上岗。婚姻登记管理员对于不符合结婚条件的结婚申请违法给予登记的,除了应当撤销登记外,还应给予婚姻登记管理人员行政处分或者撤销其婚姻登记管理员资格。造成严重后果、构成犯罪的应当依法追究刑事责任。

第二,婚姻登记管理机关应当建立婚姻登记档案。如当事人遗失或者损毁结婚证的,可以持所在单位、村民委员会或者居民委员会出具的婚姻状况证明,向原办理结婚登记的婚姻登记管理机关申请出具婚姻关系证明。婚姻登记管理机关根据当事人的申请和婚姻登记档案核实无误后,应当出具夫妻关系证明书。夫妻关系证明书与结婚证具有同等法律效力。

第三,申请结婚的当事人认为自己符合结婚条件而婚姻登记管理机关不予登记的,或者对婚姻登记机关所做处罚不服的,可以依法申请复议;对复议决定不服的,可以依法提起行政诉讼。

第四节 婚约和事实婚姻

一、婚约

(一)婚约的概念及类型

婚约,是指男女双方以结婚为目的的对婚姻关系的事先约定。订立婚约的行为称为订婚。

婚约在古代是结婚的必经程序,具有法律约束力。现代各国对婚约大多采取不限制也不保护的态度,婚约的效力相当弱。我国自1950年《婚姻法》之后,一直不承认婚约的法律效力。

婚约主要分为早期型与晚期型两种。

1. 早期型婚约

在古代,中外各国都曾经盛行婚约制度,并赋予婚约以强大的法律效力,一经订立,不得反悔,甚至可以强制执行。早期型婚约源于买卖婚姻,买卖女子契约中的要约程序成为婚姻成立的前提,以后逐渐固定为古代结婚的重要组成部分。早期型婚约具有以下特点:

(1)婚约是婚姻成立的组成部分。作为结婚的必经程序,未订婚约者其婚姻无效。如古《汉穆拉比法典》第128条规定:倘自由民娶妻而未订契约,则此妇非其妇。

(2)订婚约须由父母做主。订立婚约者乃有主婚权的父母家长,而非当事人。当事人无任何自由意志。

(3)婚约具有法律效力。婚约一经订立,法律上即产生准夫妻身份的效力,互负贞操义务并有提起结婚的请求权。寺院法还明确规定,违反婚约者,无过错方有请求赔偿损失的权利。对于婚约,双方不得任意解除,一方不履行婚约的,须受法律制裁。如我国唐律规定:诸许嫁女,已报婚书及有私约,而辄悔者,杖六十;虽无许婚书,但受聘财者亦是。若更许他人,杖一百,已成婚者徒一年半。

2. 晚期型婚约

近现代各国对婚约大多采取不限制亦不保护的态度,婚约的作用及效力日趋减弱。在婚姻自由的原则下,多数国家为保护婚姻自由,已不设立婚约制度。只有少数国家对婚约尚有一些规定。晚期型婚约有如下特点:

(1)婚约不是结婚的必经程序。当事人可自行决定是否订婚约,法律对婚约不加禁止或干涉。无论是否订立婚约,婚姻均产生法律效力。

(2)婚约不具有法律的强制性。婚约所规定的义务,须当事人自愿履行,当事人不履行,法律无强制的效力。如《德国民法典》第1297条规定:不得因订婚而提起要求成婚之诉。对于婚姻未成之情形支付违约金的允诺无效。

(3)婚约须由当事人双方合意,父母不得强制包办。

总之,各国封建法律和早期资本主义国家的婚姻立法对婚约均采取保护的态度。订立婚约是结婚的必经程序,婚约一经订立,即产生法律约束力,无故违约者要受到法律的制裁。近现代大多数国家不采用婚约为结婚的必经程序,是否订立婚约可由当事人自由选择。但事实上婚约在各国仍普遍存在。所以无论是否设立婚约制度,大多数国家对婚约的解除后果在法律上有所规定。一般按不履行契约处理,违约方承担解约产生的财产上和精神上的损害赔偿责任,以及赠与物的返还责任,有些国家甚至规定要支付违约金。如《德国民法典》第1298条规定:订婚人如果退婚,则必须向另一方订婚人及其父母或者代替父母行事的第三人就因对婚姻的期待所为之费用或所生之债务给予损害赔偿。此外,他还必须赔偿另一方订婚人因为出于对婚姻的期待而采取的其他影响其财产或职业地位的措施而受到的损害。

(二)我国的婚约问题

我国1950年《婚姻法》与1980年《婚姻法》、2001年《婚姻法》、2020年《民法典》以及历次婚姻登记办法,对婚约均无明文规定。中央人民政府法制委员会1950年6月26日公布的《有关婚姻法施行的若干问题与解答》中指出:"订婚不是结婚的必要手续。任何包办强迫的订婚,一律无效。男女自愿订婚者,听其订婚,订婚的最低年龄,男为19岁,女为17岁。一方自愿取消订婚者,得通知对方取消之。"1953年3月19日,中央人民政府法制委员会发布的《有关婚姻问题的解答》中,再次强调:"订婚不是结婚的必要手续。男女自愿订婚者,听其订婚,但别人不得强迫包办。"在此以后,最高人民法院关于适用婚姻法的相关解释以及司法实践中都坚持了法律对婚约不予禁止也不加保护的原则。

我国对婚约采取不禁止也不保护原则的原因如下:第一,反对早婚的旧习俗。婚约是一种旧婚姻习俗,它往往造成大量的"童养媳""小女婿"等早婚现象,因此不保护婚约对防止早婚、破除旧婚俗有着重要意义。第二,保护当事人婚姻自由的权利。订婚,从其沿革看,它是封建包办婚姻的伴随物。为了反对封建包办婚姻,我国婚姻法从未把订婚作为结婚的必经程序,男女双方能否结婚,完全是以他们在结婚登记时表示的意愿为依据,这样充分考虑了婚约期间可能出现的变化,能够更好地保护婚姻自由,赋予人们择偶的自由选择权。一般来说,订婚与结婚都有一定的时间间隔,在这一期间,当事人之间很可能会发生各种变化,以至于缔约和择偶发生矛盾,若要强制履行,不利于保护婚姻自由和婚后婚姻关系的稳定。因此,我国对待婚约的态度可概述为以下几点:

(1)婚约不是结婚的必要程序和必备要件。法律对婚约既不提倡,也不禁止。

(2)男女自愿订婚者,听其自便。凡当事人双方合意,自愿订婚的,任何人不得强迫干涉,强迫包办的婚约一律无效。

(3)婚约不具有法律的约束力。对于婚约,只有双方完全自愿才能实际履行。法律对婚约不予保护,不强制履行。双方同意解除婚约的,可自行解除。一方要求解除婚约的,无须征得对方的同意,在做出意思表示之后,即可解除婚约。

(4)对因解除婚约而引起的财物纠纷法院可以受理。人民法院在处理时应根据双方交付财物的动机、目的以及财物的价额来判断财物的性质,从有利于促进社会安定团结、贯彻婚姻自由原则出发,区别不同情况,妥善处理:

①对于借订立婚约而进行买卖婚姻的财物,应比照对买卖婚姻骗取财物的规定,原则上依法予以没收。

②对以订婚为名诈骗钱财的,原则上应将骗取所得财产归还受害人,构成诈骗罪的,还应依法追究其刑事责任。

③对以结婚为目的而赠送的财产(包括订婚信物)价值较高的,应酌情返还,对婚约期间的无条件赠与,受赠人无返还义务。

2003年《最高人民法院关于适用〈中华人民共和国婚姻法〉若干问题的解释(二)》(以下简称《婚姻法司法解释(二)》)第10条规定:当事人请求返还依照习俗给付的彩礼的,如果查明属于以下情形,人民法院应当予以支持:(1)双方未办理结婚登记手续的;(2)双方办理结婚手续但确未共同生活的;(3)婚前给付并导致给付人生活困难的。适用第(2)(3)项的规定,应当以双方离婚为条件。因为,这种彩礼的给付一般是基于当地的风俗习惯,与一般意义上无条件的赠与行为不同。而且,作为给付彩礼的代价中,本身就蕴涵着以对方答应结婚为前提。如果双方最终没有结婚或结婚后未同居即离婚且给出资方造成生活困难,彩礼应当酌情退还。

二、事实婚姻

(一)事实婚姻的概念与特征

事实婚姻是法律婚姻的对称。根据国内的婚姻法学界的通说,所谓事实婚姻,是指没有配偶的男女,未经结婚登记,便以夫妻名义同居生活,群众也认为是夫妻关系的两性结合。有以

下几个特征:

(1)事实婚姻的男女应无配偶,有配偶则成为事实重婚。

(2)事实婚姻的当事人具有婚姻的目的和共同生活的形式。男女双方是否互以配偶相待是事实婚姻与其他非婚的两性关系在内容上的重要区别。其他不合法的性行为,不具有婚姻的目的和共同生活的形式。

(3)事实婚姻的男女双方具有公开的夫妻身份。即以夫妻名义同居生活,又为周围的群众所公认。也就是说,不仅内在具有夫妻生活的全部内容,在外部形式上还应有为社会所承认的夫妻身份。这是事实婚姻与其他非婚的两性关系在形式上的重要区别。一切违法的两性关系和行为,均不具有夫妻的名义,群众也不会承认其为夫妻。

(4)事实婚姻的当事人未履行结婚登记手续。不具有法定的结婚登记形式要件,这是事实婚姻与合法婚姻区别的主要标志。在我国,不论当事人是否举行过结婚仪式,凡未进行结婚登记的,均不是合法婚姻。

(二)对事实婚姻的处理

在许多国家,对不符合结婚的法定形式要件者,大多规定为婚姻无效或可撤销的原因之一。但实际上,由于事实婚姻在世界各国均广泛存在,考虑到婚姻关系的事实先行性,对事实婚姻在立法或司法中又往往网开一面。根据外国立法,对事实婚姻的处理主要有承认主义、不承认主义和限制承认主义三种态度。

第一,承认事实婚姻的效力,即法律对符合结婚实质要件的事实婚姻承认其效力。其依据是,婚姻应重事实轻形式,以有利于事实上已经存在的夫妻关系的稳定。英美的普通法婚即属此类。它只要求婚姻的成立符合法定实质要件,即当事人有结婚能力、结婚目的、同居事实及夫妻身份的公开性,而不要求具备形式要件。普通法婚一旦形成,便与法律婚具有同等效力,须经离婚程序始得解除。当代英国法和美国14个州原则上承认普通法婚。

第二,不承认事实婚姻的效力。这种主张特别强调婚姻是一种要式行为和法律对婚姻的约束力,未经法律程序的婚姻为无效婚姻。双方不产生夫妻间的权利和义务关系,其子女为非婚生子女。《日本民法典》第739条规定:婚姻,因按户籍法规定所进行的申报,而发生效力。不进行婚姻申报的,婚姻为无效婚姻。

第三,有条件地承认事实婚姻的效力。法律为事实婚姻设定某些有效条件,一旦具备,事实婚姻便转化为合法婚姻。有关条件主要有三种:一是达到法定同居年限或已怀孕、生育子女的;二是经法院确认;三是补办法定手续。同时,一些国家也强调区分当事人善意或恶意的主观条件。凡事实婚姻的双方均为善意时,发生婚姻效力。一方为善意时,善意一方享有受他方扶养的权利,财产适用于夫妻共同财产制。凡事实婚姻的双方均为恶意时,则不发生婚姻的效力,但子女得为婚生子女。

我国对事实婚姻处理是根据我国的具体情况制定的,经历了从有条件承认、逐步不承认、完全不承认再到相对承认的发展过程。最高人民法院曾数次对处理事实婚姻做出司法解释。

1. 有条件承认阶段

自新中国成立初期到1989年11月21日前,我国司法界原则上承认符合结婚实质要件的事实婚姻的法律效力。特别是1979年最高人民法院所做的《关于贯彻执行民事政策法律的意见》,对事实婚姻明确表示有条件地予以承认和保护。认为如果对事实婚一律予以承认,就会助长这些违法婚姻的发展与蔓延,不利于婚姻法的贯彻执行,不利于维护法律的严肃性。如果

对事实婚一律不予承认,则不利于稳定实际上已经形成的家庭关系,不利于保护妇女、儿童的合法权益。主要有以下几方面的内容:

(1)认识和处理事实婚姻的总原则。凡违反婚姻法规定,未履行结婚登记手续,男女双方自行结合的,不论是否举行结婚仪式,其性质是违法婚姻。对于这种违法行为,必须进行严肃的批评教育或给予必要处理,以制止这种违法婚姻的发生。

(2)批评教育。对未进行结婚登记但符合婚姻实质要件的事实婚姻,有关部门应主动干预,教育当事人认识其违法行为的错误,令其补办结婚登记手续。

(3)解除非法同居关系。对未达法定婚龄或违反其他婚姻实质要件的事实婚姻,则不应承认,除对其进行批评教育或给予必要的处分之外,还应宣布解除其非法同居关系。

(4)符合实质要件的按离婚处理。对事实婚姻引起的离婚纠纷,凡符合婚姻实质要件的,应按一般离婚纠纷处理。如经调解双方和好或撤诉的,应令其补办结婚登记手续。

(5)保护妇女和儿童的合法权益。对女方已经怀孕或生有子女,应根据婚姻法的有关规定,保护妇女和儿童的合法权益。

2. 逐步不承认阶段

逐步不承认阶段从1989年11月21日至1994年2月1日。由于事实婚姻大量存在,不利于婚姻法所确定的结婚登记程序的贯彻实施,为了更好地处理事实婚姻,防止事实婚姻的蔓延和发展,1989年11月21日最高人民法院颁发了《关于人民法院审理未办结婚登记而以夫妻名义同居生活案件的若干意见》(以下简称《意见》),在该《意见》中,对认定事实婚姻的时间界限及处理办法做了更明确的规定。

《意见》的序言指出:"人民法院审理未办结婚登记而以夫妻名义共同生活案件,应首先向双方当事人严肃指出其行为的违法性和危害性,并视其违法情节给予批评教育或民事制裁。"同时又指出:"为保护妇女和儿童的合法权益,有利于婚姻关系的稳定,维护安定团结,在一定时期内,有条件地承认其事实婚姻关系,是符合实际的。"这一规定明确了对事实婚姻应该逐步采取措施加以废止。

《意见》第1条至第3条对如何逐步废止事实婚姻做出了具体的规定。基本上分三个步骤:

第一,1986年3月15日《婚姻登记办法》颁布前,未办结婚登记即以夫妻名义同居生活,如起诉时双方符合结婚条件的,认定为事实婚姻关系;如起诉时双方或一方不符合结婚条件的,认定为非法同居关系。

第二,1986年3月15日《婚姻登记办法》颁布后,未办结婚登记即以夫妻名义同居,一方向法院起诉"离婚",如同居时双方均符合结婚条件,可认定为事实婚姻关系;如同居时双方或一方不符合结婚条件(即使起诉时已经符合也不行),则认定为非法同居关系。

第三,自民政部新的婚姻登记管理条例施行之日起(即1994年2月1日),没有配偶的男女,未办结婚登记即以夫妻名义同居生活,按非法同居对待。

这三条规定,不仅区分了事实婚姻关系和非法同居的界限,而且规定了最终承认事实婚姻关系的条件。

3. 完全不承认阶段

完全不承认阶段自1994年2月1日起至2001年12月27日。民政部的《婚姻登记管理条例》(以下简称《条例》)于1994年2月颁布实施,从1994年2月1日以后,所有未办理结婚登记手续即以夫妻名义同居生活者均按非法同居对待。

《条例》第24条明文规定,违反结婚实质要件或形式要件的"婚姻"无效,不受法律保护。第25条又规定,对无效婚姻的当事人应给予一定的处罚。

同时,1994年12月14日最高人民法院法复〔1994〕10号文件规定:"新的《婚姻登记管理条例》发布施行后,有配偶的人与他人以夫妻名义同居生活的,或者明知他人有配偶而与之以夫妻名义同居生活的,仍应按重婚罪定罪处罚。"

4. 相对承认阶段

自2001年12月27日起,未办理结婚登记即以夫妻名义同居生活者经补办登记,其同居关系可溯及既往地合法化,得到承认与保护。

2001年12月27日,最高人民法院颁布的《婚姻法司法解释一》第5条规定:未按婚姻法第八条规定办理结婚登记而以夫妻名义共同生活的男女,起诉到人民法院要求离婚的,应当区别对待:1994年2月1日民政部《婚姻登记管理条例》公布实施以前,男女双方已经符合结婚实质要件的,按事实婚姻处理;1994年2月1日民政部《婚姻登记管理条例》公布实施以后,男女双方符合结婚实质要件的,按解除同居关系处理。据此,现行婚姻法和司法解释对事实婚姻的处理以1994年2月1日为界分为两种方法:

(1)1994年2月1日以前,未办理结婚登记即以夫妻名义同居生活者,只要符合结婚实质要件的,即可认定为事实婚姻。这一规定较之上述1989年的司法解释中必须是双方同居时即符合结婚实质要件的规定,显然放宽了对认定事实婚姻的条件。

(2)1994年2月1日以后,补办结婚登记是同居关系合法化的必要条件,其效力追溯至双方均符合结婚的实质要件时起。如果双方不补办结婚登记,其关系仍为同居关系,不得视为事实婚姻。

对于被认定为事实婚姻关系的,同居期间的财产适用婚姻法对夫妻财产制度的规定,没有约定的,适用法定的夫妻共同财产制度。被认定为同居关系的,同居期间共同劳动所得的收入和购置的财产为一般共同财产;该期间双方各自继承或受赠的财产为双方个人财产;共同生产、生活形成的债权、债务,按共同债权、按赠与关系处理。无论是哪一种关系,在同居生活前,一方自愿赠与对方的财物,按赠与关系处理。一方向另一方索取的财物,应根据双方同居生活时间的长短、对方的过错程度以及双方经济状况等实际情况酌情返还。

事实婚姻关系的双方在同居生活期间所生子女为婚生子女,同居关系的双方所生子女为非婚生子女。根据《民法典》第1071条的规定,"非婚生子女享有与婚生子女同等的权利,任何组织或者个人不得加以危害和歧视。"无论是事实婚姻关系,还是同居关系,双方离异时,其子女抚养问题均依照婚姻法的这一规定办理。

(三)几种事实婚介绍

1. 罗马法的时效婚

罗马法的时效婚是指按照罗马市民法的规定,夫权和物权一样,因时效的经过而取得,即男女双方连续同居1年且未中断,那么,为夫的就取得对妻的占有权,婚姻即告合法成立,而无须经过什么仪式。

2. 寺院法的事实婚

根据寺院法的规定,具备婚姻成立实质要件但欠缺形式要件的婚姻,原则上为无效婚姻。但是,如果当事人具有结婚的意思,又无实质要件之障碍,那么,这种同居关系,可以通过重新履行法定的结婚仪式,使之成为合法有效的婚姻。

3. 日本历史上的内缘婚

日本的内缘婚是指符合婚姻实质要件而缺乏形式要件的婚姻。日本明治8年以前,一直采用承认事实婚主义。但是,当代日本学者们认为,对内缘婚的适当保护,会助长不申报婚姻的增加,不利于保护法律婚和一夫一妻制度。因此,当代日本不再承认内缘婚,而实行比较严格的法律婚,即结婚必须申报登记,否则,不按法律上的婚姻关系对待。

4. 苏联的事实婚

苏联十月革命胜利后,最初实行事实婚与法律婚同等效力的原则。如1926年苏俄婚姻家庭和监护法规定,未进行登记的婚姻,法律认可相互同居之事实,确认其婚姻关系的存在,承认事实婚的效力。但是,1944年后则不再承认事实婚,实行严格的登记婚,即只有登记婚姻,才发生夫妻身份及权利和义务关系。

第五节　无效婚姻与可撤销婚姻

无效婚姻是欠缺婚姻成立要件的违法婚姻,因而不具有婚姻的法律效力。与无效婚姻有关的各种法律规范,是保证结婚的各种条件和程序付诸实施的必要手段,是结婚制度的重要组成部分。世界各国大多将无效婚姻制度作为婚姻成立制度中的一部分加以明确规定。

2001年《婚姻法》增加了无效婚姻制度,对欠缺婚姻成立要件的违法婚姻采取婚姻无效与婚姻撤销两种方式分别处理。2020年颁布的《中华人民共和国民法典》沿用了婚姻无效与婚姻撤销两种分别处理方式。

一、概述

无效婚姻与可撤销婚姻均是指违反婚姻成立要件的违法婚姻,不具有婚姻的效力。确认婚姻无效或可撤销,就法理而言,是从法律上否定违法结合具有婚姻的效力,因而,它们是婚姻法的重要组成部分。设立无效婚姻与可撤销婚姻制度是保障婚姻法的严肃性、权威性、坚持结婚的条件与程序,保障婚姻的合法成立,预防和减少婚姻纠纷,制裁违法婚姻的重要措施。

尽管《汉穆拉比法典》和《罗马市民法》对无效婚姻有所规定,但按照婚姻法学理论界的通说,真正的无效婚姻制度源于欧洲中世纪的寺院法。承袭罗马法法律学说的《法国民法典》,进一步完善了婚姻无效制度,并将无效婚姻分为绝对无效和相对无效:违反公益要件的为绝对无效婚姻,当事人、利害关系人和检察官均得为婚姻无效的请求权人;违反私益要件的为相对无效婚姻,只有当事人和其他有请求权的特定人可以请求确认婚姻无效。1896年的《德国民法典》,在无效婚姻之外,根据违反婚姻成立要件的原因不同,创设了可撤销婚姻,在亲属法中,首次兼采无效婚和撤销婚两种制度。此后,瑞士、日本、英国等国家在其亲属法中相继设立了无效婚和撤销婚制度。

无效婚姻在形式上分为当然无效与宣告无效。当然无效是指凡具有无效婚姻法定事由的,无须经由任何法律程序,当事人自行主张,婚姻即行无效。宣告无效是指虽然具有无效婚姻的法定事由,但必须以诉主张,经法院裁决并宣告无效后,始发生无效的效力。

可撤销婚姻,即违反结婚的某些法定要件,其婚姻自撤销之日起无效,但在此之前仍具有法律效力。一般而言,无效婚姻的事由较之可撤销婚姻的事由更为重大,属于公益要件;可撤销婚姻的事由属于私益要件。因而在效力上,两者有所不同,无效婚姻为自始无效、当然无效、有溯及既往的效力。可撤销婚姻为撤销无效、可能无效、无溯及既往的效力。显然,无效婚姻的法律后果更为严重。但由于对无效婚姻与可撤销婚姻事由的划分较为复杂,难以达成共识,故现代一些国家仅采用无效婚姻制度,不设可撤销婚姻,以免不必要之繁复。

我国对无效婚姻的规定始于1994年2月1日颁布的《婚姻登记管理条例》,该条例第24条规定:"未达法定结婚年龄的公民以夫妻名义同居的或者符合结婚条件的当事人未经结婚登记以夫妻名义同居的,其婚姻无效,不受法律保护。"第25条规定:"申请婚姻登记的当事人弄虚作假、骗取结婚登记的,婚姻登记管理机关应当撤销婚姻登记,对结婚、复婚的当事人宣布其婚姻无效并收回结婚证,对离婚的当事人宣布其解除婚姻关系无效并收回离婚证,并对当事人处以200元以下罚款。"显然,这一规定对无效婚姻采取了宣告无效制度,但对于无效婚姻的请求权人、具体的宣告程序、无效婚姻的法律后果及法律责任均无规定,无效婚姻的事由也不够完备。2001年《婚姻法》对无效婚姻制度在基本法的层面上填补了空白,设立了较为完善的有关无效婚姻和可撤销婚姻的规范体系。同时,2001年12月24日最高人民法院颁布的《关于适用〈中华人民共和国婚姻法〉若干问题的司法解释(一)》(以下简称《婚姻法司法解释(一)》)又从司法的层面上对其做出了更为明确、具体的规定。2020年的《民法典》继续沿用2001年《婚姻法》对无效婚姻和可撤销婚姻的处理方式。

二、我国《民法典》规定的无效婚姻

(一)无效婚姻的事由

《民法典》第1051条规定:"有下列情形之一的,婚姻无效:(一)重婚的;(二)有禁止结婚的亲属关系的;(三)未到法定婚龄。"

这一规定与世界各国的规定大体一致,在任何国家,婚姻无效的事由都是与婚姻的法定要件相适应的,一些国家将违反公益要件的婚姻视为无效婚姻,违反私益要件的婚姻视为可撤销婚姻。我国只将违反当事人意愿的婚姻视为可撤销婚姻,其余均为无效婚姻。

(1)重婚是婚姻无效的首要原因,它是对一夫一妻制的严重践踏。违反一夫一妻制在大多数国家都作为无效婚姻的事由。

(2)近亲结婚严重违反了"禁止直系血亲和三代以内旁系血亲结婚"的规定,其婚姻不应当产生法律效力。世界各国大多规定违反近亲结婚限制者婚姻无效。如《比利时民法典》第184条规定:违反禁止近亲结婚规定而缔结的婚姻,夫妻双方、一切有利害关系人或检察官(检察机关)有权提起无效之诉。

(3)未达适婚年龄也是婚姻无效的重要原因。凡男女双方或一方不到法定婚龄结婚的,其婚姻无效,但应在法定婚龄前提出,如发现或宣告时当事人已达法定婚龄的,不应再宣告婚姻无效。在国外,未达适婚年龄及未成年人结婚未得法定代理人同意的均可作为婚姻无效的事由。如《意大利民法典》第117条将此列为婚姻无效的情形之一。

(二)确认婚姻无效的程序

我国对无效婚姻采用宣告无效制度,当事人或利害关系人必须到人民法院提起要求宣告婚姻无效的申请,经法院裁决并宣告无效后,婚姻始无效。

1. 请求权人

有权依据《民法典》第 1051 条的规定向人民法院就已办理结婚登记的婚姻申请宣告婚姻无效的主体,包括婚姻当事人及利害关系人。所谓利害关系人因不同的无效情形而有所不同,包括:

(1)以重婚为由申请婚姻无效的,为当事人的近亲属及基层组织;

(2)以未到法定婚龄为由宣告婚姻无效的,为未达法定婚龄者的近亲属;

(3)以有禁止结婚的亲属关系为由申请宣告婚姻无效的,为当事人的近亲属。

夫妻一方或者双方死亡后一年内,生存一方或者利害关系人依据《民法典》第 1051 条的规定申请宣告婚姻无效的,人民法院应当受理。向人民法院申请宣告婚姻无效的,利害关系人为申请人,婚姻关系当事人双方为被申请人。夫妻一方死亡的,生存一方为被申请人。夫妻双方均已死亡的,不列为被申请人。

2. 宣告婚姻无效的机关

在我国确认婚姻无效的机关是人民法院。当事人可以依诉讼程序到人民法院申请宣告婚姻无效。人民法院审理宣告婚姻无效案件,对婚姻效力的审理不适用调解,应当依法做出判决;有关婚姻效力的判决一经做出,即发生法律效力。宣告婚姻无效适用特别诉讼程序,实行一审终审。对于涉及子女抚养和财产分割的,可以进行调解;应当对婚姻效力的认定和其他纠纷的处理分别制作裁判文书。《民法典》有关婚姻成立要件的规定是强行性规范,而不是任意性规范,承认还是否认婚姻的有效性,不是当事人可以自由处分的权利。当事人之间的结合是否具有婚姻成立的法律效力,只能由法院依据客观事实依法确定。

在外国法中,大多数国家规定宣告婚姻无效只能通过诉讼程序,由法院确认当事人之间不存在合法的婚姻关系。根据各国婚姻家庭法的有关规定,请求宣告婚姻无效的权利人包括:当事人、利害关系人、近亲属、法定代理人、监护人及检察官等。由于形成无效婚姻的事由不同,对请求权人限制的范围有所不同。例如,因重婚而请求宣告婚姻无效的权利人为前妻或前夫;未达法定婚龄人结婚的,请求权人为父母、监护人。

为了保障请求宣告婚姻无效的权利正常行使,保护婚姻关系的相对稳定,各国在规定无效婚姻的请求权人的同时,大多根据不同的原因,对无效婚姻的请求权做了时效及其他限制,以促使权利人尽快行使权利,防止婚姻关系处于长期不稳定状态。根据无效婚姻的事由不同,其时效与限制也有所不同。如因未达婚龄结婚的,请求宣告婚姻无效的时效为法定婚龄到达前,如已达法定婚龄或女方已怀孕或生育时,请求权即丧失;因诈欺、受胁迫结婚要求宣告婚姻无效的,受害方应在了解情况后 90 天或 6 个月内提出,已经过 1 年且共同生活的,请求权丧失。

三、我国《民法典》规定的可撤销婚姻

可撤销婚姻又称婚姻撤销,在我国是指男女双方或一方缺乏结婚的合意,因受他方或第三者胁迫而结合的违法婚姻。《民法典》第 1052 条规定:"因胁迫结婚的,受胁迫的一方可以向人民法院请求撤销婚姻。请求撤销婚姻的,应当自胁迫行为终止之日起一年内提出。被非法限制人身自由的当事人请求撤销婚姻的,应当自恢复人身自由之日起一年内提出。"

(一)撤销婚姻的事由

撤销婚姻的原因是一方或双方受胁迫。也就是说,男女双方或一方并无成立婚姻的合意,而是受到他方或第三人胁迫而成立的婚姻。根据《婚姻法司法解释(一)》第 10 条的规定,所谓

胁迫,是指行为人以给另一方当事人或者其近亲属的生命、身体健康、名誉、财产等方面造成损害为要挟,迫使另一方当事人违背婚姻自由的原则。婚姻自由是我国婚姻法的一项基本原则,也是我国宪法赋予每个公民的一项基本权利。婚姻自由的核心就是婚姻当事人有权按照法律的规定,决定自己的婚姻问题,不受任何人的强迫和干涉。而因胁迫所造成的非自愿婚恰好违反了这一基本原则,它不是男女当事人真实的意思表示。同时,婚姻是男女两性以永久共同生活为目的的结合,双方必须意思表示真实一致。如果一方以胁迫的方式威胁、逼迫对方与其结婚,使对方在恐惧中被迫做出同意结婚的意思表示,这种同意不是当事人真实的意思表示,应当予以撤销。

在外国结婚法中,违反当事人意愿的情形,除胁迫外,还包括因受诈欺、因重大误解,甚至因一方酒精中毒缔结的婚姻。显然,我国婚姻法的这一规定涉及的面较窄。

(二)撤销婚姻的程序

在我国有权撤销婚姻的机关是婚姻登记机关和人民法院。当事人可以依行政程序到婚姻登记机关申请撤销婚姻,也可以依诉讼程序到人民法院申请撤销婚姻。

《婚姻登记条例》第9条规定:"因胁迫结婚的,受胁迫的当事人依据《民法典》第1052条的规定向婚姻登记机关请求撤销其婚姻的,应当出具下列证明材料:

(1)本人的身份证、结婚证;

(2)能够证明受胁迫结婚的证明材料。"

婚姻登记机关经审查认为受胁迫结婚的情况属实且不涉及子女抚养、财产及债务问题的,应当撤销该婚姻,宣告结婚证作废。

人民法院审理婚姻当事人因受胁迫而请求撤销婚姻的案件,应当适用简易程序或者普通程序。

撤销婚姻的请求权属于受胁迫的一方当事人本人,其他人无权要求撤销该婚姻。因为涉及当事人主观意愿的行为,只能由当事人自己做出,其他人无法代其做出判断。

为了保障婚姻关系的稳定,《民法典》第1052条对撤销婚姻明确规定了除斥期间:"因胁迫结婚的,受胁迫的一方可以向人民法院请求撤销婚姻。请求撤销婚姻的,应当自胁迫行为终止之日起一年内提出。"超过了该期间的,受胁迫一方不可再提出撤销婚姻的请求,当事人不及时行使权利的,视为对胁迫婚姻的认可,从而使该婚姻合法化。考虑到被非法限制人身自由的当事人无法及时行使撤销权利,《民法典》第1052条还规定:"被非法限制人身自由的当事人请求撤销婚姻的,应当自恢复人身自由之日起1年内提出。"即除斥期间自恢复人身自由之日起开始计算。

四、无效婚姻与可撤销婚姻的法律后果

我国《民法典》对无效婚姻与可撤销婚姻均采用有追溯力的法律后果。第1054条规定:"无效的或者被撤销的婚姻自始没有法律约束力,当事人不具有夫妻的权利和义务。同居期间所得的财产,由当事人协议处理;协议不成的,由人民法院根据照顾无过错方的原则判决。对重婚导致的无效婚姻的财产处理,不得侵害合法婚姻当事人的财产权益。当事人所生的子女,适用本法关于父母子女的规定。"根据这一规定,无效婚姻和可撤销婚姻的法律效力相同,均为自始无效,从婚姻成立之日起即不产生法律效力。因此,对当事人而言,婚姻的无效与被撤销将会产生以下法律后果:

(一)婚姻无效或被撤销后的权利与义务关系

婚姻无效或被撤销的当事人之间不具有基于婚姻的效力而发生的夫妻间的权利与义务关系,即双方之间不适用法律有关合法婚姻的夫妻人身关系和夫妻财产关系的规定。就人身关系而言,在姓名权、人身自由权等问题上,不适用婚姻法关于夫妻姓名权和人身自由权的规定,而应该按其他法律的有关规定处理。而在财产关系上,双方当事人相互之间没有法定的扶养义务,任何一方不可基于同居关系,要求对方扶养。但当事人在同居期间所得的财产,按共同所有处理,即可以适用婚姻法有关夫妻财产制的规定,除非当事人对同居期间的财产订立分别所有的契约,或有证据证明为一方所有外,男女双方同居期间,一方的工资奖金、生产经营的收益、知识产权的收益以及因继承、遗赠、赠与等所获得的合法收入,都应共同所有。对于同居期间双方为共同生产、生活而形成的债务,应按共同债务处理,双方协议由双方或者有偿还能力的一方偿还。对同居期间的财产的处理,首先应由当事人协议,协议不成时,由人民法院根据照顾无过错方的原则判决。

(二)婚姻无效或被撤销后的子女抚养问题

在无效婚姻期间受胎而出生的子女,因其父母没有合法的婚姻关系,应为非婚生子女。但《民法典》明确规定,非婚生子女享有与婚生子女同等的法律地位,任何人都不得危害和歧视非婚生子女。因此,对于无效婚姻或可撤销婚姻期间出生的子女,父母子女间的权利与义务,不受父母婚姻无效或被撤销的影响,父母的婚姻被宣告无效或被撤销之后,有关子女的归属及抚养费的负担等问题均适用《民法典》有关父母子女的规定。

(三)重婚导致的婚姻无效的财产处理问题

重婚是严重违反一夫一妻制的行为,在重婚关系中,重婚者可能有两个以上的配偶,在确认后婚无效的同时,对后婚同居期间的财产进行处理,首先要保护合法婚姻当事人应得的财产,不得侵害合法婚姻当事人的财产权利,有过错的一方应少分或不分财产。为了更好地保护合法婚姻当事人的利益,人民法院在审理重婚导致的无效婚姻案件时,涉及财产处理的,应当准许合法婚姻当事人作为有独立请求权的第三人参加诉讼。

结婚制度是婚姻制度的重要组成部分。婚姻的成立不仅对个人,而且对家庭与社会均事关重大。因此,在任何社会里,都有与其生活方式相适应的婚姻成立的要件,它是国家从当事人和子女后代及社会利益需要出发,对公民结婚所规定的必须具备的条件。在我国,婚姻成立要件分为必备条件和禁止条件。必备条件为结婚必须具备的条件,不具备法定条件者,就不具有结婚的资格。必备条件包括:结婚的男女双方必须完全自愿,结婚年龄为男不得早于22周岁,女不得早于20周岁。禁止条件为结婚不得具有的条件,禁止条件包括:有配偶者不得结婚,直系血亲和三代以内旁系血亲之间不得结婚,未到法定婚龄的不得结婚。不符合婚姻成立要件而缔结的婚姻,为无效婚姻或可撤销婚姻。无效或者被撤销的婚姻,自始无效,当事人不具有夫妻的权利和义务。在结婚前,当事人自行订立婚约的不具有法律效力,订婚者不得要求强制履行,但彩礼在一定条件下可以返还。对于未办理结婚登记的事实婚姻,经补办结婚登记后,婚姻的效力可溯及双方均符合结婚实质要件的同居之时。

复习思考题

1. 我国《民法典》规定的结婚条件有哪些？为什么要规定结婚条件？
2. 请说明"合意"在结婚条件中的重要性。
3. 简述确立法定婚龄的依据。
4. 哪些疾病患者不得结婚？为什么？
5. 为什么要禁止三代以内旁系血亲结婚？
6. 简述结婚登记的程序和意义。
7. 无效婚姻与可撤销婚姻有何区别？
8. 事实婚姻是婚姻吗？法律是否应当予以保护？

第五章 婚姻效力

法律意义上的婚姻作为男女双方以永久共同生活为目的、依法自愿缔结的具有权利与义务内容的两性结合,应包括两层含义:(1)男女双方缔结婚姻关系的操作行为和程序;(2)因此行为所构成的实体性夫妻关系。这两层含义既是婚姻的内涵,又是婚姻的效力,即夫妻之间的权利与义务关系。婚姻效力在法律上集中表现为两个方面:一是配偶权;二是夫妻财产制。配偶权源于婚姻的内在属性和社会功能,植根于人伦道德秩序,最终外化到法律规范,反映了人类对婚姻的文明自觉和理性把握。夫妻财产制是配偶身份关系的物化表现和对婚姻、家庭这一身份共同体的财产性法律规制,在现代市场经济氛围下具有独特的制度价值和很强的实践意义。

第一节 概 述

一、婚姻效力的概念

婚姻效力是指男女因结婚而产生的法律约束力或法律后果。它随婚姻关系的确立而发生,随婚姻关系的消灭而终止。

婚姻的效力有广义和狭义之分。广义的婚姻效力,是指婚姻成立后在婚姻家庭法及其他相关部门法中产生的法律后果。例如,民法、刑法、民事诉讼法、刑事诉讼法、劳动法、国籍法等部门法中都有关于婚姻效力的规定。狭义的婚姻效力,仅指婚姻在婚姻家庭法上的效力。其又可分为婚姻的直接效力和间接效力。前者指因婚姻而产生的夫妻间的权利与义务关系;后者指因婚姻引起的其他亲属间的权利与义务关系。本章阐述的婚姻效力,专指婚姻的直接效力,即夫妻间的权利与义务。

婚姻的直接效力从性质上可分为两个方面:一是婚姻在身份法上的效力;二是婚姻在财产法上的效力。从国外立法看,前者包括姓氏权、同居义务、忠实义务、婚姻住所决定权及日常家事处理权等;后者主要是指夫妻财产制,包括夫妻财产的归属、管理、使用、收益及处分等权利和债务的清偿,以及各种夫妻财产制的设立、变更和废止等法律规定。

夫妻关系即夫妻法律关系,它是夫妻之间的权利和义务的总和。夫妻关系的内容包括人身关系和财产关系两个方面。人身关系是指夫妻的身份相联系而不具有经济内容的权利与义务关系。财产关系是指夫妻间具有经济内容的权利与义务关系。

我国《民法典》有关婚姻效力的规定,其内容有夫妻人身关系和财产关系两个方面:夫妻人身关系包括姓名权,参加生产、工作、学习和社会活动的自由,婚姻住所决定权等。夫妻财产关系包括夫妻扶养义务、夫妻继承权以及夫妻财产制等。这些内容是婚姻的效力在夫妻间的直接表现。加强对夫妻关系的法律调整,有利于巩固社会主义婚姻制度,发挥婚姻家庭在社会生活中的职能。

二、夫妻在家庭中的法律地位

夫妻双方在家庭中的地位,是与男女两性的社会地位相一致的。夫妻关系的性质和特点,归根结底取决于一定的社会经济基础。随着社会经济基础及与之相适应的婚姻家庭制度的发展,夫妻在家庭中的地位也随之变化。

(一)关于夫妻地位立法主义的变迁

在国外法学研究的视角中,常用立法主义的不同来说明夫妻在家庭中法律地位的变迁。其把夫妻关系立法分为两大类型。一种是夫妻一体主义,又称夫妻同体主义,即夫妻因婚姻成立而合为一体,双方的人格互相吸收。从表面看,夫妻的地位是平等的。实际上,只是妻的人格被夫所吸收,妻处于夫权的支配之下。故夫妻一体主义不过是夫权主义的别名。此立法主义主要为古代和中世纪的亲属法所采用。我国古代也采取此说。例如,古籍载有"夫妇,一体也"。礼教还认为"夫者,妻之天也","夫为妻纲"。这表明妻的人格为夫所吸收。另一种是夫妻别体主义,或称夫妻分离主义;即指夫妻婚后仍各是独立的主体,各有独立的人格。夫妻双方虽受婚姻效力的约束,仍各有法律行为能力和财产权利。资产阶级国家的亲属法多采用夫妻别体主义。但在资产阶级国家早期的立法中,仍保留了一定的封建残余。随着社会的发展,许多资本主义国家对有关夫妻地位的法律做了修改,使夫妻双方的法律地位在形式上逐渐趋于平等。

由于上述分类只是以某些法律形式上的特征为依据,故它无法说明不同社会制度下夫妻关系的本质。

(二)不同社会制度下夫妻的法律地位

按历史唯物主义的观点,夫妻关系的性质及其发展变化,由社会经济基础所决定,并受上层建筑诸多部门的影响和制约。因此,夫妻在家庭中的地位,与不同的社会制度相适应,可分以下三个时期:(1)男尊女卑、夫权统治时期;(2)在法律形式上渐趋平等的时期;(3)从法律上的平等向实际上平等的过渡时期。

三、我国《民法典》对夫妻法律地位的规定

我国《民法典》第1055条规定:"夫妻在家庭中地位平等。"这是男女平等原则的具体体现,是对夫妻法律地位的原则性规定。我国《民法典》对夫妻关系的其他具体规定,都体现了这一原则的精神。夫妻是家庭的基本成员,只有在家庭地位平等的基础之上,才能平等地行使权利,平等地履行义务。实现夫妻在家庭中的地位平等,有利于消除夫权统治和家长专制等封建残余影响,建立社会主义新型的夫妻关系。

夫妻在家庭中地位平等的内容,根据我国《民法典》的规定,夫妻在人身关系和财产关系两个方面的权利和义务都是完全平等的。法律不允许夫妻任何一方只享受权利而不尽义务,或者只是尽义务而不享受权利。

夫妻在家庭中地位平等,既是确定夫妻间权利和义务的总原则,也是处理夫妻间权利和义务纠纷的基本依据。对于夫妻间的权利和义务纠纷,《民法典》有具体规定的,应按具体规定处理;无具体规定的,则应按夫妻在家庭中地位平等原则的精神予以处理。

第二节　配偶权

配偶权也称配偶身份权,是指夫妻之间在配偶身份状态下相互享有的权利和承担的义务的统称。就其法律属性分析,配偶权一般包含三个层面:(1)基于对历史上家长权、夫权的否定,在夫妻之间进一步强化的配偶人格权,如姓名权、人身自由权、生育权等。该类权利本不属于身份权范畴,但在人类历史上,曾经普遍存在且仍有现实表现的男性中心文化氛围及其制度构造,使婚姻成了扼杀女性的人格权的堡垒,因此,近代、现代亲属法不得不将部分人格权内容反映在配偶权中。(2)直接由婚姻这一共体内在特性规定的配偶权,是夫妻之间互动对等的人身上的权利与义务关系,构成严格意义上的配偶权,一般被称为夫妻人身关系。(3)以配偶身份为前提而派生的财产性权利,如扶养权、继承权、共同财产权等,一般被称为夫妻财产关系。现代世界各国或者在民法典中或者在单行的婚姻家庭法规范中,分别对这三类配偶权加以规定。

一、婚姻的社会功能是配偶权的本源

婚姻内含的两性结合的特性使其结构因主体的定向化而比较简明,但由于特定的社会背景下,人们对个人与社会利益的认识和偏重不同,婚姻结构在历史长河中不是单一的。原始社会群团的整体利益高于一切,两性的选择和结合必须服从群体生存的整体需要,脱离群体的个体化结合不仅会给群体带来破坏,而且对个体自身也是一种生存毁灭的灾难,因而个体婚结构既不可能,也不现实,只能采取集团式的群婚结构。随着生产力进步,人类文明提高,原始群体内部对于两性关系的禁例日益强化,集团婚结构逐步缩小到最后的单位,仅由两个"原子"即一男一女共同生活,不仅具备了客观的物质条件,而且有了认识上的基础,成对配偶结构滋生出来。但此时仍是一种松散的、自发的个体偶婚结构,尚未上升到自觉的社会规范层次。

偶婚结构使人们对两性关系的个体利益形成了新的认识,财产私有化使这种认识日益深化,从而带来了婚姻结构的渐进的历史性质变,牢固的一夫一妻的个体婚结构成为历史必然。但这种个体婚结构因衍生于私有制、男性权力中心和阶级剥削等特定社会条件,家庭、家族的利益和男性阶级统治的社会利益决定着婚姻的价值砝码,所以一开始即发生变异,名为一夫一妻,实质上则是片面针对妇女的一夫多妻。此乃奴隶社会、封建社会比较普遍的婚姻结构形式,并且主要是上层社会和有产者的特权。至于一妻多夫的婚姻结构只是在个别民族或地区曾经存在的一种特殊的婚姻形式,并不具有普遍意义。近代、现代社会,一夫一妻的个体婚结构还其历史本源,成为当今人类所共同遵循的普遍形式,并得到各国法律的一致认同。

因此,人类的婚姻结构大体上经历了三种类型,即群婚结构、偶婚结构和个体婚结构。一夫多妻的主体多元形式只是个体婚结构的历史变种,一夫一妻的个体婚结构则是至今为止协调个体利益与社会利益的最佳婚姻结构。

一夫一妻的个体婚结构在功能上集中于三个方面:

一是性爱功能。男女两性缔结婚姻关系之后,性爱就成为维持相互关系的重要纽带,一夫一妻的婚姻结构是对这种性爱的确认和保障。性爱作为两性之间的相互依赖与结合,应界定为男女两性生理、情感、精神等诸方面互动关系的总和,而不能仅理解为两性生理的结合。它是婚姻生活的重要内容。人们一般把婚姻看作满足夫妻性需要的形式,其实婚姻从来就是这样或那样限制男女性行为的单位。一夫一妻的婚姻结构既有确认、维护性爱的保障功能,又有限制、排斥婚外性爱的否定功能。在现代社会,婚姻保证夫妇间性爱需要满足的功能,一般是与排除婚姻之外各种性关系的功能同时实现的。社会把人们的性生活限制在婚姻的范围之内,有利于性需要的普遍满足,同时亦可避免由满足性需要的原始冲动而引发的社会冲突和混乱,反映了婚姻对个体利益与社会利益的兼顾。因此,有限制、排除婚姻外的性行为是习俗、道德、法律等社会规范中有关两性关系的基本要求,是婚姻家庭法的重要内容之一。

二是生育功能。人们缔结婚姻的目的,一方面是性爱本身,另一方面则是性爱的延续和结果,即生育。生儿育女,延续个体的血缘关系,实现人类自身再生产,是人们建立婚姻的一种正常愿望,也是社会赋予婚姻的使命,更是社会存在和发展的基本条件。因而生育既代表着人体的微观利益,又反映着人类整体利益;是婚姻主体的权利,也是其担负的社会责任与义务。

自个体婚制形成以来,婚姻一直是生育的合法的常态途径,非婚生育虽未彻底禁绝,但在社会上普遍遭到否定;而且在历史上,当性爱尚未得到人们理性层次的自觉认同时,生育功能被认为是婚姻的最高价值,也是婚姻成败的检测标准。现代社会生育观的进步,人们对自我发展及性爱价值的看重,加上生育政策的影响,婚姻的生育功能逐步丧失其传统意义上的显赫地位,不再是婚姻的必然归属,也没有与婚姻相伴始终。但社会中绝大多数人口仍然是通过婚姻生殖养育,婚姻与生育依然是一个有机联系的整体,传统的自然生育方式仍居主导地位。我国婚姻家庭法以计划生育为基本原则之一,规定夫妻双方都有实行计划生育的义务,不仅是对婚姻的生育功能的一种法律认可,而且是根据我国人口政策对此功能操作运行的一种必要规范和约束。

三是扶助功能。人的一生旦夕祸福,穷、悲、困、病、老、伤、残等,都需要社会和他人给予扶助、照顾和关怀,在社会公共福利尚难完备充足的条件下,对弱者的这种扶助责任就需要进行必要的分流,落实到具体的社会关系和社会实体之中。一夫一妻的婚姻结构同时也是一男一女长久共同生活的实体,有福同享、有难同当是夫妻关系基本法则,上升到法律、道德层次则是夫妻之间相互扶助的责任和义务。因此,婚姻承担了扶助功能,要求夫妻之间在经济上、物质上相互供养,生活上互相照顾,精神上互相关心抚慰。这种扶养功能是婚姻性爱功能的物化形式和生活表现,也是婚姻生育功能的有效保障,体现了个体与社会利益的双重需要。

随着现代家庭核心化、微型化的发展,又使诸多家庭职能直接浓缩到婚姻之中,或者说原来被家庭职能吸纳的某些婚姻功能又凸显出来。于是,婚姻在上述三项基本功能的基础上,还应包括共同生活、教育子女、经济保障、精神情感慰藉等家庭化功能。

至今为止,婚姻的社会功能不仅具有不可替代的特性,而且负载着推动社会进步和发展的极其重要的现实意义。要确保这些功能的运行和实现,必须配置相应的社会规范加以引导、保障和制约。道德上、法律上对配偶身份关系的反映正是婚姻功能的内在要求。

二、配偶权是近代、现代法制文明和进步的产物

在古代社会,由婚姻而形成的配偶身份关系,在认识上受制于愚昧、歪曲和伪善,在实质上

隶属于家长权、夫权、王权等支配服从性的人身依附体系,在形式上委附于风俗习惯、道德伦常和宗教控制,因此不具有独立的法律内涵,更不存在配偶权。

近代社会继《法国民法典》之后,一直到现代各国民事立法顺应社会文明进步的要求,不断认识和反映配偶身份关系的道德底蕴和法律属性,在男女平等、妇女解放、人格独立、自由平等、家庭民主和稳定、市场交易安全等新的社会价值体系下,以配偶为主体,以权利和义务为内容,直接用法律手段介入和调整配偶身份关系,普遍确定了配偶权。因此,在法律上规定配偶权,是人类社会婚姻家庭制度发展到一定阶段的产物,是法制文明进步的标志,也是当代世界婚姻家庭法的共同选择。

三、我国《民法典》中的配偶权

从《民法典》的规定可以看出,除夫妻财产制之外,表现或显示配偶权的内容有如下几个方面:

(一)夫妻有各用自己姓名的权利

姓名权,是自然人依法享有的决定、变更和使用自己姓名并排除他人干涉或者非法使用的权利,是基于人格权而产生的一种绝对权利。与姓氏权不同,姓名权是人身权的一种,是人际间具有身份关系的标记,一般是血缘关系的反映。男女结婚后具有夫妻身份,按照各国惯例,有些国家妻子姓氏会进行改变。姓名权是人格权的重要组成部分,是一项重要的人身权利。所谓姓名,是姓与名的合称。在传统意义上,姓(又称姓氏)是表示家族的字,名(又称名字)是代表一个人的语言符号。姓名虽然只是用来表示个人的特定符号,但有无姓名权却是有无独立人格的重要标志。

在我国封建社会,婚姻多实行男娶女嫁,女子婚后即加入夫宗,冠以夫姓而丧失姓名权(赘夫则冠以妻姓)。南京国民政府《中华民国民法·亲属编》第1000条也规定:"妻以其本姓冠以夫姓,赘夫以其本姓冠以妻姓,但当事人另有订定者不在此限。"这时虽有但书的规定,但仍带有明显的封建残余。

我国《民法典》第110条规定:"自然人享有生命权、身体权、健康权、姓名权、肖像权、名誉权、荣誉权、隐私权、婚姻自主权等权利。"第1056条规定:"夫妻双方都有各自使用自己姓名的权利。"我国的婚姻家庭法律坚持夫妻地位平等原则。1950年《婚姻法》至2020年颁布的《民法典》始终明确规定,夫妻双方都有各用自己姓名的权利。它意味着,夫妻双方各自作为独立的民事主体,不管民族、信仰、年龄、职业、财产状况如何,都有各用自己姓名的权利,不因婚姻成立或终止而发生变化。姓名权主要包括以下三个方面内容:(1)姓名决定权。姓名决定权是指自然人决定其姓名的权利。为自己命名是自然人的基本权利之一。自然人可以自己决定随父姓或者随母姓,也可以采取其他姓或者不要姓,也有权决定自己的姓名。但是,自然人应当依法行使姓名权。(2)姓名变更权。姓名变更权是指自然人变更其姓名的权利,这一权利来自姓名决定权,也是姓名决定权的应有之意。当事人在变更姓名之前,以原来姓名参与社会活动,行使权利,承担义务。变更姓名有可能影响到他人的权益,因此,行使此权不得任意为之,必须依法变更。(3)使用姓名权。使用姓名权是指自然人依法使用自己姓名的权利,包括自己使用、不使用和禁止他人使用的权利。

我国法律对夫妻姓名权的规定,有利于以下几个方面的法律关系的处理:

第一,对独立的人身关系的确定。

这一规定表明婚姻当事人的姓名不因婚姻关系而改变。该规定使中国妇女改变了以往一旦结婚就失去本姓的传统,赋予了妇女独立的人格。

第二,有利于财产所有权的确定。

财产的所有权与姓名紧密相联,尤其是财产赠与、遗产继承等均须服从于财产所有人的意愿。夫妻独立姓名权的确定,使得财产所有权更加明确和具体,财产流转更加符合财产所有者的意愿。

第三,使子女姓氏具有选择权。

夫妻和成年子女可以根据实际情况和需求,决定子女是随父姓或随母姓。我国《民法典》第1015条规定:"自然人应当随父姓或者母姓。"这一规定是以夫妻有独立的姓名权为前提的。

关于姓名权的内容,应当注意以下两个方面:

一方面,姓名权首先是姓名决定与变更权。姓名决定权是指自然人决定其姓名的权利。决定自己的姓名是公民的一项自由权利,除了选择父或母的姓氏之外,人们在决定自己的姓名时也可以做各种变通,比如,在父母的姓氏之外选择第三姓,不要姓只要名,或以父母的姓为名等。但是,自然人的这种姓名决定权应当依法行使。按照《户口登记条例》规定的精神,姓名权的行使以有意思自治能力为前提,在不具有意思自治能力以前,其姓名权由监护人代为行使。具体地说,在婴儿出生后一个月内,由户主、亲属、抚养人向婴儿常住地户口登记机关申报出生登记,并将其姓名记入户籍登记簿,在户籍登记簿上登记的姓名为正式姓名。姓名变更权,是指自然人变更其姓名的权利,这一权利来自姓名决定权,也是姓名决定权的应有之义。当事人成年之后有权决定是否变更姓名。当然,变更姓名必须依照法定的条件和程序办理。按照规定,变更姓名需要通过申请和批准,在户籍登记机关办理相关的手续;不得基于不正当的目的取与他人相同的姓名。

另一方面,姓名权还包括姓名的使用权。这种使用权包括自己使用、不使用和禁止他人使用的权利。姓名权不同于作品的署名权。一个人在一定时间内只能有一个正式的姓名。当事人在从事重要法律行为时,有义务使用在户口登记机关正式登记的姓名。如果恶意侵害他人合法的姓名权,应当承担相应的法律责任。

夫妻享有平等的姓名权,对子女姓氏的确定有重要意义。我国《民法典》对子女姓氏的规定,体现了夫妻法律地位平等的精神,有利于改变子女只能从父姓的旧传统,有利于破除以男系为中心的宗法制度的残余影响。

(二)夫妻双方都有参加生产、工作、学习和社会活动的自由

夫妻有人身自由权是夫妻家庭地位平等的重要标志。人身自由权也称"身体自由",是指公民在法律规定范围内,人身行动完全受自己支配,不受其他限制和干涉,它是公民享受其他一切自由的基础和前提。在旧中国,妇女受"男女有别""男外女内""三从四德"等封建礼教的束缚,只能从事家务,侍候丈夫和公婆,没有参加工作和社会活动的权利,完全丧失了人身自由,成为家庭奴隶。这不仅摧残了妇女本身,也阻碍了社会经济的发展。

这里的自由权是指夫妻参加生产、工作、学习和社会活动的自由。它是夫妻人身关系中最重要的实质性内容。

在中国古代,礼制认为"妇人"是天生的"从人者",即所谓"幼从父兄,嫁从夫,夫死从子"。作为已婚妇女,必须"顺于舅姑,和于室人,而后当于夫,以成丝麻布帛之事"。按照"男不言内,女不言外"的原则,她们被圈禁在小家庭的牢笼之中,而排除于社会生活之外,更无从过问、参

与社会公共事务的管理。古印度的《摩奴法典》也规定,"妇女幼时处于父亲的监护之下,青春期处于丈夫的监护之下,老年时处于儿子的监护之下","绝不应任意行动"。其他国家的古代法律也体现着大致相同的精神。

早期资本主义法继承着古代法的传统,依然片面肯定着夫方的权利,视顺从丈夫的意愿、操持家务为已婚妇女的天职。即使在封建残余较少的美国,1874年最高法院的判例仍然认为选举权并不随公民权而生效,各州有权拒绝妇女参加选举。只是由19世纪末开始,各资本主义国家才陆续赋予已婚妇女若干参加社会活动的自由权利,包括给予已婚妇女比较充分的从事和选择职业的自由权。

我国《民法典》充分肯定了夫妻双方的自由权,其第1057条明确规定:"夫妻双方都有参加生产、工作、学习和社会活动的自由,一方不得对另一方加以限制或者干涉。"

1. **参加生产、工作的自由**

这里的生产、工作泛指一切合法的社会性劳动。它主要是指获得报酬的社会性劳动,也包括义务的社会性劳动。我国《宪法》《劳动法》等法律法规都有保障公民劳动就业的规定。广大公民尤其是女性公民的劳动权利得到了国家的有力保障。我国已婚妇女的就业率居于世界各国的前列。同时,《妇女权益保障法》在保护劳动妇女的正当权益方面做了详尽规定,如平等录用,男女同工同酬,妇女在孕期、产期、哺乳期受特殊保护,任何单位不得以结婚、怀孕、产假、哺乳等为由,辞退女职工或者单方解除劳动合同等。

2. **参加学习的自由**

学习泛指为提高个人能力和素质而接受各种方式的教育、训练和通过各种渠道进行自我提高。它既包括正规的在校学习,也包括业余学习;既包括接受系统的教育,也包括职业或者技能培训;既包括集体性、系统性的学习,也包括个人自学。由于历史和现实诸方面的原因,我国公民尤其是妇女的受教育程度有待进一步提高。为了全面提高公民整体素质,除在校教育之外,还必须大力强化"继续教育"。因此,《民法典》规定已婚夫妻都有学习的权利,具有重要意义,尤其是充分保证已婚妇女学习的权利,非常有利于提高妇女的文化素质,促进家庭中男女地位平等,也有利于子女的培养和教育。我国《妇女权益保障法》还规定,各级人民政府应当把扫除妇女中的文盲和半文盲工作纳入扫盲和扫盲后续教育规划;要组织、监督有关部门具体实施;应当采取措施,组织妇女接受职业教育的技术培训。

3. **参加社会活动的自由**

这里所谓的社会活动,是指参政、议政活动,科学、技术、文学、艺术等文化活动,各种群众组织、社会团体的活动,以及多种形式的公益活动等。参加社会活动是我国公民依法享有的民主权利。这一规定同等地适用于夫妻双方,但就其针对性来说,主要是为了保障已婚妇女享有参加社会活动的自由权利。新中国成立以后,妇女全面参与国家和社会事务管理,在政治、经济、教育、科技文化、体育、卫生等方面都取得了引人注目的成绩和发展。

真正实现双方参加生产、工作、学习和社会活动的自由权利,必须禁止一方对他方的非法限制和干涉。同时,夫妻双方人身自由权利的行使,必须符合国家法律和社会主义的道德要求;任何一方在充分享有权利的同时,也必须履行相应的义务,做到权利义务相一致。至于双方在互相尊重、充分协商的基础上进行某种分工,或者是一方出于完全自愿做出有关决定,同样是公民享有的合法权利,其他人不得加以歧视和非法干预。

需要注意的是,夫妻人身自由权的行使,绝不意味着鼓励夫妻不顾一切地参加各种社会活动,夫妻除了享有参加社会活动的自由,双方还有相互扶养的义务,还有抚养教育子女、赡养扶助父母的责任。因此,夫妻双方只有在不影响家庭正常生活和对子女教育的前提下,才能参加各项社交活动。

(三)夫妻双方享有婚姻住所决定权

所谓婚姻住所,是指夫妻婚后共同居住和生活的场所。婚姻住所决定权,是指选择、决定夫妻婚后共同生活住所的权利。对于夫妻婚后共同生活的居所由谁决定,古今中外立法有所不同。在奴隶社会和封建社会,夫妻关系是男尊女卑,夫为妻纲,妻子从属于丈夫。婚姻住所的决定权亦专属于丈夫,实行"妻从夫居"的婚居方式。到资本主义社会,资本主义国家立法仍将婚姻住所决定权片面授予丈夫。例如,1804年《法国民法典》规定,妻以夫之住所为住所。妻对于夫仍处于从属地位。随着社会发展,许多资本主义国家先后修改立法,规定婚姻住所由夫妻共同决定。例如,《法国民法典》1975年修改后规定:"家庭的住所应设在夫妻一致选定的处所。"在社会主义国家,基于男女平等原则,法律规定夫妻双方平等地享有婚姻住所决定权。我国《民法典》第1050条规定:"登记结婚后,根据男女双方约定,女方可以成为男方家庭的成员,男方可以成为女方的家庭成员。"这一规定体现了社会主义婚姻家庭中,夫妻平等地享有婚后住所决定权。其立法精神是提倡男方成为女方家庭成员,是对我国传统的"妇从夫居"婚姻居住方式的一项重要改革。

这一规定的含义有两种:一是登记结婚后,夫妻双方平等地享有婚姻住所决定权。对于婚后夫妻共同生活的住所的选择,应由夫妻双方自愿约定。一方不得强迫另一方,第三人也不得干涉。二是夫妻双方享有互为对方家庭成员的约定权。登记结婚后,根据男女双方约定,女方可以成为男方家庭的成员,即"女到男家落户",妻从夫居。男方也可以成为女方家庭的成员,即"男到女家落户",夫从妻居。对于结婚时的约定,婚后也可以通过协商加以变更。当然夫妻婚后也可另组家庭,不加入任何一方原来的家庭,即从新居。这里必须明确,一方成为对方家庭成员后,他(她)与对方的亲属间只是姻亲关系,并不因此而产生法律上的权利和义务。

(四)夫妻之间有相互继承遗产的权利

以夫妻身份关系或婚姻状态的存在为前提,确认配偶之间为法定继承人,相互享有遗产继承权,是现代继承法的通例。我国《民法典》明确规定,"夫妻有相互继承遗产的权利",并在继承编中对配偶继承权的实际运作给予了全面具体的反映;《妇女权益保障法》针对妇女继承权容易受到侵犯的现实,特别强调"妇女享有的与男子平等的财产继承权受法律保护,在同一顺序法定继承人中,不得歧视妇女"。综合各相关法律规范的内容,对配偶继承权的理解和适用,应注意把握以下几点:

(1)婚姻关系的合法存在,亦即夫妻身份的现实存续,是配偶继承权的先决条件,也是法律确认配偶继承权的依据。换言之,只有在婚姻关系依法有效缔结之后、合法有效终止之前,配偶一方死亡,另一方才享有继承权。因此,配偶继承权是一种身份财产权,带有身份和财产双重属性。

(2)配偶互为第一顺序继承人,享有同等的继承权。除了《民法典》所规定的丧失继承权和限制遗产分割份额的情形之外,任何人均不得以任何借口剥夺、干涉或妨碍生存配偶对继承权的享有和行使。

(3)配偶继承权与夫妻共同财产的分割不能相混淆。我国以夫妻共同财产制为法定财产制,凡婚姻关系存续期间所有财产均为共同财产,因而当配偶一方死亡,其现有财产状态多为夫妻生前共有,并非全部是个人遗产。为此,必须进行夫妻共有财产的认定和分割,保障生存一方的共有财产权,同时确定死者个人遗产的价值和范围,认定和保护生存配偶及其他同一顺序继承人的继承权。

(4)配偶继承权不受婚姻存续时间长短的影响,也不受生存一方是否再婚的妨碍。在实践中一定要注意防范和杜绝干涉"寡妇带产再嫁"或干涉"上门女婿带产再婚"等侵犯配偶继承权的现象。

(五)夫妻之间有相互扶养的权利和义务

夫妻之间相互扶养的权利和义务是配偶权的重要内容,也是配偶身份关系和婚姻共同体的物化表现。我国《民法典》第1059条规定:"夫妻有互相扶养的义务。需要扶养的一方,在另一方不履行扶养义务时,有要求其给付扶养费的权利。"扶养,是指夫妻间相互供养和互助的法定义务,它既包括经济上的供养,又包括生活上的照料和精神上的抚慰。夫妻之间的互相扶养,既是权利又是义务,这种权利和义务是平等的。也就是说,丈夫有扶养其妻子的义务,妻子也有扶养其丈夫的义务;反之,夫妻任何一方具有受领对方扶养的权利。夫妻之间不得以约定形式改变此种法定义务。

第三节　夫妻财产制

一、夫妻财产制概述

(一)夫妻财产关系与夫妻财产制

夫妻财产关系以夫妻身份关系为前提。夫妻关系未经缔结或是不被法律承认,不产生相应的财产关系;夫妻关系已经依法解除的,其财产方面的权利和义务也随之消灭。

财产关系是夫妻关系的重要内容,是实现家庭经济职能的基础性要素。夫妻财产关系包括夫妻的财产所有权、夫妻间的扶养关系和夫妻财产继承权等。其中,夫妻的财产所有权是夫妻关系存续期间财产关系的核心,因其涉及双方各自的、共同的以及第三人的权益而受到各国法律的普遍重视。夫妻财产制是它的一般法律表现形式。

夫妻财产制又称婚姻财产制,是规定夫妻财产关系的法律制度,内容包括夫妻婚前财产和婚后所得财产的归属、管理、使用、收益和处分;家庭生活费用的负担;夫妻债务的清偿;婚姻关系终止时夫妻财产的清算和分割等。其核心是夫妻婚前和婚后所得财产的所有权问题。某一个国家采用什么样的夫妻财产制,既取决于它本身的社会制度,又受立法传统、风俗习惯以及其他思想、文化因素的重要影响。因此,一个国家不同历史时期可能采用各不相同的财产制度,社会制度相同的国家也可能存在夫妻财产制度的明显差异。

从发生的角度说,夫妻财产制可以分为法定财产制和约定财产制两种。所谓法定财产制,是指在配偶双方婚前和婚后均未就财产关系做出约定,或者是其所做财产约定无效时,由法律规定当然适用的夫妻财产制。因此,有的国家法学理论称之为"补充的夫妻财产制"或是"正常的夫妻财产制"。所谓约定财产制,是指法律允许夫妻双方在合法范围内自愿选择适用的夫妻财产制度。在通常情况下,约定财产制具有优先适用的效力,即夫妻一旦做出有效的财产关系约定,就不再适用法定夫妻财产制。

(二)夫妻财产制的类型

根据夫妻财产制的内容,从古至今主要有吸收财产制、统一财产制、共同财产制、分别财产制、联合财产制等类型。

吸收财产制是古代通行的夫妻财产制度,古巴比伦、古印度、古希腊、古罗马前期以及中世纪的欧洲国家等大多采用这一制度。在这种制度下,除夫的财产为其本人专有外,妻子携入的财产及婚后所得财产的所有权、管理权及用益权皆归属于夫;只是在个别情况下,夫应在婚姻关系解除时返还妻的婚前财产。

早期资本主义法律曾经采用称为"统一财产制"的夫妻财产制度。它的特点是夫妻签订契约,将妻子的原有财产估定价额,将所有权转移给丈夫,妻子保留对此项财产的返还请求权。在婚姻关系终止时,丈夫应将价值相当的财产返还其妻子或其继承人。这一制度在局部上注意到了妻子一定的权益,较之吸收财产制是一种进步,但它又将妻的婚前财产的所有权转变为对夫的一种债权,使女方处于十分不利的地位。这种制度无疑带有浓厚的夫权主义色彩,已为晚近的立法所抛弃。

近代以来,各国法律中的夫妻财产制度,主要有共同财产制、分别财产制和联合财产制三种。

共同财产制是将夫妻双方全部或者一部分财产依法合并为共有财产,按照共同共有原则来行使权利、承担义务,夫妻关系终止时才加以分割。共同财产制又具体划分为一般共同制、婚后所得共同制和劳动所得共同制等形式。一般共同制是指不论是夫妻的婚前财产还是婚后所得财产,是动产还是不动产,均归夫妻共同所有。婚后所得共同制是指夫妻在婚姻关系存续期间所得财产及原有财产的孳息原则上为夫妻共有。这里之所以说是"原则上",是因为采用这一制度的各国法律多规定双方的若干婚后所得为个人特有财产,不列入共同共有财产的范围。劳动所得共同制,是指仅以夫妻在婚姻关系存续期间的劳动收入作为共同财产,其他财产仍归个人所有。

分别财产制是指夫妻婚前、婚后所得的财产均归个人所有,各自独立行使管理、使用、收益和处分权。但并不排斥双方通过协议设定一定的共同财产,也不排斥双方就某些财产的管理权和收益权做出约定。分别财产制是夫妻婚前和婚后所得的财产不因结婚而发生财产上的共有,是"夫妻别体主义"的产物。在这种财产关系形态下,夫妻双方各自保持经济独立,体现了对个人价值的肯定和对个人财产权的保护;但它没有对家务负担做出充分的评价,在男女双方的社会地位、经济地位和家务分担存在重大差异的情况下,往往在平等的表象下掩盖着实际上的不平等。

联合财产制又称管理共同制,是指婚姻成立后,夫妻的财产所有权仍归各自所有,但双方的财产联合在一起,由丈夫管理,丈夫对妻子的财产有收益权、孳息的所有权和依法处分权。婚姻关系终止时,妻子的原有财产由妻子或者其继承人收回。这一制度源于欧洲中世纪的日耳曼法,近代社会被一些国家的法律所采用。

另外,若干国家实行"延期的共同制""所得参与制""剩余共同制"等夫妻财产制度,无非是对分别财产制和共同财产制加以折中的结果。由于过于琐细且没有完全脱离上述几种基本的财产制度,在此不再一一加以介绍。

上述各种夫妻财产制度,在不同国家的地位很不一致。有的国家将其中一种作为唯一的夫妻财产制度;有的国家则设定一种作为法定财产制而同时设定几种可供约定的财产制;也有的国家除了法定财产制之外,对约定财产制采取允许当事人任意选择的态度。

二、我国夫妻财产制的立法沿革

如前所述,我国古代实行宗族或者家庭成员的财产共有制度,并没有独立的夫妻财产制度可言。1930年公布的《中华民国民法·亲属编》规定以联合财产制作为法定的夫妻财产制,其主要内容为:除特有财产外,结婚时属于夫妻之财产及婚姻关系存续中夫妻所取得之财产为联合财产,由夫管理并负担管理费用;妻对于本人之原有财产保有所有权,但夫享有用益权以及孳息的所有权;夫对于妻之原有财产为处分时应征得妻之同意,但为管理上所必要之处分除外;联合财产需加分割或者妻死亡时,妻之原有财产归其本人或者由其继承人继承,如有短少依归责原则决定是否应予补偿。显而易见,这是一种片面维护夫方权益的不平等的财产制度。

中华人民共和国成立后,废除了封建夫权,实行男女平等的法律制度,妻子在财产上享有与丈夫相同的权利。1950年《婚姻法》第10条规定:"夫妻双方对于家庭财产有平等的所有权与处理权。"关于"家庭财产"的内容,中央人民政府法制委员会的解释是,"家庭财产主要不外下列三种:(1)男女婚前财产;(2)夫妻共同生活时所得的财产……(3)未成年子女的财产"。关于这些财产的权利归属及行使,立法解释为,"使夫妻间无论在形式上或实际上都能真正平等地共同所有与共同处理第一种和第二种家庭财产以及共同管理第三种家庭财产"。也就是说,在夫妻间实行一般共同制,双方对各自婚前财产和婚后所得财产共同行使所有权。这种规定,一方面,是"针对中国绝大多数人作为一般通例的夫妻财产关系",另一方面,体现了"男女权利平等和夫妻在家庭中地位平等之原则"。它的实施,对于我国夫妻财产法律制度的革命发挥了重要作用,为社会主义夫妻财产法的完善奠定了良好基础。

从社会发展的实际情况出发,1980年《婚姻法》对夫妻财产制做了必要的调整,主要是将原来的一般共同制修改为婚后所得共同制,并允许夫妻双方进行财产约定。其第13条规定:"夫妻在婚姻关系存续期间所得的财产,归夫妻共同所有,双方另有约定的除外。"以婚后所得共同制作为法定夫妻财产制,体现了处于社会主义初级阶段的中国夫妻财产关系立法的特色。首先,它继承了新中国成立以来法定夫妻财产制的基本精神,以确定共同财产制为立法原则,既便于为广大人民群众所接受,又充分考虑到男女两性在经济收入方面的实际情况,体现了男女平等和保护妇女合法权益的原则。其次,它将婚前财产和婚后所得加以区分,确认不同的所有权,既反映了我国妇女经济地位已经显著改善的实际,又有利于对公民个人财产权利的肯定与保护。再次,它将夫妻个人财产、夫妻共有财产和其他家庭成员的财产做了严格界定,加以明确区分,既弥补了原《婚姻法》文字表述上比较模糊的不足,又确定了家庭生活中各种不同性质财产的范围及相应的权利,更加科学、合理。

但是,在实践中,1980年《婚姻法》关于夫妻财产制的规定逐渐暴露出一些不足:一方面,对法定财产制的规定过于概括,只有夫妻共有财产而没有夫妻特有财产,对个人财产所有权的保护不够充分;另一方面,没有为夫妻财产约定制定具体的规范,实践中缺乏法律依据。这些都已经不能完全适应我国经济关系发展和公民财产关系变化的实际需要。2001年《婚姻法》修正案再一次做了修改和补充,不但形成了现行的法定夫妻财产制,而且完善了约定财产制。

三、我国现行的法定夫妻财产制

2011年《最高人民法院关于适用〈中华人民共和国婚姻法〉若干问题的司法解释(三)》关

于法定夫妻财产制的规定,其特点有二:一是将婚前个人财产和婚后所得财产的权属做了更明确的规定;二是对婚后所得中属于双方共有的财产和属于一方特有的财产做了清晰的区分。尤其是它将双方婚后所得分为共有财产和个人特有财产两个部分,实际上是确立了"限定的婚后所得共同制"。其主要内容包括:

(一)夫妻共同财产的范围

根据《民法典》规定的精神,凡是认定为夫妻共同所有财产的,须具备三个要件:第一,必须是在婚姻关系存续期间(即由婚姻关系成立之日起到婚姻关系终止时为止)双方合法取得的财产;换言之,婚姻关系被法律承认以前和依法终止以后双方所得均不列入共同财产的范围。第二,必须是未被双方约定为个人所有财产或者约定无效的婚后所得。换言之,凡是已经有效约定为个人所有的财产不再视为夫妻共有财产。第三,必须是法定个人特有财产以外的双方婚后所得财产。换言之,我国现行法律对属于夫妻个人所有财产和双方共同所有的财产范围做了明确的界定,夫妻共同财产的内容排除个人特有财产,其范围具有法定性。

2020年颁布的《中华人民共和国民法典》第1062条规定,在配偶双方采用法定财产制时,夫妻共同财产包括如下几类:

(1)工资、奖金、劳务报酬。这里的工资、奖金是指一切为国家机关、社会团体、企事业单位和他人从事劳务活动所获取的收入。对它须做广义的理解,即工资、奖金既包括从事上述劳务活动而获得的固定工资、定额奖金,也包括不定期的和不定额的其他奖励和实物。劳务报酬是指从事一次性、临时性劳动所获得的收入。劳务报酬所得是指个人从事劳务所得的报酬,包括从事设计、装潢、安装、制图、化验、测试、医疗、法律、会计、咨询、讲学、翻译、审稿、书画、雕刻、影视、录音、录像、演出、表演、广告、展览、技术服务、介绍服务、经纪服务、代办服务以及其他劳务所得的报酬。当然,用这些收入购置的动产、不动产也都属于夫妻双方共有。无论夫妻各方收入多寡,有无收入,均不影响他们对财产的共有权。例如,一方有工作,有工资、奖金收入,另一方没有工作,只在家庭中从事家务劳动,这不影响无收入的一方对夫妻共同财产的权利,他们在婚姻关系存续期间,有平等地使用、管理、处分财产的权利,在婚姻关系终止时,也有均等分割夫妻共同财产的权利。

(2)生产、经营的收益。所谓生产、经营,既包括从事个体生产劳动,也包括在工业、农业、服务业、信息业、金融证券业等领域中从事组织管理、承包、租赁、投资等经营活动。生产、经营的收益,是指从事上述一切活动所得的收益。

随着社会主义市场经济的不断发展,在私营企业、个体工商户、合伙经营、承包经营以及股份制企业中投资所引起的夫妻财产关系日益复杂,既可能是双方共同投资、经营,也可能是以一方的名义投资、经营;既可能有一定数目甚至是巨额的收益,也承担着相应的风险。依照法律规定,如果双方没有就有关财产的归属做出约定,在婚姻关系存续期间,进行生产活动的,不论是一方还是双方,其收益均应属于夫妻共同共有;进行经营活动的,无论是单独的还是共同的投资和经营,其所得收益均应视为夫妻共同财产,其所负债务一般应视为夫妻共同债务,法律有另外规定的,从法律规定。

(3)知识产权的收益。知识产权是一种智力成果权,包括著作权、商标权、专利权、发明权、发现权等,它们具有很强的人身性,但同时也会产生财产权利。婚后一方取得的知识产权,权利本身归一方专有,比如著作权中的署名权、使用许可权、修改权等均属一方所有,由所有方单独行使,其配偶不得共享。但因知识产权取得的经济利益,如专利转让费、作品稿酬等,则属于夫妻共同财产。

(4)非特定性的继承或受赠财产。按照《民法典》规定的精神和最高人民法院的司法解释,在婚姻关系存续期间一方或双方继承或者受赠的全部财产均属夫妻共同所有。对此,学术界、司法界和社会上有许多人提出了不同的看法,认为这类财产往往带有很强的身份性,尤其是被继承人和赠与人在遗嘱或者赠与合同中明确了夫妻一方为继承人和受赠人的,如果仍然看作夫妻共有财产,显然违背被继承人和赠与人的意志,不利于保护公民个人财产所有权。《民法典》采纳了这种意见,对继承和赠与财产的归属做了必要的区分,即,凡是遗嘱或者赠与合同中确定只归一方所有的财产,不再认定为夫妻共同所有。换言之,按照《民法典》的规定,在婚姻关系存续期间,法定继承所得,以及发生在遗嘱继承和赠与中,被继承人或者赠与人未指定归一方所有的财产归夫妻共同共有。这一规定一方面从关注家庭、满足婚姻共同体存在所必需的财产出发,体现了对夫妻共同财产权益的保证;另一方面,又尊重了公民对个人所有财产的处分权,贯彻了保护个人财产所有权的法律原则。

按照我国《民法典》的规定,继承自被继承人死亡时开始。这意味着,夫妻一方作为继承人应当继承并非专属其本人所有的遗产,只要是在被继承人死亡时夫妻关系仍然处在存续状态之中的,在遗产实际分割之前一方死亡或者是双方离异,也应依法列为双方共同所有财产。

(5)夫妻一方个人财产在婚后产生的收益,除孳息和自然增值外,应认定为夫妻共同财产。

(6)其他应当归共同所有的财产。前5项列举了夫妻共同财产的明确范围。但基于实际生活的复杂性和婚姻财产的多样性,对婚后所得且应属双方共有的财产,法律难以全部罗列,做这样一项属于补充性的规定是非常必要的。比如,一方婚前财产在婚后获取的孳息,原则上应当视为婚后所得而归双方共有。

另外,按照1993年发布的《最高人民法院关于人民法院审理离婚案件处理财产分割问题的若干具体意见》,在离婚时,"对个人财产还是夫妻共同财产难以确定的,主张权利的一方有责任举证。当事人举不出有力证据,人民法院又无法查实的,按夫妻共同财产处理"。这就是说,在离婚时对财产的归属有争议,又不能证明属于夫妻一方的,推定为夫妻共同财产。

(二)夫妻共同财产的处理权

我国《民法典》第1062条明确规定:"夫妻对共同所有的财产,有平等的处理权。"正确理解和执行这一规定,应当注意以下几点:

(1)夫妻对财产的共有是典型的共同共有,而不是按份共有。在婚姻关系成立之后、终止之前,共有财产是一个整体,夫妻双方不分职业、地位和收入多少,不分主次,不分份额,对共同财产享有平等的占有、使用、收益和处分的权利。

(2)基于亲属共同生活的特点,常常会因日常需要处理夫妻共同财产。夫妻在处理夫妻共同财产上的权利平等,并不意味着事无巨细,一切都要经过协商;出于共同生活的需要,任何一方均有权做出处分共同财产的决定。换言之,不能将一方为了日常生活需要对共同财产独立进行的处分行为理解为对他方权利的侵害。同时,通过明示或者默示的方式,赋予一方以管理日常生活的权利(有的国家法律将之称为"理家权"),在夫妻共同生活中是正常现象,自然是法律所允许的。

(3)夫或妻非因日常生活需要对夫妻共同财产做出重要的处理决定,双方应当平等协商,取得一致意见。在生产、经营、投资、购置或者处分不动产以及重要的动产等方面,都需要形成双方的合意,任何一方都无权擅自做出违背他方意志的重大财产处分行为,否则将形成对他方合法财产权利的侵害。

(4)夫妻对共同财产享有平等的权利,也承担平等的义务,因为共同生活、生产和经营所负的债务,是夫妻共同债务,应当以共同财产偿还。为了维护正常的社会主义市场经济秩序,一方以夫妻双方的名义进行对外民事行为,相对方有理由相信是夫妻双方共同意思表示的,另一方不得以"不同意"或"不知道"为由对抗善意第三人。但是,如果一方和第三人恶意串通,损害另一方的合法财产权益,行为人和恶意第三人则应承担相应的法律责任。

(三)夫妻个人特有财产

夫妻个人特有财产也称夫妻保留财产,是指夫妻在实行共同财产制的同时,依照法律规定或双方约定,各自保留一定范围的财产为个人所有财产,享有对该财产管理、使用、收益和处分的权利。显而易见,个人特有财产制不同于分别财产制。个人特有财产制以共同财产制为前提,是对夫妻共同财产制的补充和限制,没有共同财产制就没有个人特有财产制。而分别财产制是指全部夫妻财产,包括婚前和婚后全部财产,都归属于夫妻各自所有的制度。

根据产生原因的不同,夫妻个人特有财产分为法定个人特有财产和约定个人特有财产两种。后者属于约定财产制的范畴,将在后面章节中叙述,这里只讨论法定夫妻个人特有财产,即在采用法定的婚后所得共同制时,依照《民法典》的规定属于一方所有的财产。

我国《民法典》第1063条对个人特有财产范围做了规定。这类财产包括:

1.一方的婚前财产

夫妻双方婚前所得财产属于个人所有,这是婚后所得共同制不同于一般共同制的基本特征。所谓婚前财产,是指当事人结婚前各自所有的财产,包括婚前个人劳动所得、继承或受赠的财产以及其他合法财产。在婚后所得共同制下,结婚之前所有的财产仍归个人所有,不因婚姻的成立而发生所有权的变化。

在我国的法定夫妻财产制下,一方婚前财产归个人所有,这是被《民法典》明确规定的,当事人自应遵守。至于每一对夫妻关系中个人婚前所有财产的具体内容,因情况不同而多有差别,但在一般情形下,均可明确区分。至于是否需要对这些财产的内容、数量等进行公证,法律并无强制性的规定,当事人有选择的自由。如果当事人要求公证的,应当按照法定程序办理;当事人不要求公证的,任何机关都不得强制当事人公证。

2.一方因受到人身损害获得的赔偿或者补偿

这类费用都带有强烈的人身专属性质。其中,因身体受到伤害而获得的医疗费,是由加害人支付,专门用以受害人治疗、恢复的费用,自应归受害人本人所有。残疾人生活补助费是国家或者集体为了保障残疾人的基本生活需要所给的费用,他人也不能共享。总之,由于这些财产与生命健康密切相关,对于保护个人的生存等权利必不可少,因此应当排除于夫妻共同财产之外。

3.遗嘱或赠与合同中确定只归夫或妻一方的财产

订立遗嘱和赠与合同,都是财产所有权人依法处分自己财产的行为。如果遗嘱人或赠与人在遗嘱或赠与合同中明确指定遗产或者赠与财产只归夫妻一方的,出于对被继承人和赠与人个人财产处分权的充分尊重,该财产理应属于一方的个人特有财产,而非共同财产。按照《民法典》的规定,赠与可以附义务,凡是附义务且被受赠人接受的赠与,受赠人应当按照约定履行义务。夫妻一方接受的附义务赠与,其所附义务也应由受赠一方单独履行,他方没有代为履行或者共同履行的义务。

4. 一方专用的生活用品

理解一方专用的生活用品,关键在于"生活专用",即个人用于生活所需的物品,如个人专用的衣物、装饰品等。用共同财产购置的生产资料,虽可能为一方专用,但不能视为个人特有财产;有些物品虽然用于生活,但不具个人专用性,比如家具、家用电器等,也不能视为个人特有财产。

5. 其他应当归一方的财产

与对于共有财产的规定一样,这也是对一方特有财产的补充性规定。判断哪些其他财产属于一方特有财产,应当考虑两种因素:一种是这些财产确实带有较强的人身属性,理应归一方所有。比如,复员、转业军人由部队带回的医疗费,就和本人的身份不可分割,不宜作为夫妻共同财产对待。再比如,某一个运动员获得的奖牌,是本人荣誉的一种直接体现,自然也不宜夫妻共享。另一种是该财产确实与某一方的专门业务密不可分,而对另一方而言,即使享有一定的权利,也不能充分体现其应有的价值,比如一方用于开展研究、教学或者进行其他工作的专业书籍、专用工具等。

我国《民法典》明确肯定了夫妻婚后所得制下的一方特有财产,不但在夫妻财产所有权理论上是一项突破,而且对于保护公民正当的财产权益、促进社会主义家庭关系的健康发展具有重要的实际意义。在实践中,一方面,要对夫妻一方个人特有财产的所有权加以保护,不允许任何故意侵害这种个人财产所有权的非法行为。另一方面,也需注意以下几个实际问题:第一,对于用于夫妻共同生活的一方特有财产,应当承认另一方的使用权,而不能收取代价。比如,夫妻共同居住在一方婚前所有的房屋中,不能要求无产权的一方支付房租;夫妻共同使用属于一方所有的家用电器,不能要求无产权的一方支付使用费等。第二,一方特有财产在婚姻共同生活中正常耗损、灭失的,不能要求无产权的一方给予补偿。第三,在婚姻共同生活中,双方协商一致对夫妻一方特有财产做出添附行为的,应当对添附财产的产权另外界定。比如,一方婚前所有的房屋,在婚姻关系存续期间用婚后所得加盖扩大的,添附部分应视为夫妻共同所有。

1993年,《最高人民法院关于人民法院审理离婚案件处理财产分割问题的若干具体意见》规定:"一方婚前个人所有的财产,婚后由双方共同使用、经营、管理的,房屋和其他价值较大的生产资料经过8年,贵重的生活资料经过4年,可视为夫妻共同财产。"这个解释虽然对处理离婚时财产分割的纠纷发挥了一定的作用,但这种财产所有关系"转化"的规定缺乏明确的法律依据,在法理上也有值得商榷之处。为充分确认和保护公民合法的财产所有权,2001年12月,《最高人民法院关于适用〈中华人民共和国婚姻法〉若干问题的司法解释(一)》做了纠正,申明:"《婚姻法》第18条规定为夫妻一方所有的财产,不因婚姻关系的延续而转化为夫妻共同财产。但当事人另有约定的除外。"2011年7月,《最高人民法院关于适用〈中华人民共和国婚姻法〉若干问题的司法解释(三)》第10条规定:"夫妻一方婚前签订不动产买卖合同,以个人财产支付首付款并在银行贷款,婚后用夫妻共同财产还贷,不动产登记于首付款支付方名下的,离婚时该不动产由双方协议处理。依前款规定不能达成协议的,人民法院可以判决该不动产归产权登记一方,尚未归还的贷款为产权登记一方的个人债务。双方婚后共同还贷支付的款项及其相对应财产增值部分,离婚时应根据《婚姻法》第39条第1款规定的原则,由产权登记一方对另一方进行补偿。"

四、我国的约定夫妻财产制

(一)概念和特征

夫妻约定财产制是指夫妻用协议的方式,对夫妻在婚前和婚姻关系存续期间所得财产的归属、管理、使用、收益、处分以及债务清偿等做出约定,从而全部或者部分排除法定夫妻财产制适用的制度。约定财产制有两个重要特征:第一,相对于法定财产制而言,它是夫妻双方在自愿的基础上以协议形式选择适用的财产制度。第二,与法定财产制相比,它具有优先适用的效力。也就是说,如果夫妻双方就财产的各项问题做出了合法约定,有关财产就不再适用法定的夫妻财产制。

(二)我国夫妻约定财产制的立法历程

我国1950年《婚姻法》对夫妻约定财产制没有做出规定。主要原因有四点:一是我国历史上没有夫妻约定财产制的传统,人们缺乏这方面的意识;二是在新中国成立之初,经济发展水平和人民的生活水平相对较低,家庭财产、公民个人财产一般很少,对确立夫妻约定财产制没有迫切的需求;三是当时女性参加社会劳动尚不普遍,独立的经济收入较少,实行约定财产制不利于维护妇女的切实利益;四是我国的法治建设处于起步阶段,研究和借鉴世界各国的法律理论和制度也处于起始时期。

适应我国改革开放的社会经济发展形势和公民家庭财产、个人财产关系变化的需求,1980年《婚姻法》肯定了夫妻财产约定的法律效力,在第13条中规定:"夫妻在婚姻关系存续期间所得的财产,归夫妻共同所有,双方另有约定的除外。"即在确认法定财产制度的同时,允许夫妻双方对财产关系做出约定,形成了以法定为主、约定为辅的夫妻财产制度。这无疑是一项重要的发展。但由于采取了"除外"式的而非设置专门条款的立法模式,不可能对约定财产的范围、约定的时间和条件、约定的效力等做出明细规定。

随着社会主义市场经济体制的建立和发展,财产种类增多,财产关系日趋复杂,公民的家庭财产和婚前个人财产明显增多,价值观念和婚姻家庭观念发生重大变化,夫妻财产约定不断增加,原《婚姻法》的规定已经不能充分满足全面调整夫妻财产关系的需求;同时,日益增多的离婚财产分割诉讼,也使人们认识到对财产所有权应当有一个明确的划分和协议。经过多年来实践经验的总结,2001年的《婚姻法》第19条对夫妻约定进行了大量的补充。2011年7月,《最高人民法院关于适用〈婚姻法〉若干问题的司法解释(三)》对夫妻约定财产做了进一步的补充,例如,"当事人达成的以登记离婚或到人民法院协议离婚为条件的财产分割协议,如果双方协议离婚未成,一方在离婚诉讼中反悔的,人民法院应当认定该财产分割协议没有生效,并根据实际情况依法对夫妻共同财产进行分割。""夫妻之间订立借款协议,以夫妻共同财产出借给一方从事个人经营活动或用于其他个人事务的,应视为双方约定处分夫妻共同财产的行为,离婚时可按照借款协议的约定处理。"这些规定使我国的夫妻约定财产制开始走向完善,体现了我国婚姻家庭法制建设的长足进步。

(三)我国现行的夫妻约定财产制

1. 约定的条件

夫妻对财产关系做出约定是一种特殊的民事法律行为,要符合《民法典》的有关规定,一般应具备以下条件:

(1)由于该类约定基于配偶的特殊身份,约定双方必须具有合法的夫妻关系。未婚同居、婚外同居者对财产的约定,不属于夫妻财产约定。

(2)夫妻双方必须具备完全的民事行为能力。如一方婚后丧失或部分丧失民事行为能力的,则不能作为夫妻财产约定的当事人,而该对夫妻只能适用法定夫妻财产制,不能另行约定夫妻财产制。夫妻财产制的约定不适用代理的规定。但是,一方当事人是在依法达成夫妻财产制协议以后,丧失或者部分丧失民事行为能力的,不影响原来协议的效力。

(3)夫妻双方必须完全自愿,意思表示真实。如果一方以威胁、强迫、欺诈手段或者乘人之危,使另一方做出违反自己真实意愿的约定,另一方有权请求变更或者撤销。

(4)约定的内容必须合法,不得超出夫妻个人和共同财产的范围;不得损害国家、集体或他人的利益;不得规避法律义务,比如不得借约定而不履行抚养子女和赡养老人的法定义务;不得借夫妻财产约定逃避债务。

此外,约定还应采用书面形式,最好经过公证机关公证。但双方都承认的口头约定,应承认其效力。变更、废止原约定的,如果订立时采取书面形式或经过公证,变更和废止时最好采用相同形式。

2. 约定的内容

根据《民法典》的规定,我国夫妻财产约定的范围比较宽泛。约定的标的,可以是婚前财产,也可以是婚后所得;可以是全部财产,也可以是部分财产。约定的具体内容包括三种:

第一种是约定实行分别财产制,即"婚姻关系存续期间所得财产和婚前财产归各自所有"。按照一般理解,约定实行分别财产制的,应当同时就婚姻共同生活所需费用(包括共同生活费用和子女抚养费用)的分担加以约定。

第二种是约定实行一般共同制,即"婚姻关系存续期间所得财产以及婚前财产"均归双方"共同所有"。

第三种是约定实行混合财产制,即"婚姻关系存续期间所得财产以及婚前财产……部分各自所有,部分共同所有"。比如,可以将不动产约定为共同所有,将动产约定为各自所有;可以将一切继承和接受赠与所得约定为个人所有或者共同所有;可以将婚后所得固定收入约定为共同所有,其他收入约定为各自所有;等等。

夫妻财产约定应当尽量全面、明确。凡是没有约定或者是约定不明确的,适用法定夫妻财产制的规定。

3. 约定的形式

依照《民法典》的规定,夫妻财产约定是要式行为,"应当采用书面形式"。之所以要采用书面形式,主要目的在于使约定有确定的依据,避免纠纷,并且便于必要时进行公示。至于是否进行公证,由当事人协商决定。按照司法惯例,双方没有争议的口头约定也视为有效。从《民法典》的规定看,有必要强调夫妻财产约定的要式行为性质;如果双方对口头约定发生争议的,原则上应按照没有约定来处理。

4. 约定的时间和效力

第一,约定的时间。按照通常的解释,双方做出财产约定的时间可以在结婚之前,也可以在婚姻关系存续期间。但必须明确,婚前做出约定的,在婚姻关系正式成立之后始发生夫妻财产约定的效力。第二,约定的效力。夫妻财产约定的效力分为对当事双方的效力和对第三人的效力两个方面。就对双方的效力而言,《民法典》第1065条第2款规定:"夫妻对婚姻关系存续期间所得的财产以及婚前财产的约定,对双方具有法律约束力。"也就是说,夫妻对财产关系的约定一旦成立,双方应当按照约定的内容行使权利并承担义务。就对第三人的效力而言,双方约定采用一般共同制的,原则上不会产生对第三人效力方面的争端;而约定实行分别财产制的,则可出现一方债务的清偿责任问题。对此,《民法典》第1065条第3款特别规定:"夫妻对婚姻关系存续期间所得的财产约定归各自所有,夫或者妻一方对外所负的债务,相对人知道该约定的,以夫或者妻一方的个人财产清偿。"也就是说,夫妻双方约定实行分别财产制,任何一方都应当对自己所负的债务独立清偿,他方不负连带责任,但这种约定必须为债权人所明知。为了确保债权人的合法利益不受侵害,如果因为债务清偿责任问题发生诉讼,2001年12月《最高人民法院关于适用〈中华人民共和国婚姻法〉若干问题的司法解释(一)》规定:"《婚姻法》第19条所称'第三人知道该约定的',夫妻一方对此负有举证责任。"换言之,凡是不能证明确为第三人知悉的夫妻分别财产约定,不能对抗善意第三人。

按照一般的民事法律规则,夫妻财产约定可以依法变更或者撤销。这里的变更是指通过协商,在法律允许的约定财产制范围内对原有约定加以修改,比如,可以将原来关于实行分别财产制的约定变更为实行混合财产制,可以将原来关于实行混合财产制的约定变更为实行一般共同制,可以将原来约定实行的混合财产制变更为实行分别财产制等。这里的撤销,是指双方一致同意不再履行原来的财产约定而采用法定财产制。在变更或者撤销时,同样应当遵循夫妻财产约定的一般原则,包括双方必须是完全民事行为能力人,必须自愿协商,不得侵害国家、集体或者第三人的合法权益,不得规避法律义务等;同样应当采用书面形式,并向有利害关系的第三人明确告知,否则不产生对抗第三人的法律效力。

五、夫妻遗产继承权

(一)夫妻遗产继承权的概念

继承是指财产所有人死亡(包括自然死亡和被宣告死亡)时,按照法律规定或者死者的遗嘱将其遗留下来的财产转移给他人所有的一种法律制度。

我国法律保护公民的合法继承权。根据《民法典》的有关规定,夫妻有相互继承遗产的权利。这种权利基于婚姻的法律效力,是以夫妻的人身关系为前提的。也就是说,只有合法的婚姻关系中的夫妻,才能相互继承对方的遗产。不具备合法婚姻关系的两性关系,如未婚同居、婚外同居、重婚等的男女双方,不具有互相继承遗产的权利;如果在继承开始前双方已经离婚,或者婚姻被宣告无效或者被撤销,生存一方也无继承死者遗产的权利。

(二)夫妻遗产继承权的内容

1.配偶的继承地位

根据我国《民法典》的规定,继承分为法定继承和遗嘱继承两种。法定继承分为两个顺序,当有第一顺序法定继承人时,第二顺序法定继承人不继承。配偶和子女、父母一起,为第一顺序的法定继承人。遗嘱继承优先于法定继承。遗嘱继承人必须是法定继承人中的一人或者数人,作为第一顺序的法定继承人,配偶当然可以成为遗嘱继承人。

2.遗产范围和配偶继承权利的行使

在采用夫妻法定财产制或者在夫妻双方约定实行混合财产制的情况下,都存在着夫妻共有财产。在继承关系中,遗产只是被继承人本人所有的合法财产。因此,继承开始后,首先要将夫妻共同财产中属于生存方的财产分割出来,不能列为死者的遗产。

夫妻一方死亡后,生存的一方对依法继承的遗产拥有完全的所有权,有权根据自己的意愿和利益占有、使用和处分该项财产。我国《民法典》第 1157 条规定:"夫妻一方死亡之后,另一方再婚的,有权处分所继承的财产,任何人不得干涉。"其目的在于充分保护已婚妇女合法的继承权利。认真执行这一规定,必须严格禁止阻止妇女继承遗产、干涉寡妇带产改嫁的行为。

3.夫妻之间丧失继承权的情形

依照《民法典》的规定,夫妻一方在下列情况下将丧失配偶的遗产继承权:第一,故意杀害配偶的;第二,为争夺配偶遗产而杀害其他合法继承人的;第三,遗弃或虐待配偶、情节严重的;第四,伪造、篡改或销毁遗嘱,情节严重的。

复习思考题

1. 什么是婚姻的效力?
2. 法律上应否规定配偶身份权?
3. 配偶之间有哪些身份上的权利与义务?
4. 什么是夫妻财产制?
5. 夫妻财产制有哪些类型?
6. 如何理解我国现行夫妻财产制?
7. 如何认定夫妻个人财产和共同财产?
8. 如何理解我国现行的夫妻约定财产制?
9. 如何行使夫妻遗产继承权?配偶继承权的地位如何?

第六章 离 婚

离婚不仅涉及夫妻双方人身关系、财产关系的巨大变更,也涉及子女抚养教育问题上的巨大变化,还因为婚姻关系是伦理实体,与社会的道德风尚密切相关,因而对家庭和社会都会产生重大影响。所以,离婚问题从来就作为一种重要的社会问题而受到人们密切关注,离婚制度也就成为婚姻制度的一个重要组成部分。当代各国立法对离婚的方式、程序、原因、法律后果等问题都做了种种具体规定。有的国家还就离婚问题专门制定了单行法规。我国《民法典》第五编对协议离婚、判决离婚、婚姻关系解除时间、现役军人离婚特别规定、男方离婚请求权的限制、复婚、离婚对父母子女关系的影响、离婚后子女抚养及抚养费的负担、父母一方探望子女的权利、离婚时夫妻共同财产的分割、离婚经济补偿、夫妻共同债务清偿、离婚经济帮助、离婚损坏赔偿、对夫妻一方擅自处分共同财产或伪造债务侵占他方财产的法律责任等做了专章规定。这对保障离婚自由、防止轻率离婚,对保护双方当事人的利益和子女的利益,具有很重要的意义。因此,离婚制度历来是婚姻家庭法学研究中的一个重要理论问题和实际问题。

第一节 概 述

一、婚姻终止和离婚

(一)婚姻终止的概念

婚姻是以夫妻二人人身关系的相互依存为基本特征的,当夫妻双方不能相互依存时必然导致婚姻关系破裂而走向终止。所谓婚姻的终止,是指合法有效的婚姻关系因发生一定的法律事实而归于消灭。其含义有三:

(1)婚姻终止具有严格的法律意义。婚姻终止仅指合法有效的婚姻关系的消灭。合法有效的婚姻关系的存在是婚姻终止的必要前提。如果不存在合法有效的婚姻关系,就谈不到婚姻的终止。婚姻无效或被撤销,与婚姻的终止有严格的区别。

(2)婚姻的终止基于一定的法律事实。可以由自然事件如当事人一方的死亡或宣告失踪引起,也可由一定的法律行为如当事人提出离婚而引起。

(3)婚姻终止必然产生一系列的法律后果。如导致双方身份改变、子女抚养、财产分割、债务清偿等问题。

(二)婚姻终止的原因

婚姻终止的原因有二:一是婚姻因配偶死亡的法律事件而终止,二是婚姻因离婚的法律行为而终止。在上述两种情况下,婚姻关系均失去原来的法律效力。

1. 婚姻因配偶死亡的法律事件而终止

(1)婚姻因配偶自然死亡而终止

夫妻一方自然死亡的,夫妻双方的婚姻关系自然终止,无须办理任何终止婚姻关系的法律手续。配偶一方的死亡,只限于对夫妻双方的内部效力终止,即夫妻之间人身关系和财产关系上的权利和义务不复存在,但夫妻以外的婚姻效力,并不当然消灭。在实际生活中,配偶一方死亡之后,生存配偶往往仍继续保持与死亡配偶一方亲属的关系,有的还仍然留在原家庭内生活,姻亲关系继续存在,不因配偶一方死亡而终止。

(2)婚姻因配偶一方被宣告死亡而终止

宣告死亡,是指经利害关系人的申请,由人民法院依审判程序宣告下落不明达一定期间的公民死亡的法律制度。宣告死亡是在法律上推定失踪人已经死亡,与自然死亡产生相同的法律效力。

关于配偶一方被宣告死亡后婚姻关系终止的时间,外国有两种不同的立法例:一种规定为从宣告死亡之日起婚姻关系即行终止;另一种规定为配偶一方被宣告死亡后,直到他方再婚时,婚姻关系才被视为终止。我国实践中采取的是前一种立法例的做法。我国《民事诉讼法》第一百八十六条做出规定:"被宣告失踪、宣告死亡的公民重新出现,经本人或者利害关系人申请,人民法院应当作出新判决,撤销原判决。"

关于死亡宣告被撤销后,被宣告死亡者的原婚姻关系能否恢复的问题,绝大多数国家的法律规定,如果生存配偶已经再婚,则后婚有效,前婚仍然解除。如果生存配偶尚未再婚,在宣告死亡者生还后,有的国家规定,其婚姻关系自行恢复,而有的国家则规定,须履行一定的手续后婚姻关系方可恢复。我国《民法典》第五十一条规定:被宣告死亡的人的婚姻关系,自死亡宣告之日起消除。死亡宣告被撤销的,婚姻关系自撤销死亡宣告之日起自行恢复。但是,其配偶再婚或者向婚姻登记机关书面声明不愿意恢复的除外。从该条文来看,恢复原婚姻关系要履行一定的手续。

(3)配偶一方被宣告失踪,只能通过判决离婚来终止婚姻关系

被宣告失踪人与其配偶并不因失踪宣告而终止其婚姻关系,宣告失踪期间双方均不得再婚。如果宣告失踪之后,又被宣告死亡的,则其婚姻关系自宣告死亡之日起终止。

依照我国有关法律规定,失踪人的配偶要求解除与失踪人的婚姻,可向人民法院提出离婚诉讼,人民法院受理后,应当进行公告,限失踪人3个月内应诉,公告3个月期满,逾期不应诉的,人民法院可做缺席判决离婚。判决书以公告方式送达,公告之日起留3个月为送达生效期间,3个月后经过15日的上诉期,失踪人未提出上诉的,离婚判决生效,婚姻关系终止,起诉方自离婚判决生效之日起有再婚的权利。《民法典》第1079条第4款明确规定:"一方被宣告失踪,另一方提出离婚诉讼的,应准予离婚。"

2. 婚姻因离婚而终止

(1)离婚的概念

离婚是在夫妻双方婚姻期间,依照法定的条件和程序解除婚姻关系的法律行为。离婚又称离异,由于它和婚姻关系的成立相对应,因此又被称为婚姻关系的解除。作为一种法律行

为,离婚是当事人解除婚姻关系的一种手段;作为一种法律制度,离婚是当事人终止婚姻关系的一种原因。离婚的基本特征有:

第一,离婚的主体只能是具有合法夫妻身份关系的男女。离婚是夫妻双方的行为,任何人都无权代替,更不能对他人的婚姻关系提出离婚请求,必须由夫妻双方亲自进行。其含义有二:一是离婚的当事人必须是合法的夫妻关系,对于未办结婚登记即以夫妻名义同居生活的当事人,必须依法补办结婚登记之后,才能办理离婚。凡属违法婚姻(但我国法律在一定时期内承认效力的事实婚姻除外),即使骗取了结婚证的,也只能宣告该婚姻关系无效或撤销,收回结婚证,不得按离婚办理。二是离婚行为必须由当事人亲自所为,即离婚必须由夫妻双方或一方提出;在离婚过程中,双方必须亲自参与;离婚后,身份或财产方面的后果由夫妻双方亲自承受。

第二,关于离婚的时间,只能在夫妻双方生存期间办理离婚。如夫妻一方死亡或被宣告死亡的,则婚姻关系已经终止,不必进行离婚。

第三,离婚的条件具有法定性。离婚是以解除夫妻关系为目的的行为,往往会涉及财产的分割和子女的抚养等诸多问题。因此,各国法律在规定离婚行为的时候,都无一例外地为其规定了明确的法定条件。对不符合离婚条件的离婚申请,离婚的管辖机关都不会予以准许。

第四,离婚时只能依照法定条件和程序办理离婚。离婚的管辖机关是专门机关,离婚行为属于专门管辖的行为;提起离婚的方式、手续和步骤要遵守法律规定,当事人不能任意进行;管辖机关对离婚与否的裁决也必须符合法定的条件和程序。双方当事人私下协议或由群众、村(居)委会干部参加所达成的离婚协议,都不能发生法律效力。

第五,离婚的后果是导致婚姻关系的解除,从而会引起一系列的法律后果。如当事人的夫妻人身关系和夫妻财产关系终止,子女抚养方式的变更,以及债务的清偿等。因此,离婚的后果不是单一的,而是兼容的。

(2)离婚的种类

第一,根据当事人对离婚的态度,可分为双方自愿的离婚和一方要求的离婚;现代各国均允许一方提出离婚,且大多规定男女平权的标准和条件。

第二,根据离婚的程序,可分为行政程序的离婚和诉讼程序的离婚。行政离婚是指通过行政程序解除婚姻关系,在我国是通过婚姻登记机关办理离婚登记。诉讼离婚是指通过诉讼程序解除婚姻关系,在我国是由人民法院审理裁决是否准予离婚。

第三,根据解除婚姻关系的方式,可分为协议离婚和判决离婚。协议离婚是指双方达成离婚的协议,并经过法定程序确认后解除婚姻关系。协议离婚可以通过婚姻登记机关审查批准后登记离婚,也可以通过法院的诉讼程序,经法院调解后达成离婚协议。判决离婚是指双方不能达成离婚协议,经法院判决而解除夫妻关系的离婚。

(3)离婚与无效婚及可撤销婚的区别

第一,两者的性质和原因不同。婚姻无效与撤销是对违法婚姻关系的处理和制裁,婚姻无效或撤销的原因在结婚之前或之时就存在;离婚是对合法婚姻关系的解除,离婚原因一般发生在结婚之后。

第二,两者的请求权主体不同。离婚的请求权只能由当事人本人行使,其他任何第三人无权代理。而无效婚姻与可撤销婚姻的请求权除由当事人双方或一方本人行使外,还可以由利害关系人和有关机关行使。

第三,请求权行使的时间不同。离婚请求权只能在双方当事人生存期间行使,如当事人一方死亡,另一方不能提出离婚。而婚姻无效或撤销的请求权既可在当事人双方生存期间行使,也可在当事人双方或一方死亡后行使(只要没有超过法定的请求期限)。

第四,两者的程序不同。许多国家法律规定,婚姻的无效和撤销必须依诉讼程序进行。而对离婚,一些国家规定既可依诉讼程序进行,也可依行政程序进行。在我国,离婚与婚姻的无效和撤销,两者均可依诉讼程序进行,离婚和某些"受胁迫情况属实且不涉及子女和财产问题"的婚姻的撤销也可依行政程序进行。

第五,两者的法律后果不同。在我国,婚姻的无效与撤销是对违法婚姻的解除,不产生离婚的法律后果,例如,不按照夫妻共同财产制分割财产而是做共同共有财产处理,违法婚姻所生子女应为非婚生子女,在"婚姻关系"被宣布无效或撤销后与婚生子女享有同等的权利和义务。

(4)离婚与分居的区别

分居,是指通过司法裁判或当事人协议的方式解除夫妻双方的同居义务,因婚姻所生的其他夫妻权利与义务亦有所变更,但婚姻关系仍然存续的法律制度。此法律制度是在欧洲中世纪基督教实行禁止离婚的情况下产生的。

在现代社会,分居制度虽仍被一些国家采用,但现代社会的分居制度与中世纪的分居制度的目的有所不同,前者已不再是禁止离婚的补救手段,而是作为缓和夫妻矛盾的一种方式,或作为离婚前的一个过渡期,用来衡量婚姻关系是否彻底破裂。

离婚与分居主要区别如下:

第一,婚姻关系是否存续不同。分居者婚姻关系仍然存续,故双方均不得再婚;离婚者已经解除了婚姻关系,双方都可以再婚。并且,夫妻在分居之后如果愿意恢复夫妻生活,只要双方开始同居共同生活即可,不必办理复婚手续;而离婚之后双方如要恢复夫妻关系,必须依法办理复婚手续。

第二,夫妻权利与义务是否继续存在不同。分居期间夫妻间的权利与义务除同居义务被免除及有的权利与义务被变更外,其他权利与义务如扶养、继承等方面的权利和义务仍然存在。离婚后夫妻在人身和财产方面的权利与义务均全部消除。

二、离婚制度的历史沿革

离婚制度,是指一定社会有关解除婚姻关系的原则、程序、条件以及后果的法律规范的总和,是人类婚姻家庭制度发展到一定阶段的产物。它由社会经济基础所决定,受上层建筑各部门的制约和影响,因此,不同历史时期、不同的国家有着不同的离婚制度。自一夫一妻制产生以来,离婚制度经历了漫长的历史演变过程。

当代的许多亲属法著作,一般都是用立法主义的变化去说明离婚制度的沿革的。关于离婚的立法模式,一般的观点是:由禁止离婚主义发展到许可离婚主义,由专权离婚主义发展到限制离婚主义,由有责离婚主义发展到无责离婚主义,由限制离婚主义发展到自由离婚主义(或称破绽主义)。

(一)禁止离婚主义

禁止离婚主义,是指法律禁止任何离婚行为的立法主义。

古代罗马法并不禁止离婚。甚至在罗马法的后期就出现过四种离婚的方式:合意离婚、休妻或因一方过错离婚、无原因片面离婚以及善因离婚。禁止离婚主义源于基督教，盛行于欧洲中世纪，多发生在信奉天主教的国家。关于婚姻问题，据《圣经·新约全书》"马太福音"第十九章和"马可福音"第十章记载，耶稣指出，妻乃神赐，凡人无从选择，结婚之后，"夫妻不再是两个人，乃是一体的了。所以神配合的，人不可分开"。"马可福音"第十章中，耶稣还进一步说："凡休妻另娶的，就是犯奸淫，辜负他的妻子；妻子若离弃丈夫另嫁，是犯奸淫了。"

基督教教会坚持一夫一妻制与婚姻不可解除主义，这是教会法最重要的两项原则。基督教用"夫妻一体"捆绑夫妻，强制终生相守，不得分离，但世俗的婚姻并不因此而和谐。于是，教会法不得不创设某些相应的补救措施，以协调现实和教义的冲突。这些补救措施包括，宣告婚姻无效和承认未完成婚的"消解制度"，保持婚姻形式而实际分开的"分居"制度等。

禁止离婚并不是所有国家都经历过的，世界上也有许多国家一贯奉行许可离婚主义。

(二)许可离婚主义

从古代到近现代，许多国家都一直采取许可离婚的立法主张，但许可离婚的主体和法定事由范围则有所不同。从总体上讲，大致经历了一个从严到宽的演变过程。

1. 专权离婚主义

专权离婚主义，是指离婚的权利专属丈夫，妻子不享有离婚权利的一种离婚主义模式。这称为片意或单意的离婚，即离婚完全以丈夫的意志为转移，妻子则处于被遗弃的地位，故又称夫权离婚主义或特权离婚主义。在奴隶社会和封建社会，总体上实行的是专权离婚制度。

2. 限制离婚主义

限制离婚主义，是指夫妻双方均享有离婚诉权，但必须有符合法律规定的事由才准许离婚的立法主义，即离婚必须有法律上规定的原因，故又称作"有因离婚"。限制离婚在欧洲出现于18世纪。最初法律所列举的事由均为他方过错，后扩展到某些不可归责于双方当事人的事由。限制离婚主义中又有两种表现形式：有责离婚主义和无责离婚主义。

(1)有责离婚主义

有责离婚主义是指夫妻一方必须以对方有违背夫妻义务的特定过错或罪责行为，作为提出离婚法律依据的立法主张，亦被称为过错离婚制度。它具有对有责一方配偶进行制裁的目的性，享有离婚诉权的则是无过错的一方。随着罗马教皇对世俗的影响削弱，婚姻不再被认为是神作之合，而是男女间的民事契约，自然是可以离异的。1791年法国资产阶级的宪法宣布婚姻为民事契约，随后法国、英国等国家逐渐承认离婚。这时各国许可离婚的立法基本表现为限制：只准许无过错一方以法律所列举的对方的婚姻过错为由诉请离婚，即所谓有责主义或者过错主义离婚立法。过错通常为：通奸、遗弃、虐待、重婚等。离婚被当作对过错方的惩罚，只有无过错方才有诉请离婚的特权，对于婚姻当事人双方都没有过错的情况是不能被获准离婚的。即使当事人对离婚存有合意，也不得离婚。

(2)无责离婚主义

实行限制离婚的国家不断增多，关于离婚的限制性规定也在不断地发展和完善。离婚事由也逐渐由有责扩大到无责，实行有责主义与无责主义相结合的立法模式。无责离婚主义也称为干扰主义，是指并非由于配偶过错，但却存在妨害婚姻目的实现的客观事实，当事人亦可据此请求离婚的立法主张。例如，一方有生理缺陷、患严重精神病或恶性疾病、生死不明、夫妻一定期限的分居等。

3. 自由离婚主义

自由离婚主义，是指根据夫妻双方或一方当事人的意愿即可准予离婚，而法律并不要求具备一定的理由的立法制度。20世纪60年代掀起的立法改革浪潮，使得几乎所有的发达资本主义国家也在离婚问题上发生了根本性的变化，越来越多的国家都许可离婚，甚至连视离婚为猛兽的天主教国家也改变了态度。在不到20年的时间里，世界范围的离婚自由大大地扩大了。许多国家改变立法，确立了依据"婚姻无法挽救地解体"或者称为"破裂"的事实而准许离婚的原则。这种原则在立法例上就被称为"破裂主义"或"破绽主义"，即我们所说的自由主义。自由离婚制度有以下特点：

(1)离婚不需要理由。

(2)配偶双方不必因要求离婚而去寻找对方的过错或罪责。

(3)经济裁判不再与过错相联系，即不用经济裁判对当事人过去的行为做奖惩。

(4)赡养费和经济裁判的新标准旨在平等对待男女双方，摒弃了传统离婚法中那种根据性别差异进行裁断的规定。

(5)以友善离婚为目的。

新程序的目的在于逐渐消灭敌对的诉讼程序和创造一个有助于友好地离婚的社会心理气氛。自由离婚制度，是一夫一妻制产生以来最进步的一种离婚制度。当今世界主要国家的离婚立法，不论法系、社会制度为何，大多实行自由离婚主义。有的以婚姻关系破裂为唯一的离婚理由，也有的是自由离婚主义与限制离婚主义两者并行。

三、中国离婚制度的历史发展

(一)中国古代的离婚制度

我国古代有关离婚的指导思想早在周礼中即已形成，至唐朝，关于离婚的问题在法律上已系统化、制度化了。在几千年的以男性统治为中心的宗法制度下，为了巩固以夫权、父权、族权为特征的家长制，在离婚问题上主要实行的是男子专权离婚制度。在"夫有出妻之理，妻无弃夫之条"，"男有再娶之义，女无二适之文"的训条下，丈夫可以随意离弃妻子，妻子只能处于被遗弃的地位。

以下是我国古代的一些离婚方式：

1. 七出(出妻)

在我国封建社会，"七出"是离婚制度的基本内容。"七出"规定是典型的男子专权离婚制度。"七出"是不需经官府就可以由丈夫直接出妻的理由。所以，"七出"也称为出妻、休妻、弃妻、放妻、逐妻、遗妻等。"七出"起源于我国奴隶社会的末期，最初为礼制的内容，以后由封建统治阶级以法律的形式加以固定。《大戴礼记·本命》有如下记载："妇人七出，不顺父母，为其逆德也；无子，为其绝世也；淫，为其乱族也；妒，为其乱家也；有恶疾，为其不能共粢(zī)盛也；口多言，为其离亲也；窃盗，为其反义也。"自汉代以后，"七出"被以法律的形式固定下来。专权离婚制度赋予了丈夫单方提出离婚的特权，为中国古代礼法的共同主张。统治阶级为了稳定封建婚姻家庭关系，避免男子随意休妻现象的发生，便用"三不去"对男子的出妻行为进行一定的限制。在存在法定的"三不去"情形时，即使妻子犯七出，丈夫也不得出妻。

关于"三不去"，《大戴礼记·本命》记载："妇有三不去：有所受(娶)无所归，不去。与更(经历)三年丧，不去。前贫后富贵，不去。"

2. 和离

和离也称为两愿离婚,指夫妻因感情不和,可以自愿协议离婚而不受处罚的一种离婚制度。和离也是我国古代的离婚方式之一,类似于后世的协议离婚。但在男尊女卑的封建社会里,妇女受传统的"三从四德"和贞操观念的严重束缚,很难真正实现其离婚的愿望。所谓和离,大多是协议休妻或"放妻",往往成为男方为掩盖"出妻"原因,避免"家丑外扬"而采取的一种变通形式。古代丈夫虽有权出妻,但是妻无七出及义绝之状或七出而有三不去,便不能去妻,否则是要受刑事处分的,而且法律上是不承认离婚效力的。《唐律·户婚律》规定:"若夫妻不相安谐而和离者,不坐。"《唐律疏议》中的解释是:"谓彼此情不相得,两愿离者,不坐。"唐代以前,已有和离现象,单用法律规定和离,则自唐律开始,这是相当进步的措施。以后元、明、清各朝代法律也都遵循此例。和离是从我国古代带有民主性质的民族习俗发展而来的,而不是由包办聘娶婚直接产生的,因此它只是七出、义绝的补充。和离可能出于双方自愿,但又以父母作主为前提。和离的后果对妇女不利。如果不是经过父母同意的,妇女归宗,日子不会好过。经父母同意而和离,即使再嫁后不受歧视,其地位也很难同初嫁时相比。虽然法律有和离的规定,但整个封建社会男尊女卑,和离的规定在实际生活中,只能是一纸空文。

3. 义绝

这是我国封建社会的一种由官府强制离婚的制度。假如夫妻之间、夫妻一方和他方特定亲属间、双方特定亲属间发生了法律所指明的所谓"情义断绝"之事,双方就必须离异,否则当事人将受到法律制裁。这是封建统治阶级运用法律手段对婚姻关系进行直接干预的表现。《唐律·户婚律》规定:"诸犯义绝者离之。违者徒一年。"《唐律疏议》规定:"夫妻义合,义绝则离,违而不离,合得一年徒罪。"《明律》规定:"若犯义绝应离而不离者,亦杖八十。"元律、清律中也有此规定。直到民国初年,北洋军阀政府大理院的判例仍沿用这种强制离婚制度。

根据《唐律疏议》的说明,属于义绝的情形有以下五种:(1)夫殴妻之祖父母、父母,杀妻之外祖父母、伯叔父母、兄弟、姑、姊妹者;(2)夫妻双方的祖父母、父母、外祖父母、伯叔父母、兄弟、姑、姊妹自相杀害的;(3)妻殴詈(lì,辱骂)夫的祖父母、父母,杀伤夫的外祖父母、伯叔父母、兄弟、姑、姊妹者;(4)妻与夫之缌麻以上亲属相奸、夫与妻母相奸者;(5)妻欲杀害丈夫者。发生了上述5个事由之一,经官府处断,夫妻的婚姻关系必须强行离异,否则就会被处刑。

封建法律关于义绝的规定,在很大程度上是出于维护封建的伦理纲常,巩固宗法家族制度的需要。因此,它对男女双方的规定是不平等的。以上所列五项原因,除第二项外,其余各项规定均反映了重责于妻、轻责于夫的立法思想。义绝与出妻的不同之处是:当妻有"七出"的情况发生时,若夫不离婚,则官府不予强制,即离与不离的决定权操于丈夫之手。义绝则不同,只要有义绝的事由存在,则必须离异,权在官府。

4. 诉离

诉离也称为呈诉离婚或官府断离,是指夫妻一方基于法定理由向官府提出离婚之诉,由官府判离的离婚制度。夫与妻呈诉离婚的法定原因互有区别。根据《礼记》与唐、宋、明、清各代法律的记载和规定,丈夫可以呈诉离婚的理由有以下几个方面:(1)妻背夫在逃;(2)妻殴夫;(3)妻杀妾子;(4)妻魇魅(诅咒)其夫;(5)男妇虚执翁奸;等等。

妻子可以呈诉离婚的理由有:(1)逼妻为娼;(2)夫典雇妻妾;(3)夫殴妻至折伤笃疾者;(4)夫逃亡3年以上不归者;(5)受夫之祖父母、父母非理相殴至笃疾者;(6)翁欺奸男妇;(7)妻之近亲属被夫强奸;(8)夫强奸妻前夫男妇或前夫女;等等。

5.违反婚约

违反婚约导致离婚的情况有两种:一是悔婚;二是妄冒。

(1)悔婚

唐律规定,如果女方家已经许婚,并订立了婚约或者有私约而悔婚的,杖六十。虽然没有婚约,但女方家已接受了聘礼,如果悔约,同样受罚。如果将女子又许给他人,则杖一百。宋朝法律与唐律规定大体相同。元律定罪量刑比唐律轻。明清补充了唐律的不足,采取了一些新的惩罚措施。《大明律》规定:"若许嫁女已过报婚书及有私约(谓已先知夫身疾残、老幼、庶养之类)而辄悔者,笞五十。虽无婚书,但曾受聘者亦是。""若再许他人,未成婚者杖七十,已成婚者杖八十。后定娶者,知情与同罪,财礼入官;不知情者不坐,追还财礼,女归前夫。前夫不愿者,倍追财礼给还,其女仍从后夫。"当然,男方家如果悔婚的,处罚相同,不能索回聘礼。明律的规定增加了对男方家悔婚的处罚,是一个进步,但仍然把女归前夫作为一般原则,女归后夫作为例外。但如已成婚,女归前夫,在实际上难于执行。因此,明清时有人不断建议,如已与后夫成婚,女归后夫。我国古代法律关于订婚纠纷的处理表明:女家一许再许,男家一聘再聘,是计较利害得失的必然产物,法律措施可以止讼,但不能根除弊端。

(2)妄冒

古代的妄冒有两种情况:一种是"本人妄冒",比如年龄幼小诈说已经成年,身有病症却诈说身体健康。另外一种则是"他人妄冒",比如一方身有疾病或残疾,却让其他人冒充本人。如果妄冒,没有成婚的,则取消婚约;如果已成婚的,则离异。

6.违反一夫一妻制

我国古代法律只允许有一个正妻,这是为了区别嫡庶,便于嫡长继承。因此,我国古代是一夫一妻多妾制,严禁一夫二妻制。《法经·杂律》:"夫有二妻则诛。"唐律规定:"诸有妻更娶妻者,徒一年,女家减一等;若欺罔而娶者,徒一年半,女家不坐,各离之。"因此,在中国古代如果违反了一夫一妻制,则会判定男方与第二位妻子离婚,且会对男方进行惩处,关于惩处力度,历朝历代各有不同。

7.婚姻违法

婚姻违法的离异,可以分为两种:一种是结婚违反禁止性规定而依法必须离异或可能造成离异的后果。第一,必须离异的;第二,可能离异的,按法律应该离异,但因情况特殊,法律明确指出"听不离",如居丧嫁娶。另一种是以犯罪手段为自己或他人成立婚姻的。例如强夺他人妻女、奸占他人妻妾等,如果成婚,则依法离异,这在明律中有明确的规定。

在漫长的封建社会中,虽然关于离婚的法律规定很多,但大多是为了保护男方利益和家族利益。在男权普遍高于女权的古代,婚姻关系中夫妻双方处于绝对的不对等地位。女方想要主动提出离婚,只有通过"和离"这一种途径。古代解除婚姻关系的这一套制度对妇女的身心造成了很大的伤害。

(二)国民党政府时期的离婚制度

国民党政府1930年12月26日颁布的《中华民国民法·亲属编》,规定了两种离婚方式:两愿离婚和判决离婚。

两愿离婚是指基于婚姻当事人的合意而解除婚姻关系的离婚方式。《中华民国民法·亲属编》第1049条规定:"夫妻两愿离婚者,得自行离婚。"第1050条规定:"两愿离婚,应当书面为之。并需有二人以上证人之签名。""但未成年人离婚,应得法定代理人的同意。"也就是说,若是两愿离婚,首先必须经过当事人的合意,即双方当事人都有离婚的意思,并且外在表现是一致的。其次,要求离婚的必须是夫妻一方当事人,任何其他第三人无权参与并表示。最后,若离婚一方当事人是未成年人的,还要经过法定代理人的同意,否则离婚表示无效。国民政府时期的婚姻法,在离婚方面是非常注重法律程序的,即在离婚实体问题上做了规定,同时也注重形式的要求。即使是双方当事人自愿和离,也必须要有书面的离婚协议,还要有两人以上证人证明,只有同时满足了这两个要求,两愿离婚才产生效力。

判决离婚即法院根据当事人离婚的诉请,判决解除婚姻关系。判决离婚的法定理由为:重婚、通奸、虐待、恶意遗弃、杀害他方、不治之恶疾、重大不治之精神疾病、生死不明逾三年、被处三年以上徒刑、死刑或不名誉犯罪被处徒刑等(《中华民国民法·亲属编》第1052条)。1930年国民政府的婚姻法关于离婚的规定主要有三条,其中第1052条规定了判决离婚的法定条件,主要有十点。若一方有这十条之一的情节,他方即可提起离婚诉讼。法律规定,提起离婚之诉,必须是夫妻本人,并且离婚之事项不可由他人代理进行。离婚之诉,仅仅针对有效成立的婚姻,对于那些本身就是无效或者可撤销的婚姻,则根本就不能提起离婚之诉。

法院在审理离婚诉讼的过程中,如果认为当事人有和好的可能,应当在六个月诉讼期间内中止诉讼程序,并且此种中止仅以一次为限(民国民诉法第543条之规定)。如此规定,是基于多方面的考虑的:对已经有效成立的婚姻,为维护家庭和社会的和谐,应该设法维持,且大多数离婚之诉是因为夫妻一时的感情冲动,若能使双方冷静下来,也许会有和好的可能。此种情况类似于现行婚姻家庭案件中的庭前调解,民事诉讼法之所以这样规定,大抵也是出于这样的考虑:给当事人一个冷静下来认真考虑的机会,加上法院作为第三方居中调解,使得离婚率能有效地降低。但若此离婚诉讼调解无望,且有法定的原因,法院即应在调查之后以判决的形式宣布婚姻的解除。

国民党政府在1985年对亲属法进行了修改,增加了两愿离婚必须到户籍机关进行登记方为有效的规定;在判决离婚问题上,也将破绽主义的概括性条款纳入,即,有"难以维持婚姻"的重大事由,当事人可请求离婚。

(三)中华人民共和国的离婚制度

我国的离婚制度是在中国婚姻家庭制度改革的长期实践中形成的。它源于新中国成立前革命根据地的离婚立法。早在新中国成立前的民主革命时期,各革命根据地颁布的婚姻法中,就明确规定实行婚姻自由的原则,即结婚自由、离婚自由。

我国的离婚制度在1950年和1980年《婚姻法》、2001年修正案及现在施行的《民法典》婚姻家庭编中得到进一步发展。

1. 1950年《婚姻法》中的离婚制度

1950年《婚姻法》在离婚制度中的主要贡献是:

(1)确立了行政离婚与诉讼离婚两种离婚方式。1950年《婚姻法》第17条规定:"男女双方自愿离婚的,准予离婚。男女一方坚决要求离婚的,经区人民政府和司法机关调解无效时,亦准予离婚。"

"男女一方坚决要求离婚的,得由区人民政府进行调解;如调解无效时,应即转报县或市人民法院处理;区人民政府并不得阻止或妨碍男女任何一方向县或市人民法院申诉。县或市人民法院对离婚案件,也应首先进行调解;如调解无效时,即行判决。"

(2)确立了限制离婚的两项特殊规定。为保护妇女和婴儿、儿童,1950年《婚姻法》第18

条规定:"女方怀孕期间,男方不得提出离婚;男方要求离婚,须于女方分娩一年后,始得提出。但女方提出离婚的,不在此限。"还有一个特殊规定是对现役军人婚姻的保护。1950年《婚姻法》第19条规定:"现役革命军人与家庭有通讯关系的,其配偶提出离婚,须得革命军人的同意。"

(3)确立了离婚经济帮助制度。1950年《婚姻法》第25条规定:"离婚后,一方如未再行结婚而生活困难,他方应帮助维持其生活;帮助的办法及期限,由双方协议;协议不成时,由人民法院判决。"

2. 1980年《婚姻法》中的离婚制度

1980年《婚姻法》使我国的离婚制度得到进一步完善,它首次确立了我国准予离婚的法定条件,实行了感情破裂原则,并将过错原则与破裂离婚原则有机地结合起来。

离婚制度继续采取两种办法:一方要求离婚的,走诉讼离婚的程序;双方自愿离婚的,采取离婚登记的方式。1980年《婚姻法》第24条规定:"男女双方自愿离婚的,准予离婚。双方须到婚姻登记机关申请离婚。婚姻登记机关查明双方确实是自愿并对子女和财产问题已有适当处理时,应即发给离婚证。"

3.《婚姻法》(2001年修正案)中的离婚制度

《婚姻法》(2001年修正案)在离婚制度方面的发展和完善主要有以下几个方面:(1)在夫妻感情确已破裂的概括离婚原则基础上,增加了例示性的规定,使法律条款更具可操作性。(2)一方被宣告失踪后,应准许另一方提出离婚请求。(3)完善了对军人婚姻的特殊保护制度。增加了"军人一方有重大过错"时,不再适用特殊保护。(4)完善了对女性当事人的特殊保护制度。增加了女方"终止妊娠后6个月内"男方不得提出离婚的规定,完善了对女性身心健康的保护。(5)增加了离婚后不直接抚养子女的父或母有权探望子女的规定。(6)增加了对离婚当事人土地承包权的保护。针对妇女离婚后,土地承包权经常受到侵害的情况,在离婚后财产分割中增加了"夫或妻在家庭土地承包经营中享有的权益等,应当依法予以保护"的规定。(7)增加了离婚损害赔偿制度。《婚姻法》(2001年修正案)第46条规定,因一方重婚、与他人同居、实施家庭暴力、虐待、遗弃家庭成员导致离婚的,无过错方有权请求损害赔偿。(8)增加了离婚财产补偿制度。《婚姻法》(2001年修正案)第40条规定:"夫妻书面约定婚姻关系存续期间所得的财产归各自所有,一方因抚养子女、照料老人、协助另一方工作等付出较多义务的,离婚时有权向另一方请求补偿,另一方应当予以补偿。"(9)补充了对共同债务清偿的规定。由于《婚姻法》(2001年修正案)增加了个人所有的财产和许可夫妻约定财产的归属,所以,为保护债权人,该法第41条规定,离婚时为共同生活所负的债务,在共同财产不足以清偿或财产归各自所有时夫妻负连带清偿责任。

从两个方面完善了离婚时经济帮助的规定:一是明确了必须从帮助者个人的财产中支出,以免与夫妻共同财产相混淆;二是考虑到离婚当事人的实际困难,强调了住房帮助的重要性。该法第42条规定:"离婚时,如一方生活困难,另一方应从其住房等个人财产中给予适当帮助。具体办法由双方协议;协议不成时,由人民法院判决。"

《婚姻法》(2001年修正案),在坚持离婚自由的同时,强调了法律的可操作性,强化了对弱势一方利益的保护,反映了20世纪末以来世界各国对离婚自由制度反思的成果。

4.《民法典》婚姻家庭编中的离婚制度

2020年5月28日第十三届全国人民代表大会第三次会议通过《中华人民共和国民法典》

(2021年1月1日起施行)。离婚方面的规定见其婚姻家庭编第四章,此次修改新增了若干规定。

(1)增加离婚冷静期制度。《民法典》第1077条规定提交离婚登记申请后三十日的离婚冷静期,在此期间,任何一方可以向登记机关撤回离婚申请。

(2)增加应当准予离婚的情形。《民法典》第1079条规定经人民法院判决不准离婚后,双方又分居满一年,一方再次提起离婚诉讼的,应当准予离婚。

(3)修改、增加关于离婚后子女抚养方面的条文,《民法典》第1084条将原婚姻法规定的"哺乳期内的子女,以随哺乳的母亲抚养为原则"修改为"不满两周岁的子女,以由母亲直接抚养为原则",增加了"子女已满八周岁的,应当尊重其真实意愿"。

(4)增加离婚经济补偿。《民法典》第1088条规定,夫妻一方因抚养子女、照料老年人、协助另一方工作等负担较多义务的,离婚时有权向另一方请求补偿,另一方应当给予补偿。具体办法由双方协议;协议不成的,由人民法院判决。

(5)增加离婚损害赔偿的适用情形。《民法典》第1091条第五项规定,有其他重大过错。

第二节 离婚的程序与处理原则

一、登记离婚

登记离婚,是指夫妻双方达成离婚合意,并就离婚的法律后果达成协议,通过婚姻登记程序即可解除婚姻关系的一种离婚方式。我国又称为协议离婚、两愿离婚、合意离婚。其主要特征,一是夫妻双方在离婚、子女抚养以及财产债务问题上意愿一致,达成合意;二是按照婚姻登记程序办理离婚手续,取得离婚证,即解除婚姻关系。

登记离婚不仅手续简便、节省时间和费用,而且为无因离婚,无须陈述离婚的具体原因,有利于保护婚姻当事人的隐私。同时,使当事人双方能够友好地分手,避免了当事人在法庭上相互指责、造成更深的敌对情绪,从而使当事人在没有外来压力的情况下,平心静气地达成比较符合双方意愿的协议,有利于离婚协议的自愿履行。

但是,这一离婚方式也易造成轻率离婚。正因为如此,欧美国家大多不承认登记离婚,离婚必须经过诉讼程序。承认登记离婚的国家,也在登记离婚的条件及程序上予以必要的限制。

二、我国现行登记离婚制度

我国《民法典》第1076条规定:"夫妻双方自愿离婚的,应当签订书面离婚协议,并亲自到婚姻登记机关申请离婚登记。"第1078条规定:"婚姻登记机关查明双方确实是自愿离婚,并已经对子女抚养、财产以及债务处理等事项协商一致的,予以登记,发给离婚证。"

(一)离婚登记的条件

(1)离婚登记的双方当事人必须要有合法的夫妻关系。这是办理离婚登记的前提。以协议离婚方式办理离婚的,仅限于依法办理了结婚登记的婚姻关系当事人,不包括未婚同居和有配偶者与他人同居的男女双方,也不包括未办理结婚登记的"事实婚姻"中的男女双方。

(2)双方当事人必须为具有完全民事行为能力的人。因为只有完全民事行为能力人才能独立自主地处理自己的婚姻问题。一方或者双方当事人为限制民事行为能力或者无民事行为能力的,例如精神病患者、痴呆症患者,不适用协议离婚程序,只能适用诉讼程序处理离婚问题,以维护没有完全民事行为能力当事人的合法权益。《婚姻登记条例》明确规定属于无民事行为能力人或者限制民事行为能力人的,婚姻登记机关不予受理。

(3)双方当事人必须达成离婚合意,一致同意办理离婚登记。"双方自愿"是协议离婚的基本条件,协议离婚的当事人应当有一致的离婚意愿。这一意愿必须是真实而非虚假的,必须是自主做出的而不是受对方或第三方欺诈、胁迫或因重大误解而形成的,必须是一致的而不是有分歧的。对于仅有一方要求离婚的申请,婚姻登记机关不予受理,当事人只能通过诉讼离婚解决争议。

(4)双方当事人必须对离婚及离婚后的子女抚养、财产分割及债务处理等事项达成书面离婚协议。《婚姻登记条例》第12条第1项规定,办理离婚登记的当事人未达成离婚协议的,婚姻登记机关不予受理。《民法典》第1078条对双方书面离婚协议的具体内容做了明确要求,即离婚协议应当载明双方自愿离婚的意思表示和对子女抚养、财产及债务处理等事项协商一致的意见。

据此,离婚协议应当具有如下内容:

一是有双方自愿离婚的意思表示。双方自愿离婚的意思必须以书面的形式体现在离婚协议上。

二是有对子女抚养、财产及债务处理等事项协商一致的意见。"对子女抚养、财产及债务处理等事项协商一致的意见"是协议离婚的必备内容。如果婚姻关系当事人不能对子女抚养、财产及债务处理等事项达成一致意见的话,则不能通过婚姻登记程序离婚,而只能通过诉讼程序离婚。第一,子女抚养等事项。双方离婚后有关子女抚养、教育、探望等问题,在有利于保护子女合法权益的原则下应当做合理的、妥当的安排,包括子女由哪一方直接抚养,子女的抚养费和教育费如何负担、如何给付等。由于父母与子女的关系不因父母离婚而消除,协议中最好约定不直接抚育方对子女探望权利行使的内容,包括探望的方式、时间、地点等。第二,财产及债务处理等事项。主要包括:(1)在不侵害任何一方合法权益的前提下,对夫妻共同财产合理分割,对给予生活困难的另一方以经济帮助做妥善安排,特别是切实解决好双方离婚后的住房问题;(2)在不侵害他人利益的前提下,对共同债务的清偿做出清晰、明确、负责的处理。

(5)双方当事人亲自到现场办理离婚登记。申请离婚的双方当事人必须亲自到婚姻登记机关办理离婚登记手续,是我国的一贯做法,我国先后两次颁布的婚姻法也是这样明确规定的,实践中也是这样做的。

符合以上协议离婚条件的,婚姻登记机关才受理当事人协议离婚的申请。这只是协议离婚的第一步,最终是否可以通过协议达到离婚的目的,还要看是否符合民法典的相关规定。

(二)离婚登记的程序

1.申请

夫妻双方自愿离婚的,应当签订书面离婚协议,共同到有管辖权的婚姻登记机关提出申请,并提供以下证件和证明材料:(1)内地婚姻登记机关或者中国驻外使(领)馆颁发的结婚证;(2)有效身份证件;(3)在婚姻登记机关现场填写的"离婚登记申请书"。

2.受理

婚姻登记员对当事人提交的上述材料进行初审。申请办理离婚登记的当事人有一本结婚证丢失的,当事人应当书面声明遗失,婚姻登记员可以根据另一本结婚证受理离婚登记申请;申请办理离婚登记的当事人两本结婚证都丢失的,当事人应当书面声明结婚证遗失并提供加盖查档专用章的结婚登记档案复印件,婚姻登记员可根据当事人提供的上述材料受理离婚登记申请。婚姻登记员对当事人提交的证件和证明材料初审无误后,发给"离婚登记申请受理回执单";不符合离婚登记申请条件的,不予受理。当事人如要求出具"不予受理离婚登记申请告知书",应当出具。

3. 冷静期

离婚冷静期是指夫妻离婚时,政府给要求离婚的双方当事人一段时间,强制当事人暂时搁置离婚纠纷,在法定期限内冷静思考离婚问题,考虑清楚后再决定是否离婚。法律规定当事人冷静思考离婚问题的期限为离婚冷静期。自婚姻登记机关收到离婚登记申请并向当事人发放"离婚登记申请受理回执单"之日起三十日内,任何一方不愿意离婚的,可以持本人有效身份证件和"离婚登记申请受理回执单",向受理离婚申请的婚姻登记机关撤回离婚登记申请,并亲自填写"撤回离婚登记申请书"。经婚姻登记机关核实无误后,发给"撤回离婚登记申请确认单"。自离婚冷静期届满后三十日内,双方未共同到婚姻登记机关申请发放离婚证的,视为撤回离婚登记申请。

4. 审查

自离婚冷静期届满后三十日内(期间届满的最后一日是节假日的,以节假日后的第一日为期限届满的日期),双方当事人持有效证件和材料,共同到婚姻登记机关申请发放离婚证。婚姻登记机关对双方当事人出具的材料进行严格审查。一是查明当事人是否自愿离婚,是否真实而非虚假地离婚;查明离婚当事人是否存在被胁迫的情形,查明是否因重大误解而导致离婚。二是查明要求离婚的双方当事人是不是对子女抚养问题已协商一致。例如,审查双方对离婚后有关子女抚养、教育、探望等问题是如何约定的,包括子女由哪一方直接抚养,子女的抚养费和教育费如何负担、如何给付等;审查对不直接抚养子女一方对子女探望权利如何行使,探望的方式、时间、地点等是否协商确定等。三是审查对财产及债务处理的事项是否协商一致。例如,审查当事人双方在不侵害任何一方合法权益的前提下,对夫妻共同财产是如何做出合理分割的,对有生活困难的一方当事人,另一方当事人是否给予了必要的经济帮助,是如何落实的;查明双方离婚后各自的住房等问题。对债务问题,则可以审查双方当事人是不是在不侵害他人利益的前提下,对共同债务的清偿做出清晰、明确、负责的处理。婚姻登记机关对不符合离婚登记条件的,不予办理。

5. 登记(发证)

婚姻登记机关查明双方确实是自愿离婚,并已经对子女抚养、财产以及债务处理等事项协商一致的,进行离婚登记,发给离婚证。当事人从取得离婚证时起即解除夫妻关系。

三、诉讼离婚

(一)诉讼离婚

诉讼离婚又称裁判离婚,是指夫妻一方基于法定离婚原因,向人民法院提起离婚诉讼,人民法院依法通过调解或判决解除当事人间的婚姻关系的一种离婚方式。

诉讼离婚适用于以下情形:(1)夫妻一方要求离婚,另一方不同意离婚的;(2)夫妻双方都愿意离婚,但在子女抚养、财产分割及债务处理等问题上不能达成一致意见、做出适当处理的;

(3)未依法办理结婚登记而以夫妻名义共同生活且为法律承认的事实婚姻。对于符合登记离婚条件的合意离婚,如果当事人基于某种原因不愿意进行离婚登记的,也可以适用诉讼离婚。

(二)诉讼外调解

《民法典》第1079条规定:夫妻一方要求离婚的,可以由有关组织进行调解或者直接向人民法院提起离婚诉讼。调解可分为诉讼外调解和诉讼内调解。

诉讼外调解,是指由婚姻当事人所在单位、群众团体、居民或村民委员会、人民调解委员会等部门主持,在自愿合法的基础上,当事人就保持或解除婚姻关系及其连带的法律问题达成协议的纠纷解决方式。

诉讼外调解,并不是当事人要求离婚的必经程序,也不是离婚诉讼的必经前置程序,是否进行这种调解,应当坚持当事人自愿原则。当事人可以直接向人民法院起诉,也可以在接受调解后随时退出调解。

诉讼外调解可能出现三种不同的结果:一是调解和好,消除纠纷,继续保持婚姻关系。二是通过调解双方达成离婚协议,并就子女抚养、财产分割等问题达成一致意见,双方应按《民法典》及《婚姻登记条例》的规定,到婚姻登记机关办理离婚登记。婚姻登记机关经过审查,认为符合离婚登记条件的,应当予以登记,发给离婚证,注销结婚证;当事人从取得离婚证起解除夫妻关系。三是调解无效,一方仍然坚决要求离婚,另一方坚持不离或者双方虽同意离婚但对子女抚养、财产分割等问题仍存在争议,则由婚姻当事人一方向人民法院提起离婚诉讼,由人民法院审理。

(三)诉讼离婚程序

1.离婚诉讼管辖

离婚诉讼管辖,是指确定上下级人民法院之间和同级人民法院之间受理第一审离婚案件的分工和权限,即当事人该向哪一级法院或哪一个地区的法院提起离婚诉讼的问题。离婚诉讼属于民事诉讼案件,自然应当按照民事诉讼的程序与制度处理。依据我国《民事诉讼法》的规定和最高人民法院有关司法解释,离婚案件的管辖情况大致如下:在级别管辖上,第一审离婚案件一般由基层人民法院管辖。关于地域管辖,一般也是实行"原告就被告"的原则,即由被告所在地的基层人民法院管辖。被告所在地是指被告的户籍所在地。被告住所地与经常居住地不一致的,由经常居住地法院管辖。被告离开住所地超过1年的,由原告住所地法院管辖。双方均离开住所地超过1年的,由被告经常居住地法院管辖;没有经常居住地的,由原告起诉时居住地的法院管辖。

还有一些特殊情况,实行特定管辖:

(1)离婚诉讼一般应向被告住所地人民法院提起,但下列诉讼,由原告住所地人民法院管辖;原告住所地与经常居住地不一致的,由原告经常居住地人民法院管辖:

①对不在中华人民共和国领域内居住的人提起的有关身份关系的诉讼;

②对下落不明或者宣告失踪的人提起的有关身份关系的诉讼;

③对被劳动教养的人提起的诉讼;

④对被监禁的人提起的诉讼。

(2)军婚诉讼。

①非军人对军人提出的离婚诉讼,如果军人一方为非文职军人,由原告住所地人民法院管辖。

②离婚诉讼双方当事人都是军人的,由被告住所地或者被告所在的团级以上单位驻地的人民法院管辖。

(3)涉外离婚诉讼。

①在国内结婚并定居国外的华侨,如定居国法院以离婚诉讼须由婚姻缔结地法院管辖为由不予受理,当事人向人民法院提出离婚诉讼的,由婚姻缔结地或一方在国内的最后居住地人民法院管辖。

②在国外结婚并定居国外的华侨,如定居国法院以离婚诉讼须由国籍所属国法院管辖为由不予受理,当事人向人民法院提出离婚诉讼的,由一方原住所地或在国内的最后居住地人民法院管辖。

③中国公民一方居住在国外,一方居住在国内,不论哪一方向人民法院提起离婚诉讼,国内一方住所地的人民法院都有权管辖。如国外一方在居住国法院起诉,国内一方向人民法院起诉的,受诉人民法院有权管辖。

④中国公民双方在国外但未定居,一方向人民法院起诉离婚的,应由原告或者被告原住所地的人民法院管辖。

2.诉内调解

诉内调解即诉讼内的调解,也称为诉中调解(即离婚诉讼中的调解)或者法院调解,是指人民法院受理离婚案件以后,在法院的主持下,采取协商办法促使当事人就离婚纠纷达成和解协议的活动。诉讼内调解虽然是在法院主持下进行的调解,但它毕竟还是一种调解,不同于法院的判决活动。所以,法院的调解同样要坚持自愿、合法的原则。与其他调解不同的是,法院调解还必须坚持查明事实、分清是非的原则。也就是说,不能和稀泥。由于法院调解是在当事人自愿的基础上达成协议的,所以一般能自觉接受、自觉履行。这不仅有助于化解当事人之间的对立,也大大减少了法院的审判压力和执行工作。我国《民法典》第1079条第2款前项规定:"人民法院审理离婚案件,应当进行调解。"由此可见,诉讼内的调解属于人民法院审理离婚案件的必经程序。人民法院调解不同于前面提到的诉讼外调解,它是司法机关行使审判职能的重要构成内容。人民法院受理离婚案件后,首先应当进行调解,不经调解就直接进行判决是违反法定程序的。如果当事人确因特殊情况无法出庭参加调解的,除本人不能表达意志的以外,应当出具书面意见。把调解作为必经程序是基于离婚案件本身作为身份关系诉讼的特点,通过调解结案有利于妥善解决当事人双方的矛盾,减轻精神创伤,合理处理各种关系;有利于双方的或各自的长远幸福。通过调解达成协议,必须双方自愿,不得强迫;协议的内容不得违反法律规定,当然也不能久调不决。

通过诉讼内调解即司法调解,也会出现三种可能:第一种是双方和好。离婚诉讼因双方达成和好的协议而撤销。双方互谅互让、达成重归于好的协议,原告撤销离婚之诉。在这种情况下,人民法院应将和好协议的内容记入笔录,由双方当事人、审判人员、书记员签名或者盖章。一般无须发给调解书。第二种是双方达成全面的离婚协议。离婚协议自然应当包括财产分割、子女以后生活安排的内容。人民法院应按协议内容制作调解书。调解书应写明诉讼请求、案件的事实和调解结果,并由审判人员、书记员署名,加盖人民法院印章。离婚调解协议书送达当事人手中签收后,立即生效,没有上诉期,婚姻关系自此解除。无民事行为能力人的法定代理人与对方达成协议,要求发给判决书的,人民法院可根据协议内容制作判决书。第三种是调解无效,包括调解和好不成,双方就离婚与否或就子女抚养、财产分割等问题未能达成协议。

在这种情况下,离婚诉讼继续进行,进入判决阶段。

3.审理与判决

(1)案件的受理

不予受理的离婚诉讼情形如下:①不属于法院管辖的离婚案件。②依法在一定期间内不得起诉的案件。我国《民法典》第1082条规定,"女方在怀孕期间、分娩后一年或终止妊娠六个月内,男方不得提出离婚。"男方在此法定期限内不得提出离婚,否则人民法院不予受理。上述情况包括女方流产的情况在内。③判决不准离婚和调解和好的离婚案件,没有新情况、新理由,原告在6个月内又起诉的。

(2)案件的审理

人民法院审理离婚案件,当事人除不能表达意志的以外,都应出庭。确因特殊情况无法出庭的,必须向人民法院提交书面意见;由于离婚案件不同程度地涉及当事人的隐私,当事人可以申请不公开审理,但一律公开宣告判决;离婚案件一方当事人在诉讼过程中死亡的,双方当事人的关系即自然消灭,离婚诉讼终结。

(3)案件的判决

对于调解无效的离婚案件,人民法院应以事实为根据,以法律为准绳,及时做出是否准予离婚以及财产分割、子女抚养等问题的判决。

一审法院关于离婚案的判决下达后,有15天的上诉期。超过15天,双方当事人均不上诉的,判决书立即生效。

进入二审的离婚上诉案件,自二审的终审判决书做出之日起生效。

(四)离婚诉权限制

1.对现役军人配偶离婚诉权的限制

我国《民法典》第1081条规定:"现役军人的配偶要求离婚,应当征得军人同意,但是军人一方有重大过错的除外。"这是我国《民法典》对现役军人婚姻进行保护的一项特别规定,也就是人们通常所说的保护军婚。

这一规定是对现役军人配偶的离婚请求权进行一定的限制,目的是从实体法的角度对现役军人的婚姻实施特殊保护,保证军人在离婚诉讼中处于被告时胜诉。保护军人婚姻是我国婚姻立法的传统。1950年、1980年的《婚姻法》中都有保护军婚的规定。军人肩负着保护国家安全和经济建设的神圣职责,对现役军人的婚姻予以特殊保护,符合国家与人民的根本利益。

根据我国有关部门的解释和审判实践的经验,适用这一规定时应注意以下几个问题:

(1)现役军人的范围

现役军人,是指正在人民解放军或人民武装警察部队服役的具有军籍的人员。在军队工作未取得军籍的职工和其他人员及退役、复员和转业人员均不属于现役军人的范围。

(2)现役军人的配偶

现役军人的配偶,是指同现役军人履行了结婚登记手续,并取得结婚证的非军人一方。如果双方均为现役军人,或现役军人向非军人配偶一方提出离婚,则不适用该条规定。以下人员不属于现役军人的配偶:现役军人的恋爱对象、婚约关系相对人;现役军人的事实婚姻关系相对人或同居者;与现役军人未办理结婚登记手续,而以夫妻名义同居生活,属于事实婚姻关系或者非法同居的人。

(3)对"须得军人同意"的适用

现役军人配偶提出离婚,现役军人本人不同意的,人民法院应与有关部门配合,对军人配偶做好说服教育工作,化解夫妻矛盾,促使夫妻关系改善,并判决不准离婚。

(4)军人一方有重大过错的除外

所谓军人一方的重大过错,一般是指军人一方的重大违法行为或其他严重破坏夫妻感情的行为。包括:重婚或有配偶者与他人同居的;实施家庭暴力或虐待、遗弃家庭成员;有赌博、吸毒等恶习屡教不改的。

2. 对诉讼离婚中女性当事人的特殊保护

《民法典》第1082条规定:"女方在怀孕期间、分娩后一年内或者终止妊娠后六个月内,男方不得提出离婚;但是,女方提出离婚或者人民法院认为确有必要受理男方离婚请求的除外。"这条规定是对女性婚姻当事人的特殊保护。

(1)特殊保护的意义

这是根据保护妇女和儿童合法权益原则,对怀孕期间和分娩后、堕胎后妇女的一种特殊保护。女方在怀孕期间和分娩、堕胎后不久,身体上、精神上均有一定的负担,大人需要照顾、胎儿需要保护、婴儿需要照料。如果男方在此期间提出离婚,很可能给女方造成强烈的刺激,以致影响孕妇、产妇的健康,也不利于胎儿、婴儿的发育和成长。所以,在此期间对男方离婚诉权暂时进行限制是必要的。

(2)特殊保护的性质

从性质上讲,它只是一种程序上的规定。这一特殊规定,仅仅只是为了保护妇女、胎儿、婴儿的利益,在特定时间内对男方离婚请求权的一定限制。仅仅只是推迟了男方提出离婚的时间,并未剥夺男方的离婚请求权,在上述期间届满以后,男方仍可依法行使其离婚请求权。

(3)特殊保护的条件

①怀孕期间。为了保护孕妇的身心健康和胎儿的正常发育,男方不得在此期间提出离婚。②分娩后1年内。女方产后婴儿死亡的,仍应适用这一特别规定。在分娩后1年内,男方不得提出离婚,以维护女方的身心健康。③终止妊娠后6个月内。女方早产,适用1年还是6个月,可视具体情况而定。早产时怀胎已经超过了医学允许的终止妊娠的时间范围的,应按分娩的规定处理,即1年内,男方不得提出离婚。

(4)适用的例外

①女方不受《民法典》第1082条第1款限制

特殊保护是保护女方,所以只是对男方离婚请求权的限制。如果是双方自愿离婚或者女方提出离婚,则不受这一规定的限制。这是因为,这条规定的立法目的在于保护妇女、婴儿的身心健康和胎儿的正常发育。女方在此期间提出离婚,往往都是出于某些紧迫的原因,如果不及时处理,可能对孕产妇和胎儿、婴儿更加不利。

②男方有特殊理由,也可不受《民法典》第1082条第1款限制

鉴于离婚纠纷中的各种复杂情况,《民法典》还授权人民法院,在认为确有必要时,亦可不受《民法典》第1082条第1款的限制,受理男方的离婚请求。所谓"确有必要",目前一般是指遇到以下情形的应变处理:一是出现双方确有不能继续共同生活的重大急迫的事由。例如,一方对另一方有危及生命、人身安全的可能等,应视其具有迫切性而及时受理离婚请求。二是女方婚后因与人通奸而怀孕。女方因通奸而怀孕,男方可提出离婚。但即便如此,法院在处理案件时,也要注意保护妇女、胎儿、婴儿的身心健康。

四、离婚的处理原则

社会主义婚姻家庭制度要求公民在对待离婚问题时和司法实践中处理离婚纠纷时,必须采取严肃慎重的态度,遵循下列两个原则:

(一)保障离婚自由

这是婚姻关系的本质要求。在社会主义社会,婚姻应当是男女双方基于爱情的结合,夫妻关系的建立和存续都应以爱情为基础,但爱情是会变化的。当夫妻关系恶化,夫妻双方的感情已经完全消失,又无恢复的可能时,就不再符合婚姻本质的内在要求,强行维护这种死亡的婚姻关系,无论对当事人还是对子女、家庭及社会,都是十分不利的。因此,法律应该允许当事人通过合法途径解除死亡的婚姻关系,使他们有可能重新建立幸福美满的家庭。

保障离婚自由,是马克思主义对待离婚的基本观点,也是社会主义婚姻家庭制度的基本要求。保障离婚自由,有利于提高婚姻质量,有利于社会的安定团结和社会主义物质文明、精神文明的建设。实行离婚自由还能在宏观上改善和巩固社会的婚姻关系。

(二)反对轻率离婚

社会主义的离婚自由并不是绝对的自由,而是相对的有条件的自由。因此,保障离婚自由,必须反对轻率离婚。轻率离婚,是指对婚姻家庭不负责任,以轻率的态度对待和处理离婚问题。这是滥用离婚自由权的行为。离婚是解除已经死亡的婚姻的一种迫不得已的手段,并不是社会的普遍行为。我们必须反对轻率离婚,绝不允许人们在离婚问题上为所欲为。离婚必须符合法定条件,履行法定程序。法律上有关离婚的规定,既是对离婚自由的保障,又是对轻率离婚的限制和约束。

反对轻率离婚,是对资产阶级的享乐主义、个人主义婚姻价值观的否定。坚持离婚自由,必须反对婚姻问题上的"享乐主义"、草结草离、见异思迁、喜新厌旧等个人主义倾向。倡导以严肃认真的态度,依法处理离婚问题,以弘扬社会主义婚姻家庭道德,树立良好的社会风气,建立和巩固更多的高质量的幸福和睦的婚姻和家庭。

第三节 判决离婚的法定条件

关于离婚法定条件的原则性规定,《民法典》第 1079 条明确规定:"人民法院审理离婚案件,应当进行调解;如果感情确已破裂,调解无效,应当准予离婚。"这一规定是我国离婚制度中判决离婚的法定条件,也是人民法院处理离婚纠纷的基本原则。

一、该原则的基本含义

该原则包含两层意思:一是如夫妻感情确已破裂,调解无效,应准予离婚;二是如夫妻感情没有破裂或者尚未完全破裂,虽然调解无效,也不应准予离婚。夫妻感情是婚姻关系的基础,离婚争议的产生,归根结底是感情的变化。如果感情确已破裂,婚姻已经"名存实亡",就应当依法予以解除。准予或不准予离婚,只能以夫妻的感情状况为客观依据。社会主义制度下夫妻间的婚姻要以感情为基础,如果夫妻感情确实已经难以弥合,那么,解除婚姻关系对于双方、对于社会都会成为一种幸事。感情确已破裂,应准予离婚,是婚姻自由的重要内容,充分体现了当事人离婚自由的权利。如果用法律手段强行维持感情确已破裂的婚姻关系,与婚姻自由的原则不相吻合,将感情确已破裂,作为准予离婚的法定条件,表明人民法院准予当事人离婚,并不以当事人有否违背夫妻义务或导致夫妻关系解体的特定过错为标准,而是看婚姻关系有无继续维系的可能。不能将不准离婚作为对过错一方的惩罚手段,而且,以判决不准离婚维持已破裂的婚姻,实际上使无过错方也付出了代价。因此人民法院处理离婚案件时要以夫妻感情事实上是否确已破裂、能否恢复和好为根据。

理由如下:(1)它是婚姻本质的要求,符合马克思主义关于离婚问题的基本理论;(2)它是我国长期立法、司法实践经验的总结;(3)它反映了当代世界离婚立法的发展趋势。

二、夫妻感情确已破裂与调解无效的关系

夫妻感情确已破裂是实体性规定,它是客观存在的事实,是判决离婚的实质要件。调解无效是程序性的规定。一般来说,感情确已破裂,必然调解无效,调解无效是感情确已破裂的结果。但调解无效并不一定说明夫妻感情确已破裂,因为调解无效的原因很多,所以,不应把调解无效作为夫妻感情确已破裂的根据。

三、夫妻感情确已破裂的认定

认定夫妻感情是否确已破裂应采用全面分析法与具体理由相结合的方法。

全面分析法即在调查研究的基础上对夫妻感情进行全面综合的分析,从婚姻关系的4个层面来进行分析与评判。

(1)看婚姻基础。婚姻基础是双方建立婚姻关系时的感情状况和相互了解的程度。它是缔结婚姻关系的起点,对婚后感情的建立、矛盾的化解起着十分重要的作用。看婚姻基础就是要了解双方认识的方式、结婚动机及目的。一般而言,婚姻基础好,婚后感情容易融洽,即使产生了矛盾,消除矛盾、维持婚姻的可能性也大;反之,婚姻基础差,婚后难以建立起真正的感情,出现矛盾后就难以调和。

(2)看婚后感情。在分析婚后感情时,应联系婚姻基础,分析夫妻婚后感情发展变化,判断双方的感情发展方向。

(3)看离婚原因。离婚原因是原告提出离婚的主要依据,也是原告、被告在诉讼过程中争执的焦点和核心。双方为争取胜诉,常掩饰其离婚的真实动机、扩大事实甚至捏造事实。在分析离婚原因时必须注意查清离婚的真正原因,分清是非、明确责任,正确判断夫妻感情破裂的程度。

(4)看夫妻关系的现状及有无和好的可能性。在上述三者基础上,进一步透视夫妻关系现状及把握各种有利于夫妻和好的因素,对今后双方关系的发展做出预测。

上述4个方面相互联系,是完整的认识结构与整体。因此,在认定夫妻感情的问题上,不仅要看到夫妻感情的过去和现在,并且要对夫妻关系的发展方向有所预测。如夫妻感情尚未破裂,有和好希望,应加强调解和好工作,即使调解无效,也不准离婚;如夫妻关系确已完全破裂,和好无望,无法调解和好又不能达成离婚协议,应做好不离一方的工作,准予离婚,同时应对子女的有关问题做出妥善安置。

四、关于认定夫妻感情确已破裂的法定具体标准

《民法典》第1079条是当前指导全国各级人民法院审判离婚案件具体认定感情确已破裂

的依据。《民法典》在离婚法定理由的表述上做了重大的改革,确立了抽象概括与具体列举相结合的例示主义模式。其中,列举规定是概括规定的说明,而概括规定是对列举性规定的补充,以此增强了我国离婚法律规范的科学性和可操作性,是对我国离婚立法的一次重要突破和进步。

《民法典》第1079条列举的具体情形如下:

(1)重婚或与他人同居。所谓"与他人同居"的情形,根据《最高人民法院关于适用〈中华人民共和国民法典〉婚姻家庭编的解释(一)》第二条的规定,是指有配偶者与婚外异性,不以夫妻名义,持续、稳定地共同居住。重婚和有配偶者与他人同居的行为,严重违反了我国一夫一妻制的婚姻制度,严重伤害了夫妻感情,是导致离婚的情形之一。在处理此类案件时要正确处理好法律与道德的关系。一方面不以不准离婚惩罚有过错一方,同时应通过调解、判决等审判活动,加强道德教育,对错误思想和行为予以道德上的谴责。对确实已经死亡的婚姻,在做好无过错一方思想工作的基础上判决离婚。从长远看,这对解放当事人自身、促进社会安定团结、预防矛盾的升级和犯罪都是有利的。

(2)实施家庭暴力或虐待、遗弃家庭成员。家庭暴力和虐待,是指发生在家庭成员之间,以殴打、捆绑、残害身体、禁闭、冻饿、凌辱人格、精神恐吓、性暴虐等手段,对家庭成员从肉体上、精神上进行伤害、摧残、折磨的行为。遗弃是指对于需要扶养的家庭成员,负有扶养义务而拒绝扶养的行为。表现为经济上不供养,生活上不照顾,使被扶养人的正常生活不能维持,甚至生命和健康得不到保障。近年来,因家庭暴力、虐待和遗弃家庭成员而导致离婚的案件增多,甚至发生毁容、杀夫杀妻等恶性案件。人民法院处理因家庭暴力或者虐待、遗弃家庭成员而导致的离婚案件,应当查明夫妻及其他家庭成员之间的感情状况,实施暴力、虐待和遗弃行为的事实和情节。如平时感情不好,实施上述行为是经常的、一贯的、恶劣的,已严重伤害了夫妻感情,调解无效的,应准予离婚。如果平时感情尚好,上述行为是一时而为之且情节不严重的,应当责其改过并着重进行调解,化解纠纷。

(3)有赌博、吸毒等恶习屡教不改的。因有赌博、吸毒以及酗酒等恶习而导致的离婚案件近年来有增多的趋势。沾染上这些恶习的人好逸恶劳,不务正业,不但不履行家庭义务,反而常常引发家庭暴力,消耗家庭的经济积蓄,使家庭的安宁、正常的生活难以为继。身染恶习,屡教不改,夫妻不堪同居生活,对于这一类案件,人民法院应当查明有赌博、吸毒、酗酒等行为一方的一贯表现和事实情况。对情节较轻、有真诚悔改表现、对方也能谅解的,应首先教育、帮助有此恶习的一方树立正确的人生观,改正自己的行为,多关心家庭、承担家务、照料子女,其次动员另一方给予关心和帮助,促使双方调解和好。对于屡教不改、一贯不履行家庭义务、夫妻感情积怨太深、关系极为恶劣、确实难以共同生活的,经调解无效,应准予离婚。

(4)因感情不和分居满二年的。所谓分居,是指夫妻双方人为中断相互之间的共同经济生活、性生活和互相扶助、精神抚慰。夫妻因感情不和长期分居,双方没有共同的生活,互不履行夫妻之间的义务,使得夫妻关系实际上名存实亡,因此,夫妻分居二年标志着夫妻关系破裂。当事人以此事由诉请人民法院离婚的,如经调解无效,应准予当事人离婚。

(5)其他导致夫妻感情破裂的情形。导致夫妻感情破裂的原因复杂多样,比如一方犯有强奸罪、奸淫幼女罪、侮辱妇女罪等罪行,严重伤害夫妻感情的。再比如一方婚后患严重的精神疾病,久治不愈,夫妻生活无法维持的。这些情形在婚姻法中难以逐一列举,人民法院应当本着保障离婚自由、防止轻率离婚的原则,根据立法精神和案件的具体情况,做出正确判定。在此需要重申的是,上述所列举的准予离婚的几种主要情形,并非判决当事人诉讼离婚的必备条件、法定情形。婚姻当事人在婚姻生活中,如无以上情况发生,但有其他因素导致夫妻感情破裂、调解无效的,人民法院亦应判决准予离婚。从另一方面讲,即使婚姻当事人间有上述情形发生,但未导致夫妻感情破裂,或虽给夫妻感情造成裂痕,但可以经过调解和好的,人民法院则不能判决解除婚姻关系。比如《最高人民法院关于适用〈中华人民共和国民法典〉婚姻家庭编的解释(一)》第二十三条规定,夫以妻擅自终止妊娠侵犯其生育权为由请求损害赔偿的,人民法院不予支持;夫妻双方因是否生育发生纠纷,致使感情确已破裂,一方请求离婚的,人民法院经调解无效,应依照《民法典》第1079条第3款第5项的规定处理。

(6)一方被宣告失踪,另一方提起离婚诉讼的,应当准予离婚。《民法典》第40条规定:"自然人下落不明满二年的,利害关系人可以向人民法院申请宣告该自然人为失踪人。"第1079条第4款规定:"一方被宣告失踪,另一方提起离婚诉讼的,应当准予离婚。"民事诉讼法第183条规定:"公民下落不明满二年,利害关系人申请宣告其失踪的,向下落不明人住所地基层人民法院提出……"按照民法和民事诉讼法的规定,自然人下落不明满二年的,即该自然人离开自己居住的地方,音讯杳无,已持续达到二年的,其配偶、父母、子女等利害关系人可以向下落不明的人住所地基层人民法院申请宣告他为失踪人。人民法院受理宣告失踪案件后,应当发出寻找下落不明人的公告,公告期间为三个月。公告期间届满,宣告失踪的事实如果得到确认,人民法院应当做出宣告失踪的判决。在夫妻一方被宣告失踪的情形下,客观上已经不履行自己对家庭、子女和配偶的责任,婚姻关系已名存实亡,维持这种婚姻关系对另一方已无实质意义。因此,法院判决解除失踪人的婚姻关系,对及时有效保护婚姻关系双方当事人合法权益、保护有其他利害关系当事人的合法利益、稳定家庭秩序与社会秩序有着重要的现实意义。

(7)经人民法院判决不准离婚后,双方又分居满一年,一方再次提起离婚诉讼的,应当准予离婚。夫妻感情是否破裂,是法院在离婚诉讼中裁量是否准予离婚的主要标准。但判断感情是否破裂,其实是具有一定主观性的。因此,《民法典》在原《婚姻法》规定基础上增加了"人民法院判决不准离婚后,又分居满一年,一方再次提起离婚诉讼"之情形,作为准予离婚的事由,有学者将该条评价为诉讼离婚的"冷静期",可以在实践中解决生活中久拖不决的离婚案件。

五、我国《民法典》婚姻家庭编的两项特殊规定

我国《民法典》婚姻家庭编还对离婚做了两项特殊规定,主要体现在第1081条、第1082条,现论述如下:

(一)对现役军人离婚的特殊规定

我国《民法典》第1081条规定:"现役军人的配偶要求离婚,应当征得军人同意,但是军人一方有重大过错的除外。"这一规定是对现役军人配偶的离婚请求权的一种限制,旨在从实体法角度对现役军人婚姻关系实行特殊保护,体现了国家对人民子弟兵的关怀和爱护。

军队是执行国家政治任务的武装集团,军人是从事军事工作的特殊人员,他(她)们担负着保卫社会主义革命和建设、保卫国家主权、领土完整,防御外来颠覆和侵略的艰巨任务,为了祖国和人民的安宁日夜战斗在国防岗位上。对军人婚姻实行特别保护是维护军队稳定的需要,有利于维护部队广大官兵的切身利益,有利于维护军队的稳定,符合我国的国情和军情,对于消除军人的后顾之忧,激发保家卫国的热情,增强部队战斗力起到了十分积极的作用。同时,也是拥军优属工作的一项重要内容。从1950年婚姻法的制定,到1980年、2001年的修改,我

国的婚姻法都对现役军人的婚姻问题做了特殊规定。这种特别规定,体现了军人婚姻历来受到党和国家的高度重视和特别保护。

对军人婚姻实行特别保护并不违背婚姻自由的原则。实行婚姻自由,是我国婚姻法确立的一项基本原则。同时,由于军队担负的特殊任务和军人职业特点,国家对军人婚姻,又有一些特殊的法律规定和政策,它既体现在"现役军人的配偶要求离婚,应当征得军人同意",也体现在军人择偶必须遵守国家和军队的有关规定,军人配偶也享受国家和社会给予军婚家庭的优待和照顾。

离婚须得现役军人同意的规定适用的主体是现役军人和现役军人的配偶。现役军人,是指有军籍的人,包括在中国人民解放军服现役、具有军籍和军衔的军官、士兵。现役军人的配偶,是指同现役军人履行了结婚登记手续,并领取结婚证的非军人一方。

以下两类军人离婚案件不适用《民法典》第1081条的规定。

(1)军人一方向非军人一方提出离婚的案件。这是因为,适用《民法典》第1081条的前提是"现役军人的配偶要求离婚",即非军人通过诉讼程序要求与军人离婚,从而处于原告地位,军人在案件中处于被告地位,在诉讼之前不同意离婚。而军人向非军人提出离婚,与上述情形正好相反,显然,是不能适用《民法典》第1081条的规定,只能按一般离婚案件处理,即按《民法典》第1079条规定办理。

(2)双方都是军人的离婚案件。这是因为《民法典》第1081条的立法意图,是以一定方式限制军人配偶的离婚请求实现权,从而特殊地支持军人一方的意愿。也就是说,对于非军人向军人要求离婚的,军人一方同意的,可以离婚;军人一方不同意的,一般不能判离。因此,夫妻双方都是军人,不管由谁首先提出离婚诉讼,若要适用《民法典》第33条,必然会妨害另一方军人的利益。很显然,这是与特殊保护军人婚姻的立法意图相违背的,所以,这类案件不适用《民法典》第1081条的规定。

现役军人的配偶提出离婚,现役军人不同意的,如果婚姻基础和婚后感情都比较好,人民法院应配合现役军人所在单位对军人的配偶进行说服教育,劝其珍惜与军人的婚姻关系,正确对待婚姻问题,尽量调解和好或判决不予离婚。但是,如果感情确已破裂,确实无法继续维持夫妻关系,经调解无效,人民法院应当通过军人所在单位的政治机关,向军人做好工作,经其同意后,始得准予离婚。

需征得军人同意的例外情况:"但军人一方有重大过错的除外",是针对"应当征得军人同意"而说。"应当征得军人同意"不是绝对的,如果夫妻感情破裂是由于军人一方的重大过错造成的,非军人配偶一方也可以提出离婚,但过错限定在"重大过错"而非一般的过错。

(二)对女方怀孕期间和分娩后1年内离婚的特别规定

对妇女、儿童进行特殊保护是《民法典》的要求,在妇女怀孕期间或分娩后1年内,其身体上和精神上均有一定的负担,需要照顾和抚慰胎儿,婴儿也需要妥为照料,这时母亲的精神和健康状况都会影响胎儿、婴儿的健康。如果男方在此期间提出离婚,很可能给女方造成强烈的刺激,以致影响孕产妇的健康,不利于胎儿、婴儿的发育和成长。所以,《民法典》第1082条规定:"女方在怀孕期间和分娩后1年内或终止妊娠6个月内,男方不得提出离婚,女方提出离婚的,或人民法院认为确有必要受理男方离婚请求的,不在此限。"这是我国《民法典》保护妇女儿童的合法权益原则的具体体现,在上述期间禁止男方提出离婚是非常必要的,不仅出于事实上的必要,也是社会主义道德的要求。

有人认为,这一特别规定剥夺了男方的离婚诉权,影响了男方离婚自由的权利,实际上,这一规定只是推迟了男方提出离婚的时间,并没有从实质上否定男方的离婚要求。在上述期间届满后,男方仍可依法行使离婚请求权,即这一特别规定,仅仅是在特定时间内,为了保护妇女、儿童的利益而对男方的离婚诉权做一定限制,推迟其行使诉权的时间。因此,是一种程序性的规定,并不涉及准予离婚或不准予离婚的实质性问题,可见,实行离婚自由,并不排除法律对某些情况做一些必要的限制。

第四节 常见的离婚纠纷类型及其处理

离婚纠纷的类型根据离婚的原因、状况和不同的理论学说可以有多种分类。本教材仅对几种常见的离婚纠纷类型及其处理进行简要介绍。

一、因封建思想引起的离婚纠纷

在我国,由于封建制度产生的深远影响,尤其是包办婚、买卖婚、换亲、纳妾等这些封建习俗延续了好几千年,虽然在新中国成立之初已废止了这种制度,然而根深蒂固的封建余毒并没有被立即完全清除。因封建思想引起的离婚纠纷,在我国离婚纠纷中仍占有一定的比重,尤其是在新中国成立初期最为常见。其具体表现为以下几类情况:

第一类是因包办、买卖婚姻引起的离婚纠纷。包办婚姻和买卖婚姻都是违反婚姻自由原则的违法行为。人民法院审理包办、买卖婚姻所造成的离婚案件时,在违背当事人意思表示情况下缔结的婚姻且婚后没有建立起感情,一般准予离婚,但婚后建立起感情且女方不愿意离婚的,应不予离婚,除非双方婚姻关系难以维持,无法继续共同生活的。

第二类是因夫权思想引起的离婚纠纷。夫权是指在剥削阶级社会中丈夫统治和支配妻子的特殊权力,对于男方在夫权思想支配下,无端怀疑女方作风有问题,或对女方不会持家不满,或认为女方不服管、不服从等原因而提出离婚请求的,在处理时应首先批评男方,要求他消除夫权思想,正确对待女方,可动员男方撤回离婚的诉讼要求,如不听劝解可判决不准离婚。如女方同意离婚,也应在分清是非的基础上调解离婚。

第三类是因不能生育或没有生男孩引起的离婚纠纷。有些人受传宗接代和男尊女卑思想的影响,因女方不生育或只生女孩、没有生男孩而提出离婚,或因女方采取绝育措施而予以歧视、虐待,进而提出离婚。对于由此而产生的婚姻纠纷,应当对当事人进行社会主义道德教育,批判取缔旧思想、旧观念,向他们宣传生儿育女的科学知识。在处理时,由于受害人都为女方,且多发生在农村、山区,她们一般无经济来源,依赖性较强,在判决离婚与不离以及子女抚养和财产分割问题上应多照顾女方,让有条件的男方多负担一些。

二、因外遇引起的离婚纠纷

现实生活中,引起外遇型婚姻问题的情况是多种多样的,例如,婚后,夫妻一方思想、性格发生变化,另一方难以忍受的。或如,一方婚后对另一方有诸多猜疑,管制过分或整天唠唠叨叨,无理取闹,盛气凌人,使夫妻在家庭中处于不平等地位等都容易造成另一方有外遇。再如,夫妻一方因有生理障碍,使夫妻生活不协调,或一些感情上受过挫折、心理扭曲的人,存心破坏他人家庭等,都是产生外遇型婚姻问题的原因。

总之,外遇型婚姻问题是非常复杂的,但又是当今民法亟须解决的问题。外遇的存在不仅仅破坏了婚姻关系的和睦、协调,有的更造成了严重的法律后果,扰乱了社会秩序,影响了社会的稳定和发展。鉴于外遇型离婚在现实中存在诸多问题,在处理和解决此类婚姻纠纷中应注意以下几点:

(一)查清事实,分清是非,明确责任

事实是认定问题性质的客观依据,只有查清事实,才能分清是非,明确责任。在此过程中,要加强道德教育,对错误思想和行为予以道德上的谴责或者党纪处分。

(二)区分情况,具体处理

对于双方都同意离婚的,经调解无效后应准予离婚。对于无过错一方提出的离婚,应予支持和劝导。一方有外遇后,对方起诉离婚的,从原则上说,理由正当,要求合理,应予支持。但是,支持并不等同于一定判决离婚。对双方婚姻基础较好,婚后感情也较好,感情并未完全破裂的,就应该教育犯错误的一方痛改前非,同时说服无过错方珍惜原来的夫妻情分,给对方一次改过自新的机会。如果过错方执迷不悟,导致双方无和好可能,夫妻感情已经完全破裂的,经调解无效,应当准予离婚。

原告是过错方,在一般情况下,初次起诉时不应轻易判决离婚。经过一定时间,双方仍无和好可能,一方仍坚持离婚的,可调解离婚或者判决离婚。当然,这里首先要明确,不准离婚不是对有过错一方的惩罚,而是为了在一定时间内,教育、帮助有过错的一方考虑和权衡现实的婚姻关系,同时也争取社会舆论的支持,使有理的一方得到正义的支持。在分清是非责任的基础上,无过错方容易平息愤怒,进而冷静地正视双方的关系,即使调和无效,也可以为调解离婚打下基础。用不准离婚来惩罚过错方,实际上是惩罚了双方,从本质及长远来看,受害更深的往往是无过错方。依法解除已经死亡的婚姻,对保障当事人的婚姻权利、促进安定团结、建设和谐社会都是有利的。

(三)照顾无过错方

在这类案件中,无过错方始终是受伤害一方。由于过错方单方面移情别恋,使无过错方在精神上受到沉重的打击,而且,在绝大多数情况下,他们在经济方面都不如过错方,有的甚至连基本生活问题也解决不了。尤其在一些农村、山区等地,作为无过错方的多为妇女,她们一般没有经济来源,还可能受陈旧的思想和传统观念的影响,使得她们难以重新过上正常的家庭生活。如果这类案件发生在已有子女的家庭,那么她们既要承受失去配偶的痛苦,又要担忧生活问题,还要顾及子女,压力和困扰是多方面的,她们的处境如何可想而知。因此,在处理这类离婚案件时,在财产分割和子女抚养等问题上都应给无过错方较多的照顾,以免其在感情和生活上同时失去依托。

总之,处理这类案件的原则是,既要依法办事,严格掌握离婚界限,又要注意维护社会道德风尚。衡量这类案件处理得正确与否,应当有两条标准:一看是否正确掌握了离婚界限;二看是否维护了社会道德风尚。

三、因家庭暴力引起的离婚纠纷

现行《民法典》规定,人民法院判决离婚的条件是"感情确已破裂,调解无效",并在该法第1079条中采取列举的方式规定了感情确已破裂的判断标准,其中之一就是"实施家庭暴力或者虐待、遗弃家庭成员",也就是说,夫妻一方只要有"实施家庭暴力或者虐待、遗弃家庭成员"情形,经调解无效,法院就应当以该情形判决离婚。根据《中华人民共和国反家庭暴力法》的规定,家庭暴力是指家庭成员之间以殴打、捆绑、残害、限制人身自由以及经常性谩骂、恐吓等方式实施的身体、精神等侵害行为。2021年1月1日施行的《最高人民法院关于适用〈中华人民共和国民法典〉婚姻家庭编的解释(一)》第一条规定:"持续性、经常性的家庭暴力,构成虐待。"对于家庭成员的范围,我国《民法典》婚姻家庭编第1045条规定:"亲属包括配偶、血亲和姻亲。配偶、父母、子女、兄弟姐妹、祖父母、外祖父母、孙子女、外孙子女为近亲属。配偶、父母、子女和其他共同生活的近亲属为家庭成员。"因此,家庭暴力可分为两类:一是夫妻之间的家庭暴力;二是其他家庭成员之间的家庭暴力。

实施家庭暴力不仅损害夫妻之间的感情,而且违反了婚姻义务,侵犯了对方的合法权益。对于情节比较轻微的家庭暴力,如偶尔胡乱猜测、无端怀疑引起的打骂或其他影响夫妻感情的行为,无论是无过错方还是过错方提出离婚,人民法院都应当对施暴者进行批评教育,帮助他们认识到自己的错误,改变观念。如果施暴者认识到了问题的严重性,愿意痛改前非,并向对方示好、赔礼道歉,且受暴者同意原谅的,一般应调解和好或判决不准离婚。如果受暴者不能原谅,坚持离婚的,应当考虑家庭暴力的特点和发展规律,调解或判决离婚。

对因家庭暴力所造成的离婚,人民法院应当调解或判决过错方对受害的无过错方予以离婚损害赔偿,以分清是非,制裁有过错的一方,并对受害者所遭受的物质损害和精神损害给予赔偿。

四、因恶习引起的离婚纠纷

《民法典》第1079条中明确规定:有赌博、吸毒等恶习,屡教不改,经调解无效,可判决离婚。对恶习的认定,需要注意以下问题:

(1)本条所指并非一般的赌博、吸毒等行为,而是须达到已成恶习并屡教不改,即在一定时期内逐渐养成的、经过教育仍不悔改的赌博、吸毒等坏行为。虽有赌博、吸毒等行为,但只是偶尔为之,没有成瘾;或者虽然曾有赌博、吸毒等恶习,但已经教育改正的,不能适用本款。

(2)本款为例示性规范,除了明确列举的赌博、吸毒恶习之外,还应包括其他会严重危害夫妻感情的恶习,诸如酗酒、嫖娼、卖淫、淫乱、同性恋等。

对于一方有赌博、吸毒等恶习屡教不改的,人民法院应当根据具体情况,在做好调解的情况下,确认夫妻感情确已破裂的,应当判决离婚。

对于一方已经染上赌博、吸毒等恶习,但时间不长,且能部分履行夫妻义务和家庭义务的,人民法院应当配合有关部门对有过错者进行批评教育,规劝其改掉恶习,珍惜夫妻感情。

一方长期赌博、吸毒,屡教不改,不履行夫妻义务和家庭义务的,经调解无效,一方坚持离婚的,可以认定夫妻感情已经完全破裂,应当判决离婚。

对因赌博、吸毒等恶习所造成的离婚,人民法院应当依据具体情况,调解或判决过错方对无过错方予以离婚损害赔偿。

五、因分居引起的离婚纠纷

许多大陆法系国家的法律将夫妻分居达一定期间作为判断夫妻关系破裂的主要理由。我国《民法典》第1079条第2款规定,人民法院审理离婚案件,应当进行调解;如感情确已破裂,调解无效,应准予离婚。第3款规定,"有下列情形之一,调解无效的,应当准予离婚",其中第4项规定,"因感情不和分居满二年的"。全面理解这一规定应该注意以下几点:

(1)因感情不和分居满二年,属于人民法院认定双方感情确已破裂的法定事由,可以据此判决解除双方婚姻关系。

(2)分居原因是感情不和这个主观因素,且在分居期间双方没有履行夫妻义务。如果因为客观原因导致夫妻无法共同生活,如一方长期在外地工作、生病住院或家庭环境导致无法共同生活的,都不能视为感情不和而分居。

(3)双方之间没有《民法典》规定的例外情况,如第1080条规定的现役军人的婚姻关系,第1081条规定的怀孕哺乳期间的情况等。

对于分居引起的离婚纠纷,一方提出离婚,或双方均要求离婚,并出示因感情不和分居满二年证据的,人民法院应当首先进行调解,经调解无效,一方坚持离婚的,应视为夫妻感情确已破裂,准予离婚。对于一方要求离婚,但无法证实夫妻确实已经分居的,或无法证明夫妻因感情不和已分居满二年的,应当做好调解工作,并认真了解夫妻的婚姻基础、婚后感情的状况,特别是出现婚姻纠纷的具体原因,根据具体情况,确定夫妻感情是否已经破裂。对于夫妻感情尚未破裂的,应当调解或判决不准离婚。

《民法典》第1079条第5款规定"经人民法院判决不准离婚后,双方又分居满一年的,一方再提离婚诉讼的,法院应当准予离婚",以法律规定的形式明确"判决不准离婚后分居满一年,再诉判离"。

六、因一方犯罪服刑、被劳教引起的离婚纠纷

一方犯罪服刑、被劳教是导致夫妻感情破裂的重要原因,由于罪犯所犯罪名的不同,判刑的时间长短不同,对配偶的伤害程度也有所不同。处理这类案件时应当具体分析离婚的真实原因。既要贯彻婚姻自由的原则,又要考虑有利于罪犯和劳教人员的教育改造;既要保护当事人的婚姻自由权利,也要考虑夫妻感情的实际状况。在具体处理时要掌握以下几点:

(1)在法院判决生效之前,离婚问题一般应当暂缓处理。

(2)一方被判处死刑、死缓、无期徒刑或长期徒刑,对方坚决要求离婚的,应当准予离婚。如死刑已经执行,该婚姻因一方死亡而自然终止,不发生离婚问题。

(3)一方犯有强奸罪、重婚罪、虐待罪、遗弃罪等严重伤害夫妻感情的罪行,原告一方坚决要求离婚的,一般应视为夫妻感情确已破裂,准予离婚。

(4)一方被判处短期徒刑或被劳教,原来夫妻感情较好,罪犯或劳教人员在改造期间表现较好,可以说服原告撤回离婚的诉讼请求或判决不离。原告坚持要求离婚,夫妻感情确已破裂的,也可以调解或判决离婚。

(5)如系违法犯罪一方提出离婚,应查明原告的原因和动机,如原告因犯罪而感到愧对对方及儿女而提出离婚等,被告也同意离婚的,可调解离婚。被告不同意离婚的,则可借此进一步做好原告的思想工作,鼓励其安心改造,争取减刑,不辜负亲属的一片真情,并劝原告撤诉或判决不准离婚。

服刑或被劳教人员离婚后的子女抚养和财产分割问题有其特殊性。由于一方正在服刑或被劳教,无法尽其抚养子女的义务,原则上未成年子女应当由另一方抚养,确有困难的,也可协商由服刑或被劳教一方亲属代为抚养。对于夫妻共同财产的分割,既要维护另一方及子女的

权益,也要注意保护服刑或被劳教一方的财产权益。

这类案件在受理后,应与劳教、劳改单位联系,通知被告提出答辩意见,就离婚及子女抚养、财产分割等问题提出自己的要求。案件审结后应将调解书或判决书送劳教、劳改单位并转交当事人,告知不服判决可以上诉。

七、因一方患病或有生理缺陷而引起的离婚纠纷

(一)因一方患精神病而引起的离婚纠纷

精神病患者的离婚一般应当通过诉讼程序,并需要为无行为能力或限制行为能力的精神病患者的当事人一方设置诉讼代理人。一方患精神病引起的离婚纠纷一般有三种情况:一是一方婚前原来患有精神病,本人隐瞒病情欺骗对方成婚,婚后对方发现而提出离婚;二是一方明知对方有精神病,而为达到个人目的如贪图权势、钱财等自愿与之结婚,达到目的后要求离婚;三是婚前没有精神病,婚后一方因受刺激等各种原因患上精神病,对方提出离婚。

人民法院审理精神病患者的离婚案件,既要保障婚姻自由,又要有利于对病患者的治疗和生活上的安置。婚前隐瞒了病情,婚后经治不愈,对方坚决要求离婚的,应做好工作,准予离婚。原来夫妻感情较好,结婚时间已久,生有子女的,应指出夫妻间有互相扶助的义务,做好思想工作,以不离为宜。如确实久治不愈,一方坚决要求离婚,事实证明夫妻关系已经不能再维持下去的,经对方、亲属及有关单位安排好病患者的生活、治疗、监护等问题后,可准予离婚。

(二)因有生理缺陷、生理疾病引起的离婚纠纷

《民法典》没有规定生理有缺陷的或疾病的人不准结婚的条款,但夫妻共同生活的内容是各方面的,性生活是其中一部分的内容。如果一方明知对方有生理缺陷不能发生性行为,而在其他方面都很情投意合,自愿结为夫妻,能在生活上互相照顾,法律仍保护这种婚姻关系。

结婚时不知对方有生理缺陷或生理疾病,而且经过医治无效,导致感情破裂的,本人坚决要求离婚,经调解无效,可以由人民法院判决离婚,这是符合《民法典》关于感情破裂、调解无效,应准予离婚的法律规定的。

复习思考题

1. 简述离婚的概念和特征。
2. 简述离婚和婚姻无效、婚姻撤销的区别。
3. 我国行政离婚的条件和程序是什么?
4. 诉讼外的调解是离婚的必经程序吗?
5. 为什么要在特定时期对男方离婚的诉权予以限制?
6. 简述离婚案件中法院调解的意义、方法和结果。

【案例分析】

[案情简介]

原告：王某(男)

被告：李某(女)

原告与被告李某通过亲戚朋友介绍认识，于2018年4月5日登记结婚，婚后未生育子女。由于婚前双方缺乏了解，感情基础薄弱，婚后经常因为价值取向、生育抚养问题以及赡养老人问题争吵不断，家庭内部极不和谐。2021年2月25日，原、被告发生剧烈争吵后，被告离家出走，返回辽阳市居住，原、被告两人分居至今。原告认为双方在婚姻关系存续期间感情破裂，夫妻关系名存实亡，继续生活在一起对双方都是折磨。于2022年1月15日诉至法院，请求法院依法判令解除原、被告之间的婚姻关系并依法分割原告与被告夫妻共同房产，本案诉讼费依法承担。

[法庭审理]

经法院审理查明：原告王某与被告李某经人介绍相识，于2018年4月5日登记结婚。原、被告婚初感情较好，但婚后共同生活期间因家庭生活产生矛盾，并自2021年2月25日开始分居。现原告以夫妻感情破裂为由诉至本院要求离婚，被告不同意离婚。

[法官判决]

本案承办法官认为：原告王某与被告李某经依法登记结婚，系合法夫妻。现原告未提供证据证明被告存在以上导致夫妻感情确已破裂、应当判决离婚的法定情形。且经开庭调查，原、被告系因家庭生活琐事导致夫妻关系不睦，但夫妻感情尚未达到彻底破裂的程度，只要原、被告双方珍惜夫妻感情，相互理解，互信互谅，加强沟通与交流，仍有和好可能。从原、被告均未就分割夫妻共同财产向本院交纳案件受理费亦可以认定原告要求离婚的态度并不坚决，故判决不准许原、被告离婚。

[法理评析]

依照《民法典》的相关规定，有下列情形之一，调解无效的，应准予离婚："(一)重婚或有配偶者与他人同居的；(二)实施家庭暴力或虐待、遗弃家庭成员的；(三)有赌博、吸毒等恶习屡教不改的；(四)因感情不和分居满二年的；(五)其他导致夫妻感情破裂的情形。"在本案中，原、被告相识相恋，并且随着感情的升温走进了婚姻的神圣殿堂。婚后，原、被告因家庭琐事争吵，导致分居，但未满二年。该原因并不能说明原告、被告的感情确已完全破裂。故法院以夫妻感情尚未完全破裂为依据做出不准原告、被告离婚的判决。

【彩礼返还案例】

××省××市中级人民法院
民 事 判 决 书

(2022)××民终××

上诉人(原审原告)：唐某某，男，1987年10月24日出生，汉族，住济南市。

委托诉讼代理人：刘××，××律师事务所律师。

被上诉人(原审被告)：孙某某，女，1989年8月15日出生，汉族，住济南市。

委托诉讼代理人:李××,××律师事务所律师。

上诉人唐某某因与被上诉人孙某某婚约财产纠纷一案,不服××省××市市中区人民法院(2021)××民初××民事判决,向本院提起上诉。本院于2022年1月30日立案后,依法进行了审理。本案现已审理终结。

唐某某上诉请求:1.撤销一审判决,依法改判支持上诉人的诉讼请求或发回重审;2.本案诉讼费、保全费用由被上诉人承担。事实与理由:(1)涉案购车款系由上诉人从自己账户直接支付至二手车行,且支付涉案购车款时双方正处于恋爱同居期间,故如将上诉人的出资理解为一种赠与,由于该赠与与双方恋人的身份关系密不可分,则该赠与有别于一般的赠与合同。(2)虽然上诉人未提交直接证据证实双方曾就涉案车辆购买为彩礼进行沟通,但双方曾就结婚事宜进行了沟通。且涉案购车款支付之前,双方曾对上诉人购买车辆作为彩礼婚后共同使用进行过多次口头沟通,但鉴于商议时双方正处于恋爱同居期间,上诉人并未保留相关书面证据,这也符合现代社会日常生活习惯。(3)涉案购车款项数额较大,与在恋爱期间的男女朋友为促进情感、表达情意而赠送的一般性礼物存在区别,故涉案款项具备彩礼性质,上诉人以双方结婚为目的支付涉案购车款,现该目的已无法实现,故被上诉人应返还购车款。(4)上诉人已提交证据证实涉案购车款具有彩礼性质,被上诉人不予认可,则应对涉案购车款并非彩礼或不具有彩礼性质进行举证,但被上诉人并未举证,且双方不存在共同财产,故被上诉人应承担举证不能的法律后果。

孙某某辩称,涉案车辆并非上诉人赠与女方的彩礼,且上诉人也没有证据证明其上诉事实,其要求返还彩礼没有事实根据,一审法院适用法律正确,请法庭驳回上诉,维持原判。

唐某某向一审法院起诉请求:1.请求判令被告向原告返还路虎牌车辆并协助办理相应过户手续;2.本案诉讼费、保全费用由被告承担。一审审理过程中,原告变更第一项诉讼请求为:请求判令被告返还原告223 000元。

一审法院认定事实:原、被告原系恋爱关系,双方2018年5、6月至2021年4月共同生活。2020年6月28日,原告向××车行转账22.3万元,购买路虎牌小型普通客车一辆,现登记在被告名下。对于双方有争议的事实,一审法院认定如下:关于双方恋爱关系持续时间,原告主张双方于2021年7月左右解除恋爱关系。被告认为双方分开生活后恋爱关系就已经解除。关于原告要求被告返还22.3万元的法律主张,原告认为该款项具有彩礼性质,双方并未登记结婚,因此被告应当退还。为证明其主张,原告提交双方聊天记录及视频,证明双方曾就结婚问题进行过沟通。被告对原告主张不予认可,被告认为该车辆系双方共同生活期间购买的车辆,并非彩礼。

本案一审审理过程中,法庭询问原告如认定的法律关系与其主张不同,其是否同意变更法律关系,原告表示不同意变更法律关系。

一审法院认为:本案争议焦点问题为涉案车辆购买并登记在被告名下的法律关系。根据法律规定,当事人对自己的主张应当提供相应证据,否则由负有举证责任的当事人承担举证不能的法律后果。本案中,原告认为涉案购车款为其向被告支付的彩礼,双方未登记结婚,应当由被告返还。被告对此不予认可。原告应当就其主张该款项为彩礼进行证明。根据原告举证,即使原、被告确曾就结婚问题进行过沟通,但结婚与涉案购车行为为向被告给付彩礼之间并无必然因果联系。且原告既未对双方曾就涉案车辆购买为彩礼进行沟通并形成合意进行举证证明,同时原告认可除购买涉案车辆外未向被告给付过其他形式的彩礼。因此原告认为购买涉案车辆并登记在被告名下系其向被告给付彩礼的行为,不予采纳。且即使按照原告主张,该车辆为其出资购买,其基于返还彩礼的法律关系直接要求被告返还对应款项也于法无据。综上,原告要求判令被告返还223 000元,不予支持。综上,判决如下:驳回原告唐某某的诉讼请求。案件受理费100元,减半收取50元,由原告唐某某负担。

二审中,当事人没有提交新证据。本院对一审查明的事实予以确认。

本院认为,彩礼系依照当地的风俗习惯,基于结婚的目的,为最终缔结婚姻关系而给付女方的一定数额的金钱等。通常情况下,彩礼系在婚俗的仪式中,以礼物、礼金形式给付。本案中,对于唐某某要求返还的223 000元购车款,首先,双方均认可该款项系唐某某转账支付至二手车车行,并非给予女方孙某某,且唐某某并未提交证据证明双方约定将购车款项作为为缔结婚姻关系而给付的彩礼,故该款项不应认定为按照习俗给付的彩礼。其次,涉案车辆于2020年双方同居期间经合意购买,唐某某支付的车款应视为唐某某对车辆的出资,且购车后,其出资即转化为涉案车辆这一财产。现双方未能缔结婚姻关系,考虑车辆属于消费品,双方共同使用,对车辆的折旧损失应共同承担责任,故应当结合车辆购买时价值、双方出资情况、车辆现在的市场价值等,对涉案车辆予以分割处理,而非由车辆所有权人向另一方返还其出资款项。本案中,因对车辆的价值,双方既未申请鉴定,亦未能协商一致,且唐某某诉求为返还其出资款项,故一审对唐某某该项主张不予支持,并无不当,本院予以维持。

综上所述,唐某某的上诉请求不能成立,应予驳回。依照《中华人民共和国民事诉讼法》第177条第1款第1项规定,判决如下:

驳回上诉,维持原判。

二审案件受理费100元,由上诉人唐某某负担。

本判决为终审判决。

审 判 员　胡××
二〇二二年二月二十四日
法官助理　袁××
书 记 员　朱××

第七章 离婚效力

离婚作为一种法律行为,使夫妻间的人身关系和财产关系归于消灭,使父母对子女的抚养等问题发生一定的变化,对此,法学理论上称之为离婚的效力或离婚的法律后果。夫妻离婚,除夫妻间的身份关系消灭,如共同生活关系解除,相互扶养义务终止,相互继承的权利丧失外,还要对夫妻共同财产分割、债务清偿、离婚救济以及子女抚养等问题做出处理。正确处理这些问题,对保护妇女、儿童和当事人的合法权益,以及圆满处理好离婚纠纷具有十分重要的意义。

第一节 概 述

一、离婚效力的概念

离婚效力,是指离婚在法律上所发生的作用和产生的相应后果。离婚作为引起婚姻关系终止的法律事实,必然产生一系列的法律后果,导致当事人内部和外部多重法律关系的消灭或变更。具体有:

(1)广义的效力,是指离婚在婚姻家庭法和相关部门法上所发生的权利和义务变更、消灭的后果。

(2)狭义的效力,是指离婚在婚姻家庭法上,在当事人之间及当事人与第三人之间所发生的财产关系及人身关系方面的变更或消灭等后果。

(3)最狭义的效力,是指离婚在夫妻双方当事人之间发生的人身关系及财产关系方面的法律后果,如夫妻身份关系终止、再婚自由权的取得、扶养义务的解除及夫妻共同财产的分割等。

离婚的效力,产生于登记离婚或诉讼离婚生效之后,它只对将来发生效力,不发生溯及既往的效力。离婚的效力在登记离婚制度中自当事人取得离婚证之日起产生,在诉讼离婚制度中,自调解书或判决书发生法律效力之日起产生。

二、离婚效力的表现

离婚,代表着婚姻关系的彻底终结,必然产生一系列的法律后果,例如,夫妻身份关系的终止,父母子女关系的存续,未成年子女的抚养,不直接抚养方对子女的探视权,离婚时共同财产的分割,一方对另一方的经济补偿和生活帮助。

因此,离婚的效力主要表现在:夫妻人身关系、父母子女关系、夫妻财产关系等几方面所产生的法律后果。

第二节　离婚后的身份及子女抚养关系

一、离婚对夫妻身份关系的效力

(一)夫妻身份和称谓终止

离婚最直接的法律后果是终止夫妻的人身关系,从此当事人之间因结婚而建立起来的夫妻身份、称谓终止,彼此不得以夫妻身份对外。

(二)共同生活及扶养义务终止

离婚后,双方同居及其他共同生活的义务当然消灭。任何一方均不能再以配偶身份行使家务活动的代理权,一方因此所负债务都是个人债务。此外任何一方也不得强迫对方与自己同居,不得非法干涉他方行使与异性交往的权利。男方如果违背女方意志,强行与之发生性关系的,构成强奸罪。随着婚姻关系的终止,夫妻之间的扶养义务也同时解除,任何一方都没有再给对方扶养费的义务,任何一方也没有再向对方索取扶养费的权利。同时,依照法律规定,在婚姻关系存续期间,配偶一方为无民事行为能力人或者限制民事行为能力人的时候,另一方是他的监护人和法定代理人,在婚姻关系依法解除后,双方之间的这种监护关系和代理关系也宣告消灭。

(三)再婚自由恢复

婚姻关系解除后,各自重新成为离异者,双方均恢复了结婚的资格,取得了再婚的自由权利,任何一方皆可以随时再婚,一方对他方不得非法干涉。依照登记程序离婚的,其再婚自由权自领取离婚证之日起恢复;依照诉讼程序离婚的,其再婚自由权自人民法院离婚调解书或判决书生效之日起恢复。必须说明,经一审法院判决的离婚,一方不服向上级法院提起上诉的,原审法院所做的离婚判决并未生效,双方在此期间都不能再婚,否则构成重婚。经二审法院判决维持原判准予离婚的,当事人在终审判决之后才取得再婚的自由权利。如果二审法院改判不准离婚,当事人之间的婚姻关系依然存在,双方均不得再婚。

如果离异的双方要求复婚,当然为法律所允许。现行《民法典》第1083条规定:"离婚后,男女双方自愿恢复婚姻关系的,应当到婚姻登记机关重新进行结婚登记。"复婚登记应当按照结婚登记的程序办理。

(四)法定继承人资格丧失

我国《民法典》规定,配偶是第一顺序法定继承人。夫妻离婚后,随着配偶身份的消灭,当事人双方丧失了互为法定继承人的资格。离婚后一方死亡的,他方不能按法定继承以配偶的身份继承遗产。

二、离婚在父母子女关系方面的法律后果

(一)离婚后的父母与子女关系

《民法典》第1084条第1款规定:"父母与子女间的关系,不因父母离婚而消除。离婚后,子女无论由父或母直接抚养,仍是父母双方的子女。"这是离婚后父母子女身份关系在法律上

的基本界定。婚姻关系是男女两性的结合,可以依法成立,也可依法解除。父母子女关系则是一种血亲关系,是不能通过法律程序人为加以终止的。离婚只能消除夫妻关系,不能消除父母子女关系。离婚后,无论子女跟随哪一方生活,仍然是父母双方的子女。

《民法典》第1084条第2款规定:"离婚后,父母对于子女仍有抚养、教育、保护的权利和义务。"依据本款规定,离婚后父母对未成年子女有抚养、教育和保护的权利与义务,主要包括进行生活上的照料,保障未成年人接受义务教育,以适当的方式、方法管理和教育未成年人,保护未成年人的人身、财产不受到侵害,促进未成年人的身心健康发展等。实际生活中,父母还可以按照本法婚姻家庭编的有关规定、未成年人保护法等法律的有关规定行使对子女的抚养、教育、保护的权利,履行对抚养、教育、保护的义务。

(二)离婚后子女的具体抚养

婚姻双方当事人离婚以后,彼此不再承担同居义务,这就意味着双方当事人只能由一方直接抚养未成年子女,或双方轮流直接抚养未成年子女。为便于确定夫妻离婚后子女由哪方直接抚养,《民法典》第1084条第3款规定:"离婚后,不满两周岁的子女,以由母亲直接抚养为原则。已满两周岁的子女,父母双方对抚养问题协议不成的,由人民法院根据双方的具体情况,按照最有利于未成年子女的原则判决。子女已满八周岁的,应当尊重其真实意愿。"这一规定是从有利于保护未成年人权益原则、保障子女合法权益出发,有利于子女身心健康,结合父母双方的抚养能力和抚养条件,结合审判实践等具体情况,对离婚后的子女直接抚养问题做出的具体规定。有利于子女身心健康,保障子女的合法权益,儿童利益最大化的原则,是贯穿于本法的基本原则,也是处理离婚后子女直接抚养归属问题的出发点,在此前提下,再结合父母双方的抚养能力和抚养条件等具体情况妥善解决。

对离婚后的子女直接抚养问题要考虑以下三个方面的情况:第一,应考虑父母双方的个人素质、对子女的责任感、家庭环境、父母与子女的感情等因素。第二,应考虑不能生育和再婚有困难的父或母的合理要求。第三,在双方的各种条件都基本相同的情况下,原则上由经济能力较强的一方抚养。解决好子女的抚养问题,对于保护子女身心健康、保障子女的合法权益、防止矛盾激化、促进社会安定团结具有重要意义。

《最高人民法院关于适用〈中华人民共和国民法典〉婚姻家庭编的解释(一)》(2020年12月25日最高人民法院审判委员会第1825次会议通过,自2021年1月1日起施行),对离婚后子女的抚养问题做出了下述具体规定。

(1)离婚案件涉及未成年子女抚养的,对不满两周岁的子女,按照《民法典》第1084条第3款规定的原则处理。母亲有下列情形之一,父亲请求直接抚养的,人民法院应予支持:

"(一)患有久治不愈的传染性疾病或者其他严重疾病,子女不宜与其共同生活;

(二)有抚养条件不尽抚养义务,而父亲要求子女随其生活;

(三)因其他原因,子女确不宜随母亲生活。"

(2)父母双方协议不满两周岁子女由父亲直接抚养,并对子女健康成长无不利影响的,人民法院应予支持。

(3)对已满两周岁的未成年子女,父母均要求直接抚养,一方有下列情形之一的,可予以优先考虑:

"(一)已做绝育手术或者因其他原因丧失生育能力;

(二)子女随其生活时间较长,改变生活环境对子女健康成长明显不利;

(三)无其他子女,而另一方有其他子女;

(四)子女随其生活,对子女成长有利,而另一方患有久治不愈的传染性疾病或者其他严重疾病,或者有其他不利于子女身心健康的情形,不宜与子女共同生活。"

(4)父母抚养子女的条件基本相同,双方均要求直接抚养子女,但子女单独随祖父母或者外祖父母共同生活多年,且祖父母或者外祖父母要求并且有能力帮助子女照顾孙子女或者外孙子女的,可以作为父或者母直接抚养子女的优先条件予以考虑。

(5)在有利于保护子女利益的前提下,父母双方协议轮流直接抚养子女的,人民法院应予支持。

(6)生父与继母离婚或者生母与继父离婚时,对曾受其抚养教育的继子女,继父或者继母不同意继续抚养的,仍应由生父或者生母抚养。

(7)在离婚诉讼期间,双方均拒绝抚养子女的,可以先行裁定暂由一方抚养。待案件审理后再依有利于保护未成年子女利益及其健康成长的原则确定未成年子女的直接抚养方。

(8)对拒不履行或者妨害他人履行生效判决、裁定、调解书中有关子女抚养义务的当事人或者其他人,人民法院可依照《民事诉讼法》第111条的规定采取强制措施。

(三)离婚后子女抚养关系的变更

子女抚养关系确定后,如果父母的抚养条件发生了重大变化,或者子女要求改变抚养归属,可由双方协议变更抚养关系;协议不成时,人民法院可根据子女利益和双方的具体情况判决。判决子女抚养权的归属,是以有利于保护子女的利益为原则的,如果出现了不利于子女健康成长的情形,就应变更子女的抚养关系。所以,离婚后,子女抚养关系可以变更,但必须符合法律规定:

1.变更子女抚养关系的,应另行起诉

离婚后,一方要求变更子女抚养关系的,或子女长到有识别能力时,主动提出与另一方一起生活时,应另行起诉。离婚后,变更子女抚养关系的请求,不涉及原离婚案件,不是对原离婚案件子女抚养问题的判决、调解协议的纠正,而是出现了处理原离婚案件时不存在的子女抚养方面的新情况,所以,应当作为新的案件另行起诉。

2.具有法定事由,应支持变更抚养关系

《最高人民法院关于适用〈中华人民共和国民法典〉婚姻家庭编的解释(一)》第五十六条规定:具有下列情形之一,父母一方要求变更子女抚养关系的,人民法院应予以支持:

"(一)与子女共同生活的一方因患严重疾病或者因伤残无力继续抚养子女;

(二)与子女共同生活的一方不尽抚养义务或有虐待子女行为,或者其与子女共同生活对子女身心健康确有不利影响;

(三)已满八周岁的子女,愿随另一方生活,该方又有抚养能力;

(四)有其他正当理由需要变更。"

3.准许协议变更抚养关系

父母双方协议变更子女抚养关系的,人民法院应予以支持。无论是协议离婚还是判决离婚后,要求变更子女抚养关系的,并非一定要向法院起诉,双方当事人达成了变更子女抚养关系的协议,只要没有违法事项和对子女成长不利的问题,人民法院应予以支持。

4.不允许擅自变更抚养关系

司法实践中,常常会出现没有与子女一起生活的一方擅自变更子女抚养关系的情况,但引

起的原因是不同的,对此,应根据实际情况分别处理:(1)有正当理由的,可告知依法起诉。离婚后,抚养子女的一方确实没有尽到抚养责任,或者有虐待、遗弃子女等行为的,另一方为了保护子女的身心健康而擅自将子女骗走或抢走的,这种行为是法律所不允许的。应告知其依法起诉,由人民法院确定是否变更子女抚养关系。(2)子女擅自变更的,可告知由其法定代理人依法起诉。受一方抚养的子女因种种原因,如因受歧视、虐待等,而自行躲避到另一方的家中,并且明确表示再也不愿与抚养方一起生活的,其法定代理人应代理其子女起诉,要求人民法院变更子女抚养关系。(3)没有正当理由的,应说服教育,送回孩子。没有正当理由抢走或骗走孩子,应说服教育其送回孩子,经说服教育,仍不送回孩子的,人民法院可依法采取强制措施。强制措施执行的对象并不是该子女,而是抢走或骗走该子女的当事人。

(四)离婚后子女抚养费的负担

《民法典》第1085条规定:"离婚后,子女由一方直接抚养的,另一方应当负担部分或者全部抚养费。负担费用的多少和期限的长短,由双方协议;协议不成的,由人民法院判决。前款规定的协议或者判决,不妨碍子女在必要时向父母任何一方提出超过协议或者判决原定数额的合理要求。"夫妻离婚后,父母与子女的关系不因父母离婚而消除,父母对于子女仍有抚养和教育的权利和义务。离婚后的夫妻双方都有平等地负担子女生活费和教育费的经济责任。这是法律规定的父母对未成年子女的抚养和抚养费的强制性义务,当事人双方都应当自觉遵守。这一规定在适用上包含以下几个方面的内容:

1.父母双方离婚后仍有共同负担子女抚养费的义务

抚养费又称为抚育费,包括子女生活费、教育费、医疗费等费用。父母对未成年子女抚养费的负担是强制性的法定义务。父母离婚后,子女由母方抚养时,父方应负担必要的抚养费;子女由父方抚养时,母方也应负担必要的抚养费。只有在个别情况下,抚养子女的一方既有负担能力,又愿独自负担全部抚养费的,方可免除另一方的负担。

2.子女抚养费数额的确定

确定子女抚养费的数额,既要根据子女的实际需要,又要考虑父母的负担能力和当地的实际生活水平。我国的法律及司法解释中未明确规定子女抚养费的数额,但是确定了给付幅度,根据《最高人民法院关于适用〈中华人民共和国民法典〉婚姻家庭编的解释(一)》中的规定,子女抚养费的数额,可根据子女的实际需要、父母双方的负担能力和当地的实际生活水平确定。

(1)有固定收入的,抚养费一般可以按其月总收入的百分之二十至三十的比例给付。负担两个以上子女抚养费的,比例可以适当提高,但一般不得超过月总收入的百分之五十。这个原则适用于有固定收入的国家机关的工作人员、企事业单位的职工及其他有固定收入的工薪阶层。最高人民法院在确定子女抚养费给付数额时规定了一定的比例幅度,这个比例幅度基本能够适应全国一般工薪阶层给付子女抚养费的要求。

(2)无固定收入的,抚养费的数额可以依据当年总收入或者同行业平均收入,参照上述比例确定。无固定收入的主要包括农民、个体工商户、个体摊贩等。

(3)有特殊情况的,可适当提高或降低上述比例。

子女所需的生活费、教育费、医疗费等,原则上应由父母双方共同负担。对于随一方生活的子女,另一方应负担必要的生活费和教育费的一部分或全部。当然,若与子女共同生活的一方自愿并有能力承担全部抚养费,也可不要他方负担,但不能等于放弃今后向他方索要抚养费的权利。

3.子女抚养费的给付期限

根据我国《民法典》的规定和最高人民法院的司法解释,抚养费的给付期限分为下列三种:

第一种是无条件给付期限。一般是指从子女出生到18周岁为止。

第二种是有条件的不给付期限。一般是指十六周岁以上不满十八周岁,以其劳动收入为主要生活来源,并能维持当地一般生活水平的,父母可以停止给付抚养费。

第三种是有条件的给付期限。一般是指尚未独立生活的成年子女,父母仍应当负担抚养费。这里的"不能独立生活的子女",根据《最高人民法院关于适用〈中华人民共和国民法典〉婚姻家庭编的解释(一)》的规定,是指尚在校接受高中及其以下学历教育,或者丧失、部分丧失劳动能力等非因主观原因而无法维持正常生活的成年子女,可以认定为《民法典》第1067条规定的"不能独立生活的成年子女"。

4.子女抚养费的给付方法

子女抚养费的给付方法可分为三种。

(1)子女抚养费定期给付,即按月或按年给付。实践中,抚养费的给付方式一般是按月给付。

(2)一次性给付。即按月或按年应付的抚养费数额乘以将子女抚养到适当年龄的期限,计算总数,一次性给付完毕。实践中,对一方要求一次性给付的要慎重处理。确有必要一次性给付的(如有能力支付的个体工商户、私营企业主、企业家,下落不明的一方以财产折抵的,双方自愿协商一致的),应慎重处理。

(3)以物折价。以财物折抵子女抚养费,适用于没有经济收入的一方和下落不明的一方。在这种情况下,按照确定子女抚养费所要给付的数额,用归属无经济收入一方或下落不明一方的财物,以相当的数额折抵抚养费,交付抚养子女的一方。

离婚时,应将子女抚养费的数额、给付期限和办法明确具体地载入离婚调解协议书或判决书中。

5.子女抚养费可依法变更

夫妻离婚后,对子女生活费和教育费的给付责任,是基于他们与子女之间的人身关系而产生的。从性质上讲,不同于一般的债权债务关系,原确定的给付抚养费的数额,随着时间的推移,在一定的条件下可能会出现抚养费的数额不足以维持子女的生活、父母双方经济条件发生变化等情况,抚养费是可以根据父母双方或子女的实际情况的变化而适当变更的。按照《民法典》第1085条第2款的规定,前款规定的协议或者判决,不妨碍子女在必要时向父母任何一方提出超过协议或者判决原定数额的合理要求。这种要求,往往是由直接抚养子女的一方代为提出的,《最高人民法院关于适用〈中华人民共和国民法典〉婚姻家庭编的解释(一)》中规定,具有下列情形之一,子女要求有负担能力的父或者母增加抚养费的,人民法院应予以支持:

"(一)原定抚养费数额不足以维持当地实际生活水平;

(二)因子女患病、上学,实际需要已超过原定数额;

(三)有其他正当理由的,应当增加。"

抚养费在一定条件下也可以减少或者免除。首先,直接抚养子女的一方再行结婚,继父或继母愿意负担子女的生活费和教育费的一部分或全部时,另一方的负担可酌情减少或免除。其次,如果负有给付义务的一方确有实际困难,亦可通过协议或判决,酌情减免。需要指出的是,抚养费的减少或免除直接关系着子女的权益,所以在决定减免时要慎重考虑,严格掌握。

上述两种情况只是在一定条件下减少或免除了给付义务,并没有终止父母对子女的抚养义务。因此,在减免的事实依据消失时,应当恢复给付,以保护子女的合法权益。但应当注意,离婚后,若一方要求变更子女抚养关系的,或者子女要求增加抚养费的,应另行起诉。

子女问题是离婚纠纷中的难点之一,除上述各项要求外,父母不得因子女变更姓氏而拒付子女抚养费。父方或母方擅自将子女姓氏改为继父或继母姓氏而引起纠纷的,应责令恢复原姓氏。对拒不履行或妨碍他人履行生效的判决、裁定、调解中有关子女抚养义务的当事人或者其他人,人民法院可根据《民事诉讼法》的有关规定采取强制措施。

(五)离婚后父或母的探望权

探望权,是在夫妻双方离婚后,未获得对子女直接抚养权的一方,可以定期看望子女,充分与子女沟通的权利,另一方有协助其定期探望子女的义务。据此,可总结出探望权有如下几点特征:(1)探望权是出现在夫妻双方离婚后,未获得对子女直接抚养权的一方对其子女定期看望的权利;(2)探望权的主体为离婚后不直接抚养子女的父或母,不包括祖父母、外祖父母、兄弟姐妹等;(3)探望权的客体为离婚后直接抚养子女的父或母,该方有协助权利方探望的义务,故而探望权是相对于直接抚养权而出现的;(4)探望权内容为权利人按照双方协议或法院判决书的规定,以一定方式定期定次数地看望子女。《民法典》第1086条规定:"离婚后,不直接抚养子女的父或者母,有探望子女的权利,另一方有协助的义务。行使探望权的方式、时间由当事人协议;协议不成的,由人民法院判决。父或者母探望子女,不利于子女身心健康的,由人民法院依法中止探望的权利;中止的事由消失后,应当恢复探望的权利。"本条是关于离婚后的父或母所享有的探望子女的权利的规定。

离婚案中,如果双方是协议离婚的,能自愿协商探望细节的,探望权就无须写进判决书,如果双方无法协商一致,主张一方可另行提起诉讼,请求变更原判决书条款。例如,《最高人民法院关于适用〈中华人民共和国民法典〉婚姻家庭编的解释(一)》第65条规定,人民法院做出的生效的离婚判决中未涉及探望权,当事人就探望权问题单独提起诉讼的,人民法院应予以受理。《民法典》第1086条第2款、第3款规定:"行使探望权利的方式、时间由当事人协议;协议不成时,由人民法院判决。父或母探望子女,不利于子女身心健康的,由人民法院依法中止探望权利;中止的事由消失后,应当恢复探望的权利。"如果离婚一方滥用探望权,法院可依法撤销其探望权。而相反,如果抚养方不履行判决,视子女为私有财产,不让另一方探望的,当事人可以直接向法院申请强制执行。

探望权依法不可剥夺,但在司法实践中,主要的争议却在如何解决探望的方式、探望的时间以及探望的地点等具体问题上。所以,法院一般倾向于当事人双方协商解决。法院认为,对于探望权的判决一直是一个两难问题,如果在判决书中很抽象地强调一方有探望权,不利于请求方探望权的实现;如果将探望权规定得十分详细,由法院监督执行,又很困难,如何恰当地把握该合理程度是实践中出现的法律问题。《民法典》直接规定,不直接抚养子女的一方探视子女时,如出现不利于子女身心健康的事由的,人民法院可依法中止其探望。根据司法实践,享有探望权的一方有下列情况之一的,可由法院依法裁决,暂时中止探望:(1)曾犯罪行情节特别严重,社会影响极大,手段特别恶劣,无明显悔罪表现,有可能使未成年子女的身心健康受到损害;(2)对未成年子女有虐待、劫持、胁迫等暴力倾向的;(3)遗弃、歧视未成年子女的;(4)患有严重传染病或精神病未治愈的;(5)有赌博、酗酒、吸毒、卖淫、嫖娼等恶习屡教不改的;(6)对于年满八周岁以上的子女,明确表示不愿接受探视的;(7)人民法院认为有其他不利于子女身心健康事由的。

中止探望的情形消失后,人民法院应当根据当事人的申请通知其恢复探望权。

第三节　离婚后的财产及债务债权关系

离婚使夫妻人身关系归于消灭,同时,由夫妻人身关系引起的夫妻财产关系也随之终止,引起一系列财产和生活方面的法律后果。

一、夫妻共同财产分割

《民法典》第1087条规定:"离婚时,夫妻的共同财产由双方协议处理;协议不成的,由人民法院根据财产的具体情况,按照照顾子女、女方和无过错方权益的原则判决。对夫或者妻在家庭土地承包经营中享有的权益等,应当依法予以保护。"按照此规定,离婚时可供夫妻分割的财产,只限于夫妻的共同财产,因此,准确划定夫妻共同财产的范围,是正确处理夫妻财产分割的前提。

(一)分割共同财产的原则

分割夫妻共同财产,直接关系到离婚双方的切身利益,依照法律和最高人民法院的有关规定,在分割夫妻共同财产中应当注意贯彻以下原则:

1. 男女平等原则

一个家庭中,夫妻两方的收入比例大多是有区别的,一般表现为男方经济收入高于女方。但在分割共同财产时,双方应有平等的权利,不能因为女方经济收入较低、没有经济收入而少分或不分给她财产。夫妻双方对共同所有的财产有平等的所有权,离婚时,任何一方对共同财产都依法享有平等分割的权利。

理解这一原则,应该注意以下三个方面的问题:其一,夫妻共有财产是共同共有财产,对于这些财产,不问其来源,双方享有平等的占有、使用、收益和处分权。其二,夫妻双方对共同财产享有平等权益,绝不意味着鼓励搞绝对平均主义。其三,夫妻双方在对其共有财产享有权利的同时,还须承担相应的义务。

2. 照顾妇女及子女利益的原则

夫妻双方对共同所有的财产,原则上均等分割。但目前我国妇女的经济条件和男子相比仍有一定差距,在财产分割上适当照顾妇女和儿童的利益,才能避免妇女和儿童因分割财产导致生活水平下降和生活困难,保证儿童健康成长。《民法典》更为注重保护子女的权益,这是由于父母离婚会给未成年子女的生活和学习带来一定的影响,为使下一代健康成长,在分割夫妻共同财产时,给抚养未成年子女的一方适当多分一些财产,以照顾子女的实际需要。这一原则意味着离婚分割夫妻共同财产时,一方面不得侵害子女和女方的合法权益;另一方面,应视女方的经济状况及子女的实际需要给予必需的照顾。这种表面上不平等的分割是为了达到事实上的男女平等。

3. 有利于生产和生活需要的原则

分割夫妻共同财产时,应当注意有利于生产和生活需要,不损害财产的效用和经济价值。对生产资料或一方从事职业所必需的工具、图书资料等,应当分给需要的一方;对特定物,包括有经济价值的纪念物,不宜分割的,可根据财产的来源,分给获得者一方;对当年无收益的种植业、养殖业,应当分给继续经营的一方;对未分割上述财产的一方,可分给其他财产或作价补偿;对生活必需品,要考虑双方和子女生活需要,实事求是地合理分割。

4. 照顾无过错一方的原则

法律没有明确无过错的内涵是什么,即何为无过错。这里可以有两种解释:一是对另一方配偶的婚姻过错行为的产生无过错,如丈夫实施家庭暴力完全是其性格暴躁的缘故,妻子从来没有骂丈夫,也没有其他任何可能导致丈夫将会实施家庭暴力的行为,这样可以说妻子无过错;第二种理解是赔偿请求提起方对婚姻过错行为的损害结果无过错,即因为对方的婚姻过错行为受到精神和物质的损害,并导致离婚,对这一结果的发生无过错。过错包括故意和过失两种形式。在一般情况下,行为人的行为是故意或过失,或过错程度大小如何,对于确定其民事责任并无实际意义。但是,在特定的情况下,在混合过错、共同致人损害、受害人有故意或重大过失的情况下,行为人的过错程度就成为确定其赔偿责任的主要依据。由于婚姻关系的特殊性,离婚分割夫妻共同财产时的照顾条件,须为一方实施了出于故意而为的过错行为,另一方没有过错行为,或虽有过错行为,但其行为只要是出于过失而不是出于故意即可。离婚案件,在财产分割时无过错方有权请求损害赔偿,适当多分。《民法典》第1091条规定了一方因重婚,与他人同居,实施家庭暴力,虐待、遗弃家庭成员和有其他重大过错导致离婚的,无过错方有权请求损害赔偿。《民法典》规定了过错离婚的法律后果,即让过错方承担离婚损害赔偿责任,这是对受害方的法律救济,体现了法律的公平原则。在照顾的程度上,应根据有过错一方过错程度的大小和共同财产的实际情况由法官酌定,"照顾"只应向无过错一方做适当的倾斜,不能显失公平,更不能因此而影响有过错一方的基本生活。

5. 公平原则

公平原则是我国《民法典》规定的原则。公平原则要求以利益均衡作为价值判断标准来调整民事主体之间的物质利益关系,确定其民事权利和民事责任。离婚不仅终止了婚姻关系,还涉及夫妻及子女等家庭成员的利益,在离婚财产分割时适用公平原则,一方面合理分割夫妻现有的共同财产;另一方面还应清算夫妻的经济利益,例如,夫妻双方对家务劳动、抚养子女的付出,一方离婚后生活水平下降,妥善安置离异后的患病方,等等。这就要求审判人员在审理案件时要严肃执法、实事求是,既要考虑案件的事实,又要考虑双方当事人的实际情况,从而体现我国法律的公正和严肃。例如,在处理一方从事经商等营利性活动所涉财产时,应在认定这部分财产为夫妻共同财产的基础上,对创造这部分财产的一方可以给予充分照顾。处理夫妻在分居期间所得的财产也一样,应确认为夫妻共同财产,但由于双方在分居期间经济独立且收益也没有用于家庭的日常消费,所以在分割时的比例可以根据双方创造的财产多少而有所差异。

6. 不得损害国家、集体和他人利益的原则

离婚案件中处理财产分割时,不能把属于国家、集体和他人所有的财产当作夫妻共同财产分割。贪污、受贿、盗窃等非法所得,必须依法追缴。夫妻财产置于其他合伙人共有财产之中的,应从中分出夫妻共有份额予以分割,不得借分割夫妻财产而损害他人的利益。

(二)准确界定夫妻共同财产的范围

《民法典》中关于夫妻财产制的规定,有夫妻法定财产制、夫妻约定财产制、夫妻个人特有财产制。这些规定与我国的社会经济制度和社会保障制度紧密联系。一方面,强调了法律规范的强制性;另一方面,在当代社会经济关系多元化的情况下,采取了尊重当事人在法律允许

范围内的意思自治。我国《民法典》第1087条规定,离婚时,夫妻的共同财产由双方协议处理;协议不成,由人民法院根据财产的具体情况,以照顾子女和女方权益的原则判决处理。因此,在分割夫妻共同财产的时候,必须先区分夫妻共同财产和夫妻个人特有财产。准确地划定夫妻共同财产的范围,是正确处理财产分割问题的前提。

根据我国《民法典》第1062条和《最高人民法院关于适用〈中华人民共和国民法典〉婚姻家庭编的解释(一)》等司法解释的精神,夫妻共同财产包括以下内容:

(1)夫妻在婚姻关系存续期间所得的法定共有财产归夫妻共同所有,包括:①工资、奖金、劳务报酬,是指在夫妻关系存续期间一方或双方的工资、奖金、劳务报酬收入及各种福利性和政策性收入、补贴。②生产、经营、投资的收益,是指在夫妻关系存续期间,夫妻一方或双方从事生产、经营、投资产生的收益。③知识产权的收益,是指婚姻关系存续期间,实际取得或者已经明确可以取得的财产性收益。④继承或者受赠的财产,是指在夫妻关系存续期间一方或双方因继承遗产和接受赠与所得的财产。对于继承遗产的所得,指的是财产权利的取得,而不是对财产的实际占有。即使婚姻关系终止前并未实际占有,但只要继承发生在夫妻关系存续期间,所继承的财产也是夫妻共同财产,但遗嘱或赠与合同中确定只归夫或妻一方的财产除外。

(2)婚姻关系存续期间,下列财产属于其他共同所有的财产:例如,夫妻一方个人财产在婚后产生的收益(孳息和自然增值除外),即夫妻一方用个人财产在婚姻存续期间从事投资或进行生产经营活动所产生的收益属于夫妻共同财产。例如,个人财产投资公司或企业所取得的利润;个人所有的房屋经夫妻共同维护修缮、经营管理所取得的租金等,应认定为夫妻共同财产;男女双方实际取得或者应当取得的住房补贴、住房公积金;男女双方实际取得或者应当取得的养老保险金、破产安置补偿费。

(3)已登记结婚、尚未共同生活,一方或双方受赠的礼金、礼物应认定为夫妻共同财产,具体处理时应考虑财产来源、数量等情况合理分割。

(4)对个人财产还是夫妻共同财产难以确定的,主张权利的一方有责任举证。当事人举不出有力证据,人民法院又无法查实的,按夫妻共同财产处理。

(5)婚后双方对婚前一方所有的房屋进行过扩建的,扩建部分的房屋按夫妻共同财产处理。

(6)夫妻分居两地分别管理、使用的婚后所得财产,应认定为夫妻共同财产。

在分割财产时,各自分别管理、使用的财产归各自所有。双方所分财产相差悬殊的,差额部分,由多得财产的一方以与差额相当的财产抵偿另一方。

(7)人民法院审理离婚案件,涉及分割发放到军人名下的复员费、自主择业费等一次性费用的,以夫妻婚姻关系存续年限乘以年平均值,所得数额为夫妻共同财产。这里的年平均值,是指将发放到军人名下的上述费用总额按具体年限均分得出的数额。其具体年限为人均寿命七十岁与军人入伍时实际年龄的差额。

(8)由一方婚前承租、婚后用共同财产购买的房屋,房屋权属证书登记在一方名下的,为夫妻共同财产。

(三)正确区分夫妻共同财产和家庭财产、夫妻个人财产的界限

家庭财产,是指家庭成员的共同财产和各自所有财产的总和。包括以下几个方面:

(1)夫妻一方的个人财产。主要包括:夫妻一方婚前个人所有财产;一方因身体受到伤害获得的医疗费、残疾人生活补助费等费用,遗嘱或赠与合同中确定只归夫或妻一方的财产;一方专用的生活用品;夫妻书面约定(或对口头约定双方无争议)婚后所得归各自所有的部分;其他应当归一方的财产,例如,婚前各自为结婚所准备的物品,军人的伤亡保险金、伤残补助金、医药生活补助费。婚后双方对婚前一方所有的房屋进行过修缮、装修、原拆原建,离婚时未变更产权的,房屋仍归产权人所有,增值部分中属于另一方应得的份额,由房屋所有人折价补偿另一方。

(2)夫妻婚后的共同财产。《民法典》第1062条规定,夫妻在婚姻关系存续期间所得的下列财产,为夫妻的共同财产,归夫妻共同所有:①工资、奖金、劳务报酬;②生产、经营、投资的收益;③知识产权的收益;④继承或者受赠的财产,但是《民法典》第1063条第3项规定的除外;⑤其他应当归夫妻共同所有的财产。

(3)子女财产,即子女通过继承、受赠所得的财产或其他归子女个人所有的财产。

(4)其他家庭成员的财产,即双方父母、兄弟姐妹等家庭成员个人所有的财产。

(5)全体家庭成员共有的财产,即属于全体家庭成员共同所有的财产。

离婚时,夫妻分割的仅限于夫妻共同财产。对属于其他家庭成员共有的财产,应先分家析产,分出属于夫妻共同所有的部分,然后夫妻双方再分割。

(四)离婚时对夫妻在企业财产、股票和股份中的共同财产的分割

近年来,在离婚审判实务中,对一些新类型的夫妻共同财产进行分割时出现了法律上的新问题。例如,企业财产、股票、股份中夫妻共同财产的分割,由于涉及民法典和公司法、企业法、证券法的协调问题,分割时比较困难,需要注意既要平等保护夫妻财产权,又要注意符合公司法、企业法、证券法的规定,分割夫妻共同财产不能损害公司、企业或其他股东的权益。

根据《最高人民法院关于适用〈中华人民共和国民法典〉婚姻家庭编的解释(一)》第72条、第73条、第74条、第75条的规定,分割此类财产时应注意以下几个方面:

(1)夫妻双方分割共同财产中的股票、债券、投资基金份额等有价证券以及未上市股份有限公司的股份时,协商不成或者按市价分配有困难的,人民法院可以根据数量按比例分配。

(2)人民法院审理离婚案件,涉及分割夫妻共同财产中以一方名义在有限责任公司的出资额,另一方不是该公司股东的,按以下情形分别处理:

①夫妻双方协商一致,将出资额部分或者全部转让给该股东的配偶,其他股东过半数同意,并且其他股东均明确表示放弃优先购买权的,该股东的配偶可以成为该公司股东。

②夫妻双方就出资额转让份额和转让价格等事项协商一致后,其他股东半数以上不同意转让,但愿意以同等条件购买该出资额的,人民法院可以对转让出资所得财产进行分割。其他股东半数以上不同意转让,也不愿意以同等条件购买该出资额的,视为其同意转让,该股东的配偶可以成为该公司股东。

③用于证明前款规定的股东同意的证据,可以是股东会议材料,也可以是当事人通过其他合法途径取得的股东的书面声明材料。

(3)人民法院审理离婚案件,涉及分割夫妻共同财产中以一方名义在合伙企业中的出资,另一方不是该企业合伙人的,当夫妻双方协商一致,将其合伙企业中的财产份额全部或者部分转让给对方时,按以下情形分别处理:

①其他合伙人一致同意的,该配偶依法取得合伙人地位;

②其他合伙人不同意转让,在同等条件下行使优先购买权的,可以对转让所得的财产进行分割;

③其他合伙人不同意转让,也不行使优先购买权,但同意该合伙人退伙或者削减部分财产份额的,可以对结算后的财产进行分割;

④其他合伙人既不同意转让,也不行使优先购买权,又不同意该合伙人退伙或者削减部分财产份额的,视为全体合伙人同意转让,该配偶依法取得合伙人地位。

(4)夫妻以一方名义投资设立个人独资企业的,人民法院分割夫妻在该个人独资企业中的共同财产时,应当按照以下情形分别处理:

①一方主张经营该企业的,对企业资产进行评估后,由取得企业资产所有权一方给予另一方相应的补偿;

②双方均主张经营该企业的,在双方竞价的基础上,由取得企业资产所有权的一方给予另一方相应的补偿;

③双方均不愿意经营该企业的,按照《中华人民共和国个人独资企业法》等有关规定办理。

(五)离婚时对住房问题的处理

根据我国《民法典》及有关司法解释,离婚时对住房可做如下处理:

1.离婚时住房为共同财产的,按照共同财产分割的原则分割

双方约定为共有的房屋,或无约定婚后用共同财产购买的房屋都属共同财产,如能实际分割,则原则上双方均等分割。如不能实际分割,可根据双方住房情况,本着照顾女方利益、照顾子女利益、照顾无过错方的原则分给一方所有,分得住房的一方给另一方经济补偿;如果双方情况相当,应优先照顾女方。

根据《最高人民法院关于适用〈中华人民共和国民法典〉婚姻家庭编的解释(一)》的规定,对房屋具体分割时还应注意:

(1)双方对夫妻共同财产中的房屋价值及归属无法达成协议时,人民法院按以下情形分别处理:①双方均主张房屋所有权并且同意竞价取得的,应当准许;②一方主张房屋所有权的,由评估机构按市场价格对房屋做出评估,取得房屋所有权的一方应当给予另一方相应的补偿;③双方均不主张房屋所有权的,根据当事人的申请拍卖、变卖房屋,就所得价款进行分割。

(2)离婚时双方对尚未取得所有权或者尚未取得完全所有权的房屋有争议且协商不成的,人民法院不宜判决房屋所有权的归属,应当根据实际情况判决由当事人使用。当事人就前款规定的房屋取得完全所有权后,有争议的,可以另行向人民法院提起诉讼。

2.关于夫妻之间约定的赠与房产合同问题

婚前或者婚姻关系存续期间,当事人约定将一方所有的房产赠与另一方或者共有,赠与方在赠与房产变更登记之前撤销赠与,怎么办?《民法典》第658条规定:"赠与人在赠与财产的权利转移之前可以撤销赠与。经过公证的赠与合同或者依法不得撤销的具有救灾、扶贫、助残等公益、道德义务性质的赠与合同,不适用前款规定。"所谓财产权利的转移,根据物权法则,动产是以交付为转移,不动产则是以登记为转移。换言之,即房产没有登记过户,那么关于赠与的约定可以不发生法律效力。

3.夫或妻父母出资购买的房子归属问题

当事人结婚前,父母为双方购置房屋出资的,该出资应当认定为对自己子女个人的赠与,但父母明确表示赠与双方的除外。

当事人结婚后,父母为双方购置房屋出资的,依照约定处理;没有约定或者约定不明确的,该出资应当认定为对夫妻双方的赠与,离婚时应作为共同财产分割。婚后一方父母出资为子

女购买不动产且产权登记在自己子女名下的,应认定为夫妻一方的个人财产,离婚时不予分割,归其子女个人所有。由双方父母出资购买的不动产,产权登记在一方子女名下的,该不动产可认定为双方按照各自父母的出资份额按份共有,但当事人另有约定的除外。

4. 关于婚前一方付了首付,婚后共同还贷的房子归属认定问题

《最高人民法院关于适用〈中华人民共和国民法典〉婚姻家庭编的解释(一)》第78条规定:夫妻一方婚前签订不动产买卖合同,以个人财产支付首付款并在银行贷款,婚后用夫妻共同财产还贷,不动产登记于首付款支付方名下的,离婚时该不动产由双方协议处理。依前款规定不能达成协议的,人民法院可以判决该不动产归登记一方,尚未归还的贷款为不动产登记一方的个人债务。双方婚后共同还贷支付的款项及其相对应财产增值部分,离婚时应根据《民法典》第1087条第1款规定的原则,由不动产登记一方对另一方进行补偿。该规定明确了一方婚前贷款购买的不动产应归产权登记方所有。

5. 公房使用、承租问题的处理

1996年2月5日,最高人民法院发布的《最高人民法院关于审理离婚案件中公房使用、承租若干问题的解答》规定,夫妻双方在离婚时,应坚持男女平等和保护妇女、儿童合法权益等原则,考虑双方的经济收入,实事求是,合情合理地予以解决。

夫妻共同居住的公房,具有下列情形之一的,离婚后,双方均可承租:(1)婚前由一方承租的公房,婚姻关系存续5年以上的;(2)婚前一方承租的本单位的房屋,离婚时,双方均为本单位职工的;(3)一方婚前借款投资建房取得的公房承租权,婚后夫妻共同偿还借款的;(4)婚后一方或双方申请取得公房承租权的;(5)婚前一方承租的公房,婚后因该承租房屋拆迁而取得房屋承租权的;(6)夫妻双方单位投资联建或联合购置公有房屋的;(7)一方将其承租的本单位的房屋交回原单位或交给另一方单位后,另一方单位另给调换房屋的;(8)婚前双方均租有公房,婚后合并调换房屋的;(9)其他应当认定为夫妻双方均可承租的情形。

夫妻双方均可承租的公房,应依照下列原则予以处理:(1)照顾抚养子女的一方;(2)男女双方在同等条件下,照顾女方;(3)照顾残疾或生活困难一方;(4)照顾无过错一方。

对夫妻双方均可承租的公房而由一方承租的,承租方对另一方可给予适当的经济补偿。夫妻双方均可承租的公房,如其面积较大能够隔开分别居住使用的,可由双方分别租住;对可以另调房屋分别租住或承租方给另一方解决住房的,可予以准许。

离婚时,一方对另一方婚前承租的公房无权承租而解决住房确有困难的,或者属于夫妻一方的个人房屋,离婚后,另一方无房可住的,人民法院可调解或判决其暂时居住,暂住期限一般不超过2年。暂住期间,暂住方应缴纳与房屋租金等额的使用费及其他必要的费用。离婚时,一方对另一方婚前承租的公房无权承租,另行租房经济上确有困难的,如承租公房一方有负担能力,应给予一次性经济帮助。人民法院在调整和变更单位自管房屋(包括单位委托房地产管理部门代管的房屋)的租赁关系时,一般应征求自管房屋单位意见。经调解或判决变更房屋租赁关系的,承租人应依照有关规定办理房屋变更登记手续。

对夫妻共同出资而取得"部分产权"的房屋,人民法院可参照上述有关解答,予以妥善处理。但分得房屋"部分产权"的一方,一般应按所得房屋产权的比例,依照离婚时当地政府有关部门公布的同类住房标准价,给予对方一半价值的补偿。对夫妻双方均争房屋"部分产权"的,如双方同意或双方经济、住房条件基本相同,可采取竞价方式解决。

6. 夫妻双方用共同财产给一方的父母买房改房并登记在一方父母名下的房屋处理问题

《最高人民法院关于适用〈中华人民共和国民法典〉婚姻家庭编的解释(一)》第79条规定："婚姻关系存续期间,双方用夫妻共同财产出资购买以一方父母名义参加房改的房屋,登记在一方父母名下,离婚时另一方主张按照夫妻共同财产对该房屋进行分割的,人民法院不予支持。购买该房屋时的出资,可以作为债权处理。"即夫妻双方用共同财产给一方的父母买房改房,离婚后,登记在一方父母名下的房屋不会被作为夫妻双方共同财产而被分割,但另一方有权要求将自己的出资当作债权处理。

(六)离婚后农村妇女土地承包经营权的保护

我国《民法典》第1087条最后一款规定："对夫或者妻在家庭土地承包经营中享有的权益等,应当依法予以保护。"该款主要是针对我国农村地区存在的妇女承包经营权易受到侵害的情形做出的规定。

我国《农村土地承包法》第6条规定："农村土地承包,妇女与男子享有平等的权利。承包中应当保护妇女的合法权益,任何组织和个人不得剥夺、侵害妇女应当享有的土地承包经营权。"

该法第31条规定："承包期内,妇女结婚,在新居住地未取得承包地的,发包方不得收回其原承包地;妇女离婚或者丧偶,仍在原居住地生活或者不在原居住地生活但在新居住地未取得承包地的,发包方不得收回其原承包地。"

因此,农村妇女在离婚后不离开原来村子的,承包土地等其他村民待遇应不变。当事人的土地承包权不因离婚而丧失或有重大改变。因离婚不给农村的妇女责任田或收回离婚妇女责任田的行为属于违法行为。

(七)其他规定

(1)离婚时夫妻一方尚未退休、不符合领取基本养老金条件,另一方请求按照夫妻共同财产分割基本养老金的,人民法院不予支持;婚后以夫妻共同财产缴纳基本养老保险费,离婚时一方主张将养老金账户中婚姻关系存续期间个人实际缴纳部分及利息作为夫妻共同财产分割的,人民法院应予支持。

(2)婚姻关系存续期间,夫妻一方作为继承人依法可以继承的遗产,在继承人之间尚未实际分割,起诉离婚时另一方请求分割的,人民法院应当告知当事人在继承人之间实际分割遗产后另行起诉。

二、离婚时的债务清偿

婚姻关系终结时,夫妻债务清偿应遵循的原则是共同债务以共同财产清偿,个人债务以个人财产偿还。这就涉及共同债务和个人债务的界定问题,不同的财产制度有不同的划分。无论是约定共同制还是法定共同制,原则上为夫妻共同生活所欠的债务,无论是否为夫妻共同所为,他方是否认可,均应推定为共同债务。对于非共同生活所负债务,凡经双方事先认可者,也应由双方共同清偿。凡为个人需要而支付的费用或负担债务,应由本人以其个人财产清偿,他方无代偿义务。若夫妻间实行完全分别财产制,在没有共同财产的情况下,为夫妻共同生活所负债务应由双方协议清偿,协议不成时,由法院参照共同财产制下的同类问题处理。《民法典》第1089条规定："离婚时,夫妻共同债务应当共同偿还。共同财产不足清偿或者财产归各自所有的,由双方协议清偿;协议不成的,由人民法院判决。"从本条款规定可以看出,分清债务的性质是正确处理离婚时债务清偿问题的关键。

(一)夫妻共同债务的清偿

夫妻共同债务,是指夫妻一方或双方在婚姻关系存续期间,为维持婚姻家庭共同生活或者为共同生产、经营活动所负的债务。《民法典》第1064条规定:"夫妻双方共同签名或者夫妻一方事后追认等共同意思表示所负的债务,以及夫妻一方在婚姻关系存续期间以个人名义为家庭日常生活需要所负的债务,属于夫妻共同债务。"

夫妻共同债务有两个特征:一是基于夫妻双方共同意思表示所负担之债务;二是须用于夫妻家庭共同生活或共同生产、经营活动,包括为履行抚养、赡养义务等。

夫妻共同债务主要包括:(1)夫妻为共同生活或为履行抚养、扶养、赡养义务所负的债务;(2)个体工商户、农村承包经营户夫妻双方共同经营所欠的债务及一方从事经营,其收入主要用于家庭共同生活所欠的债务;(3)在婚姻关系存续期间,一方因分家析产所得的债务;(4)夫妻一方受另一方虐待,无法共同生活离家出走,出走方为日常生活所需开支及治疗疾病、抚养子女所欠债务。

夫妻共同债务应当以夫妻共同财产清偿。如果离婚时没有积累共同财产或共同财产不足以清偿夫妻共同债务,或夫妻约定婚后财产分别所有的,应由双方协议确定清偿责任。协议不成,由人民法院根据双方的经济能力,判决由一方清偿或由双方分担清偿责任。在处理这方面纠纷时,应注意贯彻保护妇女和儿童权益的原则,有共同债务的,应先清偿债务,再分割财产。

(二)夫妻个人债务的清偿

个人债务,是指夫妻一方在婚前所负债务,以及婚后与共同生活无关、为满足个人需要或为资助个人亲友所负的债务或夫妻双方约定应由个人所清偿的债务。《民法典》第1064条规定:"夫妻一方在婚姻关系存续期间以个人名义超出家庭日常生活需要所负的债务,不属于夫妻共同债务。"

夫妻的个人债务主要包括:(1)夫妻双方约定由个人所负担的债务,但以逃避债务规避法律为目的的除外;(2)一方未经对方同意,擅自资助没有扶养义务的亲朋所负的债务;(3)一方未经对方同意,独自筹资从事经营活动,其收入未用于共同生活所负的债务;(4)一方因个人实施违法行为所负的债务;(5)一方为满足私欲而挥霍所负的债务;(6)婚姻关系存续期间,双方因关系恶化而分居,一方从事经营所负的债务,其收入也未用于家庭共同生活的,属个人债务。

夫妻个人债务应由本人偿还。

审理离婚案件时,对夫妻债权债务问题的处理,应注意符合《民法典》的立法本意;既要保护夫妻的共同财产,也要保护债权人的合法权益;既要保护夫妻的共同利益,也要维护男女双方的个人利益。

债权人就婚姻关系存续期间夫妻一方以个人名义所负债务主张权利的,应当按夫妻共同债务处理。但夫妻一方能够证明债权人与债务人明确约定为个人债务,或者能够证明属于《民法典》第1065条第3款规定情形的除外。当事人的离婚协议或者人民法院的判决书、裁定书、调解书已经对夫妻财产分割问题做出处理的,债权人仍有权就夫妻共同债务向男女双方主张权利。一方就共同债务承担连带清偿责任后,基于离婚协议或者人民法院的法律文书向另一方主张追偿的,人民法院应当支持。

夫或妻一方死亡的,生存一方应当对婚姻关系存续期间的共同债务承担连带清偿责任。

复习思考题

1. 什么是离婚效力？包括哪些内容？
2. 离婚时分割夫妻共同财产的原则有哪些？
3. 离婚时如何分割夫妻财产？
4. 离婚后父母子女关系的特点是什么？
5. 离婚后子女的抚养费应如何分担？
6. 离婚后父母对子女的探视权包括哪些内容？
7. 简述离婚经济补偿的条件和程序。

【案例分析】

[案情介绍]

原告：李某某。

被告：周某。

原告、被告于1998年3月自行相识恋爱，1999年1月11日登记结婚，2010年10月12日生育一女周某某。2017年6月5日，原告曾向法院提起离婚诉讼。2017年7月29日，法院判决对于原告要求与被告离婚的诉讼请求不予支持。2019年5月14日，原告再次提起本案诉讼，要求与被告离婚，被告表示同意离婚。审理中，被告同意女儿周某某由被告抚养，要求原告每月支付抚养费1 000元，原告对此表示同意。上海市浦东新区东方路××弄××号××室房屋系原告、被告婚后所购买，产证核准日期为2002年12月24日，产权人登记为原告、被告共同共有。至2019年6月20日，该房屋尚有贷款本金254 188.33元未归还。审理中，原告、被告确认该房屋价值2 800 000元。该房屋内的餐桌1张、餐椅6把、沙发1套（三人沙发1只、单人沙发2只）、藤椅1把、儿童房家具1套、次卧室的五门橱1只、小床1只、松下牌柜式空调1台、三菱重工牌挂壁式空调1台、夏普牌挂壁式空调2台、创维牌29英寸彩色电视机1台、创维牌34英寸彩色电视机1台、海尔牌冰箱1台、惠而浦牌洗衣机1台、组装电脑1台、格兰仕牌微波炉1台、松下牌电饭煲1只，为双方的夫妻共同财产。审理中，原告要求其中的餐桌1张、餐椅6把、沙发1套、藤椅1把归其所有，其他家电、家具均归被告所有，被告对此表示同意。

原告李某某诉称，原告、被告于1998年3月自行相识，1999年1月11日登记结婚，2010年10月12日生育一女周某某。婚后感情尚可，后因被告与原告父母关系不好及被告奶奶的赡养费问题发生矛盾。2014年，原告到外地工作，双方沟通越来越少。2016年，原告发现被告与一女子关系甚密，双方发生争执。之后，夫妻感情日渐淡薄。2018年7月，原告提出离婚诉讼。2018年7月29日，法院判决不准离婚。夫妻分居两地，被告也未有挽回婚姻的态度和行为。双方的夫妻感情已完全破裂，无和好可能。诉请：(1)判令原告、被告解除婚姻关系；(2)双方所生之女周某某由被告抚养；(3)依法分割夫妻共同财产。

被告周某辩称，上次离婚案件开庭后，因被告在庭上的陈述，原告回去就与被告发生了争执，在这样的情况下，也没有必要继续维持下去，表示同意离婚。同意女儿周某某由被告抚养，要求原告每月支付抚养费人民币1 000元。同意夫妻共同财产依法分割。

[裁判要点]

经法院审理认为，原告、被告对婚姻关系的解除以及孩子的抚养、相关家具、家电的分割问题已达成一致，对此，可予照准。仅凭被告提供的房屋购入及出售的发票，并不能证明被告所主张的购买上海市浦东新区东方路××弄××号××室房屋中的首付款146 000元系被告的婚前财产。根据双方的庭审意见和实际居住等情况，离婚后，该房屋可归被告所有，该房屋尚未归还的银行贷款由被告负责归还，由被告给付原告相应的财产折价款，原告主张被告给付其折价款1 200 000元，尚属合理，可予准许。被告对于原告主张的向原告母亲徐某某及案外人朱某某的借款不认可，本案中对此不做处理，如确属实，可由相关方另案诉讼处理。上海市浦东新区绿林路××弄××号××室房屋涉及案外人的权益，本案中对此不做处理。综上所述，根据《民法典》第1079条、第1085条、第1087条、第1088条的规定，判决如下：

1. 原告李某某与被告周某离婚。

2. 离婚后，原告、被告所生之女周某某随被告周某共同生活，原告李某某自本判决生效之月起，按月给付周某某抚养费人民币1 000元，至其18周岁时止。

3. 上海市浦东新区东方路××弄××号××室房屋内的餐桌1张、餐椅6把、沙发1套（三人沙发1只、单人沙发2只）、藤椅1把归原告李某某所有，儿童房家具1套、次卧室的五门橱1只、小床1只、松下牌柜式空调1台、三菱重工牌挂壁式空调1台、夏普牌挂壁式空调2台、创维牌29英寸彩色电视机1台、创维牌34英寸彩色电视机1台、海尔牌冰箱1台、惠而浦牌洗衣机1台、组装电脑1台、格兰仕牌微波炉1台、松下牌电饭煲1只归被告周某所有。

4. 上海市浦东新区东方路××弄××号××室房屋产权归被告周某所有，该房屋尚未归还的银行贷款由被告周某负责归还，被告周某应于本判决生效之日起30日内给付原告李某某财产折价款人民币1 200 000元。

[争议焦点]

离婚后财产问题和孩子抚养问题如何解决？

[法理评析]

本案是一起典型的离婚纠纷，离婚纠纷往往不仅涉及双方是否能够离婚的问题，也涉及离婚时的子女抚养权以及财产分配问题。离婚时产生的财产纠纷不同于离婚后财产纠纷，主要是因为离婚时产生的财产纠纷往往是在离婚之时产生的，法律上也要求夫妻双方在处理离婚纠纷时一并处理财产问题；而离婚后财产纠纷往往是因为离婚时财产纠纷问题未解决或者解决不合理而产生的。

本案的争议主要集中于财产问题。关于离婚问题与子女抚养权问题，《民法典》第1079条规定："男女一方要求离婚的，可由有关部门进行调解或直接向人民法院提出离婚诉讼。人民法院审理离婚案件，应当进行调解；如感情确已破裂，调解无效，应准予离婚……"本案中，原告提起离婚诉讼，被告同意离婚，并且据案件事实，双方分居达9个月，也未有挽回婚姻的态度和行为,可认定感情确已破裂,在调解无效的情况下,人民法院应准予离婚。本案中,法院判决原告李某某与被告周某离婚是正确的。关于子女抚养权问题,原告诉请双方所生之女周某某由被告抚养,而被告同意女儿周某某由其抚养,要求原告每月支付抚养费人民币1 000元。可以认定双方对抚养权问题达成了合意,女儿周某某由被告抚养,根据《民法典》第1085条第1款的规定:"离婚后,子女由一方直接抚养的,另一方应负担部分或者全部抚养费。负担费用的多少和期限的长短,由双方协议;协议不成的,由人民法院判决。"双方协议的1 000元抚养费也是合理的,法院应予以认定。

《民法典》第1087条第1款规定:"离婚时,夫妻的共同财产由双方协议处理;协议不成的,由人民法院根据财产的具体情况,按照照顾子女和女方以及无过错方权益的原则判决。"原告要求依法分割夫妻共同财产的诉请是合理的,法院应依法进行处理。根据原告、被告双方的庭审意见,对离婚后房屋所有权归被告所有并不存在争议,存在争议的是房屋归被告所有后原告能向被告主张的折价款,因为房屋本为夫妻双方的共同财产。在房屋价值为2 800 000元而贷款本金254 188.33元未归还的情况下,原告主张被告给付其折价款1 200 000元,法院认为是合理的。一方面,1 200 000元折价款还不及房屋价值的一半,考虑到房屋为夫妻双方共同财产,而且在夫妻关系存续期间此房屋的贷款为夫妻双方共同偿还的情况,原告主张房屋价值的一半左右是合理的;另一方面,还存在贷款本金254 188.33元未归还,在约定由被告偿还的情况下,被告分到房屋价值一半多应该说是合理的。

【关于抚养费的判决案例】

××省××市中级人民法院
民 事 判 决 书

(2022)×××民终××号

上诉人(原审原告):许某,女,1972年7月20日出生,汉族,住××省××市经济技术开发区。

委托诉讼代理人:郭某,××法律服务所法律工作者。

被上诉人(原审被告):吕某,男,1958年2月26日出生,汉族,住××省××市××区。

委托诉讼代理人:王某,××律师事务所律师。

委托诉讼代理人:张某,××律师事务所律师。

上诉人许某因与被上诉人吕某离婚后财产纠纷一案,不服××省××市××区人民法院(2021)×××民初××号民事判决,向本院提起上诉。本院于2022年1月27日立案后,依法组成合议庭,开庭进行了审理。上诉人许某及其委托诉讼代理人郭某、被上诉人吕某委托诉讼代理人王某、张某到庭参加诉讼。本案现已审理终结。

许某上诉请求:1. 依法撤销××市××区人民法院(2021)××民初×××号民事判决,将案件发回重审或者查清事实后改判;2. 一、二审诉讼费由被上诉人负担。

事实与理由:一审判决事实不清,审判程序严重违法,适用法律与判决内容互相矛盾。

1. 许某向一审法院书面申请对吕某名下所属应予分割的夫妻共同财产进行审计、评估,庭审期间吕某也同意接受评估,然而一审法院对其未予调查收集,未在一审判决书中予以释明,属程序违法;2. 本案应裁定驳回起诉,而非判决驳回诉讼请求;3. 上诉人一审诉讼请求要求依法分割夫妻共同财产符合法律规定,不构成重复诉讼。

吕某辩称,许某请求分割××市海洋建筑装饰工程有限公司净利润,无事实和法律依据,在本案中许某重复主张,且许某非××市海洋建筑装饰工程有限公司及河北海福达新型材料科技有限公司及专利相关财产的权利人,无权请求分割。

许某向一审法院起诉请求:1. 请求依法判令吕某立即向许某支付夫妻共同财产分割款 500 000 元(以法院最终认定夫妻共同财产价值基数的 50% 为准);2. 诉讼费及其他费用均由吕某负担。

一审法院认定事实:××××年××月××日,许某、吕某登记结婚。2020 年 6 月 6 日,吕某向一审法院起诉离婚,一审法院于 2020 年 10 月 10 日作出(2020)××民初××号民事判决书,判决:1. 吕某与许某离婚;2. 吕某向许某支付 15 500 元。许某不服该判决,向××市中级人民法院提起上诉。××市中级人民法院于 2020 年 12 月 11 日作出(2020)××14 民终 4139 号民事判决书,判决:驳回上诉,维持原判。另查,××中院(2020)××14 民终 4139 号案审理期间许某提交了吕某持股 99% 的××市海洋建筑装饰工程有限公司 2015-2019 年度资产状况信息一份,证明该公司自 2015 年至 2019 年净利润 104.41 万元中的 99% 即 1 033 659 元应作为夫妻共同财产分割。××中院组织证据交换后,对上述证据做出评判,不予采信。

一审法院认为,本案为离婚后财产纠纷,许某诉请的××市海洋建筑装饰工程有限公司 2015-2019 年度净利润 104.41 万元中的 99% 即 1 033 659 元作为夫妻共同财产分割问题,在××市中级人民法院(2020)××14 民终 4139 号案件中,对许某提交的资产状况信息表已有评判,未予采信。本案中,许某对海洋建筑装饰公司年度利润问题重复主张,一审法院不予支持。宁津分公司系××市海洋建筑装饰工程有限公司的分公司,不具有法人资格,其民事责任由××市海洋建筑装饰工程有限公司承担,关于××市海洋建筑装饰工程有限公司利润问题,同前述评判。河北海福达新型材料科技有限公司专利问题,该公司不属于一人有限责任公司,公司的收入不属于股东个人的收入,许某对其体现的经济价值作为夫妻共同财产分割的主张,一审法院不予支持。一审判决:驳回许某的诉讼请求。一审案件受理费 4 400 元,由许某负担。

本院二审期间,当事人没有提交新证据,本院对一审查明的事实予以确认。

本院认为,本案争议的焦点问题是:××市海洋建筑装饰工程有限公司 2015-2019 年度净利润中的 99% 是否属于夫妻共同财产,上诉人许某主张分割有无事实和法律依据。夫妻共同财产系夫妻双方在婚姻关系存续期间依法取得的财产。××市海洋建筑装饰工程有限公司系具有独立法人资格的民事主体,具有独立的人格和严格的财务制度,公司资产应严格区分于股东个人财产,该公司的净利润并不当然属于股东个人的财产,上诉人许某主张公司的净利润属于夫妻共同财产,但其并未提交公司利润分配给股东个人的相关证据,亦未举证证明存在公司财产与股东个人财产混同的情形。故上诉人许某主张××市海洋建筑装饰工程有限公司的净利润属于夫妻共同财产并主张分割没有事实与法律依据。上诉人许某在(2020)××14民终4139号民事纠纷中主张过对××市海洋建筑装饰工程有限公司的净利润进行分割,但是其在上述案件中并未提交充分的证据。在本案中,上诉人亦未提交充分的证据,一审判决认定上诉人对公司利润问题"重复主张",该认定与上诉人在上诉状中所述的"重复起诉"有本质区别,一审判决并未认定两案属于"重复起诉"。本案因上诉人许某未提交充分的证据证明其主张的财产属于夫妻共同财产,因此一审判决系在实体上驳回诉讼请求,该认定并无不当,上诉人许某主张应认定"驳回起诉"无事实和法律依据。上诉人主张分割的公司资产系个人财产,上诉人并未提交充分的证据证明公司财产转化为个人财产的证据,其上诉主张不能成立。上诉人可在证据充分时另行主张。另,上诉人主张被上诉人存在转移、隐匿夫妻共同财产的情形,但其没有提交任何证据予以证明,其该项主张不能成立。

关于上诉人主张一审中提出评估申请的问题,上诉人申请对"××市海洋建筑装饰工程有限公司、宁津分公司、河北海福达新型材料科技有限公司的账目往来、纳税情况、净利润予以审计并就其专利价值予以评估",本案属于离婚后财产纠纷,上诉人所申请评估的事项均涉及公司财产,上诉人未提交初步的证据或线索证明申请评估的事由与本案争议的夫妻共同财产有关联性,一审未予评估并无不当。

综上所述,许某的上诉请求不能成立,应予以驳回;一审判决认定事实清楚,适用法律正确,应予以维持。依照《中华人民共和国民事诉讼法》第177条第1款第1项规定,判决如下:

驳回上诉,维持原判。

二审案件受理费8 800元,由上诉人许某负担。

本判决为终审判决。

审　判　长　××
审　判　员　××
审　判　员　××
二〇二二年二月十六日
法官助理　××
书　记　员　××

第八章 亲 属

亲属是人们最亲密的社会关系之一,在不同时期,概念有所不同。现代法律认为,亲属是因婚姻、血缘和法律拟制而产生的社会关系。亲属在不同社会制度中,按不同的标准,划分的种类有所不同。

第一节 概 述

一、亲属的含义

亲属是人类社会发展到一定阶段才产生的特定概念。前婚姻时代的人们并没有明晰的亲属意识;亲属关系及相应的亲属观念是与婚姻禁忌同时形成的,并随着社会的发展而不断强化;到了一夫一妻制确立之后,亲属制度才走向完善,成为整个社会制度的一个非常重要的组成部分。

一般意义上的亲属,泛指一切由血缘和婚姻联结起来的人际关系,而在法律的意义上,则仅指发生一定亲属权利与义务的人际关系。必须注意的是,对亲属的界定有两个角度:一个是从客观上对这种特定人际关系加以观察和判断,即"某人与某人是否为亲属";另一个是从主观上对与己身有亲属关系的人加以识别和认定,即"本人与某人是否为亲属"。前一个角度主要用于制度的规范,后一个角度主要用于对制度的遵从。

在中国历史上,言及亲属的本义,是以"亲"为主,以"属"为从的。《礼记·大传》说"亲者,属也",这里的"属"具有"从亲而生"的意思,比如,母子自然是至亲,而在母方亲族看来,"母"与"子"具有亲缘关系,而"子"就是从母而生的"属从"关系。所以,《说文》释"亲"为"至",释"属"为"从"。刘熙的《释名·释亲属》也说,"亲,衬也,言相隐衬也";"属,续也,恩相连续也"。换个角度看,称"亲"还是称"属",反映着关系的远近疏密。在古代法律中,"亲属"两者常常连用,表示的是一个完整宽泛的概念。

中国古籍中的"亲"与"属"二字具有不同的含义,经常将其分别使用,两者各有所指,《说文》中将"亲"解释为"至也",将"属"解释为"连也",从中不难看出两者的亲疏远近之别。一般来说,较近之亲称为亲,较远之亲称为属。可见,古籍中的亲属与后世将亲属连用并使其意义合一,是有区别的。

从法律制度的角度看,中国封建时代的前期、中期的法律中称"亲"之处比较多,如期亲、大功亲、小功亲、缌麻亲等;其中也有将亲属二字连用的,例如,《唐律·户婚》中有:"诸监临之官,娶所监临女为妾者,杖一百,若为亲属娶者亦如之;……各离之。"《唐律疏议》对此条的解释是:"亲属,为本服缌麻以上亲及大功以上婚姻之家。"及至明清,亲属二字连用始滥觞于律例,如"夫与妻亲属相殴""同姓亲属相殴""亲属相盗"等。

(1)亲属关系与亲属法律关系的区别:亲属网络极为广泛。作为现实存在的亲属关系,纵向的关系须受人们寿命的限制,不可能超过若干代,横向的关系却是由此及彼、漫无边际的。只有为法律所调整的亲属关系,才是亲属法律关系。其他未为法律所调整的亲属关系,主体之间没有法定的权利与义务,仅具有伦理上、传统习俗上的意义。

(2)亲属与家庭成员的区别:家庭是由同居一家、共同生活的亲属组成的,家庭成员一般均为近亲属,例外的情形极为罕见。有亲属关系的人,甚至是有近亲属关系的人,不可能都是同一家庭的成员,而是分属于不同家庭的。两者的区别在于,家庭成员间不仅有亲属关系,还有以家庭为单位的共同经济关系和共同生活关系。

(3)亲属与家属的区别:家属是家长的对称,从历史上看是家长制家庭的产物。我国历代封建法律中所称的家属,除家长的配偶和其他同居一家的亲属外,还包括妾和奴婢等,家属不以亲属为限。

"亲属"一词中的"属",仅仅是相对于"亲"而言,不过是指关系较远的亲属而已,并没有"从属""隶属"的含义。在古代法律上多不用"家属"的提法;《大清律例·名例律》虽有"流囚家属"的条目,但按照律文和注解,其"家属"是指包括父、祖、妻、妾、子、孙在内的"家口",显然也不是"家长"的对应词汇。在古代法律中与"家长"对应的,一个是包括同居亲属和仆役在内的"家人",另一个是男性所纳之妾,即为了与"夫妻"关系严格区别,法律认为占有妾的男子是妾的"家长"而非"丈夫"。只是到了20世纪30年代,国民党政府制定的《中华民国民法》才使用"家长"和"家属"这一组相对的概念。当前我国民间在习惯上也常有"家长"和"家属"的说法,前者一般是指未成年人的监护人,后者则往往是"妻子"或者"其他家庭成员"的代名词,并不意味着某种支配与从属的不平等关系。

现在,人们经常说"亲戚"一词,实际上,该词在中国古籍中是用来泛称族内外的亲属。《礼记·曲礼》记载:"亲指族内,戚言族外。"有时则专指族外,如外戚、姻戚等。以亲字冠于戚前,无非指戚因亲而产生。中国古代的亲属以宗亲为本,"亲戚"一词在律例中是极其罕见的。

在当代法学中,亲属是指人们基于婚姻、血缘和法律拟制血缘而形成的社会关系。婚姻为亲属之源,血亲为亲属之流,姻亲以婚姻为中介而发生。

亲属是人与人之间的社会关系,它有固定的身份和称谓,如夫妻、父母子女。

亲属的产生有三种情况:一是由婚姻而产生;二是由血缘关系而产生;三是由法律拟制血缘而产生。

亲属关系一经发生,便在相关的亲属之间产生法律上的权利与义务关系。

二、亲属制度的起源与发展

亲属制度是社会制度的组成部分,属于上层建筑的范畴,因此,它不是从来就有的,也不是永远存在的,它是社会发展到一定阶段的产物。历史地看待亲属制度,其产生和发展与婚姻家庭制度是同步的,反映了当时社会对两性和血缘关系的社会形式(氏族、宗族、家庭)的客观要求。了解亲属制度的历史发展,有助于我们认识其发展规律。

(一)前婚姻时代的血缘团体

在人类社会的初始阶段,生产力水平异常低下,人们与自然界做斗争的能力也极其微弱,出于生存的需要,人们往往结成规模不大的群体,共同劳动,共同生活。这种原始群体就是人类社会的最初的生产单位和生活单位,也是当时唯一的社会组织形式。在这样的组织中,男女在两性关系方面没有任何的限制。原始群体虽然是一个血缘团体,但由于其杂乱的两性生活,所以其成员之间的关系是无法用后世的亲属观念来确定的。人类社会的这种血缘团体存在了数百万年。在这漫长的时代中,任何意义上的婚姻制度都不存在,也不具备亲属制度赖以存在的社会条件。

(二)群婚制度下的亲属制度的萌芽

随着原始社会不断地由低级阶段向高级阶段发展,两性关系从最初的毫无限制逐渐演变出各种群婚制的社会形式。在这里,我们对婚姻做最广义的理解,可以说,人类的婚姻制度是以群婚制为开端的。在原始社会的不同发展阶段,在不同的地区和种族中,群婚制的形式有很大差异。对此,恩格斯在《家庭、私有制和国家的起源》一书中,沿用了摩尔根的《古代社会》的观点,认为血缘群婚制和亚血缘群婚制(普纳路亚)是群婚制的两种典型形式。

血缘群婚制是群婚制的低级形式。它已经排除了直系血亲之间的两性关系,父母与子女、祖父母与孙子女、外祖父母与外孙子女……之间存在着严格的婚姻禁例。按照这种制度,两性关系是按照世代来划分的,在原始群体内部形成了若干同行辈的婚姻集团,即一对配偶的子孙中每一代都互为兄弟姊妹,正因为如此,也互为夫妻。关于此点,在我国古代传说中也不乏例证,相传某些神话人物所生的子女自相匹配,某些神话人物的关系或说是兄妹,或说是夫妻,等等。

亚血缘群婚制是群婚制的高级形式。这种结合仍然是一种同行辈的男女之间的集团婚,但是在两性关系上排除了姊妹和兄弟(最初排除了同胞的兄弟姊妹,后来又逐渐排除了血缘关系较远的兄弟姊妹)。于是,一群姊妹成为她们的共同之夫的共同之妻,但他们的兄弟是除外的;相反,一群兄弟成为他们的共同之妻的共同之夫,但他们的姊妹是除外的。也就是说,兄弟姊妹之间存在着严格的婚姻禁例,只要是夫妻,他们必然不能是兄弟姊妹,不管血缘的远近。这种两性和血缘关系的社会形式必然导致母系氏族的出现。因为,亚血缘群婚制要求同行辈的兄弟姊妹禁婚,必然会出现族外婚,族外婚把一个氏族和其他氏族区别开来。也就是说,在一个氏族群体内部,由于人们的血缘联系,不可能有婚姻,每一个氏族的男女都与其他氏族的男女通婚,而所生育的子女是随母亲生活的。所以,每一个氏族内部,就形成了以母亲为中心的上下各代。加之当时的生产力水平低下,女性的手工劳动占主要地位。就像恩格斯所指出的:"看来,氏族制度,在绝大多数场合下,都是从普纳路亚家庭中直接发生的。"母系氏族是一个出于同一女性祖先的、按照母系确定其血缘关系的后裔组成的社会集团。根据我国古代文献的记载,某些氏族和地区中流行着兄弟共妻、姊妹共夫的习俗,这很可能是亚血缘群婚制的残余表现。

应当指出,人类社会和亲属制度的演进是一个十分复杂的过程。在不同的地区和种族中,群婚制的具体形式和发展阶段存在着种种区别。许多人类学家和原始社会史的研究工作者,都根据新发现的大量材料,对摩尔根的婚姻家庭进化模式提出了这样或那样的质疑,如血缘群婚制、亚血缘群婚制是否存在,能否把这两种制度当作婚姻家庭演化进程的不同阶段,等等。但是,他们提出的材料只能证明在世界范围内存在着不同于血缘群婚、普纳路亚婚的形形色色的群婚制,这些材料不仅没有否认群婚制,而且为群婚制的普遍存在提供了更加充分的根据。在个体婚出现以前经历了一个漫长的群婚时代,这是人类两性关系发展史上不可逾越的阶段。而人类最早的亲属制度正是在群婚制的产生和发展过程中孕育和萌发的,它是人们规范婚姻行为和确定血缘关系的客观需要。群婚制下的婚姻禁例和各种较后世简单的亲属称谓,便是亲属制度的最初内容。

(三)对偶婚制

在人类亲属制度的发展过程中,对偶婚制并不是一个独立的发展阶段,它是从群婚制向一夫一妻制的过渡。恩格斯指出:"由于次第排斥亲属通婚——起初是血统较近的,后来是血统越来越远的亲属,最后是有近姻亲关系的,任何群婚形式终于在实际上成为不可能的了,结果,仅剩下一对结合得还不牢固的配偶,即一旦解体就无所谓婚姻的分子。"其实,在一个很长的时期内,成对配偶相对稳定的结合是与群婚同时并存的。随着社会条件的变化,婚姻禁例越来越多,越来越严格,群婚制终于被对偶婚制所替代。

在对偶婚制下,一男一女的结合并不牢固,很容易为一方或双方所破坏。这种婚姻仍然以女子为中心,女子定居于本氏族,其夫则来自其他氏族。从群婚制到对偶婚制的变化,给两性和血缘关系带来了极为重要的后果。在群婚制下,子女"知其母而不知其父",在对偶婚制下,子女的生父一般来说也是能够确定的。这就从血缘结构上为父系氏族和一夫一妻制的出现准备了前提。

被人们称为对偶婚制的家庭的两性和血缘关系的社会形式,仍然不是严格意义上的亲属团体,因为它不可能脱离氏族而独立存在。在氏族公有经济的基础上,它不可能成为一个经济单位。后来,随着氏族内部的私有经济的产生和积累,母系氏族为父系氏族所代替,夫妻、父母、子女等家庭成员间的经济联系越来越坚固,才逐渐完成了从对偶家庭到个体家庭的转变。

原始社会中两性和血缘关系社会形式的发展变化,是与原始公有制生产关系的要求相一致的;就逐步排斥血亲通婚的过程来看,又是与自然选择规律的要求相一致的。

(四)个体婚制、父系家族的形成和古代亲属制度的确立

阶级社会中的一夫一妻制的亲属制度,是在原始社会崩溃的过程中形成的。过去在群婚制下只能判明谁是子女的生母,而在对偶婚制下,谁是子女的生父一般也能判明了。随着生产力的发展,私有经济的因素在氏族内部不断积累,一部分富有的男子占有了越来越多的财产,结果导致继承制度和氏族组织结构的根本改变。恩格斯指出:"随着财富的增加,它便一方面使丈夫在家庭中占据了比妻子更重要的地位;另一方面,又产生了利用这个增强了的地位来改变传统的继承制度使之有利于子女的意图。但是,当世系还是按母权制来确定的时候,这是不可能的。因此,必须废除母权制,而它也就被废除了。"于是,子女由母方氏族的成员变成父方氏族的成员,确立了子女按父方计算世系和承袭父亲遗产的制度。后来,随着私有经济的发展,便在氏族内部出现了以男性为中心的个体婚和与此相适应的父权制的个体家庭。正如恩格斯的论述:"一夫一妻制不以自然条件为基础,而以经济条件为基础,即以私有制对原始的自然长成的公有制的胜利为基础的第一个家庭形式。"

上述种种变化,从根本上改变了人们的亲属关系、亲属观念和婚姻家庭领域里的行为规则,一直导致产生于阶级社会的古代型的亲属制度的确立。这种亲属制度历经奴隶时代和封建时代,随着封建主义婚姻家庭制度的崩溃、资本主义婚姻家庭制度的建立和发展,才逐渐为近代型的亲属制度所替代。

总之,上述从古代型的亲属制度到近代、现代型的亲属制度的演变,是沿着从男尊女卑到男女平等,从家族本位到个人本位发展的。在资本主义社会早期的亲属制度中,还保有较多的封建残余,后来才逐渐地被破除。在当代世界,既存在着植根于私有制的、与资本主义社会制度和婚姻家庭制度相适应的亲属制度,也存在着植根于公有制的、与社会主义制度相适应的亲属制度。

三、亲属制度的本质

亲属本身是一种以两性结合和血缘联系为自然条件的社会关系,是社会关系的特定形式。按照我国亲属法学界的公认见解,亲属制度是一定社会中占统治地位的亲属关系在上层建筑领域的集中反映。十分清楚,社会经济基础对亲属关系的要求,必然会在上层建筑中获得应有的表现。这些要求既表现为有关亲属的意识、观念,即亲属观,又表现为由有关亲属的各种社会规范所构成的亲属制度,即亲属制度。正因为如此,亲属制度就其本质而言是社会制度的组成部分。

在原始社会,并没有现代意义的亲属制度。如果对亲属制度做广义的理解,只能说当时的亲属制度处于萌芽状态,它是由有关道德、习惯构成的,主要表现为当时的婚姻禁例和计算世系的规则等。随着古代型亲属制度的建立,调整亲属关系的各种规范由简到繁,在人们的婚姻家庭生活中乃至整个社会生活中,都起着十分重要的作用。我国奴隶社会调整婚姻家庭的规范主要是"周礼"。应当指出,阶级社会中的亲属制度,是国家以法律加以确定和认可的,因而具有一定的法律形式,但其确认和认可的内容,大部分是道德和习惯,有关的道德和习惯也是亲属制度的组成部分。

按照历史唯物主义的观点,任何社会中的亲属制度都不是孤立存在的。为了揭示其本质,必须考察它和经济基础以及上层建筑包括意识形态的关系。

(一)亲属制度与经济基础

根据经济基础和上层建筑关系的原理,任何社会制度都是一定的经济基础和上层建筑的统一。在两者的关系中,前者一般表现为主要的、决定的作用。经济基础的性质,决定了包括亲属制度在内的全部上层建筑的性质。有什么样的经济基础,就有什么样的上层建筑,也就有什么样的亲属制度,经济基础的变化必然导致亲属制度的变革,这是社会发展的客观规律,是人们的意志无法改变的。充分肯定经济基础对亲属制度的决定作用,是考察亲属制度的出发点。

社会发展和亲属制度的演变过程表明,不同类型的社会都有与其经济基础相适应的亲属制度。恩格斯在《家庭、私有制和国家的起源》中指出:"群婚制是与蒙昧时代相适应的,对偶婚制是与野蛮时代相适应的,以通奸和卖淫为补充的一夫一妻制是与文明时代相适应的。"群婚制和对偶婚制的亲属制度,均以原始公有制的生产关系为其经济基础。所谓"文明时代",即剥削阶级社会中的亲属制度,均以私有制的生产关系为其经济基础。古代型的亲属制度产生并决定于奴隶社会、封建社会中私有制的经济基础。近、现代的资本社会的亲属制度仍然是以私有制为其经济基础的,只是由于近、现代的亲属制度所依存的私有制的形式不同,这种近、现代的亲属制度具有不同于古代亲属制度的种种特点。只有在社会主义公有制的经济基础上,才能形成新的、更高类型的、以婚姻自由、男女平等、一夫一妻制为典型特征的亲属制度。当然,有时也会出现亲属制度和经济基础的要求不相一致的情形,在社会制度急剧变革的时代表现得尤为明显。但是,当旧的经济基础被新的经济基础代替以后,旧的亲属制度必然或早或迟地被新的亲属制度所代替,这也是不以人的意志为转移的客观规律。

另一方面,作为上层建筑的亲属制度,对经济基础也不是消极被动的,它会能动地反作用于经济基础,并通过经济基础对生产力的发展产生不同的影响,即促进或阻碍社会生产力的发展。这一点已为历史多次证明,也是我们对亲属制度进行改革的理论依据。例如,我国古代的亲属制度,在封建盛世对缔造中华民族的精神文明和物质文明有着不可磨灭的功绩,但到了封建末世却成为人们的精神枷锁、社会生活的牢笼、束缚生产力的桎梏。当前,进一步完善社会主义初级阶段的亲属制度是我国精神文明建设的一项重要任务,加强这方面的法治建设和道德建设,对巩固和发展社会主义制度、促进社会主义现代化事业,必将发挥巨大的作用。

(二)亲属制度与上层建筑、意识形态

亲属制度虽然属于上层建筑的范畴,但它并不是上层建筑的一个独立部门。有关亲属的规范和制度,是寓于上层建筑的相关部门之中并受其制约的。在上层建筑和意识形态领域中,政治、法律、道德、宗教等都对亲属制度有重要影响。当然,就各自的影响和作用的方式而言,则是因不同的时代、国家而异的。经济基础对亲属制度的要求往往不是直接地而是通过上层建筑、意识形态表现出来的。亲属观是社会意识形态的重要内容,有关亲属的制度寓于上层建筑的某些部门之中。既要肯定经济基础对亲属制度的决定作用,又要看到上层建筑包括意识形态对亲属制度的制约和影响。只有这样,才能正确地解释为什么一些具有同一类型经济基础的国家在亲属制度上会呈现出各自的特色。

1. **亲属制度与政治**

阶级社会中的政治制度和政治思想对亲属制度的影响是很强烈、很明显的,它们集中地反映了经济关系、阶级关系对亲属制度的要求。国家的统治阶级必然会运用政治力量,干预亲属关系和人们的婚姻家庭生活。例如,中国古代的亲属制度是同奴隶制、封建制的宗法统治相一致的。资产阶级的"自由""平等""民主",是资本主义亲属制度的政治基石。这些都说明了各社会的政治制度、政治思想对亲属制度的制约和影响。在我国,人民民主专政的政治制度必然要求实行婚姻自由、一夫一妻、男女平等的亲属制度。党和国家的有关政策,对亲属制度的改革、社会主义亲属制度的健全和完善,更是起着十分重要的作用。

2. **亲属制度与法律**

法律是统治阶级意志的表现,是由国家制定或认可的、以国家的强制力保证其实施的人们的行为规则。为了维护符合统治阶级根本利益的亲属制度,任何国家都以法律为调整亲属关系的重要手段。亲属制度具有一定的法律形式以后,更加具体化和固定化。有关亲属的立法,是亲属制度的核心内容,在古今中外各国的法律体系中都占有很重要的地位,如古罗马的亲属法、中国古代的户婚律、当代资本主义国家的亲属法或婚姻家庭法等。我国的婚姻法和相关法律大致概括了现行亲属法的主要内容,还需要通过法治建设加以完善。由于法律是以国家的强制力作为后盾的,它在调整亲属关系方面起着其他上层建筑无法替代的作用。

3. **亲属制度与道德**

亲属关系是特殊的社会关系,其中的婚姻家庭是社会中重要的伦理实体。道德观念、道德规范中具有大量的有关亲属关系的内容。对于亲属制度,道德的作用不同于法律,它不是依靠国家的强制力,而是依靠信念、传统、教育和社会舆论等力量去评判善恶、是非,从而影响人们的亲属观,调整亲属关系的。道德不仅具有社会性,而且具有阶级性。统治阶级的亲属道德与其亲属立法是相一致的,两者是相辅相成的。例如,中国古代的封建伦理纲常,是亲属制度中至高无上的原则,与封建法律相比,是有过之而无不及的。当代西方世界流行的极端个人主义的道德观,是导致亲属关系淡化和婚姻家庭危机的重要原因之一。在我国现实生活中,社会主义道德是构建亲属制度、调整亲属关系尤其是婚姻家庭关系的不可缺少的手段。亲属关系中未为法律所规定的问题,不言而喻地应当按照社会主义的道德规范的要求去处理。

4. 亲属制度与宗教

宗教在历史上对婚姻家庭的影响是巨大的,它通过人们的信仰而起作用。在古代,世界上许多政教合一的国家里,宗教经典同时起着法典的作用,如印度的《摩奴法典》、伊斯兰的《古兰经》、基督教的《圣经》等。在当代,宗教对亲属制度的影响仍不同程度地存在于一些国家和地区中。从历史上和总体上来看,中国古代宗教有其自身的特点,除某些少数民族外,古代亲属制度所受的宗教影响没有基督教国家、伊斯兰国家那样强烈,但神权对亲属关系和婚姻家庭的影响和干预是普遍存在的。当代中国的宗教问题,往往是与民族问题密切地联系在一起的,在亲属关系和婚姻家庭方面也不例外。我国宪法规定了公民的宗教信仰自由。我们尊重人们在亲属关系和婚姻家庭问题上的宗教信仰和宗教传统,又要禁止利用宗教力量非法干涉亲属关系和婚姻家庭。

5. 亲属制度和风俗习惯

有关亲属关系和婚姻家庭的风俗习惯,与人们的生产条件和生活环境有着密切的联系。它们具有时代的、民族的和地区的特点,是在长期的历史过程中逐渐形成的。风俗习惯对亲属制度的影响不能低估。某些习惯本身就是亲属制度的内容,例如,我国 1950 年《婚姻法》中就有对五代以内的旁系血亲结婚问题从习惯的规定,可见法律对习惯的认可态度。在亲属制度领域,我们要区别科学的、健康有益的风俗习惯和旧社会遗留下来的陈规陋习,继续做好移风易俗的工作。

除上述种种外,文学艺术等对亲属制度的影响也是不容低估、不可忽视的。

总之,上层建筑和意识形态对亲属制度的影响和作用表现在许多方面,其方式各不相同、各具特点。强调它们对亲属制度的影响与肯定经济基础对亲属制度的决定作用并不矛盾,两者在根本上是完全一致的。同时还要看到,产生于同一经济基础的上层建筑是相互联系、相互作用的;亲属制度对其他上层建筑也会产生一定的影响,并和它们一起共同地反作用于自己的经济基础。

历史唯心主义的婚姻家庭观不承认经济基础对亲属制度的决定作用,不能正确地估量上层建筑、意识形态对亲属制度的影响。有些资产阶级学者抹杀亲属关系和婚姻家庭问题的经济根源,力图从人的"心理""意志"和"生存欲望"等去解释亲属制度及其发展变化。也有一些资产阶级学者罗列了大量的与亲属关系和婚姻家庭有关的因素,不分主次地把它们当作决定亲属制度的原因,认为亲属制度是政治、经济、文化、法律、道德……的一个函数。这种观点貌似全面、公允,实际上是在多元论的掩盖下通向唯心主义的。凡此种种,都不可能科学地说明亲属制度的本质和发展规律。

四、亲属的特征

(一)亲属关系与其他社会关系相比具有的特征

法律意义上的亲属,是指由婚姻、血缘和法律拟制血缘产生的,具有权利与义务内容的特

定主体之间的社会关系,与其他社会关系相比,亲属关系具有以下显著特征:

(1)亲属有固定的身份和称谓,包括自然形成的和法律设定的亲属身份和称谓,例如夫妻、养父母子女等,只能够因为离婚或者解除收养而终止关系,当事人不得任意解除。而作为自然形成的身份和称谓,则是属于永久性的。不同于现在我们所说的称兄道弟,可以直接称呼姓名,也不违法,但会受到人们排挤或者舆论的谴责。

(2)亲属关系只能基于血缘、婚姻或法律拟制而产生。例如,收养会导致拟制血亲的发生;再婚和抚养事实的法律事实构成,也能够导致继父母子女关系的产生;自然形成的,如子女出生导致父母、子女等自然血亲关系的发生,是不能够消灭的事实;结婚会导致配偶关系的产生,可以依法产生,也可以依法消灭。

(3)法律所确定的亲属之间具有特定的权利与义务关系。由于亲属范围的广泛性,只有法律确认的亲属相互之间才有权利与义务关系。其中,有些亲属间的权利与义务的实现是无条件的,如父母子女;而某些则是有条件的,如祖孙、兄弟姐妹等。

法律规定范围外的亲属则没有权利与义务关系,例如叔伯与侄子女等,但是法律并不妨碍他们之间自觉地履行道义上的社会责任。

(二)亲属法的特点及其具体表现

亲属法是调整亲属关系的基本法。

1.亲属法的主要特点

(1)广泛性。亲属法的广泛性主要是指其适用范围的广泛性。亲属关系是人类社会中普遍存在的社会关系,以婚姻为基础的家庭是社会肌体中的细胞组织。任何自然人,不论其性别、年龄、家庭出身、社会地位、经济收入、受教育程度等具体情形如何,都无一例外是亲属法律关系的主体,不可能脱离亲属法律关系。虽然有些公民被排除在亲属法的一般规定之外而只能适用一些特别规定,但这与亲属法适用的广泛性并不矛盾。

(2)伦理性。亲属法的伦理性主要是从其内容上说的。在一定意义上,亲属法堪称道德化的法律或法律化的道德,古今中外概莫能外。从这一点上说,亲属法与道德又具有互补性。从历史上看,中国古代亲属法以儒家的伦理观为其思想基础,欧洲中世纪的亲属法也以基督教的道德为其精神支柱。在我国,法律是工人阶级和广大人民意志的反映,它本来就是同社会主义道德相一致的。我国社会主义法律和社会主义道德的相辅相成关系,在亲属生活领域里表现得尤为明显,法律规定的亲属之间的权利与义务,都是社会主义社会中亲属道德的必然要求。如前所述,亲属共同生活中涉及的内容方方面面,尤其是共同生活的近亲属一般是一个家庭的成员,而家庭又是社会中重要的伦理实体,伦理道德的内容是广泛的,不是法律所能包容的。所以,凡是法律未涉及的未规定的事项,都应按照社会主义道德的准则去处理。

(3)民族性。亲属法是在各国特有的历史条件下产生和发展起来的,民族的传统文化、社会环境、风俗习惯、生活方式等对亲属法有重大影响。因而,亲属法是具有强烈民族传统特色的法律。它基本上是各国所固有的,而不是继受他国的。例如,将各国的立法加以比较,亲属法的差别明显地大于财产法的差别。前者是根据本国的国情所制定的;后者出于国际经济交往的需要,许多规定有相同或相似之处。但也要看到,当代某些亲属关系、婚姻关系已经超出国界。如何处理好亲属法领域中的法律冲突,虽然在国际私法中有关于法律冲突规范的内容,但这些问题不是国际私法能够独立解决的,仍然是亲属立法和亲属研究中的一个重大课题。

(4)法规强行性。强行性是相对于任意性规范而言的。亲属法虽然是民法的一个组成部分,但它与民法崇尚"意思自治"的基本理念有所不同。亲属法中的规范大部分具有强行性。在亲属法领域里,法律关系的发生和终止的要件、法律关系的内容是确定的,而不是可以由当事人任意选择的。当一定的法律事实(如结婚、离婚、死亡、收养等)出现后,必然引起相应的法律后果,这些法律后果是法律预先指明的、严格规定的,当事人不得自行通过约定加以改变。例如,结婚与否是当事人的自由,而一旦结婚,夫妻之间的权利与义务便基于婚姻的法律效力发生,在配偶死亡或离婚之前,这些权利与义务是既不能任意抛弃也不能加以限制的。之所以这样规定,目的是对公民在亲属共同生活中的权益和全社会的利益予以妥善保护。当然,在亲属法领域中也有一些任意性规范,例如,法律允许对夫妻财产制问题做出不同于法定夫妻财产制的约定,以协议处理离婚后的子女抚养和财产分割问题,等等。然而,这些规范为数不多,且适用时也要符合亲属法的有关原则规定,对于当事人来说,其选择的余地并不是很大。

2. 亲属法的特点在相关问题上的具体表现

亲属法在民事法律中具有相对独立的地位,它的种种特点在许多相关问题上都有不同程度的具体表现。本书仅以亲属行为的限定性、亲属法律关系的稳定性、亲属间权利和义务的关联性为例说明如下。

(1)亲属法律行为的限定性。这里所说的限定性,主要是指亲属行为与其他法律行为相比较,法律对亲属法上的行为提出了更为严格的要求。民事法律行为中通行的意思自治原则在亲属法中是受到多种限制的。以行为人的主体资格为例,在其他民事法律领域中,具有完全民事行为能力的自然人即可通过自己的行为参与民事法律关系,设定民事权利和义务。亲属法领域中的行为则不然,对于主体资格还有更加严格的要求,或者说在民法的主体资格的基础上另有特别的要求,这是对身份行为的特别要求。例如,我国《民法典》婚姻家庭编规定的法定婚龄是男22周岁、女20周岁。也就是说,《民法典》婚姻家庭编规定的婚姻行为能力比民法的完全民事行为能力的年龄要高。又如,我国《民法典》婚姻家庭编第五章规定满30周岁才具有收养行为能力。再以法律行为的形式为例,在其他民事法律领域里存在着大量的不要式行为,即法律行为的形式可由当事人自行决定(单方行为)或约定(双方行为),必须采取法定形式的除外。但是,亲属法律行为都是要式的,必须符合法定形式才具有法律效力。例如,许多亲属法上的行为必须以书面为之,或必须有证人证明;结婚、协议离婚、收养的成立和协议解除等,必须按法定方式办理。法律对行为形式的特殊要求是为了确保行为人意思表示的真实,保障当事人的权益和社会利益。亲属法律行为的限定性还表现在其他一些方面,如某些身份行为不允许他人代理,某些身份行为只允许法定代理而不允许委托代理。其他领域的民事法律行为可以附条件或附期限,亲属法领域的身份行为是不能附条件或期限的。

(2)亲属法律关系的稳定性。与其他民事法律关系相比较,亲属法律关系是稳定的或相对稳定的,因为它是一种长期的伦理结合,而不是一种短暂的基于利益的结合。某些亲属法律关系只能基于出生、死亡的事件而发生、终止,不能通过法律行为或其他途径而人为地解除,如自然血亲关系。它们的稳定性是不言而喻的。某些亲属法律关系虽然是基于行为而创设的,也可以人为地解除,如拟制血亲关系和婚姻关系。但是,这些关系的本质和宗旨,以及法律对其所做的规定(包括程序、成立和解除的条件等)都决定了它们至少是相对稳定的,不可能像财产法律关系那样频繁地变动。同类法律关系的单一性和不可重复性,也是某些亲属法律关系稳定性的重要表现,如禁止重婚,我国法律规定的收养子女后不得再为收养(法律另有规定的除外)等。财产法律关系则没有这一特点,同一主体一再地、重复地参与同类法律关系(如买卖、租赁等)现象是十分常见的。

(3)亲属间权利和义务的关联性。权利和义务相一致,这是我国法律的基本原则之一,但是,权利和义务是同一法律关系内容的两个不同的方面,它们是互相对应、互相依存的。在财产法领域里,同一法律关系中的权利和义务一般具有对价关系,其实质是双方主体的利益交换,权利和义务的区别十分明确。在亲属法领域,某些法律关系中的权利和义务是紧密结合在一起的,两者甚至是很难区分的。例如,父母对未成年子女的抚养教育和保护管教,是传统亲属法的亲权的内容,它既可以被视为父母的权利,也可以被视为父母的义务。义务的履行和权利的行使具有同一性。又如,在亲属监护中,监护权的行使(当然是指正当、合法地行使而不是滥用监护权)便意味着监护职责的履行,反之亦然。

亲属法中的某些权利是具有义务性的权利,亲属法中的某些义务是具有权利性的义务。归根结底,这是由亲属关系的伦理性、亲属共同生活特别是家庭生活的客观要求决定的。

五、亲属关系的伦理、社会及法律价值

(一)亲属关系的伦理价值

亲属是重要的伦理实体。伦理因素在亲属关系中占据着极其重要的甚至是主导性的地位。所以,评价亲属关系,首先应当注意它的伦理价值。这种价值可以归纳为以下三点:第一,亲属伦理反映着亲缘关系和婚缘关系的本质需求;它追求很高的精神境界,具有极其严格的评价标准。它的根本目标在于实现亲属关系的高度和谐,与其他规范相比,是在最高的层次上规范着人们的亲属行为。第二,亲属伦理不仅注重行为本身及其后果,而且注重行为的动机,即更加注重从心理方面,也就是内在的体验、认识、情感上对人们的行为加以规制;伦理目标的实现依赖于人们理性支配下的自觉,所凭借的主要是舆论、传统和信念,因而发挥着一种潜在的、其他规范无法代替的约束作用。第三,亲属伦理虽然按照由近及远的规律在要求上存在着程度的差别,但它不像法律的调整对象那样有严格的限制,涉及的亲属关系比较宽泛,这就使它在更为广阔的范围内发生影响。

关于亲属伦理的共性与个性,要注意它的两个方面:一方面,亲属伦理的特殊性决定着它所具有的广泛的人类性。也就是说,在各个历史时代和各种人类群体中,不仅存在着许多共同承认的亲属伦理行为准则,而且具有大体相同的亲属伦理心理状态和行为方式;同时,亲属伦理也有着基本一致的社会功能和表现形式。另一方面,社会发展的阶段性和人们经济、社会地位的差异性决定了亲属伦理也具有历史性和群体性。即在人类的不同发展阶段中,受生产方式和社会制度的影响,亲属伦理有着不完全相同的内涵;处在不同地位的人群的亲属伦理观念也存在着明显的差别,而在国家形态下,占据主导地位的亲属伦理总是统治集团所倡导的伦理。因此,我们既要注意继承人类共同的和中华民族自己的优秀亲属伦理遗产,又要坚持体现广大人民群众亲属伦理观念的社会主义婚姻家庭伦理准则,不断完善我国的婚姻家庭关系。

(二)亲属关系的社会价值

亲属关系是人类生存与发展中最为恒远的基础性社会关系,具有极其重大的社会价值。

从宏观上讲,亲属关系在人类社会的发展中具有不可忽视的作用。亲属关系的形成是人类社会进入规范性时代的重要标志;人类社会由蒙昧走向文明,从某种意义上说正是在生产力水平逐步提高的基础上亲属关系不断发展的结果;自国家出现至今,亲属关系的变化历程从特定的角度反映了社会制度演变的历程。它一方面受经济、政治、社会制度的重大影响,另一方

面也影响着经济、政治、社会制度。

从一般的意义上说,亲属关系在每一个历史时期都拥有独特的社会功能。以婚姻和血缘为联结纽带的亲属团体无疑是最典型的初级社会群体。它既保持着成员间的互动,也与整个社会发生着不可割裂的联系。以这种群体为外在形式的亲属关系,具有以下几个方面的社会价值:第一,它通过生育活动保证人类的繁衍与延续。第二,它从感情、经济、文化等方面满足人们精神和物质生活的需要。第三,它"培育人的特殊品德",使"未成熟的人……逐渐理解别人的需要和愿望,并适应先人后己的群体生活",从而树立社会意识。第四,在亲属之间的互动中,人们学会了基本的生活技能和相应的社会规范,因此,亲属关系是个人走向社会的桥梁。第五,作为最基本的社会关系,亲属关系的稳定关系到整个社会的稳定;对亲属关系的控制有利于维护正常的社会秩序。相反,亲属关系的混乱势必引起一系列严重的社会问题。

应当看到,亲属关系与其他社会关系并非完全协调一致,自一开始就存在着某些冲突,只不过这些冲突在自给自足的古代社会远没有像现代社会这样尖锐。在现代社会化大生产中,亲属关系在社会生活中的作用具有鲜明的两面性:一方面,由于具有上述功能,它仍然是不可或缺的;另一方面,亲属关系因素的不当扩张不但会干扰正常的政治秩序,而且也会阻碍经济关系的进一步发展。

(三)亲属关系的法律价值

自国家出现以来,亲属关系就是法律的重要调整对象。亲属法律依照统治集团的意志,通过确立一定范围亲属间的权利和义务,建立起相应的亲属生活秩序,协调着亲属团体与社会和国家之间的关系。

第一,正是由于亲属法律是架设在个人与亲属团体之间以及亲属团体与社会之间的一座桥梁,所以,从一定的意义上说,亲属关系的法律价值是其伦理价值和社会价值的统一。一方面,亲属伦理是亲属法律的基本依据。亲属法律明文规定"什么是合乎伦理的行为",什么是"不合乎伦理的行为",从而形成亲属关系中最起码的行为准绳。另一方面,亲属法律是把亲属关系作为社会关系的基础因素加以考虑和规范的,因此,它更加重视伦理规范中最具有社会意义的那些内容,并且用国家强制的力量来使亲属关系服从于当时社会整体的利益。

第二,与习俗和道德相比,法律所涉及的亲属关系具有明显的限定性。也就是说,作为一种最基本的行为准则,法律只调整一定范围而远非全部的亲属关系。尽管不同国家与不同时期调整的范围有宽狭之分,但是,基于本身的性质和任务,法律只规范对社会生活产生最直接影响的亲属关系,只确立在当时看来处于核心地位的、彼此联系最为密切的那些亲属的权利和义务。比如,尽管中国古代纳入法律视野的亲属关系比较广泛,但也圈定在"五服"之内,重点是"同居共财"的那些亲属;在我国当代法律中,彼此之间具有法定权利和义务关系的仅仅限于配偶、直系三代以内和旁系两代以内的近亲属;禁婚亲涉及三代以内旁系血亲,更多的是考虑了社会利益的需要;其他的亲属,包括三代以外的旁系血亲和一般的姻亲,可能在道德、习惯、观念等方面具有一定的意义,除了个别情况之外,在法律上的价值是非常有限的。

第三,亲属法律更加重视对公民亲属生活权利的确认和保护。一方面,在调整的重点上比较强调权利,是法律有别于道德的一个重要特征。另一方面,在法律体系内部,亲属法律属于"私法"的范畴,尽管在权利与义务的关系上,不同时期表现出不同的特点,有"权利本位"和"义务本位"的区别,比如,古代宗法社会就比较注重个人对群体以及群体对社会的义务,但与某些"公法"规范(如刑法)相比,它仍然含有更多的权利成分;而当代亲属法律,无不以确认和维护公民的亲属权利为宗旨,具有鲜明的权利法属性。

第四,亲属法律效力的范围非常广泛,几乎涉及法律领域的各个方面。首先,亲属关系的效力主要体现在《民法典》婚姻家庭编里,按照法律规定,包括:亲属身份权和人格权;亲属间的扶养义务;父母对子女的教育与管教的权利和义务;继承权;夫妻和其他家庭成员的财产所有权、使用权和管理权;经营权;债权(亲属共同生活中出现的债权以及离婚时因侵权行为而产生的财产和非财产损害赔偿),因亲属共同生活而形成的债务;禁婚亲等。其次,亲属关系效力还体现在其他法律领域,例如,一般民事法律中的法定代理、监护、亲属失踪和死亡宣告的请求权;刑法中的特定犯罪(虐待、遗弃、暴力干涉婚姻自由、重婚)的构成以及相应的亲告权等;诉讼法中的法定代理权(包括诉讼代理权和强制执行的申请权)、回避等;劳动法中的受抚恤权、获得赔偿和困难补助权、亲属探视权等;国籍法中的国籍取得、退出等。

第二节 亲属的种类

一、配偶(夫妻)、血亲和姻亲

根据亲属关系发生的原因,可以将亲属分为配偶(夫妻)、血亲和姻亲三类。配偶(夫妻)是指因婚姻而结成合法夫妻关系中的男方或女方。

夫妻关系是一切亲属关系的本源。没有夫妻关系及在此基础上的生育行为,其他亲属就无从谈起。

关于配偶是否应当视为亲属,在法理上有两种截然不同的主张。一种主张是不应列入亲属范畴,理由是配偶是亲属的本源,而不是亲属的本体,配偶就是配偶,亲属就是亲属,两者不能混同。德国、瑞士、国民党统治时期的中华民国等的法学家大致都持这种观点。另一种主张认为,配偶既是其他亲属的本源,也是亲属的本体。因为他们与其他亲属一样,都享有亲属法上的权利,承担亲属法上的义务。所以,将他们排斥在亲属之外是不合理的。我国法学界和现行法律都赞成这种观点,认为它既符合亲属关系的基本原理,也符合我国的法律传统,我国历史上,虽然没有将配偶独立划分为一类,但将他们列入宗亲,仍然是将配偶作为亲属看待的。

血亲是指具有血缘联系的亲属。血亲包括自然血亲和拟制血亲。前者是指出于同一祖先具有血缘联系的亲属,如祖父、父亲、亲生子女;后者是指彼此本无该种血亲应当具有的血缘关系,但法律因其符合一定的条件,确认其与该种血亲具有同等权利和义务的亲属,如继父母与受其抚养教育的继子女、养父母与养子女之间就是拟制血亲。

自然血亲是基于自然形成的血缘关系而产生的亲属。父母子女,祖父母、外祖父母与孙子女、外孙子女,兄弟姐妹,伯、叔、姑与侄子女,姨、舅与甥子女等都是自然血亲。

关于自然血亲,需要明确以下两点:

(1)凡是自然血亲,都有共同的血统来源(简称"同源")。在属于同一代人的亲属之间,这种血统上的联系,可以分为"完全血缘"和"不完全血缘"两大类。"完全血缘"是指双方既有共同的男系血缘传统,也有共同的女系血缘传统。比如,同胞的兄弟姐妹,他们有共同的父亲和母亲。"不完全血缘"是指双方只有共同的男系血缘传统,或者是只有共同的女系血缘传统。比如,同父异母的兄弟姐妹、同母异父的兄弟姐妹等,他们有时候也被称为"半血缘"自然血亲。

(2)自然血亲关系注重血缘联系的事实,不受生育子女的当事人双方是否具有合法婚姻关系的影响。也就是说,父母与婚生子女是自然血亲,父母与非婚生子女也是自然血亲;婚生子女与婚生子女之间是自然血亲,婚生子女与非婚生子女之间也是自然血亲,其他关系依此类推。总之,生育子女的双方的身份关系并不影响有关自然血亲发生和存在的客观事实。

拟制血亲是指由法律确定其地位与自然血亲具有相同的权利与义务的亲属。这种血亲不是自然形成的,而是依法创设的。

拟制直系血亲主要限于养父母子女,以及继父母与受其抚养教育的继子女。

关于拟制血亲,要注意存在两种情况:一种情况是当事人之间原来完全没有血缘关系,通过法律设定,使他们之间具有某种自然血亲的权利和义务,非亲属收养就属于这一种情况;另一种情况是,当事人之间原来存在着某种血缘联系,通过法律设定,使他们之间具有另一种血亲的权利和义务。亲属间的收养就属于这一种。我国古代的"立嗣"就是一种同姓同宗亲属间的收养;现行法律也不禁止亲属间的收养。

血亲还可以分为直系血亲和旁系血亲,前者是指生育自己的和自己生育的上下各代亲属,例如父母子女;后者是指彼此间具有间接的血缘联系,除直系血亲以外的亲属,例如堂兄弟姐妹。

姻亲是指除配偶外以婚姻关系为中介而产生的亲属,一般来说可以分为以下三种:

第一种是血亲的配偶。例如,儿媳、女婿、嫂子、弟媳、伯母、舅母等都属于这一类。对继子女来说,继父母就是血亲的配偶。

第二种是配偶的血亲。包括公婆、岳父母以及妻子或者丈夫的其他血亲,例如,妻或者夫的祖父母、外祖父母、兄弟姐妹、叔、伯、姑、姨、舅、侄、甥等。在一般情况下,继子女是继父母的配偶的血亲。

第三种是配偶的血亲的配偶。比如,丈夫的兄弟的妻子(俗称妯娌),妻子的姐妹的丈夫(俗称连襟)等。

二、亲属种类的发展、沿革

亲属是基于婚姻、血缘和法律拟制而形成的社会关系。这种关系具有不同于其他社会关系的特点,一经法律调整,便在具有亲属身份的主体之间产生法定的权利和义务。

(一)历史上的亲属组织和亲属种类

从自然和社会意义上考察亲属组织和亲属关系,可以让我们充分了解亲属发展的全部轨迹。历史上的亲属组织形式因不同的时代而异,从原始群体到氏族,从氏族到家族,再从家族到家庭,大致上反映了亲属组织形式的变化。

人是社会的动物,生民之初便是群居生活的,而不可能是单个人离群索居的,因为这是生存和生活的需要,是与自然界做斗争的需要。原始人借助两性结合和血缘纽带而形成的群体,是人类最初的亲属组织形式,也是人类最初的社会组织形式。即使到了原始社会全盛时期,亲属组织和社会组织还是合而为一的,其基本单位是氏族,包括母系氏族和父系氏族。

原始群体虽然是一个亲属团体,群体成员虽为亲属,但在两性关系并无限制的情形下,实际上是无法对亲属加以分类的。随着血缘群婚制的出现,才将亲属分成不同的行辈。据考古学家分析,将亲属分成行辈,还有一些其他的原因。在原始社会极低的生产力水平下,人们群居生活主要是为了抵御外来的破坏和损害。在人类的长期生活中,食物的摄入已经逐渐由生食变为熟食,而且人类意识到熟食更有利于身体健康,同时还有用火御寒的需要,人类对火种的保存做了许多尝试。在一个原始群体内部,年龄长者有较多的经验,对火种保存做了较大的贡献,但当时的人们并没有年龄大小的概念,只是由于长者为保护火种不被雨淋灭或被风吹熄,裸露的身体上往往有多处灼伤,人们对于这样的人产生了敬意,慢慢地就有了敬长者、长幼有序的观念。母系氏族是同出于一个始祖母的,彼此之间有着婚姻禁例的母系血亲组成的亲属集团,与本氏族女子结合的是来自外氏族的男子,子女是母方氏族的成员而不是父方氏族的成员,于是便有了以母系为本位的族内亲和族外亲的区别。父系氏族时期第一次确立了以男子为中心,按父系确定血统的亲属规则。虽然还是实行族外婚制,但子女已经不是母方氏族的成员,而是父方氏族的成员了。内亲和外亲之别,是以父系为本位的。

人类进入阶级社会以后,父系氏族制仍然具有非常强大的影响。例如,我国古代的宗法家族、古罗马的宗统,以及古日耳曼王国的血族团体等,都是通过父系氏族制建立起来的亲属组织形式。宗法家族只是一个多层次的亲属组织系统,以父系、父权、父治的家长制家庭为其基层单位。正因为如此,当时的亲属分类必然是以宗法为本,重父系轻母系、重男轻女的,在这一点上,古今中外概莫能外。

近代、现代的亲属组织的基本形式是夫妻及其他近亲属组成的家庭。家族制度虽然仍有一定的影响,但随着社会条件的改变已经逐渐淡化。由于宗族制度的崩溃和男女两性社会地位和家庭地位的变化,法律上对亲属的分类是完全以血缘和婚姻为依据的,而且是父母系并重的、男女平等的。当然,这种平等是法律意义上的平等,而在实际生活中,往昔的亲属观在人们的观念、习俗中仍然有不同程度的存在,要想彻底消除,并不是一件容易的事情。

在当代社会,家庭是唯一的实体性的亲属团体,它是人口再生产的单位,又是一个经济单位和教育单位。家庭的社会职能也就体现在这几个方面,即人口再生产职能、家庭经济职能和家庭教育职能。其他亲属间当然也有许多联系,表现在感情的、伦理的、礼仪的、习俗的、经济的等许多方面。但是,这种联系大多是松散的或比较松散的,没有也不需要有固定的组织形式。

需要指出的是,在某些资本主义国家早期的亲属立法中,设有家属会议制度,即家制。新中国成立前国民党政府《中华民国民法·亲属编》中也设有家制的专章规定。实际上,这种家制无非是古代家族聚族议事的历史孑遗,其功能不显著,不具有亲属关系组织形式的意义,而且功能完全可以由日益发达的监护制度所代替。因此,这种亲属会议制度已为当代绝大多数国家的法律所不取。

(二)我国亲属种类的发展

我国古时曾有九族之称,还有三族之说,这些说法在解释上非常不一致,其原因在于,无论九族抑或三族,纯粹属于礼的范围,从"义"的角度做出的解释,所以人们的解释各不相同。就九族而言,大约有三种解释:一是汉代马融等将九族解释为"九族上至高族,下至玄孙,凡九族",即"亲亲以三为五,以五为九之谓"。也就是说,从己身向上父亲为至亲,向下子为至亲,此为三;从己身向上由父亲推及祖父为亲,向下由儿子推及孙子为亲,此为五;从祖父推及曾祖父为亲,从孙子推及玄孙为亲,此为九。这是专指本宗的直系九亲,其义最狭。二是汉代欧阳生等将九族解释为"九族者,父族四,母族三,妻族二"。父族者,父之姓,一族也;父女昆弟适人有子,二族也;身昆弟适人有子,三族也;身女子适人有子,四族也。母族者,母之父母,一族也;母之昆弟,二族也;母昆弟子,三族也。妻族者,妻之父,一族也;妻之母,二族也。其义较宽。

三是宋代王应麟将九族解释为,外祖父、外祖母、从母子、妻父、妻母、姑之子、姊妹之子、女之子、己之同族,是兼内外姻戚在内,而也采广义的含义。就三族而言,也有多种解释:或解释为父、祖、孙,或解释为父母、兄弟、妻子,或解释为父昆弟、己昆弟、子昆弟,也有解释为父族、母族、妻族。明、清律例中,在其前面有丧服图,将九族归于宗亲,而与所谓外亲、妻亲鼎立,演成关于三族的新解,作为明清两代亲属分类的成文规定。至此,在礼和法中确立了宗亲、外亲和妻亲三分法的体制。

在中国古代,以宗法制为基础,将亲属分为宗亲、外亲和妻亲三大类。

宗亲,就是依据父系宗族血缘关系而发生的亲属。不管是在法律上还是在日常生活中,都是最重要的亲属种类。按照《尔雅·释亲》的解释,"宗者,尊也。为先祖主也,宗人之所尊也";"族者,凑也,聚也。谓恩爱相流凑,生相亲爱,死相哀痛,有会聚之道"。宗族就是由出于同一男性祖先的后代组成的亲属团体。在上古宗法制下,"有百世不迁之宗,有五世则迁之宗"。前者"宗其为始祖后",规模非常庞大,而后者"宗其继高祖",从己身起算上溯至第五代,是一个成员关系清晰、称谓明确的父系家族。通常的宗亲都在此范围之内,即所谓"六世,亲属竭矣"。这种宗亲的界定原则被后世封建社会所继承。属于宗亲的包括五世之内的男性,也包括未出嫁的、已出嫁而被出归宗的女性以及嫁入本宗的妇女。

外亲是指母方宗族的亲属。由于在"同姓不婚"的原则之下,母亲一律来自本宗之外的异姓宗族,所以由此而发生的亲属称作"外亲"(上古时期也称"母党")。以子女为本位划定外亲,范围相当有限,具有称谓并列入"服制"的,最广泛的时候也只包括母之父母、祖父母(外祖父母、外曾祖父母),母之兄弟姊妹(舅、从母)和母之兄弟姊妹的子女(表兄弟姊妹)。

妻亲是指因婚姻而发生的妻方亲属(上古时期又称妻党)。妻亲的范围更窄,有权利义务的仅仅限于妻之父母(岳父母),其余的如妻之祖父母、叔、伯、姑、兄弟姊妹等,只有称谓而不在"五服"之内。

中国古代亲属划分有两个很突出的特点:一是以父系为本位,把父系血缘关系看得非常重要,特别强调父系、母系的区别,一般讲"亲",往往指的就是宗亲。母系亲虽然也有血缘关系,但因为是"族外之亲",被放到很低的位置;而妻亲就更加不受重视。可以看出,这种划分更多地考虑到宗法因素,而不是自然因素。二是女子结婚以后虽然与本宗仍有亲属关系,但一律"降服",即亲等要减等计算;同时由于加入了男方宗族,已经成为男家的宗亲,所以配偶不单独分类。

三、当代亲属法中的亲属类别

亲属关系虽错综复杂,一般来说,如果以亲属之间的联络系统即亲系为依据,可将亲属分为男系亲和女系亲、父系亲和母系亲、直系亲和旁系亲,但配偶本身则是无亲系可循的;以亲属的行辈为依据,可将亲属分为长辈亲属(旧称尊亲属)、同辈亲属和晚辈亲属(旧称卑亲属);以亲属关系的亲疏远近为依据,可将近亲属分为近亲属和近亲属以外的其他亲属(一般亲属);以亲属关系的发生原因为依据,可将亲属分为配偶、血亲和姻亲,这是当代亲属法中的基本分类,在立法上和法律适用上具有重要意义。

(一)配偶

配偶即夫妻,是男女双方因结婚而产生的亲属关系,在婚姻关系存续期间,夫妻双方互为配偶。配偶是血亲的源泉、姻亲的基础,因而可以说,配偶是最重要的亲属关系。

关于配偶是否为亲属,各国的法律规定不尽一致。例如,德国旧民法和瑞士民法认为配偶不是亲属;而日本和韩国的民法则将配偶列为亲属,它与血亲、姻亲在亲属类别中是并立的;我国《民法典》婚姻家庭编明确规定配偶为亲属,并且是在亲属关系中处于核心地位的近亲属。

理论界对配偶是否为亲属的问题也有肯定说和否定说两种主张。否定说所持的理由是,配偶只是亲属的源泉而非亲属本身,配偶之间既无亲系可循,又无亲等可定,所以配偶自为配偶,没有必要将其作为亲属的一个种类。我国早期的某些亲属法学者也持否定说,并且援引国民党政府的《中华民国民法·亲属编》的有关规定为依据。他们认为,该亲属编虽分别为血亲及姻亲定义,但未涉及配偶;法条中没有以配偶为亲属的规定,配偶自然不属于亲属的范围。此外,法条中往往将配偶与亲属并列,亲属会议成员中不包括配偶等,也是当时持否定说者所申述的理由。但是,反对该亲属编的规定,主张肯定说的在当时也不乏其人。

从亲属关系的起源和本质、我国亲属制度的历史发展和现状等方面进行认真的考察,配偶作为亲属的类别之一应是毫无疑问的。配偶既是亲属的源泉,又是亲属本体的重要组成部分,两者之间并不矛盾。虽然配偶作为亲属的一个类别,无法归入任何一类亲系中,也无法计算亲等,但这并不能作为否定配偶为亲属类别之一的理由,相反,这恰恰应该成为配偶独立于血亲、姻亲之外的一个充分的理由。

(二)血亲

血亲是指相互之间有血缘联系的亲属。它是亲属中的主要组成部分。

1. 血亲按来源不同,分为自然血亲和法律拟制血亲

(1)自然血亲,是指出于同一祖先,在血缘上具有同源关系的亲属。这种血缘联系具体表现为一次或若干次出生的事实。这里所说的同源关系或同一祖先,包括父系和母系两个方面,因为只有两性的结合才能成为完整的生育主体。自然血亲可以分为全血缘的自然血亲和半血缘的自然血亲。所谓全血缘的自然血亲,是指同胞的兄弟姊妹,他们的血缘都来自同一对男女;而半血缘的自然血亲,是指同父异母或同母异父的兄弟姊妹,因为他们之间的血缘联系,追根溯源仅有一半相同。

应当注意的是,自然血亲不受婚生或非婚生的影响。父母与婚生子女是自然血亲,父母与非婚生子女也是自然血亲,因为他们之间的血缘联系是客观存在的事实。

(2)拟制血亲,是指本来没有血缘关系,或者没有自然血缘关系,但法律确定其地位与自然血亲具有相同的权利和义务的亲属。这种血亲不是自然形成的,而是依法创设的。旧中国不仅把养父母子女定为拟制直系血亲,还把嗣父母与嗣子、嫡母与庶子、庶母与嫡子等都作为拟制直系血亲。新中国成立后,拟制直系血亲主要限于养父母子女,在其他情况下,必须形成了抚养关系,才能按拟制血亲对待。

继父母子女关系是由于生父或生母再婚而产生的,在一般情况下属于姻亲关系,但是,根据我国《民法典》婚姻家庭编的规定,继父母子女之间如果形成了抚养教育关系,继父母收养继子女,则这两种情况下,其关系为拟制血亲关系。

2. 按血缘联系的不同,分为直系血亲和旁系血亲

(1)直系血亲,是指具有直接血缘联系的亲属,包括生育自己和自己所生育的上下各代的亲属。例如,父母与子女、祖父母与孙子女、外祖父母与外孙子女等。由于受重男系轻女系、重父系轻母系的封建传统思想影响,现实生活中,常把外祖父母排斥在直系血亲之外,这是违背《民法典》婚姻家庭编规定的。

(2)旁系血亲,是指具有间接血缘联系的亲属,即和自己同出一源的亲属。如与自己同源于父母的兄弟姊妹;与自己同源于祖父母或外祖父母的伯、叔、姑、舅、姨,堂兄弟姊妹、表兄弟姊妹等。凡与自己为同一高祖所生的子孙,除直系血亲外,均为五代以内旁系血亲。

(3)血亲按辈分的不同,分为长辈亲、平辈亲和晚辈亲。我国《民法典》婚姻家庭编虽没有亲属辈分的规定,但《民法典》继承编里规定了在一定条件下,被继承人的子女的晚辈直系血亲可以代位继承,因此,弄清亲属中的辈分有一定的现实意义。

(三)姻亲

姻亲是以婚姻为中介而形成的亲属关系,但配偶本身是除外的。姻亲因婚姻而生,就法理而言,原则上应以血亲的配偶或配偶的血亲为限。但有些国家出于其立法传统、风俗习惯等方面的原因,将姻亲的范围扩大到配偶的血亲的配偶,如我国国民政府时期的亲属法就有这样的规定。

我国亲属法将不同种类的姻亲规定如下:

(1)血亲的配偶,是指自己的直系、旁系血亲的配偶。例如,儿子的妻子(媳妇),女儿的丈夫(女婿),都是自己的直系血亲的配偶;再如,兄弟之妻(嫂或弟媳),姊妹之夫(姐夫或妹夫),都是自己旁系血亲的配偶。

(2)配偶的血亲,是指自己配偶的血亲。例如,丈夫的父母(公婆)、兄弟姊妹(小叔、小姑等)及其与前妻所生之子女(继子女)等;妻子的父母(岳父母)、兄弟姊妹(小舅子、小姨子等)及其与前夫所生的子女(继子女)等。

(3)配偶的血亲的配偶,是指自己的配偶的血亲的夫或妻。这种姻亲不是以一次婚姻为中介,而是以两次婚姻为中介而形成的。例如,夫之兄弟之妻(妯娌)、妻之姊妹之夫(连襟)等。

姻亲也同样有长辈、晚辈、平辈、直系、旁系之分。这种划分则是以其配偶或与配偶之亲系为准而定的。例如,公婆是自己丈夫的长辈直系血亲,那么,公婆就是自己的长辈直系姻亲。再如,侄媳妇指自己侄子的妻子,侄子是自己的晚辈旁系血亲,那么,侄媳妇则是自己的晚辈旁系姻亲。

四、亲属的其他分类

除了以上根据亲属发生原因的分类之外,还有以下亲属分类方法:

(1)按照亲属的辈分加以分类。我国古代在亲属的行辈上十分注重区分尊卑长幼,《礼记·大传》说:"亲亲也,尊尊也,长长也,男女有别,此其不可得与民变革者也。"将尊卑之分和长幼之序看成是天经地义、万古不变的准则。现代社会在制度上已经废除了这种亲属间的身份等级关系,只是按照亲属间的世代次序,区分为长辈亲属(辈分高于自己的亲属)、平辈亲属(辈分与自己相同的亲属)和晚辈亲属(辈分低于自己的亲属)。

(2)按照亲属关系的远近加以分类,可以分为近亲属和其他亲属。

近亲属一般是指具有法定权利和义务关系的较为亲近的亲属。

近亲属不是一个严格的法律概念,在民法、刑法和行政法等法中,其内涵各不相同,在配偶、血亲、姻亲三大类别的亲属中,只有少数亲属在立法上被认为是近亲属。哪些亲属应列入近亲属的范围,取决于亲属关系的亲疏远近程度和法律效力的大小。我国现行立法尚无这方面的总的一般性的规定,只在部门法中有此项规定,《刑事诉讼法》规定的近亲属包括夫、妻、父母、子女、同胞兄弟姐妹;《民法典》婚姻家庭编和民事诉讼中的近亲属包括配偶、父母、子女、兄弟姐妹、祖父母、外祖父母、孙子女、外孙子女;行政诉讼中的近亲属包括配偶、父母、子女、兄弟姐妹、祖父母、外祖父母、孙子女、外孙子女,以及其他具有扶养、赡养关系的亲属;国籍法中的近亲属是指,申请人须是中国人的近亲属,包括父母、子女、配偶、亲生兄弟姐妹、爷爷奶奶。

(3)按照亲系加以分类,可以分为直系亲和旁系亲、父系亲和母系亲、男系亲和女系亲等。

(4)双重亲属关系。双重亲属关系是指在相对人之间存在着两种亲属身份关系,又称作亲属关系的重复或亲属关系的并存。

五、我国亲属称谓

我国将血缘相近的同姓本族和异性外族都称作亲属,且每个亲属成员都有相对固定的称谓,通过称谓可知其行辈。具体称谓如下:

祖(王父、祖父),父之父。祖母(王母),父之母。曾祖父、母,祖之父、母。高祖父、母,曾祖之父、母。(上五世即从本位起,上及父、祖、曾祖、高祖。)

曾孙,孙之子。玄孙,曾孙之子。来孙,玄孙之子。(下五世指从本位起,下至玄孙。)

世父(伯父),父之兄。叔父,父之弟。

世母(伯母),世父之妻。叔母(婶),叔父之妻。

姑(姑母),父之姊妹。姑父,姑之夫。

从祖祖父(伯祖父、叔祖父),父之伯叔。

从祖祖母(伯祖母、叔祖母),父之伯母、叔母。

从祖父(堂伯、堂叔),父之从兄弟。

从祖母(堂伯母、堂叔母),从祖父之妻。

族曾祖父(族曾王父),祖父的伯叔。

族曾王母,祖父的伯叔之妻子。

族祖父(族祖王父),族曾祖父之子。

族父,族祖父之子。族兄弟,族父之子。

嫂,兄之妻。弟妇,弟之妇。

从子(侄),兄弟之子。从女(侄女),兄弟之女。

从孙,兄弟之孙。甥(外甥),姊妹之子。

私姊,妹之夫。女婿(子婿、婿),女之夫。

中表(姑表),父之姊妹之子女。

外祖父(外王父),母之父。外祖母(外王母),母之母。

外曾王父,外祖父之父。外曾王母,外祖父之母。

舅(舅父),母之兄弟。舅母(妗子),舅之妻。

从母(姨母、姨),母之姊妹。

姨父,姨母之夫。中表(姨表),姨之子女。

从母兄弟、从母姊妹(姑表兄弟姊妹、姨表兄弟姊妹),母之兄弟姊妹的子女。

外舅(岳父、岳丈、丈人、泰山、岳翁),妻之父。

外姑(岳母、丈母、泰水),妻之母。

姨(姨子),妻之姊妹。妻侄,妻之兄弟之子。

舅(嫜、公),夫之父。姑(婆),夫之母。

姑嬂、舅姑,即夫之父母(俗称公婆)。

伯叔(大伯、大叔子),夫之兄弟。

小姑子,夫之妹。娣妇,夫之弟妇。

姒姆,夫之嫂。娣姒、妯娌,古之弟妇与嫂的简称。

娅、连襟(襟兄、襟弟)、两乔,两婿互称。

第三节 亲系和亲等

一、亲系

亲系是指亲属间的联络系统,这种联络的载体是客观存在的血缘关系。狭义的亲系仅指血亲的联络系统,广义的亲系则指血亲的联络系统和姻亲的联络系统。

亲系按照不同的标准来区分,可以分为直系亲和旁系亲、父系亲和母系亲、男系亲和女系亲、行辈等。

(一)直系亲和旁系亲

血亲还可以分为直系血亲和旁系血亲。前者是指生育自己的和自己生育的具有直接血缘关系的上下各代亲属;后者是指彼此间具有间接的血缘联系,除直系血亲以外的亲属。

(二)父系亲和母系亲

父系亲是通过父方的血缘关系而联络的亲属。例如,己身与祖父母、伯、叔、姑及其子女等,其联络都是以父为中介的。母系亲是通过母方的血缘关系而联络的亲属。例如,己身与外祖父母、舅、姨及其子女等,其联络都是以母为中介的。

中国古代的亲属制度是父系本位,重父系亲而轻母系亲的。按照我国现行法的规定,父系亲和母系亲并无重轻之分、亲疏远近之别,两者的法律地位是完全相同的。

(三)男系亲和女系亲

男系亲是指通过男子的血缘关系联络的亲属,女系亲是指通过女子的血缘关系联络的亲属。中国古代的宗法伦理观念是男尊女卑、重男系亲而轻女系亲的。

我国亲属法以男女平等为原则,男系亲和女系亲在法律上的地位是完全平等的。

需要指出的是,亲属法上对男系亲、女系亲的划分与父系亲、母系亲的划分不是任意做出的,其划分有不同的意义。两者既有联系又有区别,有时互相重合,有时不尽相同。例如,己身与父之兄弟之子(堂兄弟)既是父系亲,又是男系亲。己身与父之姐妹之子(表兄弟)虽然是父系亲,但不得称其为男系亲,因为其间已有女子的介入。

(四)行辈

行辈俗称辈分、辈行,是指亲属间的长幼先后顺序,一代人为一辈,同一代人为同一辈,例如,父子为上下两辈人,兄弟姐妹为同一辈人,它形象地体现了亲属间人员所处的排行、辈分、地位。

我国现行的行辈是按照世代来划分的。因此,可将亲属分为长辈亲属、同辈亲属、晚辈亲属等行辈,父母辈及高于此辈的亲属是长辈亲属,己身辈的亲属是同辈亲属,子女辈及低于此辈的亲属是晚辈亲属。

如果以行辈与亲系的旁、直以及亲属的种类相组合，便可以分解出一系列概括性的亲属称谓，如长辈直系血亲、晚辈直系血亲、长辈旁系血亲、同辈旁系血亲、晚辈旁系血亲等；对姻亲也可以做类似的排行。需要指出的是，直系血亲不可能行辈相同，配偶间无行辈之分，或者说双方的行辈是不可能不同的，既是配偶，必为同辈。

按照有些国家的亲属立法，行辈之分仅适用于直系血亲或血亲。我国现行法中对行辈也是在比较广的意义上适用的，适用于亲属、家族、亲戚、亲友等人群，例如，《民法典》中有关收养三代以内同辈旁系血亲的子女的规定，就是一个明显的例证。

二、亲等

亲等就是亲属等级，是计算亲属关系亲疏远近的单位。由于亲属的远近直接关系到伦理关系、权利与义务关系和其他的社会法律关系，所以，古今中外都将亲等的计算作为亲属制度的重要内容。

计算亲等的客观依据是血缘联系，由于血缘联系的远近不同，在不同的亲属之间，其亲属远近的程度就有很大的差异，因此，有必要在立法上确定计算亲等的标准，所以，亲等的计算是以血亲为基准，从而准用于姻亲的。从法理上说，确定亲等应以世数为衡量的尺度，因为世数是血缘关系远近的外在标志，世数少则亲等近，世数多则亲等远，这对于计算直系血亲的亲等是十分简便的，至于旁系血亲，可以通过同源关系来计算，其远近也是通过世数的多少来决定的。

从世界范围来看，通常使用的亲等计算方法主要有罗马法的亲等计算法、寺院法的亲等计算法，中国古代的亲等以服制表示，现行婚姻法则采用世代计算法。

(一)罗马法的亲等计算法

这一亲等计算法来源于古罗马时代，随着罗马法的传播而为许多国家所采用。罗马法计算直系血亲亲等的规则是：以己身为基点，向上或向下数，以间隔一世为一亲等。例如，父母与子女为一亲等直系血亲；祖父母与孙子女、外祖父母与外孙子女为二亲等直系血亲；曾祖父母与曾孙子女、外曾祖父母与外曾孙子女为三亲等直系血亲……依此类推。

计算旁系血亲的规则是：先从己身上数至己身与对方(即与其计算亲等者)最近的共同的长辈直系血亲，再从该长辈直系血亲下数至对方，两边各得一世数，将其相加即为旁系血亲的亲等数。例如，兄弟姐妹为二亲等旁系血亲；伯、叔、姑与侄、侄女，舅、姨与甥、甥女，为三亲等旁系血亲；堂兄弟姐妹、表兄弟姐妹为四亲等旁系血亲……依此类推。

(二)寺院法的亲等计算法

寺院法源于基督教会法规，某些国家至今仍使用此计算法。寺院法计算直系血亲亲等的规则与罗马法相同，以间隔一世为一亲等。

寺院法计算旁系血亲亲等的规则与罗马法不同。其计算规则如下：先从己身上数至己身与对方(即与其计算亲等者)最近的共同的长辈直系血亲，得一世数，再从对方上数至该长辈直系血亲，又得一世数，如果两边的世数相同，即以此数定其亲等，如果两边世数不同，则按世数多的一边定其亲等。例如，兄弟姐妹为一亲等旁系血亲；伯、叔、姑与侄、侄女，舅、姨与甥、甥女，为二亲等旁系血亲；堂兄弟姐妹、表兄弟姐妹亦为二亲等旁系血亲……依此类推。由于旁系血亲的行辈可能相同，也可能不同，这种计算法往往不能准确地反映旁系血亲间的亲疏远近关系。

将罗马法的旁系血亲亲等计算规则与寺院法的相比较,前者显然优于后者。随着罗马法的传播和各国法律文化的交流,罗马法亲等计算法已为当代多数国家所采用。

上述两种亲等计算法亦可用于计算姻亲的亲等,计算时应以配偶为中介进行换算。血亲的配偶从其配偶的亲等,配偶的血亲和配偶的血亲的配偶从其与配偶的亲等。例如,儿媳是公、婆的血亲的配偶,因儿媳之夫与父母为一亲等直系血亲,故儿媳与公、婆为一亲等直系姻亲;岳父、岳母是女婿的配偶的血亲,因女婿之妻与其父母为一亲等直系血亲,故女婿与岳父、岳母为一亲等的直系姻亲;夫与妻之兄弟之妻、姐妹之夫,妻与夫之兄弟之妻、姐妹之夫,均为配偶的血亲的配偶,属于二亲等的旁系姻亲(上述诸例中所说的亲等按罗马法计算)。

(三)中国古代的服制计算法

中国古代没有"亲等"这一名称,服制是中国古代具有特色的亲等制度。

中国古代的亲等以"服制"为标准。"服制"即丧服制度。为了"慎终追远",中国的古人非常重视丧祭活动,它几乎将死者的一切具有权利和义务的亲属包罗在内。在丧祭活动中,根据与死者关系的亲疏,不同的亲属不但穿着不同质料的丧服,而且服丧的期限和规制均有明显区别,因此,由礼制到法制,都把服制引申到实际生活中,作为计算亲等的一般依据。

丧服制度开始于礼,后人于律。服制是与宗法家族制度相适应的,不同服制反映着亲属之间不同的血缘联系和身份关系。有关服制的原理和内容早就载于《礼记》《仪礼》等古代典籍,在礼与律的体系中具有十分重要的地位。服制的效力不仅及于亲属法领域,而且及于其他民事法律领域和刑事的、行政的等法律领域。

服制分为五等,称作"五服",分别是斩衰(音 zhancui)、齐衰(音 zicui)、大功、小功、缌麻。斩衰又称斩衰裳。《仪礼》郑注:"凡服,上曰衰,下曰裳。"斩指丧服边缘保留裁割原状,不加缉缝,服丧期限三年(指三个年头,实服 27 个月)。齐衰也称齐衰裳,或称疏衰裳,意为丧服质料粗疏但是缉边。服丧期限大多为一年,一年又称期(音 ji)年,故齐衰亲属又称"期亲"。大功是丧服制作"用功粗大"的意思,服丧期限一般为 9 个月。小功意为丧服制作"用功细小",服丧期限为 5 个月。缌麻指丧服质料为细熟麻布,制作用功也比较细致。缌麻亲服丧 3 个月。

服制分五等,重轻有别,用以区分亲属的亲疏远近。亲者、近者其服重,疏者、远者其服轻。五服以内的为有服亲,五服以外尚有袒免亲即无服亲。

第一等:斩衰,为三年之服。丧服以最粗的麻布制作,且不缝下边。例如,子及在室女为父母,嫡孙为祖父母,妻为夫,有斩衰之服。

第二等:齐衰,丧服以稍粗的麻布制作。齐衰又可细分为杖期(一年之服,须持丧杖)、不杖期(一年之服,不持丧杖)、五月、三月之别。例如,子为出母、嫁母,夫(父母不在时)为妻,有齐衰杖期之服;孙为祖父母,出嫁女为父母,夫(父母在时)为妻,有齐衰不杖期之服;曾孙、曾孙女(在室)为曾祖父母,有齐衰五月之服;玄孙、玄孙女(在室)为高祖父母,有齐衰三月之服。

第三等:大功,为九月之服,丧服用粗熟布制作。例如,妻为夫之祖父母,父母为众子妇,有大功之服。

第四等:小功,为五月之服,丧服以稍粗的熟布制成。例如,己身为伯叔祖父母,堂伯叔父母,妻为夫之伯叔父母,有小功之服。

第五等:缌麻,为三月之服,丧服用稍细的熟布制作。例如,己身为族伯叔父母,为妻之父母,有缌麻之服。

服制的差别不仅以世数为依据,而且还受着尊卑、名分、恩义、性别的影响,它贯穿着封建的宗法观念,重男轻女,重本宗轻外亲,目的在于巩固宗法家族制度,所以并不能科学地、准确地反映亲属关系的亲疏远近程度。随着封建宗法家族制度的废除和中国亲属法的近、现代化,服制早已成为历史的陈迹。

(四)现行《民法典》婚姻家庭编的世代计算法

中华人民共和国成立以来,我国曾先后颁行了三部婚姻法以及现行的《民法典》婚姻家庭编,对亲等都是用代数来表示的,如五代以内直系血亲、三代以内旁系血亲等。

1. 直系血亲的计算方法

计算直系血亲的代数时,从己身往上或往下数,以一辈为一代,相隔一世即为两代。例如,上数至父母为两代;至祖父母、外祖父母为三代;至曾祖父母、外曾祖父母为四代;至高祖父母、外高祖父母为五代。同理,从己身向下数至子女为两代;至孙子女、外孙子女为三代;至曾孙子女、外曾孙子女为四代;至玄孙子女、外玄孙子女为五代。直系血亲的远近均可用代数来表示。

2. 旁系血亲的计算方法

计算旁系血亲时,代数须以同源关系为依据。例如,同源于父母的兄弟姐妹,是两代内的旁系血亲;同源于祖父母、外祖父母的,是三代内旁系血亲;同源于曾祖父母、外曾祖父母的,是四代内旁系血亲;同源于高祖父母、外高祖父母的,是五代内旁系血亲。

世代计算法简便易行,但精确性不够。例如,己身与叔为三代以内旁系血亲,与同一祖父母的堂兄弟姐妹也是三代以内旁系血亲,代数相同,但血缘关系是有远近之别的。

应当注意的是,用我国世代计算法来表示血亲关系远近时,不能与罗马法亲等计算法简单互相换算。第一,我国的"代"是连己身算在内的,而罗马法不计在内;第二,我国的三代以内旁系血亲不一定相当于罗马法四亲等以内的旁系血亲,例如,己身与叔祖父属四亲等旁系血亲,却属于四代以内旁系血亲。同罗马法的亲等计算法相比较,两代以内的旁系血亲是二亲等旁系血亲;三代以内的旁系血亲是四亲等内旁系血亲;四代以内旁系血亲是六亲等内旁系血亲;五代以内旁系血亲是八亲等内旁系血亲。

姻亲的亲疏远近计算方法,无论是罗马法、寺院法,还是我国的世代计算法,都是依从其配偶的世代(亲等)计算的。例如,岳父母是自己妻子的父母,妻子与其父母为两代以内直系血亲(罗马法、寺院法中均为一亲等),自己与岳父母便为二代以内直系姻亲(或一亲等直系姻亲)。再如,表弟媳是自己表弟的妻子,自己与表弟为三代以内旁系血亲,那么,自己与表弟媳便为三代以内旁系姻亲(罗马法为四亲等旁系姻亲,寺院法为二亲等旁系姻亲)。

中国主要亲属关系(直系血亲和三代以内的旁系血亲)如图8-1所示。

图 8－1　中国主要亲属关系

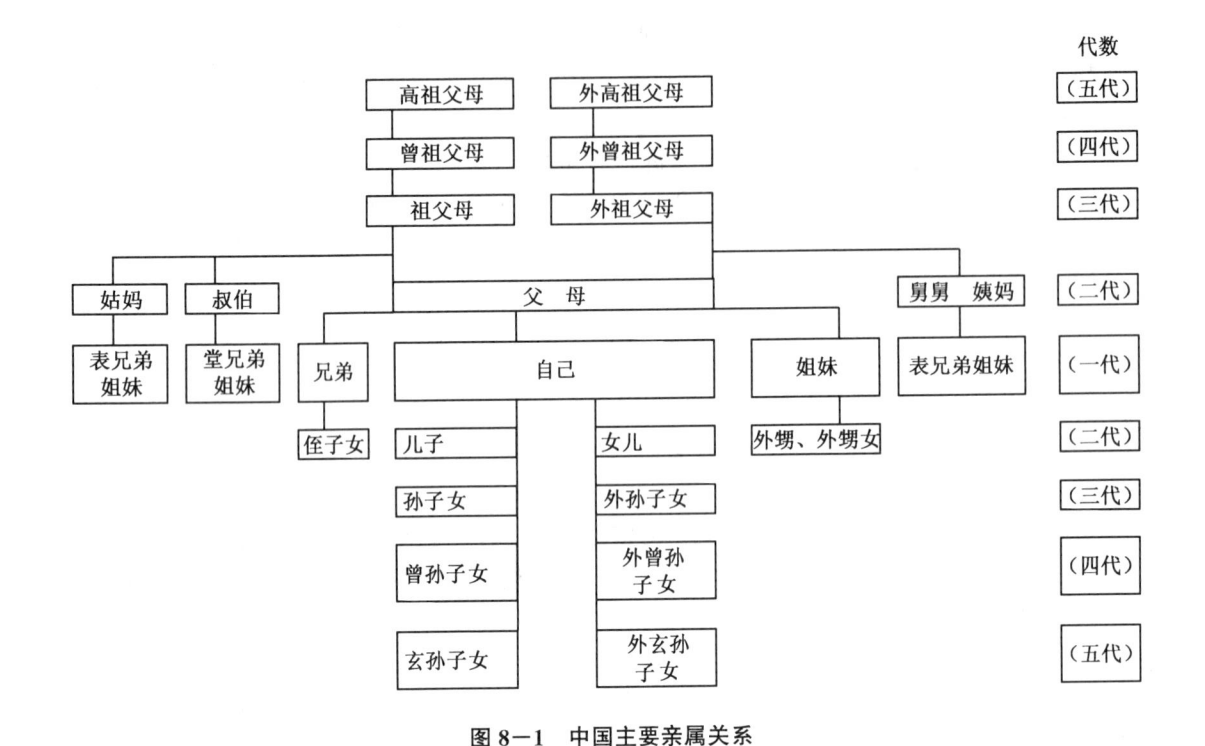

第四节　亲属关系的法律事实和效力

一、亲属关系的法律事实

法律事实就是法律规范所确认的能够引起民事权利与义务产生、变更和消灭的事实,法律事实除了包括人的有意识的行为外,还包括和当事人的意志无关的法律事件,如出生、死亡等。

依照是否以人类的意志为转移作标准,法律事实大体上可以分为法律事件和法律行为两类。

法律事件是以法律规范规定的、不以当事人的意志为转移而引起法律关系形成、变更或消灭的客观事实。法律事件又分为社会事件和自然事件两种。例如,战争、生老病死、自然灾害等,这些事件对于特定的法律关系主体(当事人)而言,都是不可避免,不以其意志为转移的。但由于这些事件的出现,法律关系主体之间的权利与义务关系就有可能产生,也可能发生变更,甚至完全归于消灭。

法律行为是以当事人的意志为转移而引起的法律关系形成、变更和消灭的法律事实。例如,结婚产生夫妻间权利和义务关系,结婚即为法律行为;死亡引起婚姻法律关系的消亡、继承法律关系的产生,死亡即为法律行为。

法律事实,就是法律规定的、能够引起法律关系产生、变更和消灭的现象。法律事实的一个主要特征是,它必须符合法律规范逻辑结构中假定的情况。只有当这种假定的情况在现实生活中出现时,人们才有可能依据法律规范使法律关系得以产生、变更和消灭。

亲属关系的法律事实是指引起亲属法律关系发生、变更和终止的客观情况、现象和行为。一定的法律事实的出现,使当事人之间产生亲属关系,或使既存的亲属关系变更和消灭。

各类亲属关系的性质和特点不尽相同,发生和终止的客观情况也有区别。

二、亲属法律关系的发生和终止

亲属关系基于一定的法律事实而发生,又基于一定的原因而终止。

(一)配偶(夫妻)关系的发生与终止

配偶关系因男女结婚而产生。依照我国《民法典》婚姻家庭编的规定,结婚登记,取得结婚证的时间,即是确立配偶关系的时间。

配偶关系又因一定的法律事实而归于消灭。引起配偶关系终止的原因有两个:一是配偶一方死亡(包括自然死亡和宣告死亡);二是夫妻双方离婚。配偶双方关系终止的时间为:夫妻一方自然死亡的时间、人民法院宣告死亡的判决书生效的时间、登记离婚取得离婚证的时间以及人民法院准予离婚的调解书或判决书生效的时间。

(二)自然血亲关系的发生和终止

出生是引起自然血亲关系发生的唯一原因,出生的时间就是自然血亲发生的时间。这种发生原因不仅适用于婚生的血亲,而且也适用于非婚生的血亲。出生的事实,导致该出生者与其父母及其他的与父母具有血缘关系的亲属形成自然血亲关系,这种关系不以人的意志为转移,无须当事人认可,也不需要履行法律手续。

自然血亲只能因一方死亡而终止,任何人为的原因都不能引起自然血亲关系的消灭。自然血亲间的血缘联系不能通过法律或其他手段人为地加以解除,因此,只有自然死亡或宣告死亡才能引起自然血亲关系的终止。需要指出的是,死亡只是导致与死者直接结合的血亲关系终止,以死者为中介的其他血亲关系并不因此而终止。例如,父虽死亡,孙与祖父母仍为血亲。即使子女被他人收养,其法律后果也只是终止了生父母子女间的权利与义务关系,他们之间的血缘联系并不消灭。

(三)拟制血亲关系的发生与终止

拟制血亲关系基于法律的设定和确认而形成,由于种类的不同,其发生和终止的原因也有所不同:(1)养父母与养子女关系的发生与终止。合法有效的收养行为一经成立,便发生拟制血亲关系,收养人与被收养人便形成了父母子女间的权利与义务关系;同时,被收养人与收养人的其他近亲属也发生了拟制血亲关系。养父母与养子女关系因一方死亡而终止,或者因为收养关系的解除而终止,在收养关系解除后,收养人及其近亲属与被收养人的拟制血亲关系也自然终止。(2)形成抚养事实的继父母与继子女关系的发生与终止。继父母与受其抚养的继子女之间因抚养而发生拟制血亲关系,其形成原因有两个:一是基于生父(母)与继母(父)结婚的法律行为;二是继父母对继子女形成了抚养、教育的事实。只有这两个条件同时具备,继父母与继子女间才发生拟制血亲关系,而未形成抚养事实的继父母与继子女之间仅为姻亲关系。

形成抚养事实的继父母与继子女关系,除可因为继父母或继子女一方死亡而终止外,还可以因为生父(母)与继母(父)婚姻关系的终止而终止,但如果继父母对继子女抚养时间较长,则彼此间的拟制血亲关系不因生父(母)与继母(父)婚姻关系的解体而终止。

拟制血亲的可变更性,决定了它既可以因一方死亡而终止,也可以因现存的亲属关系依法解除而终止。所以,收养关系主体自然死亡的时间,人民法院宣告死亡的判决书生效的时间,解除收养关系的登记的时间,人民法院准许解除收养关系的调解书或判决书生效的时间,是拟制血亲关系终止的时间。

(四)姻亲关系的发生与终止

男女双方结婚的法律行为引起姻亲关系的发生。以婚姻为中介,配偶一方与对方的亲属以及双方的亲属之间互为姻亲关系。婚姻成立的时间,便是姻亲关系发生的时间。但婚姻成立以后,一方与另一方新出生的弟、妹之间的姻亲关系,是以该婚姻的成立和该弟、妹的出生作为发生原因的。

婚姻关系成立的时间即为姻亲关系发生的时间,我国《民法典》婚姻家庭编未明确规定姻亲关系终止的原因,按照风俗习惯,夫妻双方离婚是姻亲关系消灭的一般原因;而夫妻一方死亡后,姻亲当事人之间是否保持姻亲关系,听其自便。我国《民法典》继承编规定:"丧偶儿媳对公婆,丧偶女婿对岳父母尽了主要赡养义务的,作为第一顺序继承人。"这说明,姻亲关系不因配偶一方死亡而终止,如果生存方未再婚或者虽然再婚,但仍然与亡偶方的亲属保持生活上的联系甚至彼此照顾,则姻亲关系就不消灭。

三、亲属关系的法律效力

亲属的法律效力,是指一定范围内的亲属所具有的权利和义务关系及其法律上的其他效果。亲属关系的法律效力非常广泛,涉及民事、行政、刑事、诉讼等各个方面,依照我国法律的规定,在不同的法律部门中,亲属的法律效力有着不同的表现。

古代法律中,亲属关系的效力十分强大,在我国尤其如此。中国历代封建法律中,亲属关系的效力涉及刑事、民事、行政、诉讼等诸多领域。例如,有关荫庇、缘坐、留养、亲属相犯、亲属相奸、服内亲属的先买权、立嗣、遗嘱继承、世袭与封爵、官吏伺亲、容隐、回避等规定,都是亲属关系法律效力的具体表现。

在当代亲属法中,各国的做法是,一般对亲属关系的法律效力大小规定适中,相比古代亲属法,效力要小得多。但是,规定亲属关系的法律效力是十分必要的,它对于保护婚姻家庭,保护公民的权益和社会利益,处理因亲属关系而发生的各种法律问题,都具有重要意义。

(一)亲属关系在亲属法上的效力

这是亲属关系法律效力的最直接的表现,法定亲属间的权利和义务,都是基于这种效力而产生的。具体来说,这方面的效力表现在以下几点:

(1)一定范围内的亲属有互相扶(抚)养的义务。根据我国《民法典》婚姻家庭编的规定,我国亲属间的扶(抚)养义务有两种:一是无条件的互相扶(抚)养义务,即夫妻间,父母对未成年或尚未独立生活的子女,子女对丧失劳动能力的父母;二是有条件的扶(抚)养义务,涉及祖父母、外祖父母与孙子女、外孙子女间以及兄弟姐妹之间。

(2)一定范围内的亲属有互相继承遗产的权利。我国《民法典》婚姻家庭编规定了夫妻、父母子女之间有相互继承遗产的权利。

(3)一定范围内的亲属有法定的共同财产。夫妻是关系最密切的亲属,所以《民法典》婚姻家庭编规定了法定的夫妻共同财产范围。

(4)一定范围内的亲属禁止结婚。

(5)未成年人造成国家、集体或他人财产损失时,其父母负有赔偿义务。

(二)亲属关系在婚姻法上的效力

(1)禁止结婚的效力。我国《民法典》婚姻家庭编规定,直系血亲和三代以内的旁系血亲之间禁止结婚。

(2)扶(抚)养的效力。依照《民法典》婚姻家庭编之规定,夫妻之间、父母子女之间有相互扶(抚)养的权利和义务;在一定条件下,祖孙之间、兄弟姐妹之间也有互相扶(抚)养的权利和义务关系。

(3)共同财产的效力。一定范围内的亲属之间,具有法定的共同财产。《民法典》婚姻家庭编规定,夫妻在婚姻关系存续期间,双方所得或一方所得的财产,除另有约定外,归夫妻双方共同所有。

(4)继承的效力。《民法典》婚姻家庭编规定,夫妻之间、父母子女之间有互相继承遗产的权利。

(三)亲属关系在民法上的效力

(1)法定监护和代理的效力。一定范围内的亲属对无民事行为能力人或者限制民事行为能力人有法定的监护权和代理权。例如,父母对未成年子女。《民法典》规定,无民事行为能力或限制民事行为能力人由有监护能力的其父母、配偶、子女以及其他近亲属,担任监护人。

(2)法定继承顺序确定的效力。一定范围内的亲属成为确定法定继承人顺序的依据。继承法规定,配偶、子女、父母互为第一顺序的继承人;兄弟姐妹、祖父母、外祖父母为第二顺序的继承人。

(3)申请宣告的效力。一定范围内的亲属可以依法提起宣告失踪或撤销宣告失踪的申请,还可以提起宣告死亡或撤销死亡宣告的申请。

(4)一定范围内的亲属享有对失踪人财产的代管权。《民法典》第42条规定,失踪人的财产由其配偶、父母、成年子女或关系密切的其他亲属、朋友代管。

(5)精神病人的配偶、父母、成年子女、兄弟姐妹等近亲属可以向人民法院申请宣告其为无民事行为能力或限制民事行为能力人。

(6)由一定范围内亲属所确定的无民事行为能力人或限制民事行为能力人的监护人,对被监护人造成他人损害的,承担民事责任。

(四)亲属关系在刑法上的效力

(1)犯罪构成的效力。某些犯罪的构成,必须以有一定的亲属关系为前提,例如,虐待罪和遗弃罪,加害人与被害人之间必须有亲属关系,才能构成犯罪。

(2)告诉的效力。我国《刑法》规定,近亲属之间的虐待、暴力干涉婚姻自由的行为,只要没有发生被害人重伤、死亡的后果,就必须经由受害者本人或者其近亲属起诉,法院才能受理。

(五)亲属关系在诉讼法上的效力

(1)回避的效力。在刑事诉讼、民事诉讼、行政诉讼中,审判人员、检察人员、侦察人员、书记员等人如果是本案当事人的近亲属或司法人员的近亲属,与本案当事人有利害关系的,应当自行回避;如不回避,诉讼当事人可以申请他们回避。

(2)享有辩护权和代理权的效力。刑事案件被告人的近亲属可以担任被告人的辩护人;没有诉讼能力的民事案件的当事人,由取得法定代理人资格的近亲属代为进行民事诉讼活动,法律效力直接作用于被代理人。

(3)有权提起行政诉讼的公民死亡,其近亲属可以依法提起诉讼。

(4)死亡人的名誉权、著作权受到侵害,其近亲属可以依法提起诉讼。

(六)亲属关系在劳动法上的效力

(1)一定范围内的亲属享有接受抚恤金的权利。劳动者死亡后,其直系血亲、配偶可享受领取抚恤金、救济金的权利。

(2)一定范围内的亲属享有探亲的权利。在国家机关、企业单位工作满一年的固定职工,享有探望与其分居两地的配偶、父母的权利。

(3)职工供养的配偶和直系亲属患病时,有权享受医药劳保。

(七)亲属关系在国籍法上的效力

(1)一定范围内的亲属关系是自然取得中国国籍的前提。根据我国《国籍法》的规定,父母双方或者一方为中国公民,本人出生在中国,即具有中国国籍;父母无国籍或者国籍不明,但定居在中国,本人出生在中国,就具有中国国籍。

(2)一定范围内的亲属关系是申请加入中国国籍的条件。与中国人有一定亲属关系的外国人、无国籍人或是中国人的近亲属的外国人、无国籍人,可以申请加入中国国籍。

(3)一定范围内的亲属关系是申请退出中国国籍的条件。与外国人有一定近亲属关系的中国人,可以申请退出中国国籍。此外,在其他许多行政法规中也涉及亲属关系。

复习思考题

一、名词解释

1. 亲属 2. 亲系
3. 亲等 4. 拟制血亲

二、单项选择题

1. 妯娌作为一种姻亲,她们属于(　　)。
   A. 血亲的配偶　　　　　　B. 配偶的血亲
   C. 血亲的配偶的血亲　　　D. 配偶的血亲的配偶

2. 小杨和外祖母是(　　)。
   A. 直系血亲　　　　　　　B. 直系姻亲
   C. 旁系血亲　　　　　　　D. 旁系姻亲

3. 按罗马法的亲等算法,小龙和叔叔的孙女是(　　)。
   A. 三等亲　　　　　　　　B. 四等亲
   C. 五等亲　　　　　　　　D. 六等亲

4. 按寺院法亲等算法,小杨和姨父的儿子是(　　)。
   A. 二等亲　　　　　　　　B. 三等亲
   C. 四等亲　　　　　　　　D. 五等亲

5. 下列不属于我国《民法典》婚姻家庭编所指的三代以内旁系血亲的是(　　)。

A. 堂兄 B. 外甥女
C. 小姨子 D. 叔

6. 关于收养和抚养的下列说法中,错误的是( )。
A. 收养关系终止,养父母与养子女之间的拟制血亲消灭
B. 基于抚养事实而产生的拟制血亲关系,可因作为这种拟制血亲存在基础的婚姻关系的解除而终止
C. 收养关系终止,因收养而产生的所有亲属关系消灭
D. 离婚当然消灭因抚养事实业已形成的所有拟制血亲关系

7. 已婚职工探望父母,每( )年可休一次探亲假。
A. 一年 B. 两年
C. 三年 D. 四年

三、多项选择题

1. 下列属于我国目前亲属的分类的是( )。
A. 宗亲 B. 姻亲
C. 血亲 D. 配偶

2. 下列各组亲属称谓中,全部属于姻亲的有( )。
A. 伯母、姨父、妹夫、女婿 B. 外甥媳、外祖父、表嫂、舅父
C. 岳父母、儿媳、嫂、弟媳 D. 公婆、舅母、姑父、表姐夫

3. 下列( )说法是正确的。
A. 配偶是姻亲
B. 按照罗马法的亲等计算法,不存在一亲等的旁系血亲
C. 按照寺院法的亲等计算法,不存在一亲等的旁系血亲
D. 按照我国《民法典》婚姻家庭编的亲属计算法,直系血亲是从自身算起,即自己算一代

4. 下列能引起亲属关系变化的有( )。
A. 离婚 B. 收养
C. 非婚生子女的准正 D. 宣告死亡

5. 在我国,自然血亲的父母子女是指( )。
A. 生父母与非婚生子女 B. 继父母与继子女
C. 生父母与婚生子女 D. 养父母与养子女

四、简答题

1. 简述家属、亲属、家庭成员三个概念之间的区别。
2. 除了《民法典》婚姻家庭编,亲属关系在其他民事法律上的效力有哪些?试举例说明。
3. 在我国婚姻关系终止是否连带消灭了基于此所产生的姻亲关系?

第九章 家庭关系

家庭是以两性结合和血缘联系为特征,以共同生活为内容而结成的社会关系。在法学研究中,家庭有广义和狭义之分。前者泛指原始社会以来所经历的群婚制、对偶婚制和阶级社会中的一夫一妻制各种婚姻家庭形态;后者仅指阶级社会中的一夫一妻制个体婚姻家庭。

第一节 概 述

一、家庭关系的含义

家庭是以婚姻、血缘和共同经济为纽带而形成的亲属团体和生活单位,其成员同居一家、共同生活,依法互享权利、互负义务。

(1)家庭是一个亲属团体;家庭有不同的结构形式,规模和成员不尽一致,但家庭成员总是基于婚姻关系和血缘关系联结在一起的。

(2)家庭须有共同经济,如以家庭为单位组织生产、组织消费等,具体情况因不同的时代而异。迄今为止,家庭历来都是社会中最基本的生活单位。

(3)家庭既是亲属团体,又是生活单位。同一家庭成员一般均为亲属,而且多为近亲属,但亲属并不都是同一家庭的成员,他们分属于不同的家庭。

因此,家庭关系是指基于婚姻、血缘或法律拟制而形成的一定范围内的亲属之间的权利和义务关系。

婚姻家庭关系是一种人和人之间的关系;由于它具有其他一般人际关系所没有的特点,所以又是一种特殊的人际关系;由于没有婚姻家庭关系就谈不上其他关系,所以它是全部社会关系中一个重要的基础环节;由于它不能与世隔绝、孤立存在,婚姻家庭关系同时也必然受其他社会关系的影响和制约。

首先,婚姻家庭关系是一种两个以上的自然人相互依存的关系。就婚姻而言,它并非单个的人所能完成的,必须是基于当事双方的互动;就家庭而言,它是在婚姻基础上形成的人的组合,每一个人都因自己的身份而处于特定的地位,在共同生活中发挥着各自的作用,而且这种作用会随着时间的推移发生转化。

其次,婚姻家庭关系具有自己独特的个性。正常的婚姻关系基于男女两性的差别,蕴含着性的因素;自然的亲属关系是生育的后果,形成了血缘的纽带,它们在很大程度上反映了人类生理的和心理的需求以及自然界生生不息的演进规律。

再次,人类社会本身就是一个有机的整体,虽然由于生存环境的差异出现了不同的人群,随着生产方式的不断变革形成了错综复杂的社会结构,但婚姻家庭始终是社会的基本单位。社会性是人的本质属性,而对于绝大多数的人来说,婚姻家庭生活是全部社会生活中不可或缺的内容。因此,婚姻家庭关系就是一种最基本的社会关系,并且极大地影响着其他社会关系。尽管在现代社会,人们一直在淡化并企图消除婚姻和血缘关系给其他社会生活带来的消极影响,但同时也承认并注意尽量发挥它的积极作用。另一方面,婚姻家庭关系总是在一定的客观环境之中发生、发展的,绝不能脱离其他社会关系,包括生产关系和思想文化关系。生产资料的所有制、生产组织和生产方式等,都会反映到婚姻家庭关系中,小而言之,既影响婚姻的缔结、存续和解除,也影响婚姻家庭经济生活;大而言之,则决定着婚姻家庭关系的历史走向。同时,人们的道德观念、政治信仰、法律意识等,无不对婚姻家庭关系产生重要的作用。

可以看出,自然的和社会的因素共同存在、交互作用,有机地融合在婚姻家庭关系中。如果我们忽视自然因素的存在,将会否定婚姻家庭关系的特殊性质,将它与其他人际关系相混淆;如果我们忽视社会因素的作用,将无从找到推动婚姻家庭关系发展的动力。因此,任何将它们人为地割裂开来甚至对立起来的观点都是不可取的。

婚姻家庭制度是指被一定社会所公认并被人们普遍遵循的婚姻家庭关系的规范体系。

从内容上说,婚姻家庭制度的构成可以从两个角度来观察和划分。

第一个角度是从社会关系的性质观察,婚姻家庭制度可以分为身份制度和财产制度两大部分。在这两大部分中,身份制度处于基本的、主导的地位。恩格斯曾经指出:"生产本身又有两种。一方面是生活资料即食物、衣服、住房以及为此所必需的工具的生产;另一方面是人类自身的生产,即种的繁衍。一定历史时代和一定地区内的人们生活于其下的社会制度,受着两种生产的制约:一方面受劳动的发展阶段的制约,另一方面受家庭的发展阶段的制约。"正如前面所述,婚姻家庭关系在本质上是一种特殊的身份关系,它本身与物质资料的生产和交换有本质的区别,不能用一般财产关系的眼光来认识和对待婚姻关系和亲属关系。

第二个角度是从社会关系的成立、内容和终止等方面观察,婚姻家庭制度可以分为婚姻制度(包括结婚制度和离婚制度)、亲子制度(也就是调整父母子女关系的制度)、收养制度、监护制度、扶养制度等。

从形式上,构成婚姻家庭制度的主要有四种规范:

第一种是习惯。由于两性关系是人赖以延续的最基本的社会关系,所以,婚姻家庭制度是人类社会最古老的社会制度。在人类发展的历史上,最早出现的规范就是两性关系规范。在原始社会,习俗和惯例是最基本的规范形式,依靠舆论的监督和个人的自觉遵守来保证实施。在漫长的原始社会,民间习惯以及其他许多亲属间的关系,包括日常收养、丧祭活动等也靠习惯来调整。"中华民国"时期,国家仍然承认一些习惯的效力,习惯上的买卖婚,只要当事人不反对,国家就承认其效力。习惯的作用在中华人民共和国成立后的第一部《婚姻法》中也有所反映。它规定禁止直系血亲和两代以内的旁系血亲间结婚,同时规定,其他五代以内旁系血亲间的结婚"从习惯"。

第二种是道德。由于亲属关系用婚姻和血缘纽带联结在一起,具有极强的伦理性,因此,道德是判断亲属关系的非常重要的价值尺度,道德规范在婚姻家庭生活中发挥着独特的作用,这是任何其他社会关系所不可比拟的。基于道德本身具有鲜明的阶级性,具有制度价值的道德仅仅是统治阶级的道德。也就是说,统治阶级要将它所提倡的道德作为规范人们婚姻家庭关系的一种标准。比如在中国古代,所谓"父慈子孝、兄良弟悌、夫义妇听"等就是亲属关系的道德准则;"三从四德"("三从"是在家从父,出嫁从夫,夫死从子;"四德"是妇德、妇言、妇容、妇功)是对女性的道德要求。我们今天也提倡"尊老爱幼"等社会主义婚姻家庭道德。这些道德有的被法律所肯定,有的存在于法律之外,往往反映了更高的标准、更高的境界。

第三种是宗教信条。这在许多将某一种宗教当作"国教"的国家里尤为突出。比如欧洲中世纪的基督教,它的教义在婚姻家庭领域具有很强的约束力,教会法具有凌驾于世俗法之上的效力。只是到宗教改革以后,民事婚才逐渐代替宗教婚,国家法律才逐渐占据主导地位,但宗教信条的影响至今仍是很大的。再比如,伊斯兰教的《古兰经》在封建社会对于教徒的约束力也相当强大,它允许一个男子有多个妻子,并将离婚的权利完全赋予男子,该规定近几十年在有的国家才被废除。尽管中国汉族的亲属关系受宗教的影响并不大,但从世界范围看,宗教戒律、宗教信条在调整婚姻家庭关系中的作用是绝对不可忽视的。

除了上述三种之外,法律毫无疑问是婚姻家庭制度重要的规范形式。法律最重要的特点就在于它的国家意志性和国家强制性,它是衡量人们的行为是否正当、是否为某一社会所承认的最起码的尺度。婚姻家庭关系作为一种最基础的社会关系,必须服从一定社会的公共利益,因此,必须将它纳入社会生活的轨道,用法律形式来加以规范。由于在不同社会发展阶段,法律文明处于不同的状态,婚姻家庭法的表现形式也有明显区别。比如在古罗马,亲属法是私法的组成部分;在古代中国,是刑事法和行政法的附属规范;近代以来,婚姻家庭法作为民法的内容,存在着不同的立法模式。

在不同的社会发展阶段,上述几种婚姻家庭制度外在表现形式的地位和作用不断发生着变化。总的看来,在古代社会,习惯、道德、宗教信条的地位比较突出,而近代以来,随着人们对法制的重视,法律发挥着越来越大的作用。

家庭是一种极其重要的社会细胞组织;从法律关系的角度说,"家庭关系主体"是指发生特定的人身和财产权利与义务关系的亲属。这里需要做两种必要的区分:一是应当将我国的家庭关系主体与婚姻关系主体加以区分。在我国,婚姻关系主体身份的存在只限于缔结或者解除婚姻关系的时候,而在婚姻关系存续期间,夫妻双方都是家庭关系的主体。二是将家庭关系的主体与继承关系的主体加以区分。家庭关系和继承关系的主体虽然都涉及一定范围的亲属,但亲属状态和法律关系的内容都不相同。作为家庭关系的主体,必须是生存着的自然人;而继承权的实现以被继承人死亡为前提。家庭关系的内容包括人身和财产两个方面,而当代继承关系只涉及财产权利。同时,从范围来看,继承关系主体的范围往往大于家庭关系主体。按照一些国家法律的规定,某些在被继承人生存时与之并无法定权利和义务关系的亲属,依然可以享有继承权。比如,德国的继承法规定了五个继承顺序,其第五顺序包括"被继承人的远亲祖辈及其晚辈直系血亲";法国民法规定的继承人可以及于"旁系亲属第12亲等"。另外,规定给未出生的胎儿保留应继份更是各国继承法通常的做法,而胎儿是不能被视为家庭关系主体的。

大陆法国家的民法典关于一般亲属关系的立法模式不尽一致,大体可以分为两类:一类以法国民法典为代表,它们不使用"家庭"或者"家庭关系"的概念,而是就亲子关系和发生在其他亲属之间的扶养义务单独加以规定;另一类以瑞士民法典为代表,它们在夫妻关系、亲子关系之外,特别规范了"家庭共同生活"关系,这一部分的核心在于确认承担扶养义务的亲属范围以及承担义务的条件和顺序。其中涉及的亲属都可以列入家庭关系主体的范围。

我国《民法典》婚姻家庭编专设"家庭关系"一章，凡是该章所规定的家庭生活权利的享有者和义务的承担者都可以被视为法律意义上的家庭关系主体。从中可以看出，构成我国当代家庭关系主体必须同时具备两个条件：第一，任何一个特定的家庭，其主体之间必然存在着近亲属的关系，包括自然形成的和依法设定的。换言之，没有亲属关系的人不能成为一个特定家庭关系的主体。第二，在家庭主体之间存在着法定的权利和义务。换言之，只要是存在法定权利和义务关系的亲属都是家庭关系的主体。虽然我国《民法典》婚姻家庭编在为家庭关系主体设定权利和义务的时候区分为"无条件的"和"有条件的"两类，比如，父母抚养教育子女的义务是无条件的，而祖父母(外祖父母)抚养孙子女(外孙子女)的义务则是有条件的，但从法律的角度判定家庭关系主体的时候，不应受这种区分的影响。

法律上的家庭关系主体不同于习惯上常以"共同生活"作为界定标准的"家庭成员"。对两者严格加以区分是非常必要的。这是基于两个方面的原因：一方面，随着生产和生活方式的变化，我国的家庭规模呈现出小型化的趋势，由一夫一妻及其子女构成的"核心家庭"比例日渐增长。这些小家庭成员的范围往往比法律上的家庭关系主体狭窄。有的家庭关系主体尽管分别居住，但任何人都不能以不在一起共同生活为借口规避在家庭关系中应当履行的义务。另一方面，在夫妻离异以后，双方的子女一般只能与一方共同生活，但亲子关系并不因父母的离异而消失，不与子女共同生活的一方无疑应当继续履行相关的义务；某些非婚生子女的父母也不得推卸应尽的责任。在实际生活中，有的亲属之间并没有法定权利和义务关系，但一方自愿对另一方承担一定的责任，比如，叔父自愿供养侄子/女、舅母自愿资助甥子/女等。这体现了亲属之间互助互济的优良道德风尚，当然不为法律所禁止。只是由于这些责任不是法定的，即使形成了实际供养关系，供养人和被供养人也不能构成家庭关系主体。同时，依我国《民法典》婚姻家庭编的规定，祖父母(外祖父母)与孙子女(外孙子女)以及兄弟姐妹之间的扶(抚)养义务是有条件的，其中，一方不局限于法定条件自愿履行一定的义务，自然也为法律所允许，这种情况应当视为家庭关系主体超范围履行义务。

家庭关系是指家庭成员间的相互关系。家庭成员并不是亲属的全部，而是法律规定的一定范围的亲属，即是对互有权利和义务关系亲属的统称。我国《民法典》婚姻家庭编调整的家庭关系具体是指：夫妻关系、亲子关系(即父母子女关系)，以及其他家庭成员关系，包括兄弟姐妹、祖父母与孙子女、外祖父母与外孙子女关系等。家庭关系表现为家庭成员间的权利和义务关系，其具体内容是由家庭的特定身份关系决定的。

二、我国古代的家庭关系

我国古代实行"男耕女织"、自给自足的自然经济。家庭在社会中扮演着十分重要的角色，它既是社会的基本生活单位，又是社会的基本生产单位。古代家庭关系由这种自然经济和专制制度决定了其有以下特点：

(一)实行大家庭成员共同生活制度

古代家庭受宗法制度的支配，其家庭成员的范围较广，它以男性血缘关系为纽带，包括上至最高尊亲属，下至最低卑亲属，亦包括入聘之妻，但不包括出聘之女，累世同宗共同生活。

(二)确立家长对家庭的统治地位

家长由家庭中辈分最高的男性亲属担任，为家庭的首要人物，处于支配和统治地位。古代

法律赋予家长各种特权:

(1)对家庭所有财产享有支配权,即所谓"一户以内,家长主之;所有钱财,家长专之"。而其他家庭成员不能对家庭所有财产享有此项权利。

(2)对子女、孙子女等卑亲属享有教令权。古代奴隶社会,家长对违抗自己教令的子女可以任意处置,直至将其杀死。封建社会的家长对子女虽不再可以任意处置,但对违抗教令的,仍可将其送官府代为惩罚,甚至可以请求官府予以处死。另据《唐律》有关规定,家长对触犯各种清规戒律的子孙殴杀致死的,只被判处一年半徒刑;无故刀伤致死的,也只不过被处以两年徒刑。

(3)对卑亲属享有主婚权。古代家长对子女等卑亲属的婚姻有决定的权利,其子女等婚姻当事人对家长的命令不得违抗。

(三)推崇女子的献身和顺服精神,维护男子的特权地位

古代男子在社会各领域中始终处于主导和支配地位。女子们应绝对服从于男子,"女子无才便是德";只要能恪守妇道、尊崇"三从四德""从一而终",即符合古代社会的伦理纲常。我国封建礼教还刻意渲染和鼓励女子的贞烈和献身精神,以维护男子的特权地位。

(四)确立男女有别、尊卑有序的多层次家庭关系格局

古代家庭关系中全体成员依性别和辈分的不同而分成三六九等。妻子从属于丈夫,既没有对财产的支配权,也不享有独立人身权(包括姓名权、名誉权、监护权、参加各种社会活动权等)。

对血亲的确定则是按照男性祖先一脉相承的血缘联系,近者为亲远者疏,长者为尊幼者卑。宗法制度为保障婚姻家庭关系的稳定,要求女子必须保持"贞操",子女们要谨守"孝道"。古代视不孝为十恶不赦的重罪之一,"罪有十恶,不孝为首"。不孝主要表现为:不尽心尽力地供养父母,谩骂、诅咒祖父母、父母的;父母死亡,子女出嫁或娶亲,或者作乐不服丧的;隐瞒父母死亡,不办丧事或诈称祖父母死亡等。

当然,对调整古代婚姻家庭关系的道德法律规范不能一概予以否定,其中有些诸如尊老爱幼、孝顺父母、勤俭持家等已成为我国人民的传统美德,至今仍广为流传。

三、家庭关系的范围、调整对象

我国《民法典》婚姻家庭编所指的家庭关系以主体为标准可以分为夫妻关系、亲子关系和其他家庭成员之间的关系,具体包括夫妻关系,父母子女关系,祖父母、外祖父母与孙子女、外孙子女关系,兄弟姐妹关系等。

家庭法律关系的调整对象是家庭关系主体间的人身关系和财产关系。其中,人身关系是家庭法律关系的最主要内容,财产关系以人身关系为先决条件,处于从属地位。人身关系是主要的、起决定作用的方面,财产关系从属于人身关系,不能脱离人身关系而独立存在。

四、家庭的属性

(1)自然属性。自然属性是指家庭赖以形成的不可缺少的自然前提或自然因素。它是婚姻家庭有别于其他社会关系的显著特征。男女两性的生理差别,人类固有的性的本能,是婚姻的生理学上的基础。通过生育而实现的种的繁衍和由此而形成的血缘联系,是家庭这一亲属团体的生物学上的功能。通过两性结合、生育行为而实现的人口的再生产,是社会可持续发展

的必要条件。

(2)社会属性。家庭是社会的产物,而不是自然的产物。男女两性的生理差别,人类固有的性的本能和血缘联系等,只是婚姻家庭赖以形成的不可缺少的自然条件,而不是婚姻家庭本身。

家庭本身是一种人与人之间的社会关系,它是社会关系总和的组成部分,与其他社会关系具有密切的联系,反映了一定社会的生产方式和生活方式的客观要求。任何婚姻家庭都不是抽象的、脱离社会而存在的,它总是依存于一定的社会、具有一定社会内容的。

作为社会关系特定形式的婚姻家庭,是一定的物质社会关系和一定的思想社会关系的结合。婚姻家庭中的物质社会关系,是与作为一定社会经济基础的生产关系相适应的,不同社会的生产资料所有制和生产组织形式等,决定了婚姻家庭领域的经济关系的性质和特点。婚姻家庭中的思想社会关系,是同一定社会的上层建筑和意识形态相适应的,具体表现在思想感情、伦理道德、法律和习惯等诸多方面。

家庭的本质属性是其社会属性而非自然属性,这已为科学和历史一再证明。两性的生理差别、性的本能和血缘联系等,存在于一切高等的或较高等的动物界。人类的婚姻家庭因其社会性而根本不同于动物的生活群体。我们不可忽视婚姻家庭的自然属性,但是,夸大婚姻家庭的自然属性,贬低其社会属性则是完全错误的,将两者平列起来等量齐观也是完全错误的。

五、家庭的社会功能

论及婚姻家庭的社会功能,从总体上来看,婚姻家庭起着调节两性关系、维护两性关系的社会秩序、组合亲属生活、满足婚姻家庭成员物质和文化需要等重要作用。以婚姻为基础的家庭是社会中人口再生产的单位,也是社会中重要的经济单位和教育单位。

(1)实现人口再生产的功能。人口是社会物质生活条件之一,一定数量的人口和人口的再生产,是社会存在和可持续发展的必然要求,以两性结合和血缘联系为其自然条件的婚姻家庭,是人口再生产的社会形式。

(2)组织经济生活的功能。家庭的经济功能,是与一定社会中生产力和生产关系的性质和特点相适应的。从历史上来看,以婚姻为基础的个体家庭出现后,便取代了氏族组织成为社会经济的基本单位,具有组织生产和组织消费的重要功能。在古代的农业和手工业相结合的小生产经济中,家庭的组织生产的功能十分强大。随着大工业的发展和生产组织形式的变化,近现代社会中家庭在组织生产方面的功能已经大为减弱,但部分家庭仍然是组织生产的经济单位。更为重要的是,家庭仍是组织消费的经济单位。家庭是社会分配和个人消费之间的中介。

(3)文化教育功能。文化教育功能是在历史上长期形成的。家庭是人的最初的生活环境和活动场所,家庭教育有着不同于学校教育和其他社会教育的种种特点。在古代,家庭教育也是重要的教育方式。随着近现代学校教育和其他社会教育的发展,家庭教育在全社会的教育事业中仍然起着不可替代的作用。良好的家庭教育,对养成健全人格、培养思想品德、实现文化传承等具有很重要的意义,这一切都是在潜移默化中进行的。

六、家庭关系的法律原则

(一)婚姻自由原则

婚姻自由作为《民法典》婚姻家庭编的首要原则,是指婚姻当事人有权根据法律的规定,自主自愿地决定自己的婚姻问题,不受任何人的强制和非法干涉。婚姻自由包括结婚自由和离婚自由。禁止包办、买卖婚姻和其他干涉婚姻自由的行为,禁止借婚姻索取财物。

(二)一夫一妻制原则

一夫一妻制是一男一女结为夫妻互为配偶的婚姻形式。按照一夫一妻制,任何人不得同时有两个或两个以上配偶。根据一夫一妻制,禁止重婚,禁止有配偶者与他人同居。

(三)男女平等原则

男女平等原则是指男女两性在婚姻关系和家庭生活的各个方面都享有平等的权利,承担平等的义务。例如,男女双方结婚以后的财产如无特别约定,属于双方共有;男女双方在赡养父母方面义务相同;继承发生时,男女具有同等继承权等。

(四)保护妇女、未成年人、老年人、残疾人的合法权益原则

保护妇女、未成年人、老年人、残疾人的合法权益与男女平等是完全一致的,并不矛盾。几千年的男尊女卑思想以及人身依附的观念对现实社会中的一部分人还存在一定的影响。因此,提倡保护妇女、未成年人、老年人、残疾人的合法权益原则,具有明显的实践意义。

第二节 夫妻关系

一、夫妻关系的含义

夫妻又称夫妇或配偶,是指婚姻关系存续中的男女双方。一般意义上的夫妻关系,是指发生在配偶之间的具有特定的生理、心理、伦理、经济和法律等内容的特殊的社会关系;法律意义上的夫妻关系,则是指夫妻之间的权利和义务关系,即夫妻双方共同的和各自的权利与义务的总和。

夫妻关系是人类社会发展到一定历史阶段的产物。从确立的过程看,相对的稳定性、共同的经济生活和双方对子女的抚育是夫妻关系的要素。所以,严格意义上的夫妻关系,是伴随着一夫一妻制的确立而产生的,是人类历史步入"文明"时代以后普遍存在于社会之中的男女两性关系的特定形式。

从历史发展的角度看,夫妻关系有广义和狭义两种范畴。广义的夫妻关系,既包括通行的一夫一妻制下正式的配偶关系,也包括少数男子与其妾之间的关系,实际上是一切正式的与非正式的同居"配偶"之间的关系;狭义的夫妻关系仅指正式的配偶关系。虽然在个别时期和个别地区存在过"一夫多妻"制和"一妻多夫"制,但是,占主流地位的正式配偶仅由一男一女组成。

由此,夫妻关系是指由合法婚姻而产生的男女之间在人身和财产方面的权利义务关系。夫妻关系是家庭产生的前提,是家庭关系的基础和核心。

男女双方自结婚登记领取结婚证后,确立夫妻关系,非经法定程序,任何人不得解除。

二、夫妻法律地位的历史沿革

夫妻双方在家庭中的地位以及彼此的权利和义务,与男女两性的社会地位相适应,归根结底取决于生产力的发展水平、社会的文明程度和一定的社会制度。自有国家和法律以来,随着

阶级关系的变化和婚姻家庭制度的演进,夫妻法律关系经历了一个递次发展的过程,在不同历史时期表现出不同的性质和特点。

(一)对夫妻关系的立法

在资产阶级国家中,把夫妻关系立法分为两大类型:一种是夫妻一体主义,又称夫妻同体主义,即夫妻因婚姻成立而合为一体,双方的人格互相吸收。从表面看,夫妻的地位是平等的。实际上,只是妻的人格被夫所吸收,妻处于夫权的支配之下。故夫妻一体主义不过是夫权主义的别名。此立法主义主要为古代和中世纪的亲属法所采用。我国古代也采取此说。

另一种是夫妻别体主义,或称夫妻分离主义,即指夫妻婚后仍各是独立的主体,各有独立的人格。夫妻双方虽受婚姻效力的约束,仍各有法律行为能力。资产阶级国家的亲属法多采取夫妻别体主义。但早期的立法中,仍保留有一定的封建残余。随着社会的发展,许多国家对有关夫妻地位的法律做了修改,夫妻双方的法律地位形式上渐趋平等。

(二)不同时代的夫妻法律地位

(1)男尊女卑、夫权统治时期。这是指奴隶社会、封建社会。夫妻在家庭中的地位,以男尊女卑、夫权统治为特征。我国古籍记载:"男帅女,女从男,夫妇之义由此始也,妇人,从人者也,幼从父兄,嫁从夫,夫死从子。""夫者,妻之天也。""夫为妻纲。"这些都表明夫妻的地位是不平等的,妻无独立的人格,处于服从丈夫的地位。夫妻关系完全是一种尊卑、主从的关系。这种不平等的关系,公开被法律所确认。

在财产关系上,妻对家庭财产只有使用权而无处分权和继承权。在婚姻关系上,丈夫有纳妾和休妻的特权,而妻子提出离婚要受到诸多限制。同时,妻还受封建礼教的束缚,"一与之齐,终身不改"。妻对丈夫要"从一而终",不能提出离婚。在刑事责任上,夫妻相犯也是同罪不同罚。即在适用刑罚上,相同的罪,对夫犯妻采取从轻、减轻处罚原则;对妻犯夫,采取从重处罚原则。

(2)在法律形式上渐趋平等的时期。这是指资本主义社会的夫妻关系,在法律上渐趋平等。但是,资本主义国家早期的亲属法带有明显的封建残余,对已婚妇女的人身权利和财产权利以及她们的行为能力都做了各种限制。当代资本主义国家的亲属法进行了修改,一般均规定夫妻权利与义务平等。但往往只是法律形式上的平等,实际生活与法律规定之间存在明显的差距。

(3)从法律上的平等向实际上平等的过渡时期。这是指社会主义社会的夫妻关系,从法律上的平等向实际生活中的完全平等过渡。夫妻关系不再是过去那种尊卑、主从的关系,而是新型的地位平等、人格独立的关系。但是,由于我国还处于社会主义初级阶段,在一些家庭中仍然有夫妻不平等的现象存在,影响着夫妻关系。妇女在家庭中的地位与法律规定的要求还存在一定差距。

三、夫妻关系的法律意义

自有国家以来,对夫妻关系加以确认和调整就是法律的一项重要任务。这主要取决于夫妻关系本身的性质、地位和特征。

首先,夫妻关系是一切亲属关系赖以形成的基础。中国古人从阴阳学说和"天人契合"的理论出发,认为男女的媾和与天地的交互相适应,都具有创始的意义;夫妻关系是一切社会关系的基础。在古代外国,不论是《摩奴法典》还是《十二铜表法》,不论是《古兰经》还是新旧约全书,这些经典和法律都相当重视夫妻关系。进入近代社会以来,随着社会的剧烈变革,夫妻关系的性质和内容发生了巨大的变化。没有夫妻关系,自然不会发生婚生子女出生的事实,因而便无各种相应的直系以及旁系血亲可言;没有夫妻关系作为联结点,也不会有姻亲关系的存在。而且,以一定范围的亲属为基础、以夫妻为核心的家庭,作为社会的细胞组织依然发挥着重要的职能。

其次,夫妻关系本身的特点要求法律进行积极干预。一方面,配偶是一种人为设定的亲属关系,这是它与自然血亲的一个重大区别。自然血亲是用血缘纽带联结起来的,具有自然形成和不可消除的特性。而在夫妻之间,不仅不依靠,而且还须设置禁例,尽量避免或减少双方的血缘因素。另一方面,由一男一女结成的夫妻关系并非任意的组合,而须具有永久性并得到社会公认,这是它与其他暂时性非婚姻两性关系的重要区别。这里所说的"永久性",不是不可离异性,而是指它在形成之时不得附有时间上的条件,且不能由双方随意解除。应该看到,无论是通奸、姘居还是其他非婚姻两性关系,当事双方均不以永久共同生活为目的,其中大部分还具有隐蔽性的特点;而卖淫则是金钱与肉体的交易。它们绝不能与夫妻关系相提并论。划清不同性质的两性关系的界限,确认正式配偶的地位与权益,需要通过法律制定严格的尺度。

再次,夫妻关系具有丰富生动的内涵,涉及公民权益和社会利益。除了生理因素之外,配偶之间还发生着多种身份上和物质上的关系。这些关系不但涉及相当广泛的领域,而且表现出两个突出的特征:第一,它们并非孤立的存在,而是全部社会关系的有机组成部分,既依存于社会,受着社会条件和社会制度的制约,又能动地作用于社会,以自身特有的功能对社会产生积极的或消极的影响。第二,它们并非静止的存在,而是始终处于运动的状态。作为一种相对的组合,夫妻关系充满了矛盾,它正是在双方既相互依存又相互对立,在实际利益的冲突与契合、各种矛盾的对立统一中延续、发展、演化的。基于配偶共同生活的丰富内涵和上述两个特点,必然要求国家进行干预,用法律准则来协调各种关系,规范双方的行为,从而使夫妻关系符合公共秩序和社会制度的要求,使当事人和其他公民的合法权益得到必要的保护。这些法律准则,具体的表现就是夫妻的权利和义务。

四、夫妻关系的内容

夫妻关系包括夫妻人身关系和夫妻财产关系两个方面的内容。

(一)夫妻人身关系

夫妻人身关系是指没有直接财产内容、夫妻在人格和身份上的权利和义务关系。

具体包括:夫妻双方人身自由权;夫妻双方各用自己姓名的权利;夫妻双方婚姻住所决定权;双方都有参加生产、工作、学习和社会活动的自由,一方不得对另一方加以限制和干涉,夫妻双方平等享有对未成年子女抚养、教育和保护的权利,共同承担对未成年子女抚养、教育和保护的义务;等等。

(1)夫妻人身自由权。

这是夫妻家庭地位平等的重要标志。在旧中国,妇女受"男女有别、男外女内、三从四德"等封建礼教的束缚,只能从事家务,伺候丈夫和公婆,没有参加工作和社会活动的权利,完全丧失了人身自由,成为家庭奴隶。

1950年《婚姻法》第9条规定,夫妻双方均有选择职业、参加工作和参加社会活动的自由。1980年《婚姻法》第11条进一步规定,夫妻双方都有参加生产、工作、学习和社会活动的自由,一方不得对他方加以限制或干涉。就其针对性而言,主要是为了保障已婚妇女享有参加生产、工作、学习和社会活动的自由权利,禁止丈夫限制或干涉妻子的人身自由。现行的《民法典》婚姻家庭编在"家庭关系"章节中进一步明确上述规定。

夫妻双方都必须正当行使上述人身自由权,不得滥用权利损害他方和家庭的利益。任何一方在行使该项权利时,都必须同时履行法律规定的自己对婚姻家庭承担的义务。如果夫妻任何一方不当行使该项权利,对方有权提出意见,进行必要的劝阻。

(2)夫妻姓名权。

所谓姓名,是姓与名的合称。姓(又称姓氏)是表示家族的字,名(又称名字)是代表一个人的语言符号。

在我国封建社会,婚姻多实行男娶女嫁,女子婚后即加入夫宗,冠以夫姓而丧失姓名权(赘夫则冠以妻姓)。1950年和1980年的两部《婚姻法》以及《民法典》婚姻家庭编均规定:"夫妻双方都有各用自己姓名的权利。"主要是保护已婚妇女的姓名权和男到女家落户的婚姻中的男方的姓名权。这体现了男女平等原则。当然,此规定并不妨碍夫妻就姓名问题另做约定。只要夫妻双方自愿达成一致的协议,无论是夫妻别姓(各用自己的姓氏)、夫妻同姓(妻随夫姓或夫随妻姓),或相互冠姓,法律都是允许的。

夫妻享有平等的姓名权对子女姓氏的确定有重要意义。在我国奴隶社会和封建社会,子女从来就是从姓,这是宗法制度对姓氏问题的必然要求。1930年国民党政府《中华民国民法·亲属编》也以子女从父姓,赘夫之子女从母姓为一般原则。我国《民法典》第1015条规定,自然人应当随父姓或者母姓。子女的姓氏,应当由父母双方协商确定。这体现了夫妻法律地位平等的精神。

(3)夫妻婚姻住所决定权。

婚姻住所,是指夫妻婚后共同居住和生活的场所。婚姻住所决定权,是指选择、决定夫妻婚后共同生活住所的权利。

在奴隶社会和封建社会,婚姻住所的决定权亦专属于丈夫,实行"妻从夫居"的婚居方式。到资本主义社会,早期立法仍将婚姻住所决定权片面授予丈夫。随着社会发展,许多资本主义国家先后修改立法,规定婚姻住所由夫妻共同决定。社会主义国家规定夫妻双方平等地享有婚姻住所决定权。

《民法典》第1050条规定:"登记结婚后,根据男女双方约定,女方可以成为男方家庭的成员,男方也可以成为女方家庭的成员。"

这一规定的含义有二:一是登记结婚后,夫妻双方平等地享有婚姻住所决定权。对于婚后夫妻共同生活的住所的选择,应由夫妻双方自愿约定。一方不得对另一方强迫,第三人也不得干涉。二是夫妻双方享有互为对方家庭成员的约定权。登记结婚后,根据男女双方约定,女方可以成为男方家庭的成员,男方可以成为女方家庭的成员。对于结婚时的约定,婚后也可以通过协商加以变更。当然夫妻婚后也可另组新家庭,不加入任何一方原来的家庭,即从新居,一方成为对方家庭成员后,他(她)与对方的亲属间只是姻亲关系,并不因此而产生法律上的权利和义务。

男到女家落户的婚姻与旧式的"入赘婚"有本质区别。所谓入赘婚,又称赘婿婚,指婿入妻家所成的婚姻。首先,性质和目的不同。"入赘婚"是在以男系为中心的宗法制度下,女方家庭招赘婿以达到传宗接代的目的。而男到女家落户的婚姻,是在社会主义男女平等原则的基础上,提倡男到女家落户,其目的主要是为树立新型的婚姻家庭观和生育观,解决有女无儿户的实际困难,促进计划生育。其次,产生的条件和法律地位也不同。"入赘婚"往往是男子被迫的行为,即所谓"家贫子壮则出赘"。其夫妻法律地位也不平等,赘夫往往受到社会和女家的歧视。而男到女家落户的婚姻,是男女双方协商自愿选择婚姻住所的结果。其夫妻法律地位平等,男方在社会和女家不受歧视。

(4)双方都有参加生产、工作、学习和社会活动的自由,一方不得对他方加以限制和干涉。《民法典》规定"夫妻双方都有参加生产、工作、学习和社会活动的自由",并强调"一方不得对他方加以限制和干涉"。

参加生产、工作的自由,这里的生产泛指一切生产活动,从立法本意看主要是指集体生产活动;这里的工作是指社会性工作,主要是一定的社会职业。随着经济体制改革的深入发展,生产和工作的内容发生了一定的变化,应该理解为能够取得劳动报酬或者经营收入的一切社会劳动。在我国社会主义制度下,这项权利得到了充分保障。我国已婚妇女的在业率处在世界领先水平。尽管如此,《妇女权益保障法》以实现完全的男女平等为宗旨,仍然在保护妇女的劳动权益方面做了详尽规定,除了平等录用、男女同工同酬等外,针对已婚妇女的专门规定有:妇女在孕期、产期、哺乳期受特殊保护;任何单位不得以结婚、怀孕、产假、哺乳等为由,辞退女职工或者单方解除劳动合同;等等。

参加学习的自由,这里的学习,不仅包括正规的在校学习,而且包括扫盲学习、职业培训以及其他各种形式的专业知识和专业技能学习。采取符合妇女特点的组织形式和工作方法,组织、监督有关部门具体实施,应当采取措施,组织妇女接受职业教育和技术培训。

参加社会活动的自由,这里的社会活动,包括参政、议政活动,科学、技术、文学、艺术和其他文化活动,各种群众组织、社会团体的活动,以及各种形式的公益活动等。法律赋予婚姻关系双方以这种权利,既是公民民主权利在家庭关系中的反映,也是社会主义夫妻关系本质的要求,同时还是促进国家和社会发展的需要。

(5)双方都有抚养教育子女和管教、保护未成年子女的权利和义务。《民法典》第26条规定:"父母对未成年子女负有抚养、教育和保护的义务。"抚养是指父母从物质上、生活上对子女的养育和照顾,如负担子女的生活费、教育费、医疗费;教育是指父母在思想、品德等方面对子女的全面培养,使子女沿着正确的方向健康成长。

父母不履行抚养教育义务时,未成年的或不能独立生活的子女,有要求父母付给抚养费的权利。抚养费,包括子女生活费、教育费、医疗费等费用。不能独立生活的子女,是指尚在校接受高中及其以下学历教育,或者因丧失或未完全丧失劳动能力等非因主观原因而无法维持正常生活的成年子女。

对子女的抚养教育义务是父母双方的义务,应双方共同承担,不应把责任推给一方。

《民法典》第1068条规定,未成年子女造成他人损害的,父母应当依法承担民事责任。

父母对于子女的抚养教育是夫妻双方应尽的义务。父母对子女的抚养教育,对未成年子女是无条件的、必须履行的义务;父母对成年子女的抚养教育义务则是有条件的、相对的,如果成年子女无劳动能力或不能独立生活,父母仍有抚养义务。父母不履行抚养义务时,未成年的或不能独立生活的子女,有要求父母付给抚养费的权利。

(二)夫妻财产关系

夫妻财产制又称婚姻财产制,是指规定夫妻财产关系的法律制度。其内容包括各种夫妻财产制的设立、变更与废止,夫妻婚前财产和婚后所得财产的归属、管理、使用、收益、处分,以及家庭生活费用的负担,夫妻债务的清偿,婚姻终止时夫妻财产的清算和分割等问题。

夫妻财产是指夫妻共同财产和夫妻个人特有财产。

夫妻财产关系是夫妻之间在财产方面的权利与义务关系。它是夫妻人身关系引起的法律后果,直接体现一定的经济内容。

夫妻财产方面的权利与义务包括:(1)夫妻对共同财产享有平等的所有权,夫妻在婚姻关系存续期间所得的财产,归夫妻共同所有,双方另有约定的除外;(2)夫妻对共同所有的财产,有平等的处理权。

夫妻共同财产制是指在婚姻关系存续期间,夫妻双方或一方所得的财产,除另有约定或法定夫妻个人特有财产外,均为夫妻共同所有,夫妻对共同所有的财产平等地享有占有、使用、收益和处分的权利的财产制度。

夫妻共同财产是指夫妻双方或一方在婚姻关系存续期间所得的,除另有约定或法定夫妻个人特有财产以外的共有财产。它具有以下特征:

第一,其所有权的主体,只能是具有婚姻关系的夫妻双方。由此决定了夫妻任何一方不能单独成为夫妻共同财产的所有权人,没有合法婚姻关系的男女双方也不能作为夫妻共同财产的所有权人。

第二,其所有权的取得时间,是婚姻关系存续期间,即合法婚姻从领取结婚证之日起(男女未办结婚登记即以夫妻名义同居,被认定为事实婚姻的,从同居之日起),到配偶一方死亡或离婚生效时止。恋爱或订婚期间,不属婚姻关系存续期间。夫妻分居或离婚判决未生效的期间,仍为婚姻关系存续期间。

第三,其来源包括夫妻双方或一方所得的财产,但另有约定或法律另有规定属于个人特有财产的除外。"所得",是指对财产所有权的取得,而非对财产必须实际占有。如果婚前已取得某财产所有权(如继承已开始),即使该财产在婚后才实际占有(如婚后遗产分割),该财产仍不属夫妻共同财产。相反,如婚后取得某财产权利,即使婚姻关系终止前未实际占有,该财产也属夫妻共同财产。

夫妻共同财产包括:(1)工资、奖金;(2)生产、经营的收益;(3)知识产权的收益;(4)除婚姻法另有规定以外的继承或赠与所得的财产等;(5)其他应当归共同所有的财产。

根据最高人民法院司法解释,下列财产属于夫妻共同财产:第一,一方以个人财产投资取得的收益;第二,男女双方实际取得或者应当取得的住房补贴、住房公积金;第三,男女双方实际取得或者应当取得的养老保险金、破产安置补偿费。

由一方婚前承租、婚后用共同财产购买的房屋,房屋权属证书登记在一方名下的,应当认定为夫妻共同财产。

此外,下列财产也应当归夫妻共同所有:第一,个人财产孳息扣除有关税费以后所剩余的财产,如扣除利息税后的利息,一方所有的母畜生产的幼畜等;第二,对个人财产加以改良后所增加的价值部分,如夫妻双方在婚姻关系存续期间对一方婚前个人房屋进行修缮、装修、重建,该房屋的所有权仍属夫或妻一方,但因修缮、装修、重建而使该房屋增值的,该增值部分可作为夫妻共同财产;第三,夫妻共同所有的动产的添附等;第四,男女双方实际取得或者应当取得的退休金、失业保险金。

夫妻共同财产不包括夫或妻个人所有的财产、子女的财产和其他家庭成员的财产。

夫妻个人财产是夫妻一方财产,也称为夫妻特有财产,是指夫妻在婚后实行共同财产制时,依据法律的规定或夫妻双方的约定,夫妻保有个人财产所有权的财产。

夫妻法定的夫妻特有财产是指夫妻一方婚前个人享有所有权的财产和在婚姻关系存续期间取得的并依法应当归夫妻一方所有的财产。

《民法典》第1063条规定属于夫或妻一方个人所有的财产的是:(1)夫妻一方所有的婚前财产,是指结婚以前夫妻一方就已经享有所有权的财产,既包括夫妻单独享有所有权的财产,也包括夫妻一方与他人共同享有所有权的财产;既包括婚前个人劳动所得的财产,也包括通过继承、受赠和其他合法渠道而获得的财产;既包括现金、有价证券,也包括购置的物品等。(2)因一方身体受到伤害而获得的医疗费、残疾人生活补助费等费用。最高人民法院司法解释明确规定,军人的伤亡保险金、伤残补助金、医药生活补助费属于个人财产。(3)遗嘱或赠与合同中指明归一方的财产。根据最高人民法院司法解释,当事人结婚前,父母为双方购置房屋出资的,该出资应当认定为对自己子女的个人赠与,但父母明确表示赠与双方的除外。(4)一方专用的生活用品,是指婚后以夫妻共同财产购置的供夫或妻个人使用的生活消费品,如衣物、饰物等,不是夫妻双方通用或者共用的生活用品。(5)其他应当归一方所有的财产。是指依照其他有关法律规定而归属于特定行为人本人享有所有权的财产。例如,夫妻一方因参与体育竞赛活动取得优胜而荣获奖杯、奖牌,这类物品记载着优胜者的荣誉,其财产所有权应当归享有该项荣誉权的夫妻一方。

认定夫妻个人特有财产时还要注意:(1)夫妻一方所有的财产,不因婚姻关系的延续或共同使用、管理而转化为夫妻共同财产。但当事人另有约定的除外。(2)原为夫妻一方的婚前个人财产,在婚姻关系存续期间虽然已经投入婚姻家庭生活之用,但该财产的原物形态仍保持,并未毁损、消耗、灭失的,仍为夫妻一方的个人财产。夫妻一方将婚前个人财产投入婚姻家庭生活之用,并已被消耗完或毁损、灭失的,该方不得主张用夫妻共同财产加以补偿或抵偿。(3)婚后购置的贵重首饰、价值较大的图书资料,以及摩托车、汽车等生活、生产资料,虽属个人使用,也应视为夫妻共同财产。(4)婚后一方取得的但尚未实际获得经济利益的或尚未明确能够获得经济利益的知识产权,属于个人所有。

男女双方可以约定婚姻关系存续期间所得的财产以及婚前财产归各自所有、共同所有或者部分各自所有、部分共同所有。约定应当采用书面形式。没有约定或者约定不明确的,适用《民法典》第1062条、第1063条的规定。夫妻对婚姻关系存续期间所得的财产以及婚前财产的约定,对双方具有法律约束力。夫妻对婚姻关系存续期间所得的财产约定归各自所有,夫或者妻一方对外所负的债务,相对人知道该约定的,以夫或者妻一方的个人财产清偿。

五、夫妻的权利和义务

夫妻的权利和义务主要有以下几项:
(1)《民法典》第1041条规定,实行婚姻自由、一夫一妻、男女平等的婚姻制度。
(2)《民法典》第1043条规定,夫妻应当互相忠实、互相尊重。
(3)《民法典》第1055条规定,夫妻在家庭中地位平等。
(4)夫妻有相互扶养的义务。
(5)夫妻有相互继承遗产的权利。
(6)夫妻有保护和教育未成年子女的权利和义务;在未成年子女对他人造成损害时,父母有承担民事责任的义务。

婚姻自由，是指婚姻当事人按照法律的规定在婚姻问题上所享有的充分自主的权利，任何人不得强制或干涉。结婚自由和离婚自由共同构成婚姻自由原则的完整含义。

结婚自由，是指婚姻当事人有依法缔结婚姻关系的自由。当事人是否结婚，与谁结婚，是其本人的权利，任何人无权干涉。自愿是实现婚姻自由的前提，双方意思表示一致是婚姻以互爱为基础的必要条件。但自愿必须不违背法律规定的条件和程序，因为结婚自由绝不意味着当事人可以在婚姻问题上为所欲为。在结婚自由问题上，包办、强迫或干涉他人婚姻的行为是被反对的，各种轻率行为也是被反对的。结婚双方都必须符合《民法典》婚姻家庭编中关于结婚的法定条件。

离婚自由，是指夫妻有依法解除婚姻关系的自由。在保障离婚自由的同时，我们反对轻率离婚。不能滥用离婚自由。

实行一夫一妻原则，一夫一妻制又称为个体婚制，它是一男一女结为夫妻、互为配偶的婚姻制度。一夫一妻制是人类文明高度发展的产物。按照一夫一妻制的要求，一个人只能有一个配偶，任何人不论其地位高低、财产多少，都不能同时拥有两个或两个以上的配偶；任何已婚者，在其配偶死亡或与其配偶离婚以前，都不得再行结婚，否则构成重婚罪；任何形式的一夫多妻或一妻多夫的行为都是违法的。

男女平等，是指男女两性在婚姻家庭关系中，享有同等的权利，负担同等的义务。我国《宪法》第48条第1款就男女平等问题明确指出："中华人民共和国妇女在政治的、经济的、文化的、社会的和家庭的生活等各方面享有同男子平等的权利。"

夫妻应当互相忠实、互相尊重；婚姻是夫妻双方以永久共同生活为目的的结合，夫妻各方承担专一的性生活义务，双方均不得有婚外性行为，即要求夫妻恪守贞操的义务，并在婚姻关系中互相关爱和尊重。这样规定，对于维护一夫一妻制原则、保护婚姻家庭和受害一方的权益，都具有重要的意义。我国《民法典》婚姻家庭编中规定的忠实义务，是建立在双方当事人白头偕老、对爱情忠贞不渝、共同担负起对婚姻和家庭的责任基础上的，针对的是夫妻双方，要求无论是丈夫还是妻子，都应当保持贞操和忠实，共同努力维持婚姻和家庭的稳定和幸福。

夫妻在人身关系和财产关系两个方面的权利和义务都是完全平等的。法律不允许夫妻任何一方只享受权利而不尽义务，或者只尽义务而不享受权利。

夫妻是婚姻家庭关系中的平等主体，双方具有同等的法律地位，享有平等的权利，承担平等的义务。夫妻双方互相尊重，是男女平等原则的必然要求，也是互敬互爱、互相扶助的思想基础。这种夫妻的互相尊重，表现在婚姻家庭生活的各个方面，如感情上的融合，精神上的体贴、慰藉，生活上的照料，在经济上的通力合作。

夫妻有相互扶养的义务，一方不履行扶养义务时，需要扶养的一方，有要求对方给付扶养费的权利。第一，夫妻之间的扶养权利和义务，是夫妻身份关系所导致的必然结果。夫妻之间的扶养权利和义务是彼此平等的，任何一方不得只强调自己应享有接受扶养的权利而拒绝承担扶养对方的义务。第二，夫妻之间接受扶养的权利和履行扶养对方的义务是以夫妻合法身份关系的存在为前提的，不论婚姻的实际情形如何，无论当事人的感情好坏，这种扶养权利和义务始于婚姻缔结之日，消灭于婚姻终止之时。第三，夫妻之间的扶养义务，其内容包括夫妻之间相互为对方提供经济上的供养和生活上的扶助，以此维系婚姻家庭日常生活的正常进行。第四，夫妻之间的扶养义务，属于民法上的强行性义务，夫妻之间不得以约定形式改变此种法定义务。当夫妻一方没有固定收入和缺乏生活来源,或者无独立生活能力或生活困难,或因患病、年老等原因需要扶养,另一方不履行扶养义务时,需要扶养的一方有权要求对方承担扶养义务,给付扶养费,以维持其生活所必需。当夫妻间因履行扶养义务问题发生争议时,需要扶养的一方可以向人民调解组织提出调解申请,也可以向人民法院提起追索扶养费的民事诉讼。这是夫妻一方采用司法救济的方法维护其权利。夫妻一方不履行法定的扶养义务,情节恶劣,后果严重,致使需扶养的一方陷入生活无着的境地,从而构成遗弃罪的,则在承担刑事法律责任时亦不免除其应当继续承担的扶养义务。

夫妻有相互继承遗产的权利。我国《民法典》第1061条规定:夫妻有相互继承遗产的权利:第一,合法的配偶身份是夫妻遗产继承权的前提。只有婚约的男女之间、姘居的以及非法同居的男女之间,已经离婚的男女之间不享有夫妻遗产继承权。依法被认定为事实婚姻关系的,可以配偶身份继承遗产。已经领取结婚证尚未同居时一方死亡,或是已经提起离婚诉讼未获有效离婚裁决时一方死亡,生存方都可以配偶身份享有遗产继承权。第二,配偶一方死亡,另一方系无民事行为能力人或者限制民事行为能力人的,依然享有夫妻遗产继承权。其继承权可由法定代理人代理行使或者征得法定代理人同意后行使。法定代理人代理配偶一方行使继承权,不得损害被代理人的利益,一般不得代理放弃继承权。明显损害继承人利益的代理行为无效。第三,夫妻相互继承遗产时,应先行分割夫妻共同财产和家庭成员共有财产,确定遗产范围,防止侵害生存方和其他家庭成员的合法利益。第四,我国实行限定继承制度,继承遗产应当清偿被继承人依法应当缴纳的税款和债务,缴纳税款和清偿债务以遗产的实际价值为限。超过遗产实际价值的死亡配偶个人债务,生存配偶不必清偿,自愿代为偿还的除外。第五,依照我国《民法典》第1127条的规定,夫妻互为第一顺序法定继承人。继承开始后,被继承人有子女、父母的,生存配偶一般应按份额均等原则与他们共同继承;子女先于被继承人死亡的,由其晚辈直系血亲代位继承。没有其他第一顺序法定继承人和代位继承人的,由生存配偶单独继承。第六,《民法典》第1141条规定:"遗嘱应当对缺乏劳动能力又没有生活来源的继承人保留必要的遗产份额。"其中当然包括缺乏劳动能力又没有生活来源的配偶。第七,夫妻一方死亡后,另一方(尤其是妻子一方)不论再婚与否,均有权处分继承的遗产,任何人不得干涉。

夫妻有保护和教育未成年子女的权利和义务。在未成年子女对国家、集体或他人造成损害时,父母有承担民事责任的义务。父母是未成年人的监护人,对未成年子女的保护和教育是父母作为监护人的重要职责。父母应当保护其未成年子女的人身安全和合法权益,预防和排除来自外界的危害,使其未成年子女的身心处于安全状态。父母要按照法律和道德要求,采取正确的方法,对其未成年子女进行教导,并对其行为进行必要的约束,保障未成年子女的身心健康。

第三节 父母子女关系

一、父母子女关系的含义

父母子女关系又称亲子关系,亲子关系中的"亲"指父母,"子"指子女,因此,亲子关系即父母子女关系,在法律上指父母与子女间权利与义务的总和。它是家庭关系的重要组成部分。

父母子女关系通常基于子女出生的事实而发生,也可因收养、继养而发生。前者称为自然血亲的亲子关系,以双方在血缘上的直接联系为根据;后者称为拟制血亲的亲子关系,以收养、继养的法律效力为依据。

自然血亲的父母子女关系只能因死亡而终止,《民法典》第1084条规定:"父母与子女间的关系,不因父母离婚而消除。离婚后,子女无论由父或者母直接抚养,仍是父母双方的子女。"

中国古代的父母子女关系完全从属于宗法家族制度。封建法律中的有关规定以孝道为本。"不孝"列为"十恶"之一;祖父母、父母尚在而子孙别籍异财、供养有阙,都须按律科刑。父母对子女握有主婚、教令、惩戒等权,子女的人身和财产权益都得不到保障。例如,清律规定,祖父母、父母非理殴杀孙子女、子女者,仅杖一百;故杀者,仅杖六十,徒一年。在宗法家族制度中,母的地位"亲而不尊",有"夫死从子"的规定。封建的礼、法特别强调男女、嫡庶之别,子和女的家庭地位很不平等,庶子的地位远较嫡子低下。法律拟制的亲子关系,主要有嗣父、嗣子和养父母、养子女两种。

父母子女关系是人世间最亲密的直系血亲关系。亲子关系既是家庭关系的重要组成部分,也是婚姻法调整和保护的主要对象。婚姻法用规定父母子女在家庭关系中的权利与义务的方法,来确保他们的合法权益并借以维护家庭关系的稳定。

二、父母子女关系的种类

父母子女关系以其形成的不同原因,可以划分为婚生父母子女关系、非婚生父母子女关系、继父母子女关系和养父母子女关系四种。

三、亲子关系的发生与变更

(一)婚生的父母子女关系
1. 婚生子女的确认与否认
(1)婚生子女的确认

婚生子女,是指在婚姻关系存续期间受胎并于日后出生的子女。婚生子女的概念是伴随着一夫一妻制度的形成而出现的。没有结婚制度就没有婚生子女可言,也就没有婚生子女与非婚生子女的区别。

按照一般的亲子法原理,凡于合法婚姻关系存续期间受胎的子女,不问其是否在婚姻关系存续期间出生,均为婚生子女;凡于合法婚姻关系存续期间出生的子女,不问其是否婚前受胎,亦为婚生子女,但依婚生否认规定,可证明为非婚生子女者除外。

(2)婚生子女的否认

婚生子女的否认,是指有关当事人依法否认具有婚生的父母子女关系,从而否定相应的权利与义务。综观其他国家关于婚生子女否认的法律规定,有以下几点内容:第一,否认权人。婚生子女的否认权人即法律规定的享有否认子女为婚生的诉讼请求权人。有的国家仅规定丈夫有否认权,如法国、日本等。有的国家规定丈夫和子女均享有否认权,如德国、瑞士等。第二,否认的原因。一般来说,凡能举证足以推翻子女为婚生事实的,即可提出否认之诉。否认的主要原因是在妻子受孕期间夫妻未曾同居。同时,第三人的行为也可能成为否认的原因,这主要是指产妇在生产后因第三人的故意或者过失而导致子女的错认。第三,否认的效力。对于婚生子女关系的否认是身份法上的重大法律行为,必须经过法院的裁决。在法院做出否认的裁决之前,婚生的父母子女关系依然存在。法院裁决应有充足的证据。否认的请求一经法院查实认可并做出裁决,子女就丧失婚生资格。第四,否认之诉的时效。各国法律都对否认之诉的时效做了规定,但其长短不一,由1个月到2年不等。关于时效的计算,各国多规定从知悉需要行使权利时开始。

我国现行法律没有明确的否认制度。司法实践中,婚生子女的否认,包括查明因为第三人的疏忽致使母子错换的事件,目前有很多是通过亲子鉴定技术完成的。但有其他充分证据的,也能够产生否认的后果。

2. 婚生子女的推定

婚生子女的推定,是指在婚姻关系存续期间,妻子受胎所生的子女推定为夫妻双方的婚生子女的制度。

许多国家的法律对婚生子女的推定制度做了规定,但推定的原则和方法不尽相同。如英国普通法规定,子女在婚姻关系存续期间出生的,不问其是否婚前受胎,只要在出生时父母之间有合法婚姻关系,子女就取得婚生子女身份。如果在婚姻关系存续期间受胎,则不问子女出生前婚姻关系是否已经解除,子女均可取得婚生子女身份。德国民法典规定,在婚姻关系存续期间,夫在妻受胎期内与妻同居者,所生子女为婚生;婚前受胎婚后所生,所生子女亦为婚生,即使婚姻宣告无效,也不影响子女的婚生性质。法国民法典规定,子女系在婚姻关系存续期间受胎者,夫即为父。夫妻双方结婚满180天以上出生的子女为婚生子女,在婚姻关系解除后的300天之内出生的子女亦为婚生。

我国法律对婚生子女和非婚生子女实行同等保护,如我国《民法典》第1071条规定:"非婚生子女享有与婚生子女同等的权利,任何人不得加以危害和歧视。不直接抚养非婚生子女的生父或者生母,应当负担未成年子女或者不能独立生活的成年子女的抚养费。"因此,法律上并没有关于婚生子女推定的明确规定。

3. 人工技术生育子女在亲子关系中的地位

人工技术生育的子女,是指利用人工生育技术受胎而出生的子女。人工生育是采用人工方法取出精子或卵子,再经人工将精子或受精卵注入妇女子宫,使其受孕生育的一种新的生育技术。它根据生物遗传工程理论进行,完全不同于人类传统的自然生育。

人工生育分为母体内受孕(人工授精)和母体外受精(试管婴儿)两类。

人工授精又分为两种情况:一种是将夫妻双方的精、卵细胞,用人工方法在母体内结合生育子女。此称为同质人工授精,夫妻与所生子女间具有血缘关系,与自然血亲的父母子女关系相同。另一种是用第三人提供的精子对妻子进行人工授精生育的方法。此成为异质人工授精,所生子女和生母之夫没有血缘关系,因此,双方亲子关系的有无需要依法确认。

母体外授精,是指用人工方法取卵,将卵子和精子在试管中结合形成胚胎后再植入子宫妊娠的生殖技术。因精子和卵子的供体不同又可分为四种:一是采用夫妻的精子和卵子在体外受精,再植入妻子的子宫内妊娠。这样生育的子女与父母双方均有自然血亲关系。二是采用第三人提供的精子和妻子的卵子在体外受精再植入妻子的子宫内妊娠。这样生育的子女和生母之夫的法律关系需要专门规定。三是采用丈夫的精子和第三人的卵子在体外受精,再植入妻子的子宫内妊娠。这样生育的子女和孕育的母亲的法律关系需要专门规定。四是采用第三人提供的精子和卵子在体外受精,在试管内形成胚胎后植入妻子的子宫内妊娠生育。这样生育的子女和孕育其的夫妻之间的法律关系都需要专门规定。

目前,世界上大多数国家对人工生育子女尚无明确的法律规定,少数已立法的国家规定的内容也不尽相同。但是,对于在婚姻关系存续期间,因夫妻双方同意而进行人工生育的子女与该夫妻间具有亲子关系,则基本达成共识。

需要指出的是,按照伦理要求,很多国家规定,接受人工生育的主体,应当是已婚的不孕夫妇。同时,禁止以营利为目的的代孕行为(即出借子宫)。

(二)非婚生的父母子女关系

1. 非婚生子女的概念及法律地位

非婚生子女,是指没有合法婚姻关系的男女所生的子女。包括未婚男女所生的子女;已婚男女与第三人发生性行为所生的子女;经否认确定的非婚生子女;妇女被强奸所生的子女以及其他无合法婚姻关系的当事人所生的子女。我国民间也把非婚生子女称为"私生子女"。

非婚生子女与婚生子女的区别,是从一夫一妻制确立以后开始的。在漫长的历史发展过程中,非婚生子女的法律地位和社会地位经历了很大的变化。古代社会的非婚生子女备受歧视,与婚生子女具有完全不同的地位。直到近代,许多国家的法律仍然不承认非婚生子女享有与婚生子女同样的权利。只是到了第二次世界大战以后,非婚生子女的法律地位才有比较明显的改善。

我国《民法典》第1071条规定:"非婚生子女享有与婚生子女同等的权利,任何人不得加以危害和歧视。不直接抚养非婚生子女的生父或者生母,应当负担未成年子女或者不能独立生活的成年子女的抚养费。"

2. 非婚生子女的准正

非婚生子女的准正,是指已出生的非婚生子女因特定缘由取得婚生子女的资格。所谓特定缘由,一是生父与生母结婚;二是法官宣告。

非婚生子女因父母结婚而准正,不同国家对程序要求不尽一致。大体可以分为两类:一类是只要非婚生子女的生父母结婚,就产生准正的法律后果;另一类是除了生父母结婚之外,还必须履行生父的认领程序,才发生非婚生子女准正的效力。比如在日本,生父在与生母结婚之前认领非婚生子女的,称为婚姻准正;生父在与生母结婚之后认领非婚生子女的,称为认领准正。

非婚生子女因法官宣告而准正,主要发生在两种情况之下:一种是非婚生子女的生父母虽协议结婚但一方死亡;另一种是非婚生子女的生父母虽欲结婚但存在婚姻障碍。在这两种情况下,应非婚生子女本人或婚约一方的请求,法官可以做出准正宣告。

不论是以上何种情形,一旦准正生效,都使非婚生子女取得婚生子女的资格,产生一切婚生子女的权利和义务。

3. 非婚生子女的认领

非婚生子女的认领,是指非婚生子女的生父或生母按照一定的法律程序承认非婚生子女为自己的子女并承担相应法律义务的行为。它通常发生在非婚生子女无法准正的情况下。非婚生子女的认领分为自愿认领和强制认领两种形式。

自愿认领又称任意认领,是指生父或生母承认该非婚生子女为自己的子女,并自愿承担抚养义务的法律。

强制认领,是指非婚生子女的生父或生母不愿认领时,有关当事人向法院请求确定父子或母子关系的行为。

无论是自愿认领还是强制认领,都会产生使非婚生子女取得婚生子女的身份和资格、享有婚生子女权利和义务的效力,并会涉及认领后子女的姓氏及生父对生母妊娠、生育等费用的补偿责任等法律后果。

我国《民法典》婚姻家庭编尚无非婚生子女的准正和认领制度。实践中,生父母在子女出生后补办结婚登记的,该子女即可视为婚生子女。

四、父母子女关系的权利和义务

父母和子女是最近的直系血亲,是家庭中的主要成员,他们相互之间享有法定的权利,承担法定的义务。

(1)父母对子女有抚养教育的义务。这是宪法规定的一项基本义务。父母作为法定监护人,抚养教育未成年子女是无条件的,即使子女已成年,在他们没有劳动能力或基于特殊原因不能维持生活时,父母也必须根据需要和可能,继续负担其抚养费或给予物质帮助。抚养费包括生活费和医疗费。对无法亲自照顾、生活又不能自理的子女,还必须支付保姆费、监护费等有关费用。父母还要对子女履行教育义务,包括自身的言传身教和保障子女接受必要的学校教育。父母不履行抚养义务的,子女有权向人民法院起诉,要求其履行义务。拒不抚养未成年子女,情节恶劣,构成虐待罪和遗弃罪的,还要承担相应的刑事责任。

父母有保护和教育未成年子女的权利和义务。保护的含义即指对未成年子女合法人身权利和财产权利进行监督和维护。未成年子女的人身权利是指与未成年人的人身密切相连的各项权利。其中的生命权、健康权、名誉权、肖像权等是未成年人得以生存、正常学习和娱乐以及参加其他各项社会活动的前提。未成年子女的人身权利受宪法和法律的确认和保护,父母对非法侵犯未成年子女人身权利的行为,有权采取必要措施予以制止,并可依法追究侵权人的法律责任。其父母有权当面制止并可在必要时进行正当防卫。对未成年子女已经造成损害的,其父母有权代理受害子女起诉,要求法院追究侵害人的民事赔偿和刑事责任。

保护未成年子女合法财产权利也是父母不容推辞的法律责任。鉴于未成年人年幼,其心理、智力等发育水平不高的特点,民法明确规定未成年人只能进行与其年龄、智力相适应的民事活动,而一些比较重大的民事活动只能由其父母或其他监护人代理。

父母还有教育未成年子女的权利和义务,教育的含义是用道理说服使之照着做,未成年子女常因年龄尚小不辨是非,控制自己行为的意志能力弱、缺乏理智等,而对客观事物不能正确认识和理解。父母是未成年子女的第一任老师,法律将教育未成年子女的责任赋予他们的父母,这有利于未成年子女的健康成长。

父母是未成年子女的监护人,承担对未成年子女合法权益(人身权和财产权)进行监督和保护的责任。父母又是未成年子女的法定代理人,有权以未成年子女的名义代其参与各项民事活动,如买卖、赠与、定做、起诉或应诉等,以维护未成年子女的合法权益。但是,父母对未成年子女未尽到监护责任,其子女对国家、集体或他人的合法权益造成损害的,父母则应承担经济损失的赔偿等民事责任;已尽到监护责任的,父母的赔偿责任可以适当减轻。子女已成年,对国家、集体或他人合法权益造成损害的,父母通常不再为子女承担赔偿责任。但是,根据最高人民法院有关司法解释,子女致人损害时已成年(已满18周岁)但没有经济收入的,应由其父母垫付,垫付有困难的,也可以判决或调解延期给付。当然,子女无论是否成年,凡触犯刑律、构成犯罪的,均应由其自己接受刑事处罚,而不能由父母代其承担刑事责任。

(2)子女对父母有赡养扶助的义务。这也是宪法规定的一项基本义务。子女对父母的赡养扶助是与父母对子女的抚养教育相对应的法律义务。这不仅是法律规定的义务,也是社会道德的必然要求。对父母的赡养扶助包括:生活上的供养或补贴;日常生活中的照顾、扶助;承担医疗费用;承担父母的丧葬费用;对无行为能力或限制行为能力的父母尽监护之责。虐待或者拒不赡养父母,情节恶劣,构成虐待罪和遗弃罪的,要承担相应的刑事责任。

子女对父母的赡养是指子女从物质上、经济上供养父母;子女对父母的扶助是指子女在精神上、生活上对父母的关心、照料和帮助。根据《民法典》第1067条的规定,成年子女不履行赡养义务的,缺乏劳动能力或者生活困难的父母,有要求成年子女给付赡养费的权利。子女对父母的赡养义务,不因父母离婚或再婚而改变,即使父母双方离婚,一方或双方再婚,父或母再婚后无劳动能力或生活有困难的,子女也应当担负起对父或母的赡养扶助义务。对此,《民法典》第1069条明确规定:"子女应当尊重父母的婚姻权利,不得干涉父母离婚、再婚以及婚后的生活。子女对父母的赡养义务,不因父母的婚姻关系变化而终止。"

父母可与子女就支付赡养费的数额及扶助方式进行协商,也可以请求村民委员会、居民委员会以及子女所在单位予以调解。对于不愿承担或只愿承担不足赡养扶助义务的子女,经协商或调解不成的,父母可以起诉到法院,要求该子女按期支付一定赡养费。

(3)父母子女之间相互有继承权。父母和子女相互都是法定继承人中的第一顺序继承人。婚生子女、非婚生子女、养子女和有抚养关系的继子女都有平等的继承权。分割遗产时,首先应照顾未成年子女或无劳动能力的子女与父母,其次要考虑继承人对被继承人所尽义务的大小。

(4)父母与子女之间,双方均不得虐待或遗弃。因虐待、遗弃情节恶劣而构成犯罪的,按《刑法》的有关规定予以惩处。

五、不同种类的子女及其法律地位

不同种类的子女及其法律地位主要是指亲生子女、养子女、继子女三者之间的关系以及他们与父母之间的关系。父母与亲生子女之间,养父母与养子女之间,继父母与受其抚养教育的继子女之间,均适用法律对父母子女关系的有关规定。

亲生子女包括婚生子女和非婚生子女。

婚生子女是指由婚姻关系受胎或出生的子女。

非婚生子女是指没有婚姻关系的男女所生子女。包括未婚男女所生子女,已婚男女与第三人所生子女,无效婚姻和被撤销婚姻当事人所生子女等。

收养,是指领养他人子女为自己子女的民事法律行为,使原来没有父母子女关系的人们之间产生法律拟制的父母子女关系,收养人为养父和养母,被收养人为养子或养女。

收养必须符合一定的条件和程序才能成立。收养关系一经成立,养子女与养父母间的关系与亲生父母子女间的关系基本相同,但收养关系在一定条件下可以解除,而亲生父母子女间的血亲关系则一般不能人为解除。

国家保护合法的收养关系。养父母和养子女间的权利和义务,适用对父母子女关系的有关规定。养父母与养子女有相互继承遗产的权利;但养子女无权继承生父母的遗产,生父母也无权继承养子女的遗产。

继父母与继子女关系一般是指生父或生母再婚后,子女与后母或后父之间形成的姻亲关系。继父母是指子女对母亲或父亲的后婚配偶的称谓。继父母子女关系形成的原因大体有两种：(1)生父或生母一方死亡，他方带子再婚；(2)生父与生母离婚，一方或双方又与他人结婚。

已形成抚养教育关系的继父母子女，适用父母子女关系的法律规定，双方享有父母子女间的各种权利，承担相应的义务。

继父母子女关系虽属亲属关系，但其特点和形成原因不同，决定了其有不同的表现形式和与之相应的法律后果。这种关系的表现形式有以下四种：(1)生父或生母再婚时子女已成年，子女与后母或后父形成的继父母子女关系。这种姻亲关系因双方未形成扶(抚)养关系，也就不发生法律上的权利与义务关系；双方既不承担抚养教育和赡养扶助的权利与义务，相互也不享有继承权。(2)生父或生母再婚时其子女虽未成年，但不与后父或后母共同生活，不受其抚养教育。这种继父母子女之间也不存在法律上的权利与义务关系，双方只作为一般的亲属。(3)生父或生母再婚时子女尚未成年，与后母或后父共同生活，并受其抚养教育长大成人而形成的继父母子女关系。这种关系中继父母对继子女抚养教育的事实，已使双方的姻亲关系转化为法律拟制血亲关系，即通常所称的"有抚养关系的继父母子女关系"。《民法典》第1072条规定："继父或继母和受其抚养教育的继子女间的权利和义务，适用本法对父母子女关系的有关规定。"即这种继父母与继子女虽无血缘联系，但法律确定双方存在与有血缘关系的亲属相同的权利与义务关系。继父母既有抚养教育未成年继子女的义务，也有管教和保护未成年继子女的权利和义务；而被继父母抚养成人的继子女对无劳动能力或生活有困难的继父母，也有赡养扶助的义务，双方有相互继承遗产的权利。另外，继子女与继父母形成的拟制直系血亲关系，并不影响继子女与其生父母的自然直系血亲关系；即使继子女的生父或生母不与该子女共同生活，双方的亲子关系也不因此消灭。(4)生父或生母再婚时，未成年继子女为继母或继父收养，形成收养关系的继父母子女关系。我国《民法典》第1103条规定："继父或继母经继子女生父母的同意，可以收养继子女。"这种收养关系一经成立，继父母子女间的姻亲关系即消灭，而养父母子女的拟制血亲关系即形成。被收养的继子女不再与送养生父或生母有法律上的权利与义务关系；该生父或生母再也不用负担抚养教育该子女的义务，也不能享受该子女赡养扶助的权利，双方相互间均丧失继承权。

继父母子女关系是因继子女的生父或生母与继母或继父结婚而形成，亦可因其生父或生母与继母或继父离婚而解除。继子女的生父或生母死亡，一般也发生双方亲属关系消灭的法律后果。但是，未成年继子女与继父母的关系，不因其生父或生母死亡而消除；继父或继母不能以继子女的生母或生父死亡为借口，拒绝承担继续抚养继子女的义务。

继父母与继子女的生母或生父离婚时，继父母与继子女未形成抚养关系的，当然继父母无权要求继子女履行赡养义务；但是，继父母与继子女长期共同生活，继父母尽了抚养教育义务，双方存在因长期共同生活而形成的抚养关系的，情况则有所不同。此时尽管继父与生母或继母与生父离婚，其姻亲关系消灭，但继父母子女间已形成的抚养关系不能消灭。因此，有能力的继子女，对曾经长期抚养教育过自己的年老体弱、生活困难的继父母应尽赡养扶助义务。

继子女和与其有抚养关系的继父母间以及其生父母间均适用父母子女关系的法律规定，是双重的权利与义务关系。

第四节 其他家庭成员关系

一、其他家庭成员关系的含义

家庭成员是指相互负有扶(抚)养义务的一定范围内的直系亲属或旁系亲属。在一个家庭内共同生活的具有血缘关系、姻亲关系或法律上的继养关系的人都是家庭成员。家庭成员主要指夫妻、父母子女,包括祖父母、外祖父母、孙子女、外孙子女及兄弟姐妹等。

在实际生活中,家庭成员中除配偶、父母子女外,还有兄弟姐妹及祖父母与孙子女、外祖父母与外孙子女,从而也产生了其他家庭成员的法律关系。这些家庭关系同样受到民法的调整,相互之间享有权利和承担义务。这些规定,符合我国家庭结构的实际情况,又有利于发扬家庭成员互助的美德,也有利于贯彻保护老人、未成年人的利益的社会主义婚姻家庭的原则。

我国 1950 年《婚姻法》所调整的家庭关系的范围,仅包括夫妻、父母子女关系。1980 年《婚姻法》以及现在的《民法典》根据我国家庭结构和家庭关系的实际情况,对家庭关系调整的对象有所扩大,增加了对祖父母、外祖父母与孙子女、外孙子女之间的关系和兄弟姐妹关系的法律调整,以利于发挥家庭养老育幼的扶(抚)养功能,发扬家庭成员间敬老爱幼、互相帮助的善良风俗,维护平等、和睦、文明的婚姻家庭关系,也有利于贯彻保护老人、儿童的合法权益的婚姻法原则。

二、其他家庭成员之间的权利与义务

(一)祖孙之间的权利与义务

祖孙关系是指祖父母与孙子女、外祖父母与外孙子女的关系。从亲属的亲疏远近关系看,祖孙关系属于三代以内直系血亲,其亲密程度仅次于父母子女关系。

根据《民法典》婚姻家庭编中的规定,祖孙之间的权利与义务是:

(1)有负担能力的祖父母、外祖父母,对于父母已经死亡或父母无力抚养的未成年的孙子女、外孙子女,有抚养的义务。据此,祖父母辈承担抚养孙子女辈的义务有两个条件:①祖父母、外祖父母必须有抚养的负担能力;没有此项负担能力,也就无法承担抚养未成年孙子女、外孙子女的义务。就祖孙关系而言,祖父母有负担能力的,应由祖父母承担抚养未成年孙子女的义务;外祖父母有负担能力的,应由外祖父母承担此项义务。祖父母和外祖父母都有负担能力的,应由双方协商解决,从孙子女、外孙子女的切身利益出发,由条件较好的祖父母或外祖父母抚养较为妥当。对于已满 10 周岁未成年的孙子女、外孙子女,可以征求他本人的意见。《民法典》婚姻家庭编未对"有负担能力"的标准做出明确规定,实践中应根据本人的具体情况和当地群众的生活水平判定。②未成年的孙子女、外孙子女的父母已经死亡,或者其父母无力抚养未成年的孙子女、外孙子女。父母双亡,未成年的孙子女或外孙子女成了孤儿,有抚养能力的祖父母或外祖父母须承担起对孙子女或外孙子女的抚养义务。父母一方死亡,他方丧失劳动能力,没有经济来源,确实无能力抚养子女;或父母双方均丧失抚养能力而未成年的孙子女、外孙子女的祖父母、外祖父母有负担能力的,对于该未成年的孙子女、外孙子女有抚养义务。

(2)有负担能力的孙子女、外孙子女,对于子女已经死亡或子女无力赡养的祖父母、外祖父

母有赡养义务。孙子女辈赡养祖父母辈的条件是：①孙子女、外孙子女须有负担能力。无负担能力的孙子女、外孙子女，如未成年人或精神病人，就无法承担赡养祖父母、外祖父母的责任。②祖父母、外祖父母的子女已经死亡或子女无力赡养，而且本人需要赡养。对有固定收入或其他经济来源，生活上完全可以自理的祖父母、外祖父母，其孙子女、外孙子女即可以免除承担赡养义务。祖父母、外祖父母的子女尚在，但已丧失赡养扶助能力的，其孙子女、外孙子女亦有赡养的义务。

《民法典》婚姻家庭编调整和保护的祖父母与孙子女、外祖父母与外孙子女的关系，实际上是附条件的抚养教育和赡养扶助的权利与义务关系，其内容完全符合我国人民的传统生活习惯。因此，认真贯彻执行婚姻法的规定，对于保障公民老有所养、幼有所育，维护家庭关系的稳定具有重要的现实意义。

祖父母与孙子女、外祖父母与外孙子女间除在一定条件下互有抚养、赡养的权利与义务外，祖父母、外祖父母还可作为第二顺序法定继承人，继承孙子女、外孙子女的遗产。

(二)兄弟姐妹之间的权利与义务

兄弟姐妹是旁系血亲关系密切的亲属。兄弟姐妹的形成原因可能不同，但无论是同胞兄弟姐妹、同父异母或同母异父兄弟姐妹、养兄弟姐妹，还是有扶养关系的继兄弟姐妹，他们的法律地位都是平等的，他们的合法财产权、平等继承权和人身权均受到我国法律的保护。

(1)有负担能力的兄、姐，对父母已经死亡或父母无力抚养的未成年的弟、妹，有扶养的义务。据此，兄、姐扶养弟、妹有如下三个条件：①父母已经死亡或因年老、患病等无力抚养。父母双亡，兄弟姐妹都成了孤儿，已成年并有扶养能力的兄、姐担当起扶养未成年弟、妹之责，父母一方死亡，他方丧失劳动能力、没有经济来源的，或者双方均丧失抚养能力的，有负担能力的兄、姐亦有扶养未成年弟、妹的义务。②靠兄、姐扶养的弟、妹是未成年人。公民已到成年就应当自食其力，况且兄弟姐妹关系仍属于旁系血亲关系，所以，《民法典》婚姻家庭编才将兄、姐负有扶养义务的条件做此较严格的界定。③兄、姐有扶养弟妹的负担能力。兄、姐也是未成年人或者有重病、为残疾人的，当然也无法履行扶养弟、妹的义务；兄、姐虽已成年，但没有工作也没有其他收入的，也难以承担扶养弟、妹的责任。

(2)由兄、姐扶养长大的有负担能力的弟、妹，对于缺乏劳动能力又缺乏生活来源的兄、姐，有扶养的义务。①扶养兄姐的弟、妹是由该兄、姐扶养长大。兄、姐在父母死亡或丧失抚养能力时，将未成年的弟、妹扶养成年，当他们缺乏劳动能力又缺乏生活来源时，靠兄、姐扶养长大的弟、妹对兄、姐有扶养义务。②弟、妹有扶养兄、姐的负担能力。虽然弟、妹靠兄、姐扶养长大，但其没有能力扶养缺乏劳动能力又缺乏生活来源的兄、姐的，亦无法履行扶养兄、姐的义务。③兄、姐缺乏劳动能力又缺乏生活来源。尽管对弟、妹尽到扶养之责的兄、姐，仍然有一定的劳动能力或生活来源，但是，只要其生活出现了比较严重的困难，就享有要求受其扶养长大的弟、妹履行扶养义务的权利。当然，如果兄、姐有子女并且有赡养能力的，即使弟、妹受兄、姐扶养长大，也没有扶养兄、姐的责任。

有负担能力的兄弟姐妹，对于无劳动能力、缺乏经济来源、无依无靠且患有精神病或残疾的成年兄弟姐妹，也有扶养、监护义务。

兄弟姐妹除在一定条件下互有扶养义务外，相互间亦均作为第二顺序法定继承人，享有继承权。

根据《民法典》继承编的规定，法定继承时没有第一顺序继承人(死者的配偶、子女、父母)

继承的,或者第一顺序继承人均已放弃继承或丧失继承权的,第二顺序继承人(死者的兄弟姐妹、祖父母、外祖父母)始得继承。另外,祖孙、兄弟姐妹间相互抚养、赡养和扶助较多的,即使在确有第一顺序继承人继承的情况下,他们也有权要求分得适当的遗产。

根据《民法典》继承编的规定,孙子女、外孙子女不能直接继承祖父母、外祖父母的遗产。但他们可依代位继承程序,以代位继承人的身份,在父亲死于祖父母之先或母亲死于外祖父母之先时,代替父或母的位置,继承祖父母或外祖父母的遗产。

儿媳、女婿与公婆、岳父母之间的关系,包括儿媳、女婿与公婆、岳父母之间的扶养关系,以及儿媳、女婿与公婆、岳父母之间的继承关系。丧偶儿媳对公婆,丧偶女婿对岳父母,尽了主要赡养义务的,作为第一顺序继承人。

《民法典》婚姻家庭编中所提倡的家庭成员间的敬老爱幼、互相帮助的责任,不仅是指法律上的扶(抚)养义务,其内容更为广泛,除了物质条件的提供、日常生活的照顾与帮助以外,更应当包括相互间的关爱、慰藉、体贴、关怀等精神上的帮助。这一规定意在进一步表明我国婚姻立法的理念与追求,提倡新型的婚姻家庭关系,突出其建立平等、和睦、文明的现代家庭的内涵。

三、监护

监护,是对未成年人和精神病人的人身、财产及其他合法权益进行监督和保护的一种民事法律制度。

监护具有以下特征:(1)被监护人须为无民事行为能力和限制民事行为能力人。(2)监护人须为完全民事行为能力人。(3)监护人的职责是由法律规定的,而不能由当事人约定。

监护依设立的方式,可分为法定监护、指定监护和委托监护。

依照《民法典》第27条规定,父母是未成年子女的监护人。未成年人的父母已经死亡或者没有监护能力的,由下列人员中有监护能力的人担任监护人:(1)祖父母、外祖父母;(2)兄、姐;(3)其他愿意担任监护人的个人或者组织,但是须经未成年人住所地的居民委员会、村民委员会或民政部门同意。

依照《民法典》第28条规定,无民事行为能力或者限制民事行为能力的精神病人,由下列人员担任监护人:(1)配偶;(2)父母、子女;(3)其他近亲属;(4)其他愿意担任监护人的个人或者组织,但是须经被监护人住所地的居民委员会、村民委员会或者民政部门同意。

对监护人的确定有争议的,由被监护人住所地的居民委员会、村民委员会或者民政部门指定监护人,有关当事人对指定不服的,可以向人民法院申请指定监护人;有关当事人也可以直接向人民法院申请指定监护人。

根据《民法典》第34条规定,监护人的职责主要有:(1)代理被监护人实施民事法律行为;(2)保护被监护人的人身权利、财产权利以及其他合法权益等;(3)监护人不履行监护职责或者侵害被监护人合法权益的,应当承担法律责任。

监护关系在实体法上和程序法上都具有法律后果。监护人往往是被监护人的法定代理人。被监护人完全无行为能力的,由监护人代其进行民事活动。被监护人行为能力受限制的,进行民事活动亦应由其监护人代理,或者征得监护人的同意。在民事案件中,监护人是被监护人的诉讼代理人。

1. 监护人的更换

对监护人的确定有争议的,由被监护人住所地的居民委员会、村民委员会或者民政部门指定监护人,有关当事人对指定不服的,可以向人民法院申请指定监护人;有关当事人也可以直接向人民法院申请指定监护人。

2. 监护人的撤换

监护人的撤换是指对不履行监护职责的监护人,经有关个人或组织申请,由法院撤销该监护人的监护资格,安排必要的临时监护措施,并按照最有利于被监护人的原则依法指定监护人。

监护终止的原因有以下几种情形:(1)被监护人取得或者恢复完全民事行为能力。(2)监护人丧失监护能力。(3)被监护人或者监护人死亡。(4)人民法院认定监护关系终止的其他情形。

复习思考题

一、单项选择题

1. 兄弟姐妹之间的继承关系是(　　)。
   A. 互为第一顺位继承人　　　　B. 互为第二顺位继承人
   C. 无继承关系　　　　　　　　D. 要看有无扶养关系

2. 兄、姐可以适当分得弟、妹遗产的情形包括(　　)。
   A. 兄、姐主要由弟、妹扶养　　B. 父母死亡
   C. 弟、妹没有其他亲属　　　　D. 兄、姐对弟、妹尽了主要扶养义务

二、多项选择题

1. 孙子女、外孙子女对祖父母、外祖父母尽赡养义务是有条件的,条件包括(　　)。
   A. 孙子女、外孙子女由祖父母、外祖父母抚养成人
   B. 祖父母、外祖父母的子女已经死亡或虽未死亡但无力赡养
   C. 祖父母、外祖父母无劳动能力和经济来源
   D. 孙子女、外孙子女有负担能力

2. 祖父母、外祖父母在下列(　　)情况下可继承孙子女、外孙子女的遗产。
   A. 孙子女、外孙子女的父母死亡又无配偶、子女
   B. 孙子女、外孙子女的父母在继承开始后分割遗产前死亡
   C. 孙子女、外孙子女在遗嘱中写明祖父母、外祖父母参与继承
   D. 已婚孙子女、外孙子女的父母放弃继承权

3. 祖父母、外祖父母是孙子女、外孙子女的第二顺位继承人,但特定条件下,也可以在有第一顺位继承人的情况下,适当分得遗产,主要指(　　)。
   A. 祖父母、外祖父母对孙子女、外孙子女尽了较多抚养义务

B. 孙子女、外孙子女从小和祖父母、外祖父母一起生活

C. 孙子女、外孙子女的父母先于孙子女、外孙子女死亡

D. 祖父母、外祖父母因年老体弱而缺乏劳动能力又没有生活来源,依靠孙子女、外孙子女扶养

4. 兄、姐必须扶养弟、妹的条件是(　　)。

A. 兄、姐同意　　　　　　　　B. 父母已经死亡或父母无力抚养

C. 兄、姐有负担能力　　　　　D. 弟、妹尚未成年

三、简答题

1. 简述祖父母、外祖父母抚养孙子女、外孙子女的条件。

2. 简述弟、妹对兄、姐尽扶养义务的条件。

3. 党的二十大报告提出要"加强家庭家教家风建设",请从家庭关系的角度谈谈你的认识。

第十章 收养

收养制度历来是婚姻家庭制度的组成部分。收养子女的根本目的,在于人为地创设亲子关系。因收养而产生的养父母与养子女、养(外)祖父母与养(外)孙子女、养兄弟姐妹等拟制血亲关系是家庭关系的重要组成部分。收养关系的成立和终止与自然血亲不同,收养的效力不但发生在收养人与被收养人及其近亲属之间,而且被收养人与其亲生父母及其他近亲属之间也要产生一系列法律后果,具有特殊的法律效力。

第一节 概 述

一、收养的概念及特征

(一)收养的概念

在我国,收养是拟制血亲的亲子关系借以发生的法定途径。收养制度是婚姻家庭制度的重要组成部分。收养,是指收养人、被收养人依照收养法的规定成立拟制父母子女关系的民事法律行为。领养他人子女的人为收养人,即养父母;被他人收养的人为被收养人,即养子女;将子女或儿童送给他人收养的父母、其他监护人和社会福利机构,即送养人。收养须符合法律规定的条件和程序。我国保护合法的收养关系。养父母与养子女之间的权利和义务,适用婚姻法对父母子女关系的规定。

收养行为是一种设定和变更民事权利、义务的重要法律行为,它涉及对未成年人的抚养教育、对老年人的赡养扶助以及财产继承等一系列民事法律关系。收养这一法律行为的目的在于使没有父母子女关系的人们之间产生拟制的法律上的父母子女关系。一般来说,送养人为生父母或者其他监护人,收养人为养父和养母(单方收养时是养父或者养母),被收养人为养子或养女。收养行为一旦发生法律效力,便产生两个方面的法律效果:一是在收养人和被收养人之间产生法定的父母子女关系;二是在被收养人及其生父母之间的父母子女关系以及基于此的其他亲属关系同时消灭。由于收养法律行为可以导致当事人人身关系和民事权利与义务的变化,所以法律对于收养行为一般均规定比较严格的条件,其中包括对收养人条件的规定,对被收养人条件的规定以及对被收养人的送养人条件的规定等。符合这些条件的当事人在自愿、平等、协商的基础上,达成收养协议,按照法律规定的程序报主管机关进行收养登记后,收养关系便产生法律效力。

(二)收养的法律特征

收养关系的成立和终止与自然血亲不尽相同,作为一种独特的法律关系,收养行为具有以下法律特征:

1.收养是一种民事法律行为

收养是确立民事法律关系的行为,它只产生于公民之间,适用于自然人,而不适用于法人。公民之间的收养和社会福利院对孤儿、遗弃儿和残疾人的收养,在性质、方式和效力方面均有所不同:社会福利院的收养,只要符合收养条件,即可自行决定收养,无须经其他机关的准许或同意;它只能产生对儿童的监护关系,而不是亲属关系。

2.收养是要式法律行为

收养不仅涉及当事人的人身和财产关系,而且涉及社会公共利益,因此,我国《民法典》婚姻家庭编将收养行为规定为要式行为,关于收养关系的成立,应当办理收养登记手续。

3.收养是变更亲属身份和权利与义务关系的行为

通过收养行为,使收养人和被收养人之间产生了父母子女间的身份关系和权利与义务关系,被收养人与其生父母之间的身份关系和权利与义务关系随之消除。

4.收养只能发生在非直系血亲关系的长辈对晚辈之间

非直系血亲的长辈对晚辈之间才有可能建立养父母子女关系。原本具有直系血亲关系的人之间,通常不得为收养行为。旁系血亲间可以收养,例如,将自己的侄子女、甥子女、表侄子女等收养为养子女。

5.收养形成一种拟制血亲关系,可以依法设立或解除

收养使非直系血亲的收养人和被收养人之间建立了拟制直系血亲关系,也称为"法亲",由于它是人为创设的亲属关系,因此也可以依法解除。

(三)收养与收容、寄养的区别

收养与国家收容以及养育孤儿、弃婴和儿童是不同的。收养是一种特定的民事法律行为,须经有关当事人协议,依法成立。国家对孤儿、弃婴和儿童的收容、养育是一种行政法上的行为,是由有关机构依法实施的。收养变更亲属身份,而国家对孤儿、弃婴和儿童的收容、养育不变更亲属身份。

收养在性质上与寄养也有着严格的区别。寄养又称托养,是指父母出于某些特殊情况,不能与子女共同生活,无法直接履行抚养义务,因而委托他人代其抚养子女。具体分析,从收养与寄养的性质、后果来看,它们的区别主要表现在以下方面:

1.是否具有父母子女权利与义务关系不同

收养是产生拟制血亲关系的法律行为,养父母与养子女通过收养建立了父母子女之间身份关系和权利与义务关系;但是,寄养并未改变父母子女关系,只是由接受委托的亲友代为行使监护职责——抚养和教育被寄养人。

2.承担法律责任的主体范围不同

收养关系成立后,养子女的抚养教育费用均由养父母承担,无民事行为能力和限制民事行为能力的养子女给他人造成损害的,都应由养父母承担民事责任;在寄养关系中,被寄养人的抚养费、民事赔偿责任等仍由被寄养人的父母承担。

3.是否严格履行成立形式要件的要求不同

法律对收养成立的实质要件、形式要件都做了相当具体、明确的规定,只有依法成立的收养关系才可发生法律效力;而寄养行为,可被视为亲生父母委托他人代为履行抚养义务的一种方式,只要寄养不对未成年孩子的成长产生不利影响,法律一般对其成立不予以约束和干涉。

二、收养制度的历史沿革

(一)收养制度的演变过程

收养制度源远流长,它是亲属法律制度不可缺少的组成部分。早在父系氏族社会就为当时的习惯所确认。进入阶级社会以来,收养作为一项法律制度,必然受到经济、政治等诸多因素的影响和制约。从世界范围来看,设立收养制度的目的,依时代、国家的不同而有所不同,经历了长期的发展演变过程。先后大约经历过以下几个阶段:为族的收养、为家的收养、为亲的收养、为子女的收养。

原始社会的收养,是为族的收养。

在原始社会,收养制度相当盛行。恩格斯谈道,"氏族可以收养外人入族","男子可以提议收养外人为兄弟或姊妹;女子可以提议收养外人为自己的孩子"。为了确认收养关系,必须举行入族典礼。

这时的收养带有朴素的色彩,收养的目的完全是为了本氏族的利益,可以称为"为族的收养"。

到了奴隶社会特别是封建社会,由于受宗法制度的影响,收养制度主要是由于财产继承的需要而产生,为了宗祧继承的需要而设置的。

收养制度基于家族法上的血统继承原理而发生,在实际生活中难免有缺乏血缘承继的现象发生。于是,罗马法率先创设了收养制度,唯家长有收养权。这个时期的收养,主要是为了家长制家庭的利益而进行,所以被称作"为家的收养"。

随着资本主义的产生和发展,宗法家族制度走向解体,人们的利益追求走向个体化。"为家的收养"已失去实际意义,逐渐转变成为个人的利益需要而收养。收养的目的主要是为了自己年老有人养和财产有后人继承。由于这种关系拟制成为父母子女型亲属关系,所以这种收养被称作"为亲的收养"。例如,1804年法国的民法典、1896年德国的民法典,均设立有严格的收养制度。

由于收养的主动权多在收养人一方,收养人为了自己的利益,往往出现损害被收养人权益的现象。

以两次世界大战为契机,人们的收养目的发生了变化,出现了为救济战争孤儿和非婚生子女,向这些不幸儿童提供家庭温暖的"为子女的收养"。

当今,强调为儿童的利益而收养,已成为世界各国亲属立法的共同趋势。这种性质的收养被称为"为子女的收养"。

(二)中国封建时代的收养制度

在我国古代宗法制度下,实行以男性为中心的宗祧制度。其收养制度亦分为"立嗣"和"乞养"两类。

(1)立嗣。即立后,指男子无子,许立同宗辈分相当的他人之子为嗣子。立嗣又称"过继"或"过房"。在中国古代的宗法制度下,立嗣是收养的一种特殊形式,也是一种主要的形式。

立嗣的特殊性主要表现在以下方面：

①立嗣的目的是继承宗祧。按照封建礼、法的规定，只有男子无子才可立嗣，以便承继宗祧。

②只能立同宗辈分相当的男性成员为嗣子。立嗣的人员一般为侄子。《唐律疏议》指出："依户令，无子者听养同宗于昭穆相当者。"《明律》《清律》进一步规定：按先亲后疏、先近后远的原则排列立嗣的顺序；不得立女子为嗣，也不得立异姓子乱宗。

③可以"兼祧"，可以"继绝"。兼祧，按《清律》规定，如果被立为嗣子的人是独子，又排在立嗣顺序的最前面，只要两家同意，又经族人证明，可以同时作为两家的继承人。两家可各为其娶妻，以传宗接代。继绝，是无子的男子生前未立嗣的，死后可由其妻子或其父母等长辈代其立嗣。

④立嗣发生亲子关系。嗣子与嗣父母之间发生亲子关系。承继人称为嗣子或过继子，嗣子与所继父母之间发生拟制血亲关系。嗣子既经确立之后，就取得嫡子的法律地位，有承继宗祧、继受遗产的权利。嗣子与嗣父母之间的关系允许被解除，称为"退继"。虽说继嗣是继承死者的祭祀权，实际上是继承死者财产，故为后世所不取。

(2)乞养。古代的乞养，指非亲属性质的收养。唐律称收养，明清律称乞养。

中国早期封建法律严禁收养异姓男子为嗣。但允许在特殊情况下的收养。《唐律·户律》中规定："其遗弃小儿，年3岁以下，虽异姓，听收养，即从其姓。"《唐律疏议》中的解释是，3岁以下小儿，受本生父母遗弃，若不听收养，即性命将绝；故作为例外，虽异姓，听收养，而改其姓。

乞养主要基于怜悯之心，与立嗣不同。无论同姓异姓，不分男女，均可收养。

乞养的对象，法律规定为3岁以下的弃儿，实际不受此限。

收养人称为义父母，被收养人称为义子女。义子与义父之间不得发生宗祧和财产继承关系，也不得以无子为由将义子立为嗣子，但允许酌情分给一定的财产。可见，立嗣的效力高于乞养，嗣子的地位高于义子女。

立嗣制度一直延续到半殖民地半封建的旧中国。南京国民政府时期颁布的《中华民国民法·亲属编》虽未规定立嗣制度，实际生活中仍然盛行立嗣习俗。

1930年《中华民国民法·亲属编》在法律形式上实现了收养制度的近代化，但有关规定中仍有歧视养子女内容。比如，关于养子女的继承问题，在顺序上虽与婚生子女相同，但继承份额仅为婚生子女的一半。

(三)中华人民共和国的收养制度

中华人民共和国成立后，收养制度也随着中国社会政治、经济制度的变革而发生了深刻的变化。但这种变化是在中华人民共和国成立后的40多年实践中逐步实现的。这一变化过程，经历了以下几个阶段：

1. 收养制度的萌芽阶段

即中华人民共和国成立初期至20世纪70年代。1950年《婚姻法》虽然承认和保护了合法的收养关系，但对于收养关系的成立、效力、终止等问题缺乏具体的规定。综合中华人民共和国成立初期最高人民法院在收养、亲属、继承等有关问题的批复中关于收养关系的规定，可概括为以下几个方面：

(1)废除封建宗法的立嗣制度；
(2)承认事实上的收养关系；

(3)应由收养一方和送养一方根据自愿原则,订立收养契约;
(4)收养关系一经成立,不能单方任意取消,只能由双方协议或经法院判决解除。

2. 收养制度的发展与提高阶段

即20世纪70年代末至80年代末,处于收养法规政策逐步提高与完善的时期。其间,主要有以下政策、法律调整收养法律行为:

1979年2月,《最高人民法院关于贯彻执行民事政策法律的意见》规定了收养的条件、程序;规定了因养父母或生父母一方反悔、养父母与成年养子女关系恶化,而要求解除收养的处理原则。

1980年《婚姻法》第20条,以立法形式明确了收养成立的效力。

1984年《最高人民法院关于贯彻执行民事政策法律若干问题的意见》,对1979年《最高人民法院关于贯彻执行民事政策法律的意见》中收养问题的规定进行了修订,并增加了下述新内容:承认事实收养和养祖孙关系;补充规定了解除收养的条件及其经济、人身方面的法律后果。

此外,地方性法规也对收养条件做了相应规定。

3. 收养制度的完备阶段

即20世纪90年代初至今。1991年12月29日,第七届全国人民代表大会常务委员会第23次会议通过了《中华人民共和国收养法》(以下简称《收养法》),该法自1992年4月1日起施行。至此,中华人民共和国的收养制度终于以法律形式固定下来。我国的收养制度进入健全、系统、完备的阶段。

1998年11月4日,第九届全国人民代表大会第5次会议通过了《关于修改〈收养法〉的决定》,根据这一决定修改的《收养法》,自1999年4月1日起施行。

2020年5月28日,十三届全国人大三次会议表决通过了《中华人民共和国民法典》,自2021年1月1日起施行。婚姻法、继承法、民法通则、收养法、担保法、合同法、物权法、侵权责任法、民法总则同时废止。

修改的内容主要涉及两个方面:
(1)收养条件适当放宽,从而改变了事实收养增多的现象。
(2)进一步完善了收养程序。国内收养与涉外收养,由民政部门统一登记办理。

在我国,立嗣制度已被彻底废除。收养制度在家庭生活和社会生活中有着重要的、不可缺少的作用。这种收养既是为子女的,也是为养亲的。实行收养制度可以使丧失父母的孤儿、查找不到生父母的弃婴和儿童,以及出于某些原因不能受父母抚育的未成年子女,在养父母的抚育下健康成长,还可以满足那些无子女者的合理愿望,使他(她)们通过收养子女在感情上得到慰藉,在年老时有所依靠。收养制度是家庭制度的必要补充,完善收养立法是保护儿童和老人合法权益的需要。

三、我国收养的基本原则

我国收养的基本原则,集中体现了收养法的本质和特点。它是收养关系成立的行为准则,也是人民法院处理收养纠纷案件时,正确适用收养法、提高办案质量所应当遵循的准则。

(一)有利于被收养未成年人的抚养、成长原则

建立收养制度的主要目的是为了保障被收养儿童的身心健康和合法权益,使未成年人能够在德、智、体、美、劳等方面得到全面发展。

建立收养关系后,首先是改变了被收养人的亲属关系和生活环境。绝大多数被收养人都是 14 岁以下的未成年人,他们的身心尚未发育成熟,非常需要有利于他们健康成长的良好条件和环境。

《民法典》婚姻家庭编中的规定,充分体现了"有利于被收养的未成年人的抚养、成长"这一原则。比如,在收养的成立方面,收养人必须是有抚养教育被收养人能力的人(第 6 条);收养年满 10 周岁以上未成年人的,应当征得被收养人的同意(第 1098 条);养父母与养子女间的权利、义务,适用法律关于父母子女关系的有关规定(第 1111 条);收养人在被收养人成年以前,不得解除收养关系,但生父母与养父母协议解除的例外(第 1114 条);收养人不履行抚养义务,有虐待、遗弃等侵害未成年子女合法权益行为的,送养人有权要求解除收养(第 1114 条)等。

此外,《民法典》婚姻家庭编还对借收养名义拐卖儿童的行为规定了制裁措施,使未成年的被收养人的权益得到了更有效的法律保障。

(二)保障收养人合法权益的原则

建立收养关系,也要重视保护收养人的合理要求和利益。一方面,他们需要通过养育儿童得到精神上的安慰和寄托,使不完整的家庭得以完整;另一方面,依法收养三代以内同辈旁系血亲的成年子女的老人,往往都是即将丧失劳动能力的人。因此,更需要发挥法律的保护力量,使养父母得到养子女在生活上的照料,很好地安度晚年。

(三)平等自愿原则

收养关系的成立或者解除,都是重要的民事法律行为。因此,必须以我国《民法典》规定的民事活动的基本原则为纲领。

1. 平等原则

平等原则包括收养关系当事人在成立或解除收养关系的民事活动中的地位是平等的,不允许任何一方强迫另一方。同时,平等原则还包括男女两性在收养中的地位平等,抵制封建立嗣制度中的男女不平等余毒的影响。收养是一种变更和创设民事法律关系的行为,它主要涉及当事人亲属身份关系的变更。因此,只有建立在平等基础上的收养关系,才更为稳定。

2. 自愿原则

遵循自愿原则是指当事人在建立或解除收养关系的活动中,应当由当事人自愿决定、协商一致地进行,任何一方都不得以欺诈、胁迫的手段或者乘人之危强令对方在违背真实意思的情况下进行。根据当事人的感情和意志来决定,坚持当事人自愿和协商一致的原则,是收养得以成立的前提。

(四)遵守社会公德原则

不得违背社会公德,不得损害社会公共利益,是我国社会主义社会公民应当遵守的道德规范和行为准则,以保障收养关系的健康发展,保障当事人双方及子女的根本利益。

《民法典》第 1102 条中规定无配偶者收养异性子女,须有法定的年龄差;将虐待、遗弃等行为作为解除收养的法定理由,都是社会公德原则的体现。

第二节 收养关系的成立与效力

一、收养关系的成立

收养关系的成立是指收养当事人依照收养法规定的条件和程序建立收养关系。在世界各国现行的收养法中,考虑到收养是变更身份关系的一项重要法律行为,涉及当事人的人身关系和财产关系,关系到社会公益,因而都要求必须符合法律规定的条件和程序,收养关系始能合法成立。我国《民法典》婚姻家庭编规定收养关系应当具备一定条件和履行一定程序才能成立。否则,收养关系不能成立,收养行为无效。

(一)一般收养关系成立的条件

所谓一般收养关系成立的条件,是指通常情况下建立一般的收养关系时,当事人和收养行为所应具备的条件。根据我国《民法典》婚姻家庭编的规定,在没有法定的特殊情况下,建立收养关系必须符合以下4项法定条件:

1. 被收养人应具备的条件

根据我国《民法典》第1093条的规定,通常情况下,被收养人必须同时具备下列三个条件:
(1)丧失父母的孤儿;
(2)查找不到生父母的未成年人;
(3)生父母有特殊困难无力抚养的子女。

其中,孤儿是指父母已经死亡或被宣告死亡的儿童;弃婴、弃儿是指被父母遗弃,且查找不到生父母的婴儿和儿童;生父母有特殊困难无力抚养的子女,是指生父母因伤、病、残或经济困难以及客观条件不许可等原因,无力抚养的孩子。

2. 收养人应当具备的条件

根据我国《民法典》第1098条和其他相关条款的规定,通常情况下,收养人应同时具备下列条件:

(1)无子女或者只有一名子女,即收养人不论是有配偶者,还是无配偶者,必须无自己名义下的子女(包括亲生的子女、养子女、有事实抚养关系的继子女)或者只有一名子女。这里所说无子女,并非指不能生育者。如果有生育能力而不愿生育,要求收养子女的,只要具备相应条件,也可以收养子女;当然,如果子女均已死亡的,也可以收养。

(2)有抚养和教育被收养人的能力。这种能力主要是指收养人须是具有完全民事行为能力者,具备抚养被收养人的必要经济条件,具有良好的道德品质,能够从物质生活和教育诸方面为被收养人提供必要的条件。

(3)未患有在医学上认为不应当收养子女的疾病。司法实践中通常禁止有严重传染病或精神病的人收养子女。

(4)年满30周岁。这是取得收养人资格的最低法定年龄,不满30周岁的公民一般不得收养子女。若收养人为夫妻的,须夫妻双方均年满30周岁(收养法修改前为35周岁)。

(5)无不利于被收养人健康成长的违法犯罪记录。

3.送养人的条件

14周岁以下的未成年人的生父母、其他监护人、社会福利机构均可作为送养人,但他们须分别符合相应的条件,遵守法律对各自的特殊要求。

(1)生父母作为送养人的条件

根据我国《民法典》第1094条和其他相关条款的规定,通常情况下生父母作为送养人应遵守以下条件:

其一,生父母有特殊困难,均无力抚养子女。抚养未成年子女是父母双方的法定义务。在一般情况下,父母只要一方有抚养能力,就不允许通过送养转移抚养子女的义务。即使是无抚养能力的父母一方,也无权免去有抚养能力一方的抚养义务,将子女送他人收养。

其二,生父母送养子女,须双方共同送养。通常情况下不允许生父母单方送养子女。对于非婚生子女,也应由其生父母共同送养。生父母一方下落不明或查找不到的可以单方送养。但是,应当经过适当的查找或通知形式。

其三,在配偶一方死亡后,如果另一方要求送养未成年子女,死亡一方的父母有优先抚养的权利,送养前须征求死亡一方父母的意见。若他们愿意并有能力抚养该孙子女或外孙子女,另一方就不得将其送养。

(2)父母以外的监护人作为送养人的条件

根据我国《民法典》第1095条的规定,在未成年人的生父母双亡或均丧失监护能力的情况下,该未成年人的祖父母、外祖父母,成年的兄、姐以及关系密切的其他亲属朋友,可以担任未成年人的监护人,没有上述监护人的,由未成年人的父、母的所在单位或者未成年人住所地的居民委员会、村民委员会或者民政部门担任监护人。上述公民或组织在担任监护人期间,可以依法送养被监护的未成年人。但应具备以下两个条件:

首先,在未成年人的父母均死亡的条件下,该未成年人的监护人要求将其送养,须征得有抚养义务人的同意。有抚养义务的祖父母、外祖父母或成年兄、姐不同意送养,监护人又不愿意继续履行监护职责时,应依照《民法典》第1096条的规定,变更监护人。

其次,当未成年人的父母均不具备完全行为能力时,该未成年人的监护人不得将其送养。但父母对该未成年人有严重危害性或威胁其健康成长可能的,允许其监护人将其送养。

(3)社会福利机构作为送养人的条件

社会福利机构通常是指儿童福利院或康复院等由民政部门设立的、专门收容和抚养暂时无法查明生父母或监护人的弃儿或孤儿的社会组织。在我国,除了这类机构外,其他任何机构不得送养上述弃儿或孤儿。公民拾得弃婴、弃儿后,不得擅自将其收养,而应交给当地的社会福利机构,由其收容和抚养。若收养人符合法定条件,并自愿收养这些弃儿、孤儿的,应由收养、抚养他们的社会福利机构作为送养人,办理这类收养的法定手续。

4.收养须得各相关当事人的一致同意

有配偶者收养子女,须征得其配偶的同意。配偶一方丧失行为能力的,可以由有行为能力的一方同意。收养年满8周岁以上未成年人的,应当征得被收养人的同意;生父母离婚以后,一方要求送养子女的,同样须征得另一方的同意。

(二)特殊收养关系成立的条件

特殊收养的条件是相对于一般收养的条件而言的,是在一般收养关系应具备的普通条件的基础上,针对几种特殊收养关系所做的变通性规定。根据《民法典》的有关规定,特殊收养主要有以下5种,其成立的条件各不相同。

1. 亲属间收养三代以内同辈旁系血亲的子女

收养三代以内同辈旁系血亲的子女,是我国传统的风俗习惯。这种收养的当事人之间本来就是近亲属,相互比较了解,而且存在一定的血缘关系。亲属间的收养,感情基础相对牢固,并可进一步稳定双方的家庭关系。所以,《民法典》第1099条放宽了这类收养的条件。其放宽之处在于以下方面:

(1)作为送养人的生父母即使没有抚养子女的困难,也可以将子女送养。

(2)即使被收养人不属于生父母没有能力抚养的子女,也可以被送养。

(3)无配偶的男性收养三代以内同辈旁系血亲的女儿时,可以不受年龄相差40周岁以上的限制。

(4)华侨收养三代以内同辈旁系血亲的子女,可以不受收养人无子女的限制。

2. 收养孤儿或残疾儿童

出于高尚的人道主义精神和爱心,收养父母双亡的孤儿或身心有某种缺陷的残疾儿童,承担抚养教育和监护他们的责任,社会各方面应当鼓励这种利国利民的行为,《民法典》对这类收养的条件相应地予以放宽。除了保护被收养人基本生活条件的要求外,法律对这种收养几乎未加任何限制。

首先,这种收养人可以不受一般收养人必须无子女的限制。即使收养人已有子女,也无论收养人有几个子女,只要收养人还有抚养能力,仍可以收养孤儿或残疾儿童。

其次,这种收养人可以收养两名以上的孤儿或残疾儿童,不受只能收养一名子女的限制。但收养几个子女,要受抚养能力的限制,要能保障被收养人的健康成长。

3. 收养继子女

在现实生活中,继子女和继父母在一般情况下并无法律上的权利和义务关系,而是因生父母再婚而形成的姻亲关系。《民法典》从维护再婚家庭的稳定和睦出发,鼓励继父或继母经继子女的生父母同意而收养继子女,使他们之间形成完全等同于生父母子女的权利与义务关系,这样既有利于对未成年继子女的抚养教育,也可以减少再婚家庭的矛盾。我国《民法典》第1103条对这类收养的条件也做了放宽规定,即可以不受《民法典》第1093条第三项、第1094条第三项、第1098和第1100条第1款规定等条款的限制。具体放宽条件如下:

(1)由于未与子女共同生活的生父(母)履行抚养义务的方式事实上已经改变,所以,生父(母)即使没有抚养子女的经济困难,也可以将子女送养。

(2)收养人可以不受无子女及夫妻均年满30周岁的限制。

(3)收养人可以不受收养人数的限制。

4. 无配偶者收养异性子女

我国《民法典》允许无配偶者收养子女,但特别对无配偶的男性收养女性的,做了较为严格的限制。《民法典》第1102条规定:"无配偶者收养异性子女的,收养人与被收养人的年龄应当相差40周岁以上。"这样规定的目的,在于维护收养关系的伦理性,保护被收养异性的合法权益,避免借收养名义而为违背社会公德的不良行为。在现实生活中,可以作为收养人的无配偶者是指因未婚、再婚或丧偶等原因单身而有抚养能力的成年人。

5. 隔代收养

1984年《最高人民法院关于贯彻执行民事政策法律若干问题的意见》中指出:"收养人收

养他人为孙子女,确已形成养祖父母与养孙子女关系的,应予承认。解决收养纠纷或有关权益纠纷时,可依照关于养父母与养子女的有关规定,合情合理地处理。"司法实践中通常把这种收养养孙子女的行为称为隔代收养。根据近年来的司法解释,上述规定仍可适用。也就是说,这种养孙子女(被收养人)与养祖父母(收养人)之间的权利与义务关系,适用父母子女权利与义务的规定,而不适用祖孙关系的规定。不过,按照这一规定的本意,收养养孙子女应当具备以下条件:

第一,收养人与被收养人的年龄必须确实相差至少 40 周岁以上,或者在原有的亲属关系中为隔代辈分的。

第二,收养养孙子女的行为各方面均符合收养的法定条件,且办理了合法的收养手续,只是收养协议或登记的称谓不同而已。

第三,必须是收养人(包括收养人夫妻双方)本人直接收养,而不是为收养人的子女代为收养。特别是有些夫妻为失去民事行为能力的患精神病的子女在年老时有人照料生活而收养养孙子女,这样容易损害被收养人的利益,应当禁止其代为收养。不过,如果确实收养人自己收养并有能力抚养养孙子女到成年,只是名义上让养孙子女称收养人的子女为父母的,则不应禁止。因为在大多数情况下它可以构成一个代际完整的家庭,而且可以减轻社会负担。

(三)收养关系成立的程序

收养是一种民事法律行为,收养关系当事人在各自符合收养关系成立的实质要件的情况下,还必须符合形式要件,即履行一定的收养程序,收养关系才能合法成立。

1.收养登记机关

我国《民法典》第 1105 条规定:"收养应当向县级以上人民政府民政部门登记。收养关系自登记之日起成立。"收养查找不到生父母的弃婴和儿童的,办理登记的民政部门应当在登记前予以公告。收养关系当事人愿意订立收养协议的,可以订立收养协议。收养关系当事人各方或者一方要求办理收养公证的,应当办理收养公证。根据 1999 年 5 月 25 日民政部颁布的《中国公民收养子女登记办法》的规定,收养登记管辖分工如下:

(1)收养社会福利机构抚养的查找不到生父母的弃婴、儿童或孤儿的,在社会福利机构所在地的收养登记机关办理登记。

(2)收养非福利机构抚养的查找不到生父母的弃婴和儿童的,在弃婴或儿童发现地的收养登记机关办理收养登记。

(3)收养生父母有特殊困难无力抚养的子女或者由监护人监护的孤儿的,在被收养人生父母或者监护人常住户口所在地(组织做监护人的,在该组织所在地)的收养登记机关办理登记。

(4)收养三代以内同辈旁系血亲的子女,以及继父或者继母收养继子女的,在被收养人生父或者生母常住户口所在地的收养登记机关办理登记。

2.收养登记程序的步骤

收养关系当事人办理收养登记,分为三个步骤:

(1)申请。收养关系当事人应当亲自到收养登记机关办理收养关系成立的登记手续。夫妻共同收养子女的,应当共同到收养登记机关办理登记手续;一方因故不能亲自前往的,应当书面委托另一方办理登记手续,委托书应当经过村民委员会或者居民委员会证明或者经过公证。

申请办理收养登记时,根据收养人和被收养人的不同情况,收养人应当向收养登记机关提交收养申请书和下列证件、证明材料：①收养人的居民户口簿和居民身份证；②由收养人所在单位或者村民委员会、居民委员会出具的本人婚姻状况、有无子女和抚养教育被收养人的能力等情况的证明；③县级以上医疗机构出具的未患有在医学上认为不应当收养子女的疾病的身体健康检查证明。

收养查找不到生父母的弃婴、儿童的，还应当提交收养人经常居住地计划生育部门出具的收养人生育情况证明；其中收养非社会福利机构抚养的查找不到生父母的弃婴、儿童的，收养人还应当提交下列证明材料：①收养人经常居住地计划生育部门出具的收养人无子女的证明；②公安机关出具的捡拾弃婴、儿童报案的证明。

收养继子女的，可以只提交居民户口簿、居民身份证和收养人与被收养人生父或者生母结婚的证明。

申请办理收养登记时，送养人应当向收养登记机关提交下列证件和证明材料：①送养人的居民户口簿和居民身份证（组织做监护人的，提交其负责人的身份证件）；②《民法典》规定送养时应当征得其他有抚养义务的人同意的，并提交其他有抚养义务的人同意送养的书面意见。

社会福利机构为送养人的，应当提交弃婴、儿童进入社会福利机构的原始记录，公安机关出具的捡拾弃婴、儿童报案的证明，或者孤儿的生父母死亡或者宣告死亡的证明。

监护人为送养人的，应当提交实际承担监护责任的证明，孤儿的父母死亡或者宣告死亡的证明，或者被收养人生父母无完全民事行为能力并对被收养人有严重危害的证明。

生父母为送养人的，应当提交与当地计划生育部门签订的不违反计划生育规定的协议；有特殊困难无力抚养子女的，还应当提交其所在单位或者村民委员会、居民委员会出具的送养人有特殊困难的证明。其中，因丧偶或者一方下落不明由单方送养的，还应当提交配偶死亡或者下落不明的证明；子女由三代以内同辈旁系血亲收养的，还应当提交公安机关出具的或者经过公证的与收养人有亲属关系的证明。

被收养人是残疾儿童的，应当提交县级以上医疗机构出具的该儿童的残疾证明。

（2）审查。收养登记机关收到收养登记申请书及有关材料后，应当自次日起30日内进行审查。审查的内容主要包括：第一，收养人是否符合法律所规定的收养人条件以及其收养的目的是否正当。第二，被收养人是否符合法律所规定的被收养人条件。第三，送养人是否符合法律所规定的送养人条件。第四，当事人申请收养的意思表示是否真实。

（3）登记。经审查，对符合《民法典》规定条件的，为当事人办理收养登记，发给收养登记证，收养关系自登记之日起成立；对不符合《民法典》规定条件的，不予登记，并对当事人说明理由。收养查找不到生父母的弃婴、儿童的，收养登记机关应在登记前公告查找其生父母，自公告之日起满60日，弃婴、儿童的生父母或者其他监护人未认领的，视为查找不到生父母的弃婴、儿童。公告期间不计算在登记办理期限内。

（四）收养协议程序

《民法典》第1105条规定："收养关系当事人愿意订立收养协议的，可以订立收养协议。"可见，收养协议并不是收养成立的必经程序。

收养协议应由以下特定范围的主体签署：生父母作为送养人的，必须为有特殊困难无力抚养子女的生父母与收养人共同签署；生父母将自己的子女送养给三代以内同辈旁系血亲做养子女时，由生父母与其同辈旁系血亲共同签署；继父（母）收养继子女时，由继父（母）与继子女的生父母签署；丧失父母的孤儿的近亲属（即监护人）做送养人时，由孤儿的近亲属与收养人共同签署。

订立书面收养协议时,收养人、送养人双方还必须符合我国《民法典》规定的从事民事法律行为应当具备的条件:

(1)行为人具有相应的民事行为能力;

(2)意思表示真实;

(3)不违反法律或者社会公共利益。

否则,违反上述规定订立的收养协议无法律效力。

(五)收养公证程序

《民法典》第1105条规定:"收养关系当事人各方或者一方要求办理收养公证的,应当办理收养公证。"

此规定的立法意图在于:收养关系当事人可以根据自己的意愿,办理公证,以显示收养行为的庄重性。但它并非收养的必经程序,办理与否,完全取决于当事人的意愿。但在当事人的意愿中,只要一方提出公证要求,另一方就应当接受公证。

收养关系当事人办理收养公证时,有以下三个步骤:

(1)申请。当事人双方必须亲自到公证机关提出申请,并向该机关提交写明收养目的和抚育能力的收养申请书、居民身份证、户籍证明,以及收养当事人所在单位或者居民委员会或者村民委员会出具的本人婚姻状况、家庭成员、身体健康情况、家庭经济能力、有无子女以及与收养条件相关的各项证明材料。

(2)审查。登记机关接受当事人申请后,应当对收养关系当事人进行必要的查询,以查明收养人、送养人是否符合收养法规定的条件,有无欺骗、隐瞒的情况和不良的收养动机,全面权衡收养是否有利于被收养人的抚养、成长。

(3)办理公证。经审查,对证件齐全有效,符合收养法规定的收养、送养条件的,准予办理收养公证,发给收养公证证明。经审查,对于证件不齐全,不符合收养法规定的收养、送养条件的,则不予办理收养公证,并向收养关系当事人说明理由。

(六)涉外收养

这里讲的涉外收养,仅指外国人(包括收养人夫妻双方都是外国人的,也包括收养人夫妻一方为外国人的)在中国境内收养子女。依照我国《民法典》第1109条的规定,外国人可以依法在中华人民共和国收养子女。为了充分保护被外国人收养的中国儿童的切身利益,《民法典》和有关行政法规在收养条件和程序上都做了严格的规定。

1.涉外收养适用《民法典》的规定

外国人在中华人民共和国收养子女,经其所在国主管机关依照该国法律审查同意,并必须依法提供有关证件。国务院1999年5月25日发布的《外国人在中华人民共和国收养子女登记办法》第3条规定,外国人在华收养子女,应当符合中国有关收养法律的规定,并应当符合收养人所在国有关收养法律的规定,因收养人所在国法律的规定与中国法律的规定不一致而产生的问题,由两国政府有关部门协商处理。

2.涉外收养的程序

(1)申请

外国人在华收养子女,应当通过所在国政府或者政府委托的收养组织向中国政府委托的收养组织转交收养申请并提交领养人的家庭情况报告和证明。具体包括:①跨国收养申请书;

②出生证明;③婚姻状况证明;④职业、经济收入和财产状况证明;⑤身体健康检查证明;⑥有无受过刑罚证明;⑦收养人所在国主管机关同意其跨国收养子女的证明;⑧家庭情况报告,包括收养人的身份、收养的合格性和适当性、家庭状况和病史、收养动机以及适合于照顾儿童的特点等。如果是在华工作或者学习连续居住满1年以上的外国人在华收养子女,应当提交上述规定的除身体健康检查证明以外的文件,并应当提交在华所在单位或者有关部门出具的婚姻状况证明,职业、经济收入或者财产状况证明,有无受过刑事处罚证明以及县级以上医疗机构出具的身体健康检查证明。送养人应当向省、自治区、直辖市人民政府民政部门提交本人的居民户口簿和居民身份证(社会福利机构做送养人的,应当提交其负责人的身份证件),以及被收养人的户口簿证明等情况证明,并根据不同情况提交下列有关证明材料:①被收养人的生父母(包括已经离婚的)为送养人的,应当提交生父母有特殊困难无力抚养的证明和生父母双方同意送养的书面意见。如果被收养人的生父或者生母因丧偶或者一方下落不明而由单方送养的,还应提交配偶死亡或者下落不明的证明以及死亡的或者下落不明的配偶的父母不行使优先抚养权的书面声明。②被收养人的父母均不具备完全民事行为能力,由被收养人的其他监护人做送养人的,应当提交被收养人的父母不具备完全民事行为能力且对被收养人有严重危害的证明以及监护人有监护权的证明。③被收养人的父母均已死亡,由被收养人的监护人做送养人的,应当提交其生父母的死亡证明,监护人实际承担监护责任的证明,以及其他有抚养义务的人同意送养的书面意见。④由社会福利机构做送养人的,应当提交弃婴、儿童被遗弃和发现的情况证明以及查找其父母或者其他监护人的情况证明,被收养人是孤儿的,应当提交孤儿父母死亡或者宣告死亡的证明,以及有抚养孤儿义务的其他人同意送养的书面意见。送养残疾儿童的,还应当提交县级以上医疗机构出具的该儿童的残疾证明。

(2)审查

审查分为两个步骤:首先由省、自治区、直辖市人民政府的民政部门对送养人提交的证件和证明材料进行审查。对查找不到生父母的弃婴和儿童公告查找其生父母;认为被收养人、送养人符合《民法典》条件的,将符合《民法典》规定的被收养人、送养人名单通知中国收养组织。然后再由中国收养组织对外国收养人的收养申请和有关证明进行审查,并在省、自治区、直辖市人民政府民政部门报送的符合《民法典》规定条件的被收养人中,参照外国收养人的意愿,选择适当的被收养人,并将该被收养人及其送养人的有关情况通过外国政府或者外国收养组织送交外国收养人。外国收养人同意收养的,中国收养组织向其发出来华收养子女通知书,同时通知有关省、自治区、直辖市人民政府民政部门向送养人发出被收养人已被同意收养的通知。

(3)订立书面收养协议

外国人来华收养子女,应当与送养人订立书面收养协议。协议一式三份,收养人、送养人各执一份,办理收养登记手续时收养登记机关收存一份。

(4)登记

收养关系当事人应当共同到被收养人常住户口所在地的省、自治区、直辖市人民政府民政部门办理收养登记。

办理收养登记时,收养关系当事人应当填写外国人来华收养子女登记申请书并提交收养协议。同时,收养人应当提供中国收养组织发出的来华收养子女通知书和收养人的身份证件和照片;送养人应当提供省、自治区、直辖市人民政府民政部门发出的被收养人已被同意收养的通知,送养人的居民户口簿和居民身份证(社会福利机构做送养人的,为其负责人的身份证件)及被收养人的照片。

收养登记机关收到外国人来华收养子女登记申请书和收养人、被收养人及其送养人的有关材料后,应当自次日起7日内进行审查。对符合规定的,为当事人办理收养登记,发给收养登记书,收养关系自登记之日起成立。收养关系当事人办理收养登记后,各方或者一方要求办理收养公证的,应当到收养登记地的具有办理涉外公证资格的公证机构办理收养公证。

(七)涉侨收养

华侨可以在内地收养子女。华侨在内地收养子女的,应当按照《民法典》的一般规定办理,但收养三代以内的同辈旁系血亲的子女,可以不受收养人无子女的限制。在程序方面,应当到被收养人常住户口所在地的直辖市、设区的市、自治州人民政府民政部门或者地区(盟)行政公署民政部门申请办理收养登记。居住在已与我国建立外交关系国家的华侨,在国内收养子女,办理收养登记时,应提交收养申请书及下列证件、证明材料:护照;收养人居住国有权机构出具的收养人的年龄、婚姻、有无子女、职业、财产、健康、有无受过刑事处罚等状况的证明材料,该证明材料应当经其居住国外交机关或者外交机关授权的机构认证,并经我国驻该国使领馆认证。居住在未与我国建立外交关系国家的华侨,应提交收养申请书和下列证件、证明材料:护照;收养人居住国有权机构出具的收养人的年龄、婚姻、有无子女、职业、财产、健康、有无受过刑事处罚等状况的证明材料,该证明材料应当经其居住国外交机关或者外交机关授权的机构认证,并经已与我国建立外交关系的国家驻该国使领馆认证。

(八)涉及港、澳、台同胞的收养

居住在中国香港、澳门、台湾地区的中国公民在内地收养子女的,应当遵守《民法典》的规定。在程序上,应当到被收养人常住户口所在地的直辖市、设区的市、自治州人民政府民政部门或者地区(盟)行政公署民政部门申请办理收养登记。香港居民在内地收养子女,须提交收养申请书和下列证件、证明材料:香港居民身份证;香港居民来往内地通行证或者香港同胞回乡证;经国家主管机关委托的香港委托公证人证明的收养人的年龄、婚姻、有无子女、职业、财产、健康、有无受过刑事处罚等状况的证明材料。澳门居民在内地收养子女,须提交收养申请书和下列证件、证明材料:澳门居民身份证;澳门居民来往内地通行证或者澳门同胞回乡证;澳门地区有权机构出具的收养人的年龄、婚姻、有无子女、职业、财产、健康、有无受过刑事处罚等状况的证明材料。

台湾居民在大陆收养子女,须提交收养申请书和下列证件、证明材料:在台湾地区居住的有效证明;中华人民共和国主管机关签发或签注的有效期内的旅行证件;经台湾地区公证机构公证的收养人的年龄、婚姻、有无子女、职业、财产、健康、有无受过刑事处罚等状况的证明材料。

二、收养关系的效力

收养关系的效力也称为收养成立的效力,是指因收养民事法律行为的成立而导致的相应法律后果。根据《民法典》第1110条的规定,自收养关系成立之日起,相关当事人之间将产生如下法律效力:

(一)养父母子女间拟制直系血亲关系形成

《民法典》第1110条规定:"自收养关系成立之日起,养父母与养子女间的权利义务关系,适用法律关于父母子女关系的规定。""国家保护合法的收养关系。养父母和养子女间的权利和义务,适用本法对父母子女关系的有关规定。"很显然,收养人与被收养人之间形成了法律拟制的直系血亲关系,养子女取得了与婚生子女完全相同的法律地位。

因此,养父母与养子女之间的人身和财产方面的权利与义务,与亲生父母子女之间的人身和财产方面的权利与义务完全相同。

(二)养子女与养父母的近亲属间拟制直系或旁系亲属关系形成

《民法典》第1110条规定:"自收养关系成立之日起……养子女与养父母的近亲属间的权利义务关系,适用法律关于子女与父母的近亲属关系的规定。"据此可知,养子女不仅与养父母之间形成拟制血亲父母子女关系,也与养父母的父母之间形成拟制直系血亲养(外)祖孙关系,与养父母的婚生子女及其他养子女之间形成拟制旁系血亲养兄弟姐妹关系。与养父母的上述近亲属成员间分别产生了附条件的赡养和扶养义务。

(三)养子女与生父母及其他近亲属间的权利义务关系消除

《民法典》第1114条规定:"养子女和生父母间的权利和义务,因收养关系的成立而消除。"自收养关系成立之日起,养子女与生父母及其他近亲属间的权利义务关系,因收养关系的成立而消除。"按此规定,当收养关系成立后,生父母与子女之间原有的权利和义务,已经转移到养父母与养子女之间。养子女与生父母、(外)祖父母、兄弟姐妹等自然血亲之间的法定权利义务关系消除。生父母对养子女的抚养教育义务,养子女对生父母的赡养扶助义务,以及相互间的继承权,均已不再存在。

但是,养子女与原有自然血亲间的血缘关系并不消除,而且在法律上还发生作用。例如,关于禁止近亲结婚的规定,在被收养人与其直系血亲和三代以内的旁系血亲间仍然适用。

在现实生活中,某些成年养子女不仅对养父母尽了赡养义务,而且自愿给生父母提供了较多的扶养。在这种情况下,他们除了可继承养父母的遗产外,还可以"酌分遗产人"的身份分得生父母的适当遗产。

三、收养的无效

收养属于一种民事法律行为。为了确保法律的严肃性、权威性,《民法典》在肯定合法有效收养行为的同时,设立了确认收养无效的制度,以便对违反收养法实质要件或形式要件的收养行为,或不具备我国《民法典》规定的民事法律行为必备要件的收养行为,予以否定。

(一)确认收养无效的条件

根据《民法典》第1113条的规定,有下列情形之一的收养行为无效:

1. 违反了《民法典》第一编的规定

(1)行为人不具有相应的民事行为能力,例如正处于发病期间的精神病、痴呆症患者。

(2)收养当事人的意思表示不真实,即他人以欺诈、胁迫手段或者乘人之危,使当事人在违背真实意愿的情况下,所做出的收养、送养意思表示。例如,生父母在送养时有意隐瞒了被收养人的生理缺陷等。

(3)违反了法律或社会公共利益,例如,当事人弄虚作假、欺骗收养登记机关或公证机关等。

2. 违反了《民法典》规定的收养条件或收养程序

主要包括:(1)收养人有子女而收养非孤儿、弃儿或非残疾儿童的;(2)收养人未满30周岁而收养的;(3)非近亲收养时,无配偶的男性收养女性,两人年龄差距不足40周岁的;(4)被收养人超过 14 周岁的;(5)生父母因超生而将子女送养,或将独生子女送养拟再领取生育指标的。

以上违法现象,仅指一般收养而言。对于特殊收养,应根据《民法典》的特殊规定来判断其是否有效。

(二)收养无效的确认机关及其法律后果

按照我国现行法律、法规的规定,确认收养无效的程序有两种:

(1)通过诉讼程序确认收养行为无效的机关是人民法院。

(2)通过行政程序确认收养行为无效的机关是收养登记机关。民政部 1999 年《中国公民收养子女登记办法》第 12 条规定:"收养关系当事人弄虚作假骗取收养登记的,收养关系无效,由收养登记机关撤销登记,收缴收养登记证。"

四、与收养相关的两个问题

(一)收养秘密问题

在人民法院受理的收养纠纷案件中,有相当数量是由于送养人或其他有关知情人向被收养人泄露收养事实,使被收养人移情生父母而导致收养关系解体引起的。《民法典》第 1110 条规定:"收养人、送养人要求保守收养秘密的,其他人应当尊重其意愿,不得泄露。"这一规定,对于稳定收养关系具有重要意义。

这一规定,只是对收养关系成立时,被收养人尚不满 8 周岁尤其是婴幼儿的情形适用。因为,《民法典》规定:"……收养年满 8 周岁以上未成年人的,应当征得被收养人的同意。"这说明,8 周岁以上的未成年人,对自己被收养的事实是知晓的,当然也就不存在保守收养秘密的问题。

如因泄露收养秘密而导致收养关系解体,泄密人应承担相应的民事责任。

(二)被收养子女的户口迁移问题

收养成立后,为了实现抚育子女和共同生活的目的,必然会产生养子女户口迁移的问题。

但是,收养与户口迁移是性质截然不同的两个问题。收养属于民事法律关系,它是亲属关系的转移和变更。户口关系则属于行政法律关系,它是国家对社会实行人口管理的手段。

关于被收养人的户口迁移,《中国公民收养子女登记办法》第 8 条规定:"收养关系成立后,需要为被收养人办理户口登记或者迁移手续的,由收养人持收养登记证到户口登记机关按照国家有关规定办理。"

第三节 收养关系的解除

收养关系终止的原因有两种:一是收养人或被收养人死亡,因主体缺位而自然终止;二是收养关系依法解除,通过法律手段而人为地终止。就法理而言,因死亡而终止的,以收养关系为中介的其他亲属关系并不终止;因依法解除而终止的,以该收养关系为中介的其他亲属关系随之终止。

当代各国对收养关系的解除有不同的立法例。有些国家采取禁止主义或部分禁止主义,有些国家则采取许可主义。例如,葡萄牙民法、阿根廷民法、玻利维亚家庭法等均禁止解除收养关系。现行的《法国民法典》规定,完全收养不得解除,不完全收养则可有条件地解除;申请解除时须证明有重大理由,如收养人一方提出解除,只有在被收养人年龄已超过15岁的情形下始得受理。《日本民法典》第811条规定,收养的当事人可以协议解除收养。该法典第814条规定,有下列情形之一的,收养当事人一方可以提出解除收养之诉:(1)被他方恶意遗弃的;(2)养子女生死不明达3年以上的;(3)有其他难以继续收养的重大事由的。

按照我国《民法典》的规定,根据当事人对解除收养所持的一致或相反的态度,收养关系的解除可经由两种不同的方式处理。

一、依当事人协议解除收养关系

我国《民法典》第1114条规定:"收养人在被收养人成年以前,不得解除收养关系,但收养人、送养人双方协议解除的除外,养子女年满8周岁以上的,应当征得本人同意。"此外,按照《民法典》第1115条的规定,养父母与成年养子女也是可以协议解除收养关系的。禁止收养人在被收养人成年以前单方解除收养,是出于稳定收养关系、保护养子女合法权益的需要。如果出现某种重大事由致使收养关系确实无法维持,收养人和送养人在双方自愿的基础上达成解除收养协议的,自当依法准许。在养父母与成年养子女协议解除收养的问题上,自应尊重双方的共同意愿。

(一)协议解除收养关系的条件

1.在养子女成年以前

解除收养须得到收养人和送养人同意。双方在解除收养的问题上,意思表示完全一致。养子女年满8周岁以上的,还应征得本人同意。8周岁以上的未成年人已有部分民事行为能力,对解除收养的意义和后果,是有一定的识别能力的。是否解除收养,事关该子女的切身利益,取得其同意是完全必要的。

2.在养子女成年以后

解除收养关系须得到收养人和被收养人即该养子女同意,双方在解除收养的问题上,意思表示完全一致,无须以原送养人的同意为解除收养关系的必要条件。协议解除收养关系的,当事人应就解除后的财产和生活问题一并达成协议。

(二)协议解除收养关系的程序

我国《民法典》第1116条规定:"当事人协议解除收养关系的,应当到民政部门办理解除养关系的登记。"当事人应当持居民户口簿、居民身份证、收养登记证和解除收养关系的书面协议,共同到被收养人常住户口所在地的收养登记机关办理解除收养关系登记。

收养登记机关收到解除收养关系登记申请书及有关材料后,应当自次日起30日内进行审查;对符合收养法规定的,为当事人办理解除收养关系的登记,收回收养登记证,发给解除收养关系证明。

二、依当事人一方的要求解除收养关系

这里所说的一方,是指收养人、送养人和已成年的被收养人。由于解除收养关系的要求仅由一方提出,未获有关当事人同意,因而在当事人间发生有关解除收养的纠纷。在这种情形下,只有基于法定理由始得解除收养关系,并须经法定的程序办理。

按照我国《民法典》第1114条的规定,收养人不履行抚养义务,有虐待、遗弃等侵害未成年

养子女的合法权益行为的,送养人有权要求解除养父母与养子女间的收养关系。送养人、收养人不能达成解除收养关系协议的,可以向人民法院起诉。

按照我国《民法典》第1115条的规定,养父母与成年养子女关系恶化,无法共同生活的,可以协议解除收养关系。不能达成协议的,可以向人民法院起诉。

据此,收养人、送养人、成年养子女均可在具有法定理由的情形下,向人民法院提出解除收养关系的诉讼请求。

(一)一方要求解除收养关系的条件

按照我国《民法典》第1114条和第1110条的规定,有以下条件:

(1)收养人不履行抚养义务,有虐待、遗弃等侵害未成年养子女合法权益行为的,送养人要求解除养父母与养子女的收养关系,但送养人与收养人不能达成解除收养关系协议的,送养人可以向人民法院提起诉讼。

(2)养父母与成年养子女关系恶化,无法共同生活的,养父母与成年养子女不能达成解除收养关系协议的,双方均可以向人民法院起诉解除收养关系。

(二)一方要求解除收养关系的程序

应当经由诉讼程序办理。人民法院审理要求解除收养关系的案件,应当查明有关事实,根据《民法典》的有关规定,正确处理收养纠纷,保护当事人的合法权益特别是未成年养子女的权益。在养子女已经成年,养父母因年老、丧失劳动能力而生活困难的情形下,应当依法保护养父母的利益。

一般来说,首先应对此类纠纷做好调解工作,促使原告、被告双方在自愿的基础上达成保持或解除收养关系的协议。调解无效时,依法做出准予或不准解除收养关系的协议。依诉讼程序解除收养关系的,收养关系自准予解除收养的调解书或判决书生效之日起解除。

在诉讼程序中以调解方式解除收养关系的,其性质亦为协议解除。但是,诉讼程序中达成的解除收养关系的协议不同于诉讼外解除收养关系的协议。人民法院已将解除收养关系的协议载入调解书,当事人无须另行签订书面协议,也无须再办理解除收养的登记或公证证明。已生效的准予解除收养关系的调解书,是收养关系已经解除的法律依据。

三、收养关系解除的法律后果

(一)拟制血亲关系的解除

我国《民法典》第1117条规定,收养关系解除后,养子女与养父母及其他近亲属间的权利义务关系即行消除。

解除收养关系的直接后果是养父母与养子女关系的终止,双方不再具有父母子女间的权利与义务。养子女与养父母的近亲属的关系,本来就是以收养关系为中介的,解除收养关系后,他们之间就不再具有子女与父母的近亲属间的权利义务关系。

(二)自然血亲关系的恢复

《民法典》第1117条规定,收养关系解除后,养子女与生父母及其他近亲属间的权利义务关系自行恢复,但成年养子女与生父母及其他近亲属间的权利义务关系是否恢复,可以协商确定。可见,关于养子女与生父母及其他近亲属间的权利义务关系的恢复问题,《民法典》是以养子女是否已经成年为界限,区别对待,分别处理的。如果成年养子女与生父母协商确定恢复父母子女间的权利义务关系,该子女与其他近亲属间的权利义务关系即随之恢复。

(三)解除收养后的财产问题及其处理

我国《民法典》第1118条对解除收养关系后成年养子女的生活费给付义务和养父母补偿请求权做了明确的规定,其立法精神主要是保护收养人的合法权益,妥善地处理解除收养关系的善后事宜。

(1)成年养子女的生活费给付义务。该条规定,收养关系解除后,经养父母抚养的成年养子女,对缺乏劳动能力又缺乏生活来源的养父母,应当给付生活费。关于生活费的数额,应视养父母的实际生活需要和成年养子女的负担能力而定。一般来说,应不低于当地居民普通的生活费用标准。

(2)养父母的补偿请求权。该条还规定,因养子女成年后虐待、遗弃父母而解除收养关系的,养父母可以要求子女补偿收养期间支出的生活费和教育费。生父母要求解除收养关系的,养父母可以要求生父母适当补偿收养期间支出的生活费和教育费,但因养父母虐待、遗弃养子女而解除收养关系的除外。

复习思考题

1. 什么是收养?
2. 收养具有哪些法律特征?
3. 收养与收容、寄养有哪些区别?
4. 哪些人可以作为被收养人被他人收养?
5. 收养人应当具备哪些条件?
6. 关于非婚生子女的生父母送养其子女有哪些规定?
7. 建立收养关系,收养当事人应当履行哪些法律程序?
8. 什么样的收养行为不具法律效力?
9. 公民办理收养登记,如何选择登记机关?
10. 办理收养登记手续,对收养当事人有什么要求?
11. 办理收养登记,收养人应当向收养登记机关提交哪些证件和证明材料?

第十一章
法律责任

法律责任是保障法律义务得到履行、法律权利得到实现的重要机制，是主体权利受到侵害时的重要救济手段。《民法典》开创了婚姻家庭法律制度的法典化时代。《民法典》相关立法原则的确定、立法价值的发展，为相关立法和研究提供了有益的法律标准和理论依据。因此，婚姻家庭关系中的法律责任，既要受到《民法典》的统领与保障，也受到刑法、行政法等其他部门法的调整。

第一节 概 述

违反婚姻家庭法的法律责任是婚姻家庭救助法的主要内容。一般而言，任何立法都会设定"法律责任"一章。所谓法律责任，是指由于实施的行为违反了法律规定而引起的必须承担的具有强制性的法律结果。法律责任是对违法行为的一种约束和制裁，是对违法行为人的一种惩罚，其目的是保证法律的有效实施。法律责任具有国家强制性，表现为国家对要承担法律责任的行为一定予以追究，这是它不同于一般社会责任和道德责任的重要特征。

在我国，法律责任因其性质不同，分为刑事法律责任、民事法律责任、行政法律责任和违宪法律责任。刑事法律责任是指违反我国《刑法》及其他刑事法律的规定所必须承担的责任。在婚姻家庭领域，要承担刑事法律责任的行为主要有重婚、实施家庭暴力致人伤亡以及虐待、遗弃、破坏军婚罪等。一般而言，民事法律责任包括侵权责任和违约责任。在婚姻家庭领域，主要适用的是一般侵权责任，即过错责任，包括财产侵权和人身侵权的责任，如离婚时隐藏、转移、变卖、毁损夫妻共同财产或伪造债务，拒不执行有关扶养费、抚养费、赡养费、财产分割、遗产继承、探望子女等判决或裁定应当承担的民事责任，以及因重婚、有配偶者与他人同居、实施家庭暴力、遗弃、虐待等侵权行为在离婚时发生的损害赔偿责任等。行政法律责任是指违反我国行政法的有关规定所必须承担的责任。在婚姻家庭领域，对一些违法行为如家庭暴力行为等的制裁，可以依法追究行为人的行政法律责任。

刑事法律责任、民事法律责任和行政法律责任都是维护社会正常秩序、保护公民和组织合法权利的有效法律手段，都带有强制性，但它们又是不同法律部门的不同制度，有不同的特征和作用。其区别主要表现在：第一，法律强制的程度不同。刑事责任只能由司法机关依法追究，行政责任由法律授权的行政机关确定，而且这两种责任一经确定生效，必须执行。民事责任除了依照诉讼和仲裁程序确定外，还可以由双方当事人协商确定，受害人有权要求加害方承担责任,也可以放弃权利免除对方的责任。第二,责任的性质不同。刑事责任所对应的行为一般是犯罪行为,而行政责任和民事责任所对应的行为既可能有犯罪行为又可能有违法行为。三种责任都有惩罚性,但刑事责任和行政责任的惩罚性非常明显,而民事责任的补偿性则更为鲜明。第三,承担责任的原则不同。刑事责任以罪刑相适应为原则,适用经济制裁时并不完全以造成的实际损失为标准,追缴的财产交国库所有。而民事责任的承担以恢复原状和适度赔偿为原则,责令和协议交付的财产一般归受害人所有。

刑事、民事、行政法律责任既可以单独适用,又可以同时适用。有时对于一项违法行为,要同时规定几种法律责任,如故意杀人,一方面要负刑事责任,另一方面还要对受害方承担必要的民事赔偿。因为这类行为不仅破坏社会的正常秩序,构成违法或犯罪,而且对具体当事人造成了损害。

婚姻家庭救助法虽然以法律责任为主,但并不限于法律责任。法律责任主要体现在司法救助和行政救助方面,而婚姻家庭救助同时还包括社会救助。这些救助同样也有法律的依据,它的目的在于充分发挥社会组织的力量,通过法制教育、调解、劝阻等手段来解决婚姻家庭纠纷,从而提高当事人的法制观念和道德水准,维护正常的婚姻家庭秩序,巩固和发展社会主义的婚姻家庭关系。

我国1950年和1980年的《婚姻法》对法律责任和其他婚姻家庭救助措施都没有做详细的规定。1950年《婚姻法》只在第26条规定:"违反本法者,依法制裁。凡因干涉婚姻自由而引起被干涉者死亡或伤害者,干涉者一律应负刑事的责任。"1980年《婚姻法》对法律责任的规定也只有一条,即第34条,"违反本法者,得分别情况,依法予以行政处分或法律制裁"。2001年修改后的《婚姻法》,增设了"救助措施与法律责任"一章,共用7条的篇幅对救助措施和法律责任做了规定。这些条款的设定形成了一个相对完整的体系,有利于切实保障公民的婚姻家庭权益,遏制或警示不法行为,增强了婚姻法的权威性和可操作性,是我国婚姻家庭法治建设日趋完善的一个重要标志。2020年《民法典》之总则编中的民事责任制度对婚姻家庭编具有统领作用,明确了民事责任与其他法律责任的关系。

本章所说的法律责任,专指行为人对于其实施的违反婚姻家庭法律行为应当承担的带有强制性的法律后果。

法律责任是一种具有国家强制力保障的救助措施,可以为受害人提供有效救济,保障其合法权益。

第二节 法律责任的相关规定

一、给予行政处分的违法行为

行政处分也属于广义上的法律制裁,是指违法者所在单位或有关单位对违法者做出的行政性质的制裁。具体的形式有警告、记过、记大过、降级、降职、撤职、留用察看、开除。主要适用对象是机关、团体、企事业单位的工作人员。此外,所在单位或有关单位还可以通过一些补偿性的责任形式来追究违法者的法律责任。例如,责令赔偿损害、赔礼道歉、停止侵害等。

在实践中,对有违反《民法典》行为的人,人民法院可以向他们的工作单位建议给予其行政处分,如重婚、姘居等。1983年最高人民法院、最高人民检察院、公安部联合签发的《关于重婚案件管辖问题的通知》中第2项和第3项规定:"对免予起诉的重婚案件,可以建议被告人所在单位给予被告人行政处分";"公安机关发现有配偶的人与他人非法姘居的,应责令其立即结束非法姘居,并具结悔过;屡教不改的,可交由其所在单位给予行政处分……"

此外,各省、自治区、直辖市都制定了《保护妇女儿童合法权益的若干规定》,对侵犯妇女、儿童合法权益的行为,也规定了予以行政处分的一些具体办法。

二、追究民事责任的违法行为

对于那些违反《民法典》、给当事人造成损害的违法行为,行为人应依法承担民事责任。根据《民法典》以及其他法律的规定,对于妨害婚姻家庭的违法行为应追究的民事责任主要有以下几种:

(一)侵害受扶养权的责任

对遗弃家庭成员的,受害人可以向人民法院起诉,要求依法负有扶养、抚养、赡养义务的人给付扶养费、抚养费、赡养费。人民法院处理此类问题,应当根据义务人的经济能力和受害人的生活需要确定合理的扶养、抚养、赡养等费用。费用的给付,可以采取货币形式,也可以采取实物形式。受害人生活极为困难的,人民法院可以在做出判决之前,裁定先予执行(先行给付),以保障受害人正常的生活需要。

(二)离婚时的损害赔偿

《民法典》设置了离婚时的损害赔偿制度,因一方的法定过错导致离婚的,无过错的另一方依法享有赔偿请求权。这是当代民法、亲属法中的公平原则、保护弱者原则在离婚问题上的必然要求。

《民法典》第1091条规定:"有下列情形之一,导致离婚的,无过错方有权请求损害赔偿:(1)重婚;(2)与他人同居;(3)实施家庭暴力;(4)虐待、遗弃家庭成员(5)有其他重大过错。"

以上5项情形,包括5种违法行为,便是离婚时的损害赔偿请求权的发生根据。对于离婚损害赔偿的构成要件,可做如下分析:

(1)一方有特定的违法行为(重婚、与他人同居、实施家庭暴力、虐待、遗弃)。

(2)离婚是由上述违法行为所导致的。也就是说,上述违法行为和离婚之间有必然的因果联系。如果虽有上述违法行为但并未离婚,或虽然离婚但并非上述违法行为导致,均不适用本条的规定。

(3)离婚出于有上述违法行为一方的过错,无过错的另一方为赔偿请求权人。对于无过错一语,不应做机械的、绝对化的理解。另一方在或长或短的婚姻生活中可能也有某些过错,只要不是导致离婚的主要原因,仍可视为无过错方。

(4)无过错方因离婚而蒙受损害,包括财产上的损害和精神上的损害。在确定损害结果和赔偿的范围时,应注意离婚损害赔偿的特殊性质。其实,离婚一事本身已使无过错方受到损害,据此即可向有上述违法行为的过错方要求赔偿损害。在财产上、精神上蒙受损害的程度,只是确定赔偿范围的具体依据。在我国,精神损害赔偿已经有了法律依据。《最高人民法院关于确定民事侵权精神损害赔偿责任若干问题的解释》规定,对违反社会公共利益、社会公德,侵害他人隐私或者其他人格利益,受害人以侵权为由向人民法院起诉请求赔偿精神损失的,人民法院应当依法受理。该解释还对精神损害的赔偿数额确定做了原则性规定。人民法院受理离婚案件时,应当将《民法典》中当事人的权利与义务,书面告知当事人,至于依法享有的赔偿请求权的无过错方是否行使这种权利,由本人自行决定。赔偿的具体办法,可由双方当事人协议;协议不成的,由人民法院判决。

根据最高人民法院2001年12月25日的司法解释,符合《民法典》第1091条规定的无过错方作为原告基于该条规定向人民法院提起损害赔偿请求的,必须在离婚诉讼的同时提出。无过错方作为被告不同意离婚也不基于该条规定提起损害赔偿请求的,可以在离婚后1年内就此单独提起诉讼。无过错方作为被告在一审时未提出损害赔偿请求,二审期间提出的,人民法院应当进行调解,调解不成的,告知当事人在离婚后1年内另行起诉。

人民法院判决不准离婚的案件,对于当事人基于《民法典》第1091条提出的损害赔偿请求,不予支持。在婚姻关系存续期间,当事人不起诉离婚而单独依据该条规定提起损害赔偿请求的,人民法院不予受理。

根据最高人民法院2003年12月25日的司法解释,当事人在婚姻登记机关办理离婚登记手续后,以《民法典》第1091条规定为由向人民法院提出损害赔偿请求的,人民法院应当受理。但当事人在协议离婚时已经明确表示放弃该项请求,或者在办理离婚登记手续1年后提出的,不予支持。

离婚时的损害赔偿是我国《民法典》中一项独立的制度,在处理具体问题时,应当注意这种损害赔偿与夫妻共同财产的分割、离婚时的经济补偿、离婚时对生活困难一方的经济帮助(第42条)等问题的区别。

(三)离婚时妨害夫妻共同财产分割应当承担的责任

离婚过程中,妨害公平分割夫妻共同财产的行为如隐藏、转移、变卖、毁损等行为较为常见,为了保护双方当事人的合法权益,《民法典》第1092条规定了此类问题的法律对策。

(1)离婚时,一方隐藏、转移、变卖、毁损夫妻共同财产,或伪造债务企图侵占另一方财产的,分割夫妻共同财产时可以少分或者不分。

一般而言,离婚时夫妻共同财产应当均等分割。如果一方当事人从事上述违法行为,根据情节的轻重,人民法院可以决定对其少分或者不分。这一规定,对于违法行为人而言是一种惩罚,是其对另一方当事人承担的一种特殊的赔偿责任。

(2)离婚后,一方发现另一方隐藏、转移、变卖、毁损夫妻共同财产,或者伪造债务的,可以向人民法院提起诉讼,请求再次分割夫妻共同财产。

人民法院在处理此类纠纷中,应当具体情况具体分析,根据不同的情况做出不同的处理:①一方隐藏和转移共同财产的,另一方可以请求分割该共同财产;②一方变卖共同财产的,如果受让人是善意取得人,该买卖行为有效,另一方仅能请求分割价金而不能请求分割实物;③一方毁损夫妻共同财产的,另一方仅能请求损害赔偿;④一方伪造债务的,应将伪造的债务数额计入共同财产加以分割。

离婚后,一方始发现对方存在上述违法行为,起诉时是否可以要求对方少分或者不分诉争财产呢?对此法律未做明文规定,根据《民法典》第1092条的立法宗旨,应当肯定受害人享有这一权利。只有如此,才能惩罚违法行为人,有效地保护受害人的利益。

根据2003年12月25日最高人民法院的司法解释,夫妻一方申请对配偶的个人财产或者夫妻共同财产采取保全措施的,人民法院可以在采取保全措施可能造成损失的范围内,根据实际情况,确定合理的财产担保数额。

(四)其他法律规定的妨害婚姻家庭的民事责任

除了《民法典》婚姻家庭编规定的民事责任之外,其他编对于妨害婚姻家庭的行为也规定了民事责任,主要包括:

1. 丧失继承权

《民法典》第1125条规定,继承人有下列行为之一的,丧失继承权:(1)故意杀害被继承人;(2)为争夺遗产而杀害其他继承人;(3)遗弃被继承人或者虐待被继承人情节严重;(4)伪造、篡改或者销毁遗嘱情节严重。继承权是所有权的延伸,或者说是一种期待财产权,丧失继承权实际上丧失了未来的可得利益。

2. 监护人责任

未成年人的父母是未成年人的监护人,未成年人的父母已经死亡或者没有监护能力的,其他人可以依法担任监护人。配偶、父母、成年子女、其他近亲属等应当依法担任精神病人的监护人。监护人应当认真履行监护职责。监护人不履行监护职责,给被监护人造成损害的,应当承担赔偿责任;因管教不严,致使被监护人损害他人利益的,监护人应当承担民事责任。同时,其他具有监护人资格的公民或者有关单位,可以请求人民法院撤销其监护人的资格。

三、追究刑事责任的违法行为

(一)概述

追究犯罪者的刑事责任是制裁违反婚姻法行为的最为严厉的法律手段。我国《刑法》明确规定了相关涉及婚姻家庭的罪名,并规定了相应的刑罚。

在发生婚姻家庭犯罪时,公安机关应当依法侦查,人民检察院应当依法提起公诉,人民法院应当依法进行判决。从过程看,公安机关、人民检察院和人民法院都负有进行婚姻家庭刑事救助的责任。当然,最后的结果还是要立足于人民法院的判决以及对判决的执行上。

我国《刑法》还规定了若干其他应当给予刑事处罚的涉及婚姻家庭关系的犯罪行为。必须将追究婚姻家庭犯罪的刑事责任和追究过错方的民事责任分别对待,不能混为一谈;追究婚姻家庭犯罪的刑事责任,并不能代替或者免除行为人应当承担的民事责任。

另外,依照我国《刑法》的规定,暴力干涉婚姻自由罪和一般的虐待罪属于亲告罪,即受害人告诉的才予以处理。凡是构成虐待罪的,除了受害人可以依照《刑事诉讼法》的有关规定向人民法院提起自诉外,"公安机关应当依法侦查,人民检察院应当依法提起公诉"。

(二)因家庭暴力导致的犯罪

实施家庭暴力本身是一类非法行为,并不是一种罪名,但这种非法行为可以导致《刑法》规定的如下犯罪:

(1)实施家庭暴力,故意剥夺家庭成员生命的,构成故意杀人罪。在婚姻家庭范围内发生的故意杀人罪,犯罪的主体是家庭成员;犯罪的客体是其他家庭成员的生命权;犯罪的主观方面表现为杀人的故意,其中包括直接故意和间接故意;犯罪的客观方面表现为非法剥夺其他家庭成员生命的行为。依照《刑法》第232条规定,犯故意杀人罪,处死刑、无期徒刑或10年以上有期徒刑;情节较轻的,处3年以上10年以下有期徒刑。

(2)实施家庭暴力,故意损害他人身体健康的,构成故意伤害罪。在婚姻家庭范围内的故意伤害罪,犯罪行为人和受害人应是一个家庭的成员;犯罪的客体是其他家庭成员的身体健康权;犯罪的主观方面是伤害家庭成员的直接或者间接故意;犯罪的客观方面是非法损害家庭成员身体健康的行为。按《刑法》第 234 条的规定,犯故意伤害罪,处 3 年以下有期徒刑、拘役或者管制;致人重伤、造成残疾或致人死亡的,可以判处 10 年以上有期徒刑、无期徒刑或者死刑。

(3)实施家庭暴力,干涉家庭成员婚姻自由的,构成暴力干涉婚姻自由罪,应依照《刑法》第 257 条的规定,处 2 年以下有期徒刑或者拘役;致使被害人死亡的,处 2 年以上 7 年以下有期徒刑。

(三)虐待罪

虐待,是指经常以打骂、冻饿、禁闭、强迫过度劳动、有病不给治疗等方法,摧残、折磨家庭成员的行为;情节恶劣、后果严重的,构成虐待罪。在确定虐待罪的时候,必须划清罪与非罪的界限,即哪些属于一般的虐待行为,哪些行为已经构成虐待罪;并注意划清虐待罪与故意伤害罪、故意杀人罪的界限。一般来说,虐待罪表现为一个持续的过程,而故意杀人罪和故意伤害罪往往是一次性的暴力所致。

虐待罪的主体同样具有特殊性,必须是与被害人属于同一家庭的成员。犯罪的客体比较复杂,侵害的是家庭成员间的平等权利和被害人的人身权利。犯罪的主观方面必须是基于持续迫害、折磨被害人的故意;客观方面必须是肉体的或精神的摧残行为,它们可能是单独使用的,也可能是同时或是交叉使用的。

我国《刑法》第 260 条规定:"虐待家庭成员,情节恶劣的,处 2 年以下有期徒刑、拘役或者管制。犯前款罪,致使被害人重伤、死亡的,处 2 年以上 7 年以下有期徒刑。"

(四)遗弃罪

遗弃是指对年老、年幼、患病或者其他没有独立生活能力的家庭成员,负有法定扶养、抚养和赡养义务而拒绝扶养、抚养和赡养的行为。情节恶劣、造成严重后果的可以构成遗弃罪。遗弃罪必须有遗弃家庭成员的故意,表现为应当作为而不作为,侵害了有关家庭成员的基本生存权利。我国《刑法》第 261 条规定:"对于年老、年幼、患病或者其他没有独立生活能力的人,负有扶养义务而拒绝扶养,情节恶劣的,处 5 年以下有期徒刑、拘役或者管制。"

(五)重婚罪

重婚罪包括两个方面:一方面是有配偶者又与他人结婚的行为;另一方面是明知他人有配偶而与之结婚的行为。由此可见,重婚罪的主体包括两种人,一种是有配偶的人,另一种是没有配偶但是明知他人有配偶而与之结婚的人。重婚罪必须有重婚的故意,如果误以为配偶已经死亡,或者不知道对方有配偶而与之结婚的,都不构成重婚罪。在客观方面,应当注意对重婚须做实质意义上的理解,不论是法律上的重婚(即办理了结婚登记的重婚),还是事实上的重婚,都构成重婚罪。

我国《刑法》第 258 条规定:"有配偶而重婚的,或者明知他人有配偶而与之结婚的,处 2 年以下有期徒刑或者拘役。"根据《刑事诉讼法》的有关规定,对于重婚行为,受害人可以直接向人民法院提起自诉,也可以由人民检察院依法提起公诉。

(六)其他犯罪

1.破坏军婚罪

破坏军婚,是指明知对方是现役军人的配偶而与之结婚或者同居的行为。这里的现役军人,是指有军籍的正在中国人民解放军或人民武装警察部队服役的军官、警官、文职干部、士兵以及有军籍的学员。复员军人、退伍军人、转业军人、人民警察、在军事部门或人民武装警察部队工作但无军籍的工作人员都不属现役军人。现役军人的配偶是指与现役军人有合法夫妻关系的人,有婚约者、离婚者或有其他两性关系者都不能视为现役军人的配偶。

破坏军婚罪在主观上要求犯罪人明知对方是现役军人的配偶,对于能够证明自己不知道对方是现役军人的配偶或者受对方欺骗而不明真相的,不能以此罪论处。本罪在客观上要求行为人有与现役军人的配偶同居和结婚的行为。同居是指经常公开或秘密地居住、生活在一起;结婚是指登记结婚或公开以夫妻相称共同生活。

我国《刑法》第259条规定:"明知是现役军人的配偶而与之同居或者结婚的,处3年以下有期徒刑或者拘役。"按照规定,利用职权、从属关系,以胁迫手段奸淫现役军人妻子的,不以破坏军婚罪论处,而是依据《刑法》第236条规定的强奸罪处罚。

2.拒不执行判决、裁定罪

按照我国《刑法》第313条的规定,对人民法院的判决、裁定有能力执行而拒不执行,情节严重的,构成拒不执行判决、裁定罪。根据这一规定,对拒不执行人民法院有关扶养费、抚养费、赡养费、财产分割、遗产继承、探望子女等有效判决和裁定,情节恶劣的,可以追究刑事责任。这种犯罪的主体,只能是有执行人民法院判决、裁定义务的诉讼当事人,以及对判决和裁定有协助执行义务的人。在客观方面,构成此罪应当是有能力执行而拒不执行,且须是情节严重的,比如隐藏、转移、变卖、故意毁损已被司法机关查封、扣押、冻结的财产,以暴力、威胁方法妨害或者抗拒执行,毁损、抢夺执行案件材料等。犯本罪,依法可处3年以下有期徒刑、拘役或者罚金。

第三节　婚姻法的执行问题

一、执行的概念

在大多数情况下,对于人民法院所做出的判决和裁定,负有义务的一方当事人是能够主动履行的。但是,也必须有一定的强制措施做保障。如果负有义务的当事人拒绝履行生效的判决和裁定,只有通过强制执行才能有效地保护对方当事人的合法权益。

所谓婚姻法的执行,是指当事人拒不履行已经生效的法院判决或者裁决,由人民法院依照法定程序,用强制的方法,迫使当事人履行自己的义务。在当事人不能自觉履行的情况下,为维护法律的严肃性,保护当事人的合法权益,对少数拒不执行判决、裁定的当事人,必须采取一定的强制措施,将判决、裁定的内容付诸实施。

二、执行的条件

(一)有执行的根据

所谓有执行的根据,是指存在有关民事判决或者裁定。这里,对于民事判决或者裁定,应做广义的理解。除判决书外,它还包括人民法院制作的调解书、支付令及其他裁定。

(二)判决、裁定已经生效

作为执行的根据,法院的判决、裁定应当是已经生效的。

(三)生效的判决或者裁定应当具有给付的内容

所谓给付内容,是指需要支付金钱或者为一定的行为,仅限于财产或者行为。主要有:扶养费、抚养费、赡养费、财产分割、遗产继承等判决或裁定。

不具有给付内容：人身的判决、裁定不能执行。例如，确定身份关系的判决，就无所谓执行。

（四）义务人能够履行义务而逾期拒不履行

负有执行判决、裁定的义务人能够履行义务而逾期拒不执行判决、裁定。所谓"拒不执行"，即"拒不履行"，是指当事人逾期拒不履行法律文书所确定的义务。对此人民法院的执行组织应当以生效的民事法律文书为依据、依法运用国家强制力，采取强制措施使不履行义务的当事人完成其义务。

三、强制执行的措施

我国民事诉讼法规定的强制执行的措施包括：

被执行人未按执行通知履行法律文书确定的义务，人民法院有权向银行和其他有储蓄业务的单位查询被执行人的存款情况，有权冻结、划拨被执行人的存款，但查询、冻结、划拨存款不得超出被执行人应当履行义务的范围。人民法院决定冻结、划拨存款，应当做出裁定，并发出协助执行通知书，银行和其他有储蓄业务的单位必须办理。

被执行人未按执行通知履行法律文书确定的义务，人民法院有权扣留、提取被执行人应当履行义务部分的收入，但应当保留被执行人及其所扶养家属的生活必需费用。人民法院扣留、提取收入时，应当做出裁定，并发出协助执行通知书，被执行人所在单位、银行、信用合作社和其他有储蓄业务的单位必须办理。

被执行人未按执行通知履行法律文书确定的义务，人民法院有权查封、扣押、冻结、拍卖、变卖被执行人应当履行义务部分的财产，但应当保留被执行人及其所扶养家属的生活必需品。采取上述措施时，人民法院应当做出裁定；人民法院查封、扣押财产时，被执行人是公民的，应当通知被执行人或者他的成年家属到场；被执行人是法人或者其他组织的，应当通知其法定代表人或者主要负责人到场。拒不到场的，不影响执行。被执行人是公民的，其工作单位或者财产所在地的基层组织应当派人参加。对被查封、扣押的财产，执行员必须造具清单，由在场人签名或者盖章后，交被执行人一份。被执行人是公民的，也可以交他的成年家属一份；被查封的财产，执行员可以指定被执行人负责保管。因被执行人的过错造成的损失，由被执行人承担；财产被查封、扣押后，执行员应当责令被执行人在指定期间履行法律文书确定的义务。被执行人逾期不履行的，人民法院可以按照规定交有关单位拍卖或者变卖被查封、扣押的财产。国家禁止自由买卖的物品，交有关单位按照国家规定的价格收购。

被执行人不履行法律文书确定的义务，并隐匿财产的，人民法院有权发出搜查令，对被执行人及其住所或者财产隐匿地进行搜查。搜查令由院长签发；法律文书指定的财物或者票证，由执行员传唤双方当事人当面交付，或者由执行员转交，并由被交付人签收。有关单位持有该项财物或者票证的，应当根据人民法院的协助执行通知书转交，并由被交付人签收。有关公民持有该项财物或者票证的，人民法院通知其交出。拒不交出的，强制执行；强制迁出房屋或者强制退出土地，由院长签发公告，责令被执行人在指定期间履行。被执行人逾期不履行的，由执行员强制执行。强制执行时，被执行人是公民的，应当通知被执行人或者他的成年家属到场；被执行人是法人或者其他组织的，应当通知其法定代表人或者主要负责人到场。拒不到场的，不影响执行。被执行人是公民的，其工作单位或者房屋、土地所在地的基层组织应当派人参加。执行员应当将强制执行情况记入笔录,由在场人签名或者盖章。强制迁出房屋被搬出的财物,由人民法院派人运至指定处所,交给被执行人。被执行人是公民的,也可以交给他的成年家属。因拒绝接收而造成的损失,由被执行人承担;在执行中,需要办理有关财产权证照转移手续的,人民法院可以向有关单位发出协助执行通知书,有关单位必须办理;对判决、裁定和其他法律文书指定的行为,被执行人未按执行通知履行的,人民法院可以强制执行或者委托有关单位或者其他人完成,费用由被执行人承担。

被执行人未按判决、裁定和其他法律文书指定的期间履行给付金钱义务的,应当加倍支付延迟履行期间的债务利息。被执行人未按判决、裁定和其他法律文书指定的期间履行其他义务的,应当支付延迟履行金。

人民法院强制执行的措施可以概括为:查询、冻结、划拨被执行人存款;扣留、提取被执行人收入;查封、扣押、拍卖、变卖被执行人财产;搜查被执行人隐匿的财产;强制交付法律文书指定交付的财物或者票证;强制迁出房屋或者退出土地;强制被执行人办理财产权证照转移手续;强制完成判决、裁定和其他法律文书指定的行为等。对人民法院的强制执行措施,所涉及的有关个人和单位应负协助执行的责任。

四、执行中应当注意的问题

(一)对人身不能强制执行

2001年12月24日,《最高人民法院关于适用〈婚姻法〉若干问题的解释(一)》第32条规定:"关于对拒不执行有关探望子女等判决和裁定的,由人民法院依法强制执行的规定,是指对拒不履行协助另一方行使探望权的有关个人和单位采取拘留、罚款等强制措施,不能对子女的人身、探望行为进行强制执行。"

(二)执行与教育相结合

强制执行中,强制与说服教育相结合。人民法院在执行中既要采取强制手段,又要对当事人做好思想教育工作以促使其自动履行,只有在说服教育无效的情况下,才能采取强制措施。

(三)强制执行不妨碍民事强制措施的采用

对于当事人的财产和行为采取强制措施并不妨碍人民法院依据《民事诉讼法》第102条第1款第6项的规定对拒不履行人民法院已经发生法律效力的判决、裁定的当事人采取罚款、拘留的民事强制措施。

复习思考题

1. 对于妨害婚姻家庭的违法行为应追究的民事责任主要有哪几种?
2. 我国《民事诉讼法》规定的强制执行的措施有哪些?
3. 请结合党的的二十大报告指出的"要严格公正司法",谈谈《民法典·婚姻家庭编》具体执行中应注意哪些问题?

参考文献

1. 陈顾远:《中国婚姻史》,商务印书馆1998年版。
2. 史尚宽:《亲属法论》,中国政法大学出版社2000年版。
3. 史尚宽:《继承法论》,中国政法大学出版社2000年版。
4. 肖群忠:《孝与中国文化》,人民出版社2001年版。
5. 巫昌祯:《婚姻家庭法新论》,中国政法大学出版社2002年版。
6. 巫昌祯:《婚姻与继承法学》,中国政法大学出版社2002年版。
7. 林秀雄:《婚姻家庭法之研究》,中国政法大学出版社2001年版。
8. 林秀雄:《夫妻财产制之研究》,中国政法大学出版社2001年版。
9. 费安玲:《婚姻、家庭和遗产继承》,中国政法大学出版社2001年版。
10. 王丽萍:《婚姻家庭继承法学》,北京大学出版社2004年版。
11. 李丽:《婚姻法实务与案例评析》,中国工商出版社2003年版。
12. 王泽鉴:《民法总则》,中国政法大学出版社2001年版。
13. 王洪:《婚姻家庭法》,法律出版社2003年版。
14. 巫昌祯、夏吟兰:《婚姻家庭法学》,中国政法大学出版社2007年版。
15. 巫昌祯:《婚姻法学》,中央广播电视大学出版社2006年版。
16. 杨大文、马忆南:《婚姻家庭法》,北京大学出版社2004年版。
17. 蒲坚:《中国法制史》,中央广播电视大学出版社2003年版。
18. 蔡菁:《婚姻律师》,经济日报出版社2003年版。
19. [德]恩格斯:《家庭、私有制和国家的起源》,《马克思恩格斯选集》第四卷,人民出版社1972年版。
20. 《婚姻家庭法》,网络课件,陕西师范大学网络教育学院。
21. 《婚姻法在线教程》,网络课程,转载于"中国离婚网",2008。
22. [美]威廉·杰·欧·唐奈、大卫·艾·琼斯著,顾培东、杨遂全译:《美国婚姻与婚姻法》,重庆出版社1986年版。
23. 周相:《罗马法原论(上册)》,商务印书馆2002年版。
24. [德]黑格尔著,贺麟、张企泰译:《法哲学原理》,商务印书馆1982年版。
25. 梁慧星:《民法总论》,法律出版社1996年版。
26. 林菊枝:《亲属法新论》,五南图书出版公司1996年版。
27. 刘宏渭:《亲属法》,中国政法大学出版社2010年版。
28. 《婚姻与继承法课程》,网络课程,东北农业大学网络学院。
29. 陶毅:《婚姻家庭法》,中国政法大学出版社2007年版。
30. 杨立新:《人身权法论》,中国检察出版社1996年版。

31. 龙翼飞:《完善夫妻财产制的立法思考》,《人民法院报》,2000年12月23日。
32. 巫昌祯、丁露:《新婚姻法学习读本》,中国妇女出版社2001年版。
33. 刘宏渭:《浅论配偶权》,《山东大学学报》,2000年第5期。
34. 陈明侠:《亲子法基本法律问题研究》,法律出版社1997年版。
35. 杨大文:《亲属法》,法律出版社1997年版。
36. 李志敏:《比较家庭法》,北京大学出版社1998年版。
37. 杨振山:《民商法实务研究》,山西经济出版社1997年版。
38. 杨大文:《婚姻家庭法》,中国人民大学出版社2000年版。
39. 张贤钰:《婚姻家庭继承法》,法律出版社1999年版。
40. 王战平:《中国婚姻法教程》,人民法院出版社1992年版。
41. 谢晓:《论未成年子女财产法律制度》,《法律科学》,2008年第1期。
42. 杨大文、龙翼飞:《婚姻家庭法》,中国人民大学出版社2020年版。